T0294503

ECONOMÍA Y JUEGOS

FERNANDO VEGA REDONDO
Universidad de Alicante e IVIE

ECONOMÍA Y JUEGOS

Antoni Bosch editor

Publicado por Antoni Bosch, editor
Manuel Girona, 61 – 08034 Barcelona
Tel. (+34) 93 206 07 30 – Fax (+34) 93 280 48 02
E-mail: info@antonibosch.com
http://www.antonibosch.com

ISBN: 84-85855-88-4
Depósito legal: B-9.149-2000

Diseño de la cubierta: Compañía de Diseño
Ilustración de la cubierta:
Jasper Johns, *Target, 1974*
Encaustic with collage on canvas, 40,6 x 40,6 cm,
Ludwig Collection, Aachen, Germany

Fotocomposición: Alemany, S.C.C.L.
Impresión: Liberdúplex

Impreso en España
Printed in Spain

A Manuel, Ferrán y Diego,
mis "discípulos" más queridos

CONTENIDO

PREFACIO

Este libro nace con la intención de servir de base para el aprendizaje de la teoría de juegos a aquellos estudiantes y economistas que no sólo valoran el rigor formal en el planteamiento y análisis de los problemas, sino que desean también un claro nexo entre teoría y aplicaciones.

Integrar estas dos facetas de la disciplina mediante un tratamiento unificado es el objetivo fundamental del presente texto. Éste puede ser utilizado en un curso donde el estudiante, además de enfrentarse por primera vez de manera formal y rigurosa con el *conjunto* de herramientas de la teoría clásica de juegos, también ha de asimilar algunos de los modelos estratégicos más importantes de la economía moderna. Típicamente, el curso en cuestión sería uno de licenciatura a nivel intermedio o avanzado. Sin embargo, complementando sus contenidos, este libro también podría ser de utilidad en un primer curso de doctorado. Dentro de mi propia experiencia docente desarrollada en la Universidad de Alicante, lo he utilizado en todos estos casos con resultados satisfactorios.

Hoy en día existen una gran variedad de manuales de teoría de juegos, a niveles distintos y con orientaciones muy diversas. Algunos de ellos (v.g. Myerson, 1991, Gibbons, 1992, Fudenberg y Tirole, 1991, u Osborne y Rubinstein, 1994) son obras excepcionales, tanto en su rango de cobertura como en claridad expositiva. Todos ellos pueden (y deberían) servir de apoyo al lector en su presente andadura. En mi opinión, sin embargo, ninguno de ellos satisface adecuadamente la integración rigurosa entre teoría y aplicaciones que, tal como he mencionado, ha sido mi propósito fundamental al escribir este libro. En general, aquellos textos cuya vocación es eminentemente aplicada abordan los temas teóricos sin la necesaria precisión formal y conceptual. En contraste, los manuales cuya orientación es fundamentalmente teórica sólo incluyen aplicaciones económicas a modo ilustrativo y, por tanto, sin la indispensable motivación y el útil detalle. Si bien remediar este problema ha sido aquí mi objetivo, sólo el lector podrá juzgar si la empresa se ha cubierto con algún éxito.

Repaso ahora brevemente la estructura del libro. Éste consta de nueve capítulos. El primero de ellos es introductorio, y en él se presenta formalmente el marco teórico básico en el que se desarrolla toda la discusión ulterior. Los restantes capítulos se pueden agrupar en pares (2-3, 4-5, 6-7, 8-9). El primer capítulo de cada par se centra fundamentalmente en el desarrollo de los distintos conceptos y análisis abstractos que conforman la clásica (y "pura") teoría de juegos. Incluyen, respectivamente, los "conceptos básicos de solución", los "refinamientos del equilibrio de Nash", "información incompleta" e "interacción repetida". Cada uno de estos capítulos está acompañado de otro consecutivo de aplicaciones, en el que se muestra cómo los desarrollos teóricos que inmediatamente les preceden han sido utilizados por el análisis económico. Así, a lo largo de estos capítulos, se discuten modelos de competencia empresarial, de asignación de bienes públicos, negociación, mercado de trabajo, seguros, subastas, desempleo, etc. Aunque la lista de aplicaciones consideradas dista mucho de componer una muestra exhaustiva de todos los problemas a los que la teoría de juegos ha sido aplicada en el análisis económico, sí que puede concebirse como una muestra razonablemente representativa de la variedad de cuestiones abordada. Los distintos capítulos cubren temas bastante diversos, tanto en orientación y énfasis como en sofisticación y dificultad. Respondiendo al deseo de que el material del libro pueda ser utilizado a diferentes niveles, las secciones que podrían resultar más densas o problemáticas en una primera aproximación se distinguen por un asterisco (*) en su encabezamiento. Utilizando este código identificativo como orientación, el lector puede adaptar su plan de trabajo al nivel adecuado para su formación e intereses. Tal como se ha mencionado, este manual surgió de forma gradual durante estos últimos años como resultado de mi propia labor docente. Es de justicia, por tanto, que reconozca a todos los estudiantes que han pasado por mis clases durante este periodo el sufrido papel de "sujetos experimentales". Espero que su esfuerzo y el mío no haya sido en vano, y que su formación se haya enriquecido significativamente con la experiencia. También quiero agradecer la ayuda de buen número de colegas, estudiantes y amigos que han leído partes distintas de este libro y han apuntado sugerencias, modificaciones y errores. Esta larga lista incluye José Alcalde, Carlos Alós, Ana B. Ania, Roberto Burguet, Antonio Cabrales, Juan Carrillo, Subir Chattopadhyay, Ramón Faulí, Íñigo Iturbe, Francisco Marhuenda, Diego Moreno, Xavier Martinez-Giralt, Ignacio Ortuño, Arnold Polanski, Martin Peitz, Jozsef Sakovics, Amparo Urbano y Xavier Vilà. Finalmente, no puedo dejar de utilizar la ocasión para agradecer a Mireia, una vez más, su contribución fundamental a nuestra "producción conjunta", de la que este libro sólo es una pequeña parte. Ella es la coautora ideal, si no directamente en mi trabajo científico y docente, sí en todo lo demás. Buena parte de ese "demás" lo ocupan Diego, Ferrán y Manuel, a los que dedico, con orgullo y mucho cariño, el presente libro.

1. Marco teórico

1.1 Ejemplos

El término "juego", en lenguaje habitual, se refiere al desarrollo de una situación de interacción entre diferentes individuos, sujeta a unas reglas específicas, y a la que se asocia unos pagos determinados vinculados a sus diferentes posibles resultados. En nuestro caso, un juego se refiere esencialmente a la misma idea. Quizás la única diferencia con el significado atribuido comúnmente a este término sea que la interacción estudiada puede distar mucho de tener un carácter lúdico. Veamos, si no, el siguiente ejemplo usualmente conocido como el "dilema del prisionero" (DP).

Dos individuos que han cometido un cierto crimen son detenidos con sólo leves indicios de culpabilidad. Se les aísla en celdas independientes, planteando a cada uno de ellos la posibilidad de que delate al otro. Si *sólo uno* de ellos colabora con la justicia, el que lo hace es absuelto como recompensa y puesto en libertad, mientras que el otro es condenado a doce años de cárcel. Si, por el contrario, los dos se delatan mutuamente, se obtienen pruebas que permiten condenar duramente (digamos diez años) a ambos. Finalmente, si ninguno de los dos colabora con la justicia, ambos son condenados a penas menores (digamos un año) fundamentadas en los pocos indicios que la policía ha conseguido obtener.

La tabla de pagos (identificados como el negativo de los años de cárcel) correspondiente a esta situación es como sigue:

		2	
		D	N
1	D	$-10, -10$	$0, -12$
	N	$-12, 0$	$-1, -1$

Tabla 1.1. Dilema del prisionero.

¿Cuál sería nuestra predicción de lo que puede pasar? Parece claro que ésta ha de ser (D, D), ya que D es estrategia dominante; es decir, es mejor estrategia que N, *haga lo que haga el otro.* Y ello a pesar de que (N, N) es indudablemente mejor para ambos que (D, D). Mas, a no ser que puedan "comprometer" sus acciones de alguna forma (por ejemplo, mediante una amenaza creíble de venganza), no conseguirán este resultado. Si ambos son racionales en el sentido de maximizar sus pagos, elegir D es lo único que tiene sentido. Ello es así, y es importante enfatizarlo, aun cuando no estuvieran aislados y pudieran comunicarse entre sí, siempre que tuvieran que tomar la decisión *independientemente* (v.g. en la oficina del juez instructor, individualmente).

Este juego es paradigmático de muchos casos de interés. Por ejemplo, una situación en la que hay dos empresas en un mercado, y cada una tiene que desarrollar una política bien agresiva, bien conciliadora, en la fijación de precios (véase el capítulo 3).

Veamos ahora otro ejemplo de características bastante diferentes. La llamada "batalla de los sexos". Se trata de una pareja que ha quedado para un día determinado y tiene que concretar dónde van a encontrarse y lo que van a hacer cuando llegue ese día. Ya anticipan cuáles son las posibilidades: ir al fútbol o de compras. Si hacen lo primero, se reúnen en el campo de fútbol a la hora del comienzo del partido; por el contrario, si deciden hacer lo segundo, quedan, como siempre, en la puerta de ciertos grandes almacenes después de comer. No tienen teléfono, por lo que han de concretar ahora la cita. Las preferencias de cada uno sobre las posibles alternativas están claras: la chica prefiere ir al fútbol antes que de compras; el chico, lo contrario. En cualquier caso, siempre preferirían hacer juntos cualquiera de las dos posibilidades que salir por separado. Los pagos son como sigue:

		Chico	
		C	F
Chica	C	$2, 3$	$0, 0$
	F	$1, 1$	$3, 2$

Tabla 1.2. Batalla de los sexos.

donde C y F representan las estrategias "ir de compras" o "asistir al fútbol", respectivamente.

Cualquiera de los acuerdos, (C, C) o (F, F), es razonable en el sentido de que si llegaran a él y ambos creen que la otra parte lo va a cumplir, tienen incentivos para cumplirlo ellos mismos. Cada uno de estos acuerdos es lo que definiremos más adelante como un equilibrio de Nash. El problema en este caso es que, a diferencia del juego anterior, hay dos equilibrios de este tipo y, en principio, no tenemos ningún fundamento (aparte de la caballerosidad del chico) para favorecer uno sobre otro.

Variaremos ahora ligeramente la historia. El día en cuestión, en vez de ser totalmente incapaces de comunicarse, ocurre que el chico estará en el trabajo, donde permanecerá hasta el momento de la cita y en donde sí tiene teléfono. Supongamos que inicialmente el chico había forzado el "acuerdo" de ir de compras. La chica, molesta por el egoísmo del chico, siempre puede hacer lo siguiente. Ir hasta el campo de fútbol y, poco antes de que él termine el trabajo, llamarle y decirle que está allí; que si quiere, que venga. Supongamos también que ya no hay tiempo para que ella se desplace a los grandes almacenes. Entonces, le ha puesto "entre la espada y la pared". Pues tomando como dato que la chica está en el campo de fútbol, el chico ya no tiene más remedio, si es racional, que ir al campo de fútbol a encontrarse con ella. ¿Qué hemos cambiado en este segundo caso que el resultado es tan diferente? Simplemente, hemos cambiado la estructura temporal del juego, pasando de uno en que las decisiones eran independientes y "simultáneas" a otro en que las decisiones son secuenciales: primero la chica, luego el chico.

Este último contexto se puede representar como un árbol que refleja el orden de movimiento indicado, tal como aparece en la figura 1.1.

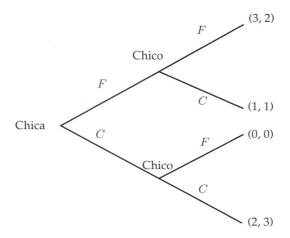

Figura 1.1. Batalla de los sexos, formulación secuencial.

Y en este caso, está claro que el único equilibrio razonable del juego es (F, F). El chico puede amenazar con seguir yendo de compras el día en cuestión aunque la chica le llame desde el campo de fútbol. Sin embargo, esto no es creíble. En la terminología que utilizaremos más adelante, sólo (F, F) es un equilibrio "perfecto" (en subjuegos).

La representación anterior del juego en términos de un árbol que indica el orden de movimiento de cada agente, sus informaciones y posibles acciones en cada momento se conoce como su forma extensiva. Es su representación más básica y completa, que pasamos a definir de forma general y rigurosa.

1.2 La representación de un juego en forma extensiva

1.2.1 Formalización

La forma extensiva de un juego consiste en la descripción de los siguientes componentes:

1. *El Conjunto de Jugadores.* Se denotará por $N = \{0, 1, 2, ..., n\}$, donde el jugador 0 representa la "naturaleza". La naturaleza es la que ejecuta todas las acciones exógenas del juego (si llueve, si se gana la lotería, etc.). Cuando no tenga ningún papel especial, la obviaremos en la descripción del juego.

2. *El Orden de los Sucesos.* Se formaliza mediante un "árbol" de sucesos; es decir, a través de un conjunto de nŏdos K sobre el que se define una relación binaria R, interpretada como una *relación de precedencia*. Suponemos que R es una relación binaria de orden parcial que satisface:

irreflexividad: $\forall x \in K, \neg(xRx)$;
transitividad: $\forall x, x', x'' \in K, \left[(xRx') \wedge (x'Rx'')\right] \Rightarrow xRx''$.

Asociada a R, resulta útil definir la relación binaria de *precedencia inmediata* P de la siguiente forma:

$$xPx' \Leftrightarrow \left[(xRx') \wedge (\not\exists x'' : xRx''Rx')\right],$$

denotando, para cada $x \in K$, el conjunto de sus predecesores inmediatos por:

$$P(x) \equiv \{x' \in K : x'Px\}$$

y el de sucesores inmediatos por:

$$P^{-1}(x) = \{x' \in K : xPx'\}.$$

Dada la interpretación de (K, R) como un *árbol de sucesos*, es natural exigir que satisfaga las siguientes propiedades:

(a) Existe una *única* raíz (o nodo inicial) x_0 que no tiene ningun predecesor inmediato ($P(x_0) = \emptyset$) y que precede a todos los demás nodos (esto es, $\forall x \neq x_0, x_0 R x$). Este nodo inicial se interpreta como el comienzo del juego.

(b) Para cada $\hat{x} \in K$, $\hat{x} \neq x_0$, existe una única senda (finita) de predecesores $\{x_1, x_2, ..., x_r\}$ que une $\hat{x}$ a la raiz x_0 —es decir, satisface $x_q \in P(x_{q+1})$, $q = 0, 1, ..., r-1$, y $x_r \in P(\hat{x})$.

Cada nodo x se identifica con una cierta historia del juego (posiblemente parcial e incompleta si el nodo es intermedio, o incluso "vacía" si coincide con la raíz x_0). Nótese que, dados (a) y (b), se sigue que todo nodo $x \neq x_0$ tiene un único predecesor inmediato (es decir, el conjunto $P(x)$ se compone de un solo elemento). Es por ello que cada nodo se puede asociar de forma *unívoca* al conjunto de hechos (o historias) que lo componen. (Véase la figura 1.2.)

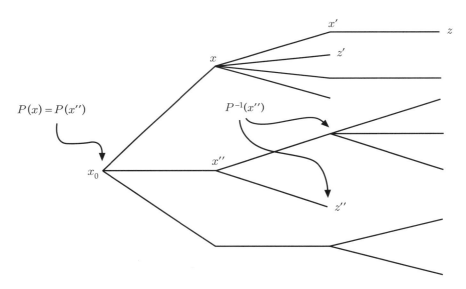

Figura 1.2. Árbol de sucesos con $x_0 R x R x' R z$; $x_0 R x R z'$; $x_0 R x'' R z''$.

1. Sea $Z = \{x \in K.P^{-1}(x) = \emptyset\}$ el conjunto de nodos finales. La interpretación de cada elemento de Z es el de un particular suceso completo o *jugada*. Al hilo de lo ya explicado, es importante entender que cualquier nodo final no sólo incluye información sobre el "resultado" final del juego sino que describe con todo detalle su historia subyacente. Así, por ejemplo, si consideramos el suceso "tener los dos guantes puestos" como la concatenación de los sucesos intermedios "no tener ningún guante" y "tener un solo guante", las dos formas posibles en que se puede llegar a tener los dos guantes puestos (primero el guante derecho o primero el izquierdo) dan lugar a dos nodos finales diferentes.

2. *Orden de Movimiento.* El conjunto $K \setminus Z$ de nodos inicial e intermedios se particiona en $n + 1$ subconjuntos $K_0, K_1, ..., K_n$. Si $x \in K_i$, ello indica que una vez materializado el suceso x, es el jugador i el que ha de efectuar una acción. Por comodidad, supondremos que la naturaleza mueve primero, concretándose de una vez por todas cualquier incertidumbre exógena que pueda afectar al curso del juego. En términos de la formalización descrita, ello supone postular que $K_0 = \{x_0\}$.

3. *Acciones Posibles.* Para todo $x \in K$, el conjunto de acciones posibles a disposición del jugador que decide en ese momento del juego se denota $A(x)$. Naturalmente, el cardinal de $A(x)$ ha de ser igual al de $P^{-1}(x)$, el conjunto de inmediatos sucesores de x. Así, a cada sucesor inmediato de x, le podemos asociar una *única* acción *diferente* $a \in A(x)$.

4. *Conjuntos de Información.* Para cada jugador i, consideramos una partición H_i de su conjunto de nodos K_i. Esta partición tiene la siguiente interpretación: para cada $h \in H_i$, el jugador i no es capaz de distinguir entre los nodos que pertenecen a h a la hora de efectuar la acción que le corresponde. Esta interpretación requiere, obviamente, que si $x \in h$, $x' \in h$, entonces $A(x) = A(x')$; es decir, han de existir las mismas acciones disponibles en ambos nodos. Si no fuera así, el jugador podría distinguir entre ellos por las distintas acciones disponibles en cada uno.

5. *Pagos.* Cada posible jugada (esto es, nodo final o historia completa) tiene adjudicado un pago para cada uno de los jugadores. Es decir, a cada uno de los m nodos de Z se le asigna un vector $(n + 1)$-dimensional π^j, donde la componente π_i^j ($i = 0, 1, ..., n$) se identifica con el pago del jugador i en el nodo $z^j \in Z$ ($j = 1, 2, ..., m$). Este pago se interpreta como una utilidad Von Neumann-Morgenstern. Se aplica a ella, por tanto, el teorema de la utilidad esperada para sucesos aleatorios. Dado que el pago recibido por la naturaleza es irrelevante, se le asocia ficticiamente un pago uniforme sobre todos los nodos. Finalmente, nótese que aunque los pagos se *contabilizan* todos al final del juego, ello no implica que no puedan producirse pagos parciales en etapas intermedias.

1.2.2 Ejemplo

Dos jugadores eligen simultáneamente "pares" o "nones". Si el resultado coincide (los dos eligen pares, o los dos eligen nones) el jugador 1 paga al 2 mil pesetas; si no, es el jugador 2 el que paga al 1 esta cantidad.

Mencionamos con anterioridad que la forma extensiva es la manera más básica y completa de representar un juego. Sin embargo, dada su formulación estrictamente secuencial, esta representación parece sustancialmente inapropiada para formalizar la "simultaneidad" de acciones postulada en este juego. La clave está en observar que, en cualquier juego, la simultaneidad no se refiere necesariamente a sucesos que ocurren coetáneamente en tiempo real. El único requisito esencial es que, en el momento en que un jugador toma su decisión, no ha de conocer ninguna de las decisiones "simultáneas" tomadas por otros jugadores. Para formalizar este hecho, hacemos uso del concepto de conjunto de información introducido más arriba. Conectando mediante una línea discontinua aquellos nodos que pertenecen a un mismo conjunto de información, el juego descrito tiene *cualquiera* de las dos representaciones reflejadas en las figuras 1.3 y 1.4.

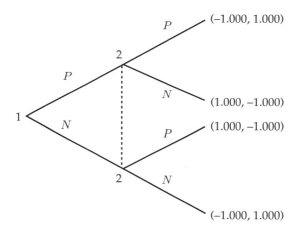

Figura 1.3. Pares y nones en forma extensiva, versión 1.

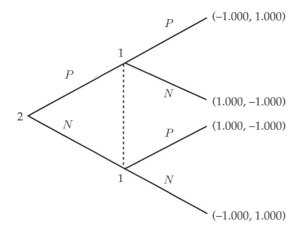

Figura 1.4. Pares y nones en forma extensiva, versión 2.

1.3 Representación de un juego en forma estratégica o normal

1.3.1 Formalización

Considérese un juego en forma extensiva

$$\Gamma = \left\{ N \,,\, \{K_i\}_{i=0}^n \,,\, R \,,\, \{H_i\}_{i=0}^n \,,\, \{(\pi_i^j)_{i=0}^n\}_{j=1}^m \right\}, \qquad [1.1]$$

donde cada uno de sus componentes ha sido definido formalmente en la subsección 1.2.1. En este contexto, surge de forma natural el concepto básico de *estrategia*. Para cada jugador, una estrategia en Γ es un conjunto de *reglas contingentes* que prescriben qué ha de hacer en cada uno de sus conjuntos de información. Una estrategia, por tanto, ha de anticipar todas las posibles situaciones en que el individuo puede verse llamado a jugar y, para cada una de ellas, elegir una de las acciones disponibles. Obviamente, como no es posible exigir que un individuo tome una decisión que dependa de información que *no* tiene, una estrategia ha de prescribir la *misma* acción en cada uno de los nodos de un determinado conjunto de información.

Tal como aparece especificado en [1.1], cada H_i denota los conjuntos de información del jugador $i \in N$. En virtud de lo explicado, está claro que una estrategia para i puede formalizarse simplemente mediante una función

$$s_i : H_i \longrightarrow A_i, \qquad [1.2]$$

donde definiendo $A_i = \bigcup_{h \in H_i} A(h)$ y $A(h) = A(x)$, $\forall x \in h$, se requiere que

$$\forall h \in H_i,\ \forall x \in h,\ s_i(h) \in A(h), \qquad [1.3]$$

esto es, cada una de las acciones elegidas en cada conjunto de información está entre las efectivamente disponibles.

Sobre la base del concepto de estrategia definido por [1.2]-[1.3], el juego Γ en forma extensiva admite una representación mucho más compacta. Ésta es la denominada *representación en forma estratégica o normal*

$$G(\Gamma) = \left\{ N \,,\, \{S_i\}_{i=0}^n \,,\, \{\pi_i\}_{i=0}^n \right\},$$

donde los conjuntos S_i son los espacios de estrategias de los jugadores y las funciones de pagos

$$\pi_i : S_0 \times S_1 \times ... \times S_n \longrightarrow \mathbb{R}$$

asocian a cada perfil de estrategias $(s_0, s_1, s_2, ..., s_n)$ el pago π_i^j obtenido por el jugador i en el nodo final z^j resultante. La aparente simplicidad de esta representación del juego encierra en la potencial complejidad del espacio de estrategias toda la riqueza de detalle (orden de movimiento, dispersion de información, etc.) que una representación extensiva del juego presenta de forma explícita.

1.3.2 Ejemplo

Dos jugadores utilizan una "baraja" de tres cartas diferentes para desarrollar el siguiente juego. Después de barajar, el jugador 1 elige una carta, la ve, y en función de ello decide "apostar" o "pasar". Si apuesta, el jugador 2 coge una carta de las dos restantes y, en función de cuál es, decide igualmente "apostar" o "pasar". Si ambos jugadores apuestan, el jugador que tiene la carta más alta recibe del otro cien pesetas. Si alguno no apuesta, no se realiza ningún pago.

La representación extensiva del juego se ilustra en la figura 1.5.

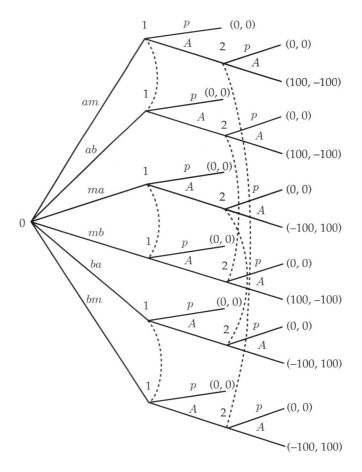

Figura 1.5. Juego de la carta más alta, forma extensiva.

Las estrategias posibles para cada uno de los jugadores son:

- *Naturaleza:* $S_0 = \{(c_1, c_2) \in B \times B : c_1 \neq c_2\}$
  donde $Baraja\ (B) \equiv \{alta\ (a), mediana\ (m), baja\ (b)\}$.
- *Jugador 1:* $S_1 = \{s_1 : B \longrightarrow J_1 \equiv \{Apostar\ (A),\ Pasar\ (P)\}\} = (J_1)^B$.
- *Jugador 2:* $S_2 = \{s_2 : B \longrightarrow J_2 \equiv \{Apostar\ (A),\ Pasar\ (P)\}\} = (J_2)^B$.

Las estrategias de los dos jugadores se pueden representar por ternas cuyas coordenadas se asocian a cada uno de los posibles conjuntos de información. Así tenemos:

$$S_1 = S_2 = \{(A, A, A),\ (A, A, P),\ (A, P, A)\ , ...,\ (P, P, P)\}.$$

Una vez identificados los espacios de estrategias, la forma estratégica del juego simplemente requiere una asociación apropiada entre los perfiles de estrategias y los correspondientes vectores de pago. Fijando la elección de la naturaleza a un determinado par de cartas (c_1, c_2) para cada jugador, esta asociación entre estrategias y pagos puede describirse a través de una tabla similar a las utilizadas en secciones anteriores. Así, si hacemos por ejemplo $(c_1, c_2) = (m, b)$, obtenemos la tabla 1.3. (véanse las variaciones de este ejemplo en el ejercicio 1.1).

$\begin{matrix}&2\\1&\end{matrix}$	AAA	AAP	AP	$\cdots$	PPP
AAA	$100, -100$	$0, 0$	$100, -100$	$\cdots$	$0, 0$
AAP	$100, -100$	$0, 0$	$100, -100$	$\cdots$	$0, 0$
APA	$0, 0$	$0, 0$	$0, 0$	$\cdots$	$0, 0$
$\vdots$	$\vdots$	$\vdots$	$\vdots$	$\vdots$	$\vdots$
PPP	$0, 0$	$0, 0$	$0, 0$	$\cdots$	$0, 0$

Tabla 1.3

1.4 Estrategias mixtas y memoria perfecta: Teorema de Kuhn

El concepto de estrategia arriba considerado se conoce como *estrategia pura* y prescribe de forma *determinista* la ejecución de una acción concreta en *cada* conjunto de información. Debido a que (tal como veremos en el próximo capítulo) en muchos juegos de interés no existen configuraciones de equilibrio en estrategias puras, una generalización de este concepto que querremos utilizar con frecuencia es el de *estrategias mixtas*. Éstas permiten la selección de una de las estrategias puras de forma aleatoria; esto es, en función de una "lotería". Formalmente, el espacio de estrategias mixtas para cada jugador i es el conjunto de medidas de probabilidad definidas sobre su espacio de estrategias puras S_i. Se denotará, para cada jugador $i = 0, 1, ..., n$, por Σ_i. Si $S_i \equiv \{s_{i1}, s_{i2}, ..., s_{ir_i}\}$ es un conjunto finito y r_i su cardinal, podemos simplemente identificar Σ_i con $\triangle^{r_i-1}$, el símplex de dimensión $r_i - 1$ (esto es, los vectores r_i-dimensionales no negativos cuya suma de componentes es igual a la unidad). Con estrategias mixtas la función de pagos (que, como se recordará, refleja utilidades Von Neumann-Morgenstern) se extiende al conjunto de perfiles de estrategias mixtas $\Sigma = \Sigma_1 \times ... \times \Sigma_n$ en términos de pagos esperados. Para el caso en que el número de estrategias puras sea finito, estos pagos adoptan la siguiente forma (por simplicidad, mantenemos la misma notación $\pi_i(\cdot)$ para reflejar pagos efectivos y esperados):

$$\forall \sigma \in \Sigma , \forall i = 0, 1, ..., n,$$

$$\pi_i(\sigma) = \sum_{q_0, q_1, ..., q_n = 1}^{r_0, r_1, ..., r_n} \sigma_0(s_{0q_0})\, \sigma_1(s_{1q_1})\, ...\, \sigma_n(s_{nq_n})\ \pi_i\left(s_{0q_0}, s_{1q_1}, ..., s_{nq_n}\right).$$

Al juego definido por la función de pagos precedentes se le conoce como *extensión mixta del juego*.

Heurísticamente, una estrategia mixta refleja una aleatorización, cuya incertidumbre asociada se despeja *totalmente* al principio del juego, fijando un plan concreto (esto es, estrategia pura) que se adoptará sin cambio durante todo su desarrollo. En contraste con este enfoque, podríamos concebir una situación en la que los agentes realizan (o planifican realizar) una aleatorización *independiente* en *cada* uno de los conjuntos de información en los que pueden llegar a encontrarse a lo largo del juego. Esta es la idea que subyace en el concepto de estrategia de comportamiento. Formalmente, una *estrategia de comportamiento* es una función

$$\gamma_i : H_i \longrightarrow \Delta(A_i),$$

que a cada $h \in H_i$ asocia un vector de probabilidades en $\Delta(A_i)$ con la interpretación de que, para cada $a \in A(h)$, $\gamma_i(h)(a)$ es la probabilidad con que el jugador i elige la acción a cuando se encuentra en un nodo $x \in h$. Naturalmente, se requiere que $\gamma_i(h)(\hat{a}) = 0$ si $\hat{a} \notin A(h)$; esto es, el soporte de $\gamma_i(h)$ está contenido en $A(h)$. El conjunto de estrategias de comportamiento del jugador i se denotará $\Psi_i \equiv \{\gamma_i : H_i \to \Delta(A_i)\}$.

Dadas estas dos formas alternativas de modelar la aleatorización en un juego (estrategias mixtas en Σ_i o de comportamiento en Ψ_i), surge de forma natural la pregunta de cuál es la relación entre ambos enfoques. Como primer paso, explicamos cómo asociar unívocamente una estrategia de comportamiento a cada posible estrategia mixta $\sigma_i \in \Sigma_i$ de un jugador $i = 1, 2, ..., n$.

Heurísticamente, la estrategia de comportamiento γ_i inducida por una determinada estrategia mixta σ_i ha de reflejar, para cada $h \in H_i$ y $a \in A(h)$, la probabilidad de elegir a, condicionada a que se alcance el conjunto de información h. Para apreciar algunos de los problemas que pueden surgir a este respecto, considérese un juego con la estructura ilustrada en la figura 1.6. En este juego, el agente 1 tiene cuatro estrategias: (A,C), (A,D), (B,C), (B,D). Centrémonos, por ejemplo, en la estrategia mixta $\tilde{\sigma}_1 = (1/2,0,0,1/2)$ y la acción D vinculada al segundo conjunto de información del jugador 1, que denotamos por $\tilde{h}$. La estrategia $\tilde{\sigma}_1$ asocia a la acción D una probabilidad "total" en $\tilde{h}$ igual a

$$\sum_{\{s_1 \in S_1 : s_1(\tilde{h})=D\}} \tilde{\sigma}_1(s_1) = 1/2.$$

Sin embargo, ésta no es la *probabilidad condicionada* de tomar la acción D, sujeto al hecho de que efectivamente se llegue al conjunto de información $\tilde{h}$. De hecho, esta probabilidad es nula, ya que el conjunto de información considerado sólo se alcanza (dado $\tilde{\sigma}_1$) si el jugador 1 adopta la estrategia (A,C).

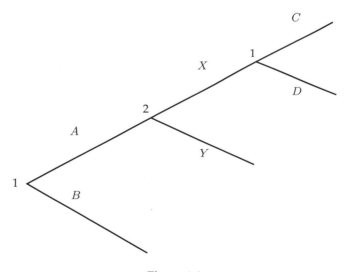

Figura 1.6

Para conseguir una apropiada formalización del problema, denótese por $\widehat{S}_i(h)$ el conjunto de estrategias del jugador i que son "compatibles" con un cierto conjunto de información h, esto es, que *admiten* la posibilidad de que el juego visite un nodo en h para *algún* perfil de estrategias de los demás jugadores. (Por ejemplo, en el juego ilustrado en la figura 1.6, si $\tilde{h}$ sigue denotando el segundo conjunto de información del jugador 1, $\widehat{S}_1(\tilde{h}) = \{(A,C),(A,D)\}$.) Con esta notación, la estrategia de comportamiento asociada a cualquier estrategia $\sigma_i \in \Sigma_i$ se puede construir como sigue:

$$\forall h \in H_i \, , \, \forall a \in A(h),$$

$$\gamma_i(h)(a) = \frac{\sum_{\{s_i \in \hat{S}_i(h):s_i(h)=a\}} \sigma_i(s_i)}{\sum_{s_i \in \hat{S}_i(h)} \sigma_i(s_i)} \quad \text{si} \quad \sum_{s_i \in \hat{S}_i(h)} \sigma_i(s_i) > 0; \qquad [1.4]$$

$$\gamma_i(h)(a) = \sum_{\{s_i \in S_i:s_i(h)=a\}} \sigma_i(s_i) \quad \text{en otro caso.}$$

Es decir, la probabilidad otorgada por la estrategia de comportamiento γ_i de efectuar la acción a en el conjunto de información h se identifica con la *probabilidad condicional* inducida por σ_i, siempre y cuando esta estrategia haga posible que h se alcance (esto es, siempre y cuando $\sum_{s_i \in \hat{S}_i(h)} \sigma_i(s_i) > 0$). Si esto no es así, y es la propia estrategia σ_i del jugador i la que descarta que h se pueda visitar, la probabilidad condicional mencionada no está bien definida. En estos casos, discrecionalmente,[1] identificamos la probabilidad de jugar cada acción a en h con la probabilidad total que (de forma esencialmente irrelevante) σ_i asocia a ello.

Nótese que, por construcción, la formulación descrita en [1.4] garantiza que tanto σ_i como su γ_i asociada induzcan la misma "aleatorización condicionada" respecto a las acciones disponibles en cada conjunto de información. Desde este punto de vista, ambas reflejan el mismo comportamiento contingente, al menos si cada conjunto de información se considera por separado. Se desarrolla más adelante una discusión detallada de las posibles diferencias y sus implicaciones.

En general, la relación entre estrategias mixtas y de comportamiento, aunque exhaustiva, no es inyectiva. Es decir, puede haber más de una estrategia mixta que dé origen a la *misma* estrategia de comportamiento. Considérese para ilustrar este hecho un juego con la estructura reflejada en la figura 1.7.

El jugador 2 tiene en este juego cuatro estrategias puras: $(A, C), (A, D), (B, C),$ (B, D). Tanto la estrategia mixta $\sigma_2 = (1/4, 1/4, 1/4, 1/4)$ como $\sigma_2' = (1/2, 0, 0, 1/2)$ generan la misma estrategia de comportamiento $\gamma_2 = ((1/2, 1/2), (1/2, 1/2))$, donde el primer par corresponde a la lotería aplicada en el primer conjunto de información, y el segundo par a la aplicada en el segundo.

Dada la posible multiplicidad de estrategias mixtas que se pueden asociar a una determinada estrategia de comportamiento, surge la siguiente pregunta de forma natural: ¿cuál es, en general, la forma más apropiada de modelar el comportamiento de los jugadores? Como veremos, la conclusión es la siguiente: cualquiera de estas

---

[1] Habría otras posibles formas de completar la estrategia de comportamiento inducida, sin que ello tuviera implicaciones importantes sobre el análisis. Por ejemplo, se podría asociar idéntica probabilidad a cada una de las acciones disponibles en un conjunto de información si éste no es alcanzable vía σ_i.

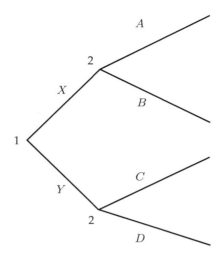

Figura 1.7

formas alternativas es estratégicamente equivalente si, y esencialmente sólo si, los agentes disfrutan de memoria perfecta a lo largo del juego.

Antes de entrar en detalle a explicar las características precisas de la equivalencia mencionada, abordamos la formulación rigurosa de la idea de "memoria perfecta". Diremos que un juego exhibe memoria perfecta si, a lo largo de él, los jugadores nunca olvidan ni las acciones que efectuaron ni la información que supieron con anterioridad. ¿Cómo podemos formalizar esta idea? Tal como pasamos a explicar a continuación, nos apoyaremos en el versátil concepto de *conjunto de información*.

Formalmente, un jugador i *no olvida* la acción $a \in A_i(x)$ que efectuó en un cierto $x \in K_i$ si

$$\forall x', x'' \ (x' \neq x''), \ x = P(x') = P(x''),$$
$$(x' R \hat{x}, \ x'' R \tilde{x}, \ \hat{x} \in K_i, \ \tilde{x} \in K_i) \Rightarrow h(\hat{x}) \neq h(\tilde{x}),$$

donde $h(\cdot)$ denota el conjunto de información al que pertenece el nodo en cuestión.

Análogamente, consideramos el requisito de que el jugador i *no olvide* ninguna información precedente. Ello es equivalente a afirmar que si un jugador *no* posee una cierta información en algún momento del juego, tampoco la tenía en un momento anterior. Formalmente, se describe de la forma siguiente:

$$\forall x, x' \in K_i, \ x' \in h(x), \ [\hat{x} \in K_i, \ \hat{x} R x] \Rightarrow \left[\exists \tilde{x} \in h(\hat{x}) : \ \tilde{x} R x' \right].^2$$

Cuando un juego exhibe memoria perfecta, las estrategias mixtas y de comportamiento resultan ser formas estratégicamente equivalentes de modelar el comportamiento de los agentes en el siguiente sentido: para cada jugador y, dado cualquier

---

[2] Naturalmente, $\tilde{x}$ puede muy bien coincidir con $\hat{x}$.

perfil de estrategias de sus oponentes (mixtas o de comportamiento), las distribuciones de probabilidad relativas a nodos finales (y, por tanto, pagos) generados por:

(i)   una estrategia de comportamiento determinada, o
(ii) cualquiera de las estrategias mixtas que inducen tal estrategia de comportamiento,

son idénticas. Desde esta perspectiva, para cualquier jugador no deberá existir preferencia por una u otra manera de formular y poner en práctica su decisión.

A modo de ilustración, considérense dos juegos con las estructuras representadas en las figuras 1.8 y 1.9. Sus acciones y órdenes de movimiento son los mismos, aunque en el primero haya memoria perfecta y en el segundo no.

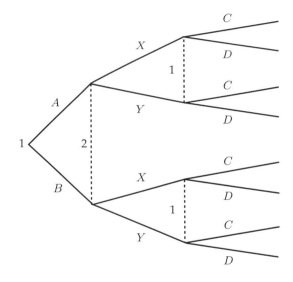

Figura 1.8

En el primer juego, el jugador 1 tiene ocho estrategias puras:

$$(A, C, C), (A, C, D), (A, D, C), (A, D, D), (B, C, C), (B, C, D), (B, D, C), (B, D, D),$$

donde cometemos la imprecisión (que nos será útil más adelante) de identificar de la misma forma las acciones C y D de cada uno de los dos (distintos) conjuntos de información finales del jugador 1.

Consideremos cualquier estrategia mixta $\sigma_1 \in \Delta^1$ y sea $\gamma_1 \equiv (\gamma_{11}, \gamma_{12}, \gamma_{13}) \in \Delta^1 \times \Delta^1 \times \Delta^1$ su estrategia de comportamiento inducida. Es fácil ver que ambas estrategias son equivalentes en el sentido arriba indicado. A modo de ilustración, supóngase que el jugador 2 juega X, y nos centramos en la probabilidad con la que

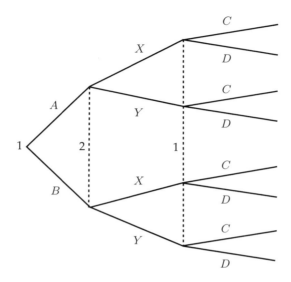

Figura 1.9

se alcanza el nodo A-X-C cuando el jugador 1 adopta una cierta estrategia $\sigma_1 \in \Sigma_1$. Esta probabilidad viene dada por:[3]

$$\mathbf{Prob}_{(\sigma_1,\,X)}(A\text{-}X\text{-}C) = \mathbf{Prob}_{\sigma_1}\left\{(s_1(h_1) = A) \wedge (s_1(h_2) = C)\right\}$$
$$= \mathbf{Prob}_{\sigma_1}\left\{s_1(h_1) = A\right\} \times \mathbf{Prob}_{\sigma_1}\left\{s_1(h_2) = C \mid s_1(h_1) = A\right\}.$$

Por construcción (recuérdese [1.4]), tenemos:

$$\mathbf{Prob}_{\sigma_1}\left\{s_1(h_1) = A\right\} = \gamma_{11}(A)$$
$$\mathbf{Prob}_{\sigma_1}\left\{s_1(h_2) = C \mid s_1(h_1) = A\right\} = \gamma_{12}(C)$$

de lo que se sigue que, cuando su oponente adopta la estrategia X, el jugador 1 disfruta de las mismas "posibilidades de control" sobre el destino final del juego, bien utilizando σ_1, bien su γ_1 asociada. Claramente, estas consideraciones se pueden extender a cualquier estrategia jugada por el jugador 2.

Por contraste, considérese ahora el segundo juego sin memoria perfecta, en el que el jugador 1 olvida qué acción efectuó ante su primer conjunto de información. Debido a esta pérdida de memoria, el jugador 1 sólo tiene dos conjuntos de información y las siguientes cuatro estrategias puras:

$$(A, C), \ (A, D), \ (B, C), \ (B, D).$$

___
[3] Aquí, el primer conjunto de información del jugador 1 se denota por h_1 y su segundo superior por h_2.

Centrémonos en la siguiente estrategia mixta $\tilde{\sigma}_1 = (1/2, 0, 0, 1/2)$. Ésta da lugar a la estrategia de comportamiento $\tilde{\gamma}_1 = ((1/2, 1/2), (1/2, 1/2))$, donde los dos vectores de probabilidades incluidos en ella corresponden a cada uno de los dos conjuntos de información alternativos. En este caso, la estrategia $\tilde{\gamma}_1$ no es ya equivalente a $\tilde{\sigma}_1$. Para confirmarlo, supóngase de nuevo que el jugador 2 juega X. Entonces, la estrategia $\tilde{\sigma}_1$ induce probabilidad $1/2$ para los dos nodos finales A-X-C y B-X-D, mientras que la estrategia $\tilde{\gamma}_1$ induce una probabilidad uniforme $1/4$ para cada uno de los cuatro nodos finales sucesores de la acción X. La razón última de esta disparidad es que en el juego descrito en la figura 1.9, el jugador 1 no disfruta de memoria perfecta. Por tanto, mediante la estrategia $\tilde{\sigma}_1$ este jugador puede correlacionar sus acciones del primer y segundo conjunto de información, algo que le es imposible realizar mediante la estrategia $\tilde{\gamma}_1$ debido a su "pérdida de memoria".

Kuhn (1953) demostró que, tal como hemos ilustrado, la posible equivalencia o no entre estrategias mixtas y de comportamiento depende exclusivamente de que el juego en cuestión sea o no de memoria perfecta. Éste es el contenido del siguiente teorema, cuya demostración se omite.

Teorema 1.1 (Kuhn, 1953) *En un juego con memoria perfecta, estrategias mixtas y de comportamiento son estratégicamente equivalentes.*

1.5 Juegos en forma coalicional: una digresión por la teoría cooperativa

Las dos formas de representación de un juego introducidas hasta ahora hacen hincapié en el aspecto estratégico de la interacción. Ésta es la dimensión esencial de los juegos *no* cooperativos que serán nuestro objeto fundamental de estudio en este libro. Junto a este enfoque, la teoría de juegos ha explorado otra vía paralela y en gran medida independiente cuyo objeto es bastante diferente: la conocida como *teoría de juegos cooperativos*. Esta última, en vez de las interacciones estratégicas de los individuos se propone analizar los *conjuntos de posibilidades* disponibles para las diferentes "coaliciones" de las que los individuos pueden llegar a formar parte.

El supuesto implícito en este enfoque es que los jugadores siempre alcanzarán finalmente un acuerdo (que debería ser eficiente), y que este acuerdo puede ser garantizado mediante la "firma" de un contrato vinculante. La cuestión, por tanto, es qué tipo de contrato se firmará y cómo éste ha de depender de las posibilidades coalicionales de cada jugador.

Asociada a cada posible regla para firmar un contrato tenemos una solución diferente del juego cooperativo. Algunas de las más importantes son las conocidas como el Núcleo, el Valor de Shapley, el Nucleolo, la Solución de Negociación de Nash, la Solución de Kalai y Smorodinsky, etc. Finalizamos este capítulo introductorio con un sencillo ejemplo que ayude a sugerir (y sólo esto) algunas ideas. El lector interesado habrá de dirigirse a textos más exhaustivos (v.g. Myerson (1991) para una discusión detallada y rigurosa).

Sea un conjunto de individuos $N = \{1, ..., n\}$ ($n \geq 2$) a los que se ofrece la siguiente tentadora posibilidad: un millón de pesetas será entregado a cualquier subgrupo que

(a) represente a una mayoría estricta de individuos, y
(b) acuerde una forma concreta de dividir el dinero entre ellos.

La representación coalicional de este juego se basa en lo que se conoce como su *función característica*. Ésta es una función que asocia a cada posible coalición de individuos (el conjunto de partes de N) la especificación de su conjunto de posibilidades —en nuestro caso, las diferentes asignaciones de dinero que son factibles entre sus miembros.

Consideremos primero el caso $n = 2$. En este caso la función (de hecho, correspondencia) característica

$$V : \mathcal{P}(N) \rightrightarrows \mathbb{R}^2$$

tiene la siguiente forma:[4]

$$V(\emptyset) = V(\{1\}) = V(\{2\}) = ((0,0)) ;$$
$$V(\{1,2\}) = \left\{ (x_1, x_2) \in \mathbb{R}_+^2 : x_1 + x_2 = 10^6 \right\} .$$

Ante esta situación, totalmente simétrica, todas las soluciones propuestas en la teoría prescriben un resultado simétrico. Por ejemplo, el Valor de Shapley asigna a cada individuo su contribución marginal *promedio* en el proceso secuencial de formación de la *gran coalición* N, donde todos los posibles órdenes en que este proceso puede llevarse a cabo tienen el mismo peso. Así, cuando $N = \{1,2\}$ hay sólo dos posibles órdenes en que la gran coalición se puede formar: primero el jugador 1 y después el 2, o viceversa. En el primer caso (1-2), el valor marginal de 1 es cero, mientras que en el segundo (2-1) es de 10^6. Por tanto, su contribución marginal media (y su valor de Shapley) es $\frac{10^6}{2}$. El argumento es recíproco para el jugador 2, que obtiene por tanto un valor de Shapley idéntico.

El enfoque del Núcleo es muy diferente. Informalmente, se centra en aquellos acuerdos que son estables frente a la posibilidad de "bloqueo" por parte de alguna coalición. Más específicamente, un acuerdo se juzga estable cuando *no* existe ninguna coalición que pueda garantizar un resultado que todos los miembros

---

[4] Por simplicidad, se supone implícitamente que los pagos de los agentes coinciden con sus retribuciones monetarias. Si esto no fuera así, los conjuntos de posibilidades habrían de ser formulados en el espacio de pagos (o utilidades).

de la coalición prefieran al referido acuerdo. Si, en el ejemplo considerado, N se compone de sólo dos agentes, está claro que el núcleo lo forma *todo* el conjunto $\left\{(x_1, x_2) \in \mathbb{R}_+^2 : x_1 + x_2 = 10^6\right\}$. Por tanto, se mantiene la simetría en el resultado, aunque ahora éste no sea una asignación definida sino un conjunto de ellas (de hecho, el conjunto completo de posibilidades).

Reconsideremos ahora la situación con $n = 3$. En este caso, la función característica

$$V : \mathcal{P}(N) \rightrightarrows \mathbb{R}^3$$

es como sigue:

$$V(\emptyset) = V(\{1\}) = V(\{2\}) = V(\{3\}) = \{(0,0,0)\};$$
$$V(\{i,j\}) = \left\{(x_1, x_2, x_3) \in \mathbb{R}_+^3 : x_i + x_j = 10^6; i, j = 1, 2, 3, \ i \neq j\right\};$$
$$V(\{1,2,3\}) = \left\{(x_1, x_2, x_3) \in R : x_1 + x_2 + x_3 = 10^6\right\}.$$

En este caso, el *valor de Shapley* refleja de nuevo la simetría de la situación, prescribiendo que el millón se reparta a partes iguales entre los tres jugadores, es decir, $\frac{10^6}{3}$ para cada uno de ellos. Así, considérense las seis posibles secuencias en que se puede formar la gran coalición. En cuatro de ellas, cada individuo tiene una contribución marginal nula (en concreto, cuando ocupa el primer o último lugar). Por el contrario, en las dos en que ocupa exactamente el segundo lugar, su contribución marginal es 10^6. Promediando los seis valores, obtenemos la conclusión indicada.

En contraste con lo anterior, resulta bastante más intrigante el hecho de que el *núcleo* del juego con tres jugadores sea vacío. Ello responde a las siguientes consideraciones. Supóngase que los tres individuos se sientan alrededor de una mesa para redactar un acuerdo. Si dos individuos pretenden llegar a un acuerdo bilateral sobre la repartición del millón que soslaye al tercero, éste reaccionará inmediatamente ofreciendo a uno de ellos (digamos, al jugador 1) un contrato alternativo que mejore lo que recibiría en el "amenazante" contrato. (Esto siempre será beneficioso para él ya que, si el contrato se firmara, no recibiría nada.) Estas consideraciones eliminan la posibilidad de contratos exclusivamente bilaterales. ¿Y son posibles contratos trilaterales? Para ver que éstos tampoco son "estables" nótese que cualquier contrato entre los tres individuos admite la posibilidad de que dos de ellos mejoren su parte firmando por separado y repartiéndose lo que recibiría el tercero. Ello anula la estabilidad de cualquier contrato trilateral que otorgue una cantidad positiva a los tres individuos. Concluimos, por tanto, que ningún contrato es estable: para cualquier coalición que pensara formarse, siempre se podría formar otra beneficiando a sus miembros en relación con la primera. Esta inestabilidad es la que subyace en la inexistencia de cualquier asignación en el núcleo en el contexto descrito cuando $n = 3$. De hecho, es fácil ver que este problema se plantea siempre y cuando $n > 2$.

Ejercicios

Ejercicio 1.1 Represéntese en forma extensiva las siguientes variaciones del ejemplo ilustrado en la figura 1.5.

(a) Hay que pagar una cantidad inicial que engrosa la apuesta (si ambos apuestan) o paga el que pasa si sólo él lo hace.

(b) Como en (a), con la posibilidad añadida de que el jugador 1 apueste después de haber pasado si el 2 apuesta después.

Ejercicio 1.2 Dos generales, A y B, fortificados en sendas colinas distantes entre sí tienen que decidir si atacan al ejército enemigo acampado en el valle. Para que la expedición tenga éxito el general A ha de recibir refuerzos. De ello, que depende de las condiciones metereológicas en la retaguardia (no observadas en el frente), hay una probabilidad 1/2. Los generales han llegado al acuerdo de que si A recibe los refuerzos, mandará un emisario a B. Saben, sin embargo, que en su caso, este emisario sólo tiene una probabilidad de 1/3 de atravesar las líneas enemigas. Los pagos de una victoria se han evaluado en 50 para cada general, cero los de espera conjunta, y -10 para el que espera y -50 para el que ataca si sólo uno de ellos lo hace. Finalmente, si los dos generales atacan pero salen derrotados (porque A no ha recibido los refuerzos) cada uno de ellos obtiene un pago de -40.

1. Represéntese el juego en forma extensiva.
2. ¿Y si el general A considera también la posibilidad de enviar un emisario en cualquier caso?
3. ¿Y si el general A siempre ataca y envía un emisario en el caso (y sólo en él) de recibir refuerzos?
4. ¿Y si el general A siempre envía un emisario, atacando sólo cuando recibe refuerzos?
5. ¿Cuál se estima que será —quizás en términos probabilísticos— el resultado de la batalla en los dos últimos casos?

Ejercicio 1.3 En el juego representado en la figura 1.8, supóngase que el jugador 1 utiliza una estrategia mixta σ_1 que asigna igual peso de 1/3 a las tres siguientes estrategias puras: (A, C, D), (A, D, D), (B, C, C), donde la primera componente hace referencia a su primer conjunto de información, la segunda al conjunto de información que sigue a la acción A, y la tercera al que sigue a B. Calcúlese formalmente la estrategia de comportamiento asociada a σ_1. Considérese ahora la estrategia mixta σ_1' que asocia un peso igual de 1/2 a las estrategias (A, C, D) y (A, D, D). Calcúlese la estrategia de comportamiento asociada a σ_1'.

Ejercicio 1.4 Represéntese en forma extensiva el juego descrito en la tabla 1.2.

Ejercicio 1.5 Represéntese en forma estratégica el juego descrito en la figura 1.1. Compárese con el juego descrito en la tabla 1.2.

Ejercicio 1.6 Sean dos individuos, 1 y 2, que juegan al tradicional juego Roca (R) - Papel (P) - Tijeras (T) : R gana a T, P gana a R, T gana a P. Supóngase que "ganar" implica recibir del otro jugador 100 Ptas. mientras que, en caso de igualdad en las acciones de los individuos, no se produce ningún pago.

1. Represéntese el juego en forma extensiva y estratégica. ¿Cuál sería su predicción sobre la estrategia utilizada por parte de cada jugador?
2. Considérese ahora la siguiente variación del juego anterior: el orden de movimientos es estrictamente secuencial (primero uno, después el otro), siendo cada una de las posibilidades elegida aleatoriamente con igual probabilidad (digamos que lanzando una moneda al aire) al principio del juego. Represéntese el juego en forma extensiva y estratégica, indicando también cuáles estima que serán las estrategias utilizadas por parte de cada jugador. Si a un individuo se le da la opción de jugar a la primera versión del juego, a la segunda, o a ninguna, ¿cuál preferirá?

Ejercicio 1.7 Considérese un juego con memoria imperfecta (por ejemplo, el representado en la figura 1.9). ¿Cuál considera que es el más natural de los conceptos de "estrategia": el definido en la forma normal del juego, o el de comportamiento? Discútase.

Ejercicio 1.8 Considérese el juego representado en la figura 1.10, en cuyo inicio la naturaleza mueve primero con dos acciones equiprobables.

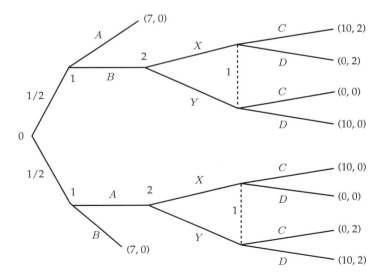

Figura 1.10

Propóngase y razónese una predicción para el juego con memoria perfecta (tal como está descrito arriba). Alternativamente, propóngase y razónese una predicción para el juego con memoria imperfecta, obtenido del arriba descrito, cuando todos los nodos finales del jugador 1 pertenecen a un mismo conjunto de información.

Ejercicio 1.9 Especifíquese la función característica del siguiente contexto. Hay $2n+1$ individuos con un guante cada uno. De ellos, n tienen un guante de la mano derecha y los $n + 1$ restantes uno de la mano izquierda. Un comerciante de guantes ofrece pagar mil pesetas por cada pareja complementaria de guantes que se le entregue. Modelando la situación como un juego en forma coalicional, especifíquese su función característica y determínese su núcleo (recuérdese que éste último coincide con el conjunto de todos los acuerdos "estables" entre los individuos).

2. Conceptos básicos de solución

2.1 Dominancia y dominancia iterativa

Considérese de nuevo el juego del dilema del prisionero introducido en el capítulo anterior (tabla 1.1). Se recordará que en este juego la estrategia D resulta la mejor para cada jugador, independientemente de lo que haga el otro. La estrategia D, en otras palabras, es dominante para cada jugador. Ello nos llevaba a predecir esta decisión por parte de cada uno de ellos.

Mucho más interesante es el caso en que este criterio de dominancia es utilizado de forma iterativa. Considérese el siguiente juego bilateral en forma estratégica:

		2		
		A	B	C
	X	2, 2	1, 0	0, 3
1	Y	4, 4	7, 2	6, 1
	Z	3, 5	2, 6	8, 3

Tabla 2.1

Observamos, primeramente, que la estrategia Y al jugador 1 le da un pago mayor que la estrategia X, *sea cual sea la estrategia del individuo* 2. Por ello, decimos que la estrategia Y domina (a veces añadiremos "fuertemente") la estrategia X. Si el jugador 1 es racional, no utilizará nunca la estrategia X. Si además el jugador 2 razona de esta forma (en particular supone que 1 es racional), descartará que 1 vaya a adoptar X. Una vez descartada esta posibilidad, el juego queda reducido a

	2 A	B	C
Y	4, 4	7, 2	6, 1
Z	3, 5	2, 6	8, 3

(fila etiquetada 1 a la izquierda)

En el juego resultante, es ahora el jugador 2 el que tiene una estrategia dominada: la estrategia C, tanto por la estrategia A como por la B. Por tanto, si el jugador 1 supone que 2 es racional, descartará que éste adopte C. Nótese que al considerar el jugador 1 que 2 razona sobre el juego reducido (en vez del original) está aceptando implícitamente que el jugador 2 supone que 1 (él mismo) es racional. Una vez descartada C, el juego queda como sigue:

	2 A	B
Y	4, 4	7, 2
Z	3, 5	2, 6

(fila etiquetada 1 a la izquierda)

En esta tabla, el jugador 1 tiene una estrategia dominada: Z, que lo es por la estrategia Y. Por tanto, si 2 cree que 1 razona a partir de esta tabla puede descartar que 1 adopte Z. Nótese que al suponer 2 que 1 razona a partir de esta tabla, cree implícitamente que 1 cree que 2 cree que 1 es racional. Una vez realizado el descarte de Z, 2 se enfrenta a la siguiente tabla:

	2 A	B
1 Y	4, 4	7, 2

lo cual lleva a 2 a elegir A, que le reporta un mayor pago. En resumen, si suponemos que:

(i)   los jugadores 1 y 2 son racionales,
(ii)   los jugadores 1 y 2 creen que ambos son racionales,
(iii) los jugadores 1 y 2 creen que ambos creen que ambos son racionales,
(iv)   los jugadores 1 y 2 creen que ambos creen que ambos creen que ambos son racionales;

entonces, los jugadores jugarán según el perfil (Y, A). La continuación indefinida de la cadena de afirmaciones sugerida por (i)-(iv) define una situación de *conocimiento común de racionalidad* (en inglés, "common knowledge of rationality"). Es una demanda (esto es, condición necesaria) implícita en casi todos los conceptos de solución propuestos por la teoría clásica de juegos. Como explicaremos más adelante, casi todos ellos requieren bastante más que un mero conocimiento común de racionalidad, v.g. algún grado de expectativas racionales (es decir, correctas) sobre el juego de los oponentes. Sin embargo, si no admitimos ninguna de tales consideraciones adicionales y "racionalidad" se identifica con la muy débil exigencia de "no adoptar estrategias dominadas", el análisis (nuestro y de los propios jugadores) ha de basarse exclusivamente en un proceso de descarte iterativo como el arriba descrito.[1] A continuación, pasamos a describir este proceso de forma general y rigurosa.

Sea $G = \left\{ N, \{S_i\}_{i=0}^{n}, \{\pi_i\}_{i=0}^{n} \right\}$ un juego en forma estratégica.

Definición 2.1 *La estrategia s_i del jugador i está (estrictamente) dominada si existe un $\sigma_i \in \sum_i$ tal que:*

$$\forall s_{-i} \in S_{-i} \equiv S_0 \times \ldots \times S_{i-1} \times S_{i+1} \times \ldots \times S_n, \quad \pi_i(\sigma_i, s_{-i}) > \pi_i(s_i, s_{-i}).$$

Nótese que si una estrategia pura s_i está dominada, también lo está, trivialmente, cualquier estrategia mixta que le asigne probabilidad positiva.[2] Análogamente, si una estrategia pura está dominada en el sentido anterior, también lo está si se reemplazan las estrategias puras s_{-i} por estrategias mixtas σ_{-i} en la definición 2.1. Ello es así porque el pago para el jugador i de una estrategia determinada s_i frente a un perfil de estrategias mixtas σ_{-i} de los demás jugadores no es más que una combinación convexa de los pagos resultantes con cada uno de los perfiles de estrategias puras s_{-i} asociados a σ_{-i}.

Sin embargo, es importante entender que el concepto de dominancia propuesto es sustancialmente más *débil* que el que resultaría de requerir que las estrategias dominantes respecto a otra determinada sean necesariamente puras. (Es decir, tal criterio alternativo de dominancia da lugar a un conjunto de estrategias dominadas que *nunca* es mayor que el inducido por el concepto propuesto en la definición 2.1.) Para ilustrar este hecho, considérese la tabla 2.2, que por simplicidad incluye sólo los pagos del jugador 1 en un cierto juego en forma estratégica.

---

[1] Este requisito *mínimo* de racionalidad ha de contrastarse con la mayor exigencia postulada por el concepto de *racionalizabilidad*, introducido en la sección 2.8. Allí, un agente se considera racional si la estrategia elegida maximiza sus pagos esperados, dadas *algunas* percepciones sobre el comportamiento de los demás jugadores.

[2] Sin embargo, tal como se indica en el ejercicio 2.2, la afirmación recíproca *no* es cierta. Es decir, es falso que, en general, cualquier estrategia mixta dominada (la extensión natural de la definición 2.1) haya de otorgar peso positivo a alguna estrategia pura dominada. (Véase también la parte (b) del ejercicio 2.20.)

		2	
		A	B
	X	1	1
1	Y	3	0
	Z	0	3

Tabla 2.2

En el juego correspondiente, ninguna de las estrategias del jugador 1 está dominada por una estrategia pura. Por el contrario, está claro que la estrategia mixta $\sigma_1 = (0, 1/2, 1/2)$ domina a la estrategia pura X, ya que garantiza un pago esperado mayor, independientemente de la estrategia adoptada por el jugador 2.

Ahora formalizamos el proceso iterativo de eliminación de estrategias dominadas ilustrado para el juego presentado más arriba (tabla 2.1). El proceso se realiza a lo largo de una serie de iteraciones $q = 1, 2, \ldots$ Hacemos, primeramente, $S_i^0 = S_i$ y $\Sigma_i^0 = \Sigma_i$. Para $q \geq 1$, definimos:

$$S_i^q = \left\{ s_i \in S_i^{q-1} : \left[\not\exists \sigma_i \in \Sigma_i^{q-1} : \forall s_{-i} \in S_{-i}^{q-1}, \pi(\sigma_i, s_{-i}) > \pi(s_i, s_{-i}) \right] \right\}$$

$$\Sigma_i^q = \left\{ \sigma_i \in \Sigma_i^{q-1} : \mathbf{sop}(\sigma_i) \subseteq S_i^q \right\},$$

[2.1]

donde $\mathbf{sop}(\sigma_i)$ denota el *soporte* de la estrategia mixta σ_i; esto es, el conjunto de estrategias puras a las que σ_i asigna peso positivo.

El conjunto de estrategias que sobreviven el proceso indefinido de eliminación de estrategias dominadas para el jugador i viene dado por:

$$S_i^\infty \equiv \bigcap_{q=0}^\infty S_i^q.$$

[2.2]

Si consideramos juegos finitos (esto es, juegos donde no sólo el conjunto de jugadores sino sus respectivos espacios de estrategias son finitos) el proceso de eliminación acabará necesariamente en un número máximo de iteraciones. Es decir, existe un $\hat{q}$ finito tal que

$$\forall i = 1, 2, \ldots, n, \ \forall q \geq \hat{q}, \ S_i^q = S_i^{\hat{q}} = S_i^\infty.$$

(Véase la parte (a) del ejercicio 2.1). Por construcción, siempre tenemos que $S_i^\infty \neq \emptyset$, ya que una estrategia sólo se descarta si existe otra estrategia *alternativa* que la domina. Si el proceso iterativo definido da lugar a un solo perfil de estrategias (como en el ejemplo considerado más arriba) decimos que el juego en cuestión es *resoluble por dominancia*.

2.2 Equilibrio de Nash

Desgraciadamente, serán pocos los juegos de interés que, siendo resolubles por dominancia, admitan un análisis tan sencillo y transparente como el descrito en la sección anterior. (Recuérdese, por ejemplo, los juegos de la "batalla de los sexos" o "pares y nones", descritos en las secciones 1.1 y 1.2.) Por ello, introducimos ahora un concepto teórico alternativo: el *equilibrio de Nash*, cuya existencia está garantizada para un conjunto muy amplio de juegos. A diferencia de otras nociones de equilibrio más "refinadas" (véase el capítulo 4), ésta se define para la forma estratégica del juego, Γ, $G(\Gamma)$; esto es, sólo requiere la información contenida en esta representación.

Definición 2.2 *Dado un juego en forma estratégica G, un perfil estratégico $s^* \equiv (s_1^*, s_2^*, ..., s_n^*)$ es un equilibrio de Nash si $\forall i = 1, 2, ..., n$, $\forall s_i \in S_i$, $\pi_i(s^*) \geq \pi_i\left(s_i, s_{-i}^*\right)$.*

Verbalmente, un equilibrio de Nash es un perfil estratégico tal que ningún jugador cuenta con una desviación *unilateral* beneficiosa (es decir, dadas las estrategias adoptadas por los demás en el equilibrio, ninguna estrategia alternativa le reporta a ese jugador un pago mayor). Conceptualmente, la condición de equilibrio de Nash se ha de concebir como un requisito de consistencia: toda predicción *concreta* que hiciéramos para un juego determinado que *no* fuera equilibrio de Nash no tendría ninguna posibilidad de materializarse si los jugadores se la creyeran y además fueran racionales en el sentido de maximizar sus pagos individuales. Pues, en ese caso, tal predicción no se confirmaría, ya que al menos un jugador tendría un incentivo para desviarse de ella.

Es fácil comprobar que si un juego es resoluble por dominancia, el (único) perfil estratégico resultante es un equilibrio de Nash (véase el ejercicio 2.5). En este sentido, el criterio de Nash conlleva un enfoque del análisis del juego más potente que el basado en la mera resolución por dominancia. Induce, en otras palabras, una condición *necesaria* de estabilidad estratégica (recuérdese la discusión anterior) que resulta más fuerte (es decir, concluyente) que la reflejada por el criterio de dominancia. Ello no implica, sin embargo, que represente también una condición *suficiente* como base exclusiva para el análisis de todos los juegos. Recuérdese, por ejemplo, la "batalla de los sexos" descrita en el capítulo 1 (figura 1.1). En este juego, existen dos equilibrios de Nash: (F, F) y (C, C). Ninguno de ellos, en función exclusiva del criterio de consistencia de Nash, puede ser preferido respecto al otro. Cualquiera de ellos es igualmente sólido desde un punto de vista estratégico *unilateral*. Para seleccionar uno de ellos deberíamos introducir en el análisis consideraciones adicionales a las que aparecen en la tabla de pagos. Pueden referirse, por ejemplo, al contexto particular o social de la interacción (pasadas citas si las hubo, costumbres de la sociedad donde se desarrolla el juego, etc.). En juegos más ricos (por ejemplo, con una estructura dinámica o informacional más compleja) habrá consideraciones teóricas adicionales que podremos manejar en el análisis. Ello nos introducirá en la literatura de los llamados "refinamientos" del equilibrio de Nash, que, tal como hemos avanzado, son el objeto del futuro capítulo 4. A veces, estos refinamientos nos permitirán discriminar entre equilibrios de Nash alternativos.

2.3 Existencia del equilibrio de Nash

Si nos restringimos a estrategias puras (deterministas), hay muchos juegos de interés que no tienen equilibrios de Nash. Piénsese, por ejemplo, en el juego de "pares y nones" descrito en el capítulo anterior. Por ello, consideraremos la extensión mixta del juego, reformulando la definición 2.2 de la forma obvia. Para esta extensión, tenemos el siguiente primer resultado de existencia en juegos finitos.

Teorema 2.1 (Nash, 1951) *Todo juego finito en forma estratégica G —esto es, su extensión mixta— tiene un equilibrio de Nash.*

Demostración. Se define la *correspondencia de mejor respuesta* para el jugador i

$$\rho_i : \Sigma \rightrightarrows \Sigma_i$$

de la siguiente forma:[3]

$$\rho_i(\sigma) = \left\{ \hat{\sigma}_i \in \Sigma_i : \pi_i(\hat{\sigma}_i, \sigma_{-i}) \geq \pi_i(\tilde{\sigma}_i, \sigma_{-i}), \forall \tilde{\sigma}_i \in \Sigma_i \right\}.$$

Considérese ahora el producto cartesiano de estas correspondencias:

$$\rho : \Sigma \rightrightarrows \Sigma,$$

definido por $\rho \equiv \rho_1 \times \rho_2 \times ... \times \rho_n$. Un punto fijo de ρ, esto es un $\sigma^* \in \Sigma$ tal que $\sigma^* \in \rho(\sigma^*)$, es obviamente un equilibrio de Nash. Para probar la existencia de tal punto fijo utilizaremos el siguiente bien conocido teorema del punto fijo (véase, por ejemplo, Border (1985)).

Teorema de Kakutani *Sea $X \subset \mathbb{R}^m$ un conjunto compacto, convexo y no vacío y $\varphi: X \rightrightarrows X$ una correspondencia hemi-continua superiormente con imágenes convexas no vacías. La correspondencia φ tiene un punto fijo.*

---

[3] Nótese que $\rho_i(\sigma)$ sólo depende de σ_{-i}. Sin embargo, formalmente, es útil definir la correspondencia ρ_i sobre todo Σ.

Comprobemos que las hipótesis del Teorema de Kakutani se satifacen en nuestro caso para cada ρ_i y, por tanto, para ρ. Ya que (véase la sección 1.4)

$$\Sigma_i = \Delta^{r_i - 1}, \quad \Sigma \equiv \prod_{i=1}^{n} \Sigma_i,$$

el dominio y rango de cada ρ_i es obviamente compacto, convexo y no vacío. Sus imágenes son no vacías para todo σ, ya que cada π_i es una función continua (al ser bilineal en σ_i y σ_{-i}) y, por tanto, alcanza un máximo en su respectivo Σ_i al ser éste un conjunto compacto. La convexidad de las imágenes de cada ρ_i se sigue obviamente de la linealidad de cada π_i en σ_i. Finalmente, la hemicontinuidad superior de cada ρ_i es una consecuencia de la siguiente versión del Teorema del Máximo (véase Border, 1985):

Teorema del Máximo *Sean $X \subset \mathbb{R}^m$, $Y \subset \mathbb{R}^n$ compacto, $\phi : X \rightrightarrows Y$ una correspondencia continua y $f : X \times Y \to \mathbb{R}$ una función continua. Se define la correspondencia $\xi : X \rightrightarrows Y$ por $\xi(x) \equiv \{y \in \phi(x) : f(x,y) \geq f(x,y'), \; \forall y' \in \phi(x)\}$ y la función $v : X \to \mathbb{R}$ por $v(x) \equiv f(\tilde{y}(x))$ con $\tilde{y}(x) \in \xi(x)$. La correspondencia ξ es hemicontinua superiormente y la función v continua.*

Se identifica X con Σ, Y con Σ_i, y sea $f(\sigma, \sigma_i') \equiv \pi_i(\sigma_i', \sigma_{-i})$ para cada $\sigma \in \Sigma$, $\sigma_i' \in \Sigma_i$. Particularizando $\phi(\cdot)$ a la correspondencia constante definida por $\phi(\sigma) = \Sigma_i$ para todo $\sigma \in \Sigma$, los supuestos del Teorema del Máximo se satisfacen. Se concluye, por tanto, que la correspondencia ρ_i (identificada con ξ en el enunciado del teorema) es hemicontinua superiormente para todo $i = 1, 2, ..., n$. ∎

Mediante una extensión apropiada del Teorema de Kakutani a espacios infinito-dimensionales (en nuestro caso conjuntos de medidas de probabilidad definidas sobre conjuntos infinitos) el teorema anterior admite una generalización a juegos en los que el espacio de estrategias puras no es necesariamente finito.

Teorema 2.2 (Glicksberg, 1952) *Sea G un juego en forma estratégica tal que, para cada jugador $i = 1, 2, ..., n$, S_i es compacto y $\pi_i(\cdot)$ una función continua. El juego G tiene un equilibrio de Nash.*

Ninguno de los dos resultados anteriores garantiza que los equilibrios de Nash que se establecen hayan de utilizar necesariamente estrategias puras (es decir, obviar estrategias mixtas *no* degeneradas). Algunos autores ponen fuertes reparos al concepto general de estrategias mixtas debido a su falta de "realismo". Casi nunca se contempla en la vida real, arguyen estos autores, situaciones estratégicas de interés en que los jugadores recurran a mecanismos estocásticos de decisión. Aunque, como veremos en el capítulo 6, exista un argumento teórico bastante sólido que justifica las estrategias mixtas como descriptivas de lo que puede suceder *en la mente* de los jugadores, tiene interés preguntarse bajo qué condiciones se puede asegurar que un juego tiene un equilibrio de Nash en estrategias puras. A este respecto, tenemos el siguiente resultado.

Teorema 2.3 (Debreu, 1952; Fan, 1952; Glicksberg, 1952) *Sea G un juego en forma estratégica tal que, para cada $i = 1, 2, ..., n$, S_i es compacto, convexo y $\pi_i(\cdot)$ una función cuasi-cóncava en s_i y continua en $s = (s_1, s_2, ..., s_n)$. El juego G tiene un equilibrio de Nash en estrategias puras.*

Demostración. Ejercicio 2.8. ∎

2.4 Juegos bilaterales de suma cero

Hay una clase importante de juegos *bilaterales* que admiten un análisis mucho más exhaustivo que los de tipo general. Éstos son los llamados de *suma constante*. Incluyen entre ellos muchos de los juegos bilaterales que usualmente se conciben como tales en el uso cotidiano del término (juegos de cartas, ajedrez, competiciones deportivas). Un ejemplo sencillo es el juego de "pares y nones" descrito en la lección anterior. La característica fundamental de estos juegos es que la *suma* de los pagos de los jugadores se mantiene *constante* para *cualquier* perfil de estrategias de ambos. En particular, es especialmente natural centrarse (sin ninguna pérdida de generalidad —véase el ejercicio 2.9) en el caso en que esta suma es idénticamente cero. Formalmente, la definición de tales juegos de *suma cero* es como sigue:

Definición 2.3 *Un juego bilateral $G = \{\{1,2\}, \{S_1, S_2\}, \{\pi_1, \pi_2\}\}$ es de suma cero si satisface que $\pi_1(s) + \pi_2(s) = 0$ para todo $s \in S$.*[4]

Sea G un juego bilateral finito de suma cero. Para cada par de estrategias, $s_{1j} \in S_1$, $s_{2k} \in S_2$, denotaremos $a_{jk} \equiv \pi_1(s_{1j}, s_{2k})$ y $b_{jk} \equiv \pi_2(s_{1j}, s_{2k})$ los pagos asociados a cada uno de los jugadores. Al ser el juego de suma cero, tenemos obviamente que $a_{jk} = -b_{jk}$. Por tanto, el juego admite una representación compacta a través de una matriz A de orden $r_1 \times r_2$, esto es, (cardinal de S_1) × (cardinal de S_2), siendo cada elemento a_{jk} $(j = 1, ..., r_1; k = 1, ..., r_2)$ el pago para el jugador j asociado al perfil estratégico (s_{1j}, s_{2k}). Correspondientemente, para un perfil de estrategias mixtas $(\sigma_1, \sigma_2) \in \Delta^{r_1 - 1} \times \Delta^{r_2 - 1}$, tenemos:

[4] Nótese que la condición de suma cero aplicada a perfiles de estrategias puras se mantiene al considerar estrategias mixtas (véase la definición 2.4).

$$\pi_1(\sigma_1, \sigma_2) = -\pi_2(\sigma_1, \sigma_2) = \sigma_1 A \, \sigma_2 \, ,$$

donde σ_1 se intrepreta como un vector fila y σ_2 como un vector columna. Dado los intereses contrapuestos de ambos jugadores, mientras que el jugador 1 tratará de maximizar la expresión $\sigma_1 A \, \sigma_2$, el 2 tratará de minimizarla. Adquieren especial relevancia dos valores específicos para estos pagos adquieren especial relevancia. Se conocen como los valores **maximin** y **minimax**.

Heurísticamente, el **maximin** es el valor máximo que el jugador 1 podría obtener en el juego en caso de que el 2 pudiera reaccionar (óptimamente) a toda estrategia suya minimizando su pago (el del jugador 1). Intuitivamente, este valor corresponde al pago que 1 esperaría si fuese extremadamente pesimista sobre la capacidad de anticipación de su oponente. Formalmente, corresponde a:

$$v_1 \equiv \max_{\sigma_1 \in \Sigma_1} \min_{\sigma_2 \in \Sigma_2} \sigma_1 A \sigma_2.$$

Simétricamente, definimos el **minimax**, el cual tiene una interpretación análoga para el jugador 2:

$$v_2 \equiv \min_{\sigma_2 \in \Sigma_2} \max_{\sigma_1 \in \Sigma_1} \sigma_1 A \sigma_2.$$

El resultado fundamental para juegos de suma cero es el siguiente teorema.

Teorema 2.4 (Von Neumann, 1928) *Sea G un juego bilateral finito de suma cero.*

(i) $v_1 = v_2 = v^*$.

(ii) Para todo equilibrio de Nash (σ_1^*, σ_2^*), $\sigma_1^* A \, \sigma_2^* = v^*$.

Demostración. Probemos primero que $v_2 \geq v_1$. Dado cualquier $\hat{\sigma}_1 \in \Sigma_1$, obviamente tenemos:

$$\min_{\sigma_2 \in \Sigma_2} \hat{\sigma}_1 A \sigma_2 \leq \hat{\sigma}_1 A \hat{\sigma}_2 \, , \qquad \forall \hat{\sigma}_2 \in \Sigma_2. \qquad [2.3]$$

Aplicando el operador $\max_{\sigma_1 \in \Sigma_1}$ a ambos miembros de la desigualdad precedente, tenemos:

$$v_1 = \max_{\sigma_1 \in \Sigma_1} \min_{\sigma_2 \in \Sigma_2} \sigma_1 A \sigma_2 \leq \max_{\sigma_1 \in \Sigma_1} \sigma_1 A \hat{\sigma}_2, \qquad \forall \hat{\sigma}_2 \in \Sigma_2.$$

Por tanto, aplicando ahora el operador $\min_{\sigma_2 \in \Sigma_2}$ a ambos miembros de la última expresión:

$$v_1 \leq \min_{\sigma_2 \in \Sigma_2} \max_{\sigma_1 \in \Sigma_1} \sigma_1 A \sigma_2 = v_2$$

lo que prueba la deseada desigualdad $v_2 \geq v_1$.

Probemos ahora que $v_1 \geq v_2$. Sea (σ_1^*, σ_2^*) un equilibrio de Nash de G (un equilibrio siempre existe por el teorema 2.1). Por definición de equilibrio de Nash:

$$\sigma_1^* A\, \sigma_2^* \geq \sigma_1 A\, \sigma_2^*, \quad \forall \sigma_1 \in \Sigma_1 \qquad\qquad [2.4]$$

$$\sigma_1^* A\, \sigma_2^* \leq \sigma_1^* A\, \sigma_2, \quad \forall \sigma_2 \in \Sigma_2. \qquad\qquad [2.5]$$

Por otro lado:

$$v_1 = \max_{\sigma_1 \in \Sigma_1} \min_{\sigma_2 \in \Sigma_2} \sigma_1 A\, \sigma_2$$
$$\geq \min_{\sigma_2 \in \Sigma_2} \sigma_1^* A\, \sigma_2.$$

Ya que, por [2.5],

$$\min_{\sigma_2 \in \Sigma_2} \sigma_1^* A\, \sigma_2 = \sigma_1^* A\, \sigma_2^*$$

se sigue que:

$$v_1 \geq \sigma_1^* A\, \sigma_2^*.$$

En vista de [2.4], tenemos:

$$\sigma_1^* A\, \sigma_2^* = \max_{\sigma_1 \in \Sigma_1} \sigma_1 A\, \sigma_2^*$$

y, por tanto,

$$v_1 \geq \max_{\sigma_1 \in \Sigma_1} \sigma_1 A\, \sigma_2^*$$
$$\geq \min_{\sigma_2 \in \Sigma_2} \max_{\sigma_1 \in \Sigma_1} \sigma_1 A\, \sigma_2 = v_2.$$

Combinando $v_2 \geq v_1$ y $v_1 \geq v_2$ obtendremos la parte *(i)* del teorema, $v_1 = v_2 = v^*$. La parte *(ii)* es consecuencia inmediata de esta igualdad. ∎

Por la parte *(i)* del teorema 2.4, el **maximin** y el **minimax** de un juego bilateral de suma cero coinciden. Al hilo de la motivación de estos conceptos desarrollada más arriba, podríamos decir (por *(ii)*) que las expectativas "más pesimistas" de los dos agentes se confirman *simultáneamente* en *cualquier* equilibrio de Nash: cada agente i obtiene el máximo pago $v_i = v^*$ consistente con una "anticipación" perfecta de sus acciones por parte del oponente. Si bien pudieran existir varios equilibrios de Nash, en todos ellos ambos agentes obtienen ese pago. De hecho, se puede probar que las estrategias de equilibrio se pueden elegir independientemente para cada agente. Es decir, a diferencia de lo que ocurre en juegos generales, un equilibrio en este caso no requiere ningun grado de coordinación en las expectativas de los agentes.

Observación 2.1 Nótese que el valor "**maximin**", v_1, y el "**minimax**", v_2, siempre pueden definirse para juegos bilaterales arbitrarios (no necesariamente de suma cero). El argumento por el que concluíamos en la demostración del teorema 2.4 que $v_2 \geq v_1$ es válido para cualquier juego bilateral. No así, sin embargo, la desigualdad recíproca, que es la que implica la igualdad probada entre los dos valores; ésta última sólo es válida en general para juegos de suma cero.

Para terminar esta sección, hacemos notar que los resultados obtenidos para juegos bilaterales de suma cero *no* se generalizan para un número mayor de agentes (véase el ejercicio 2.11).

2.5 Equilibrio fuerte e inmune a coaliciones

Un equilibrio de Nash es, esencialmente, un perfil estratégico del cual no hay desviaciones *unilaterales* beneficiosas. Hay implícito detrás de este concepto el supuesto de que los jugadores no pueden coordinarse en la adopción simultánea de una desviación conjunta. En algunos contextos, este supuesto no es adecuado y necesitamos considerar un concepto de equilibrio que sea resistente a la posibilidad de que se produzcan desviaciones multilaterales. Una primera aproximación a esta idea la proporciona el concepto de *equilibrio fuerte*, debido a Aumann (1959). Análogamente al concepto de equilibrio de Nash, un equilibrio fuerte es un perfil estratégico para el cual no existe ninguna desviación conjunta de algún subconjunto de jugadores que sea mejor (estrictamente) para todos ellos. En particular, este subconjunto puede coincidir con el conjunto de todos los jugadores. Esto implica, por tanto, que todo equilibrio fuerte ha de ser (débilmente) eficiente en el sentido de Pareto; esto es, no ha de existir ningún otro perfil estratégico que prefieran *todos* los jugadores.

Definición 2.4 *Un perfil estratégico σ^* es un* equilibrio fuerte *si $\forall M \subseteq N$, no existe ningún $(\sigma_j)_{j \in M}$ tal que $\forall j \in M$,*

$$\pi_j((\sigma_j)_{j \in M}, (\sigma_i^*)_{i \in N \setminus M}) > \pi_j(\sigma^*).$$

Obviamente, el concepto de equilibrio fuerte es más exigente que el de Nash, ya que requiere la inmunidad respecto a a un conjunto más amplio de posibles desviaciones. De hecho, es tan exigente que en muchas situaciones de interés su existencia no está garantizada: por ejemplo, en aquellos juegos en que todo perfil estratégico que es eficiente en el sentido de Pareto no es equilibrio de Nash (recuérdese, por ejemplo, el dilema del prisionero presentado en la sección 1.1). Aquí aparece además un problema conceptual importante que ilustramos con el siguiente ejemplo, debido a Bernheim, Peleg, y Whinston (1987). Hay tres jugadores, cuya interacción aparece representada en las siguientes tablas:

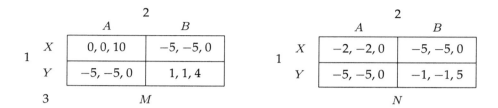

Tabla 2.3

donde el jugador 1 elige filas (X o Y), el 2 columnas (A o B), y el 3 tablas de pagos (M o N). Este juego tiene dos equilibrios de Nash. Uno, (X, A, M), domina en el sentido de Pareto al otro, (Y, B, N). Este último, por tanto, no puede ser un equilibrio fuerte en el sentido de Aumann. Consideremos, sin embargo, la desviación de los tres jugadores de (Y, B, N) a (X, A, M). Si los jugadores 1 y 2 toman como dada la desviación del jugador 3 hacia M, la misma motivación que subyace en la noción de equilibrio fuerte llevaría a exigir que no existiera una desviación conjunta de estos dos últimos jugadores con la que ellos mejoraran. Y en este caso, no ocurre así: dado que 3 selecciona la primera de las tablas de pagos, los jugadores 1 y 2 prefieren jugar (Y, B), lo cual es un equilibrio eficiente en el sentido de Pareto del juego bilateral inducido. Si 3 anticipa esto, no querrá adoptar la desviación conjunta que llevaría a los jugadores a abandonar el equilibrio ineficiente (Y, B, N).

Ante estas consideraciones, Bernheim, Peleg, y Whinston (1987) proponen su concepto de *equilibrio inmune a coaliciones* ("coalition-proof equilibrium"). Lo describiremos sólo informalmente. Un perfil estratégico define un equilibrio inmune a coaliciones si satisface el siguiente proceso inductivo. Primero, ha de ser equilibrio de Nash; es decir, ha de ser inmune a desviaciones unilaterales beneficiosas. Segundo, ha de ser también resistente a desviaciones bilaterales beneficiosas, con el requisito adicional de que cualquier posible desviación bilateral de este tipo ha de inducir un equilibrio de Nash en el juego que resulta entre los dos jugadores en cuestión cuando los restantes mantienen sus estrategias fijas. Prosiguiendo de forma inductiva, estas consideraciones han de iterarse para coaliciones de cualquier tamaño, siempre teniendo en cuenta la siguiente condición fundamental: cualquier desviación conjunta ha de definir un equilibrio inmune a coaliciones para el juego inducido cuando los restantes jugadores mantienen sus estrategias fijas.

Sin duda, el criterio de estabilidad estratégica propuesto por el concepto de equilibrio inmune a coaliciones es sustancialmente más débil que el del equilibrio fuerte: se permite un número menor de desviaciones, ya que se descartan algunas de éstas por su falta de "consistencia interna". Por ejemplo, considerando de nuevo el dilema del prisionero, concluimos que su equilibrio de Nash (D, D) ahora sí define un equilibrio inmune a coaliciones: la desviación conjunta a (N, N) se descarta, ya que no es robusta frente a desviaciones de alguna de las "subcoaliciones" consistentes en un solo jugador.

A pesar de su mucha menor exigencia, se pueden construir ejemplos que ilustran el hecho de que, a fin de cuentas, también el equilibrio inmune a coaliciones está sujeto al mismo problema fundamental que afectaba al equilibrio fuerte: deja de existir en muchos contextos relevantes.[5] Es por lo que, en general, la relevancia práctica de ambos conceptos está bastante limitada y un análisis estratégico satisfactorio de base coalicional es uno de los temas pendientes más importantes de la teoría de juegos. Aquí sólo hemos ilustrado someramente la naturaleza de los problemas que surgen en este campo y dos de las vías propuestas por la literatura para abordarlos parcialmente.

2.6 Equilibrio correlado

Considérese la siguiente tabla de pagos:

		2	
		A	B
1	X	5, 1	0, 0
	Y	4, 4	1, 5

Tabla 2.4

El juego asociado es en alguna medida parecido a la "batalla de los sexos", con dos equilibrios de Nash en estrategias puras. Uno de estos equilibrios, (X, A), es el que prefiere el jugador 1; el otro, (Y, B), es el que prefiere el jugador 2. Si los jugadores insistieran en alcanzar un equilibrio simétrico, existe uno en estrategias mixtas que otorga un pago idéntico *ex-ante* de $5/2$ a ambos jugadores. Sin embargo, este equilibrio lleva aparejada una ineficiencia (el perfil estratégico (Y, A) induce un pago de 4 para cada jugador) que es esencialmente una consecuencia de la "aleatorización" *independiente* que los jugadores realizan en ese equilibrio. En principio, parecería que sólo si los jugadores recurren a algún mecanismo de coordinación en sus decisiones

---

[5] Un caso interesante en el que siempre existe un equilibrio inmune a coaliciones viene dado por aquellos juegos en los que el conjunto $S^\infty \equiv S_1^\infty \times S_2^\infty \times ... \times S^\infty$ (véase [2.2]) contiene un perfil s^* que domina en el sentido de Pareto (débilmente) todos los otros perfiles estratégicos $s \in S^\infty$. Bajo esas circunstancias, Moreno y Wooders (1996) prueban que s^* es un equilibrio inmune a coaliciones.

(quizás también aleatorio, aunque *ex ante* simétrico), la eficiencia y la simetría podrían llegar a compatibilizarse.

Esta es esencialmente la idea que refleja el concepto de *equilibrio correlado* propuesto por Aumann (1974). Supóngase que los jugadores deciden adoptar el siguiente mecanismo de coordinación: lanzar una moneda y, si sale cara, jugar (X, A); si sale cruz, jugar (Y, B). Ya que cada una de estas situaciones es de equilibrio, la coordinación aleatoria entre ellas también lo es. O, en otras palabras, si los jugadores acuerdan utilizar este mecanismo, ninguno de ellos tiene incentivos para desviarse de sus prescripciones. Por otro lado, el pago *ex-ante* de utilizarlo es de 3 para cada jugador, lo que palía la anteriormente descrita ineficiencia inducida por la aleatorización independiente de los jugadores en el único equilibrio simétrico del juego.

A pesar de la mejora que el mecanismo descrito supone, éste no es, sin embargo, eficiente en el conjunto del juego, ya que el perfil (Y, A) lo domina. Desgraciadamente, este perfil no es un equilibrio y, por tanto, es un objetivo demasiado ambicioso. ¿Podrían los jugadores, sin embargo, acercarse a los pagos inducidos por (Y, A) más allá de la mera alternancia entre cada uno de los equilibrios existentes en estrategias puras? Todo parecería indicar que no: si un perfil estratégico no es un equilibrio, nada conseguirá que los agentes lo adopten en decisiones independientes. Esta intuitiva afirmación es esencialmente cierta si, en los mecanismos de coordinación contemplados, las señales utilizadas por los jugadores son idénticas para cada uno de ellos (por ejemplo, si son totalmente públicas como el lanzamiento de una moneda al aire antes descrito).

Consideremos, sin embargo, la posibilidad de que el mecanismo de coordinación que utilicen los agentes pueda enviar señales diferentes (aunque posiblemente correladas) a cada uno de ellos. Específicamente, supóngase que utilizan un mecanismo que produce uno de tres estados en el conjunto $\Omega = \{\omega_1, \omega_2, \omega_3\}$, todos igualmente probables. Sin embargo, una vez producida la realización, el mecanismo no comunica la misma señal a los dos agentes:

- Si se produce ω_1 se le comunica exactamente esto al jugador 1, pero al jugador 2 sólo se le comunica que el suceso $U \equiv (\omega_1 \vee \omega_2)$ (esto es, "ω_1 o ω_2") se ha producido.

- Si se produce ω_2, al jugador 1 se le comunica el suceso $V \equiv (\omega_2 \vee \omega_3)$, y el jugador 2 continúa recibiendo la misma información que en el caso anterior: se ha producido U.

- Finalmente, si se produce ω_3, se le comunica exactamente esto al jugador 2, pero al jugador 1 sólo se le da a conocer el suceso V.

De forma compacta, todo lo anterior se puede formular mediante la especificación de una *partición informacional* $\mathcal{P}_i$ asignada a cada jugador $i = 1, 2$, que refleja la capacidad de discriminación que el agente posee sobre el estado subyacente una vez recibido cada uno de los posibles mensajes. Para el mecanismo descrito, estas particiones son como sigue:

$$\mathcal{P}_1 = \{\omega_1, V\},$$
$$\mathcal{P}_2 = \{U, \omega_3\}.$$

Supongamos ahora que el mecanismo "recomienda" las siguientes respuestas a las señales recibidas por parte de cada jugador.

- Para el jugador 1: X si ω_1, Y si V;
- Para el jugador 2: A si U, B si ω_3.

Si los jugadores siguen estas recomendaciones, el pago esperado para cada jugador es de 10/3, mayor que el pago de 3 que pueden obtener aleatorizando entre equilibrios. Por otro lado, es fácil de comprobar que estas recomendaciones del mecanismo serán seguidas por los agentes. Hagámoslo, por ejemplo, para el caso en que se producen ω_2 o ω_3, ya que el caso asociado a ω_1 es análogo al que se da cuando ocurre ω_3.

Primeramente, considérese la situación cuando se produce ω_2. En ese caso el jugador 1 recibe la "señal" V y el 2 la "señal" U. Dada la señal recibida por el jugador 1, éste sabe que ha ocurrido, o bien ω_2 o bien ω_3, y debe atribuir a cada uno de ellos una probabilidad subjetiva (a posteriori) igual a 1/2. El jugador 1 también sabe que si de hecho se ha producido ω_2 (algo de lo que no está seguro), el jugador 2 adoptará A, mientras que si es ω_3, adoptará B (recuérdense las recomendaciones postuladas). Ante esta situación, Y es una decisión óptima (no la única), que coincide con lo recomendado. Y análogamente para el jugador 2: después de recibir la señal U, atribuirá una probabilidad 1/2 a que el jugador 1 adopte, o bien X o bien Y. Ante ello, la recomendación A es óptima (aunque no única, de nuevo).

Consideremos ahora la situación cuando se produce ω_3. En este caso, las probabilidades subjetivas a posteriori de 1 son, después de la señal V, como antes: de 1/2 para cada posible acción de 2. Con respecto al jugador 2, al recibir la señal ω_3, sus probabilidades subjetivas están concentradas en la acción Y para 1. Por tanto, en este caso también, la recomendación de optar por B es óptima para 2, ya que es su mejor respuesta a la estrategia Y por parte de 1.

Como una ilustración adicional del papel crucial desempeñado por las asimetrías informacionales en el presente contexto, consideramos ahora un ejemplo algo paradójico. Este ejemplo ilustra la importante idea de que, a diferencia de lo que ocurre en contextos de decisión individual (y, por tanto, no estratégica), un agente inmerso en un marco genuinamente estratégico puede mejorar sus pagos de *equilibrio* cuando pierde (o prescinde de) posibilidades que serían "valiosas" *ex post*. Este fenómeno es bastante general y surgirá a lo largo de este libro con diferentes variantes. En el presente caso las posibilidades eliminadas conciernen a la "información" de los agentes, pero en el ejercicio 2.4 serán "útiles", y en el capitulo 4 se referirán a posibles acciones alternativas.

Sean tres jugadores: 1, 2, y 3: el primero selecciona filas, el segundo columnas, y el tercero tablas de pagos, tal como aparecen descritas a continuación:

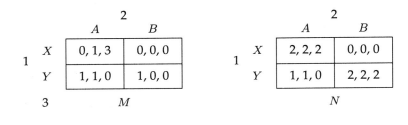

Tabla 2.5

El único equilibrio de Nash del juego es (Y, A, M) —véase el ejercicio 2.14. Supongamos ahora que los jugadores establecen el siguiente mecanismo (estocástico) de coordinación. Se pueden dar dos posibles realizaciones estocásticas, ω_1 y ω_2, con igual probabilidad. Los jugadores 1 y 2 conocen con certeza la realización, mientras que 3 no recibe ninguna información al respecto. Por tanto, sus particiones son:

$$\mathcal{P}_1 = \mathcal{P}_2 = \{\omega_1, \omega_2\},$$
$$\mathcal{P}_3 = \{(\omega_1 \vee \omega_2)\}.$$

Es inmediato comprobar que las siguientes recomendaciones definen un equilibrio para el mecanismo considerado:

- Para el jugador 1: X si ω_1, Y si ω_2;
- Para el jugador 2: A si ω_1, B si ω_2;
- Para el jugador 3: N.

Supongamos ahora que se le concede al jugador 3 la posibilidad de modificar la naturaleza del mecanismo de señalización considerado, de forma que, si él quisiera, pudiera acceder a la misma información (completa) que sus oponentes. Enfrentado a esa opción, el jugador 3 preferirá descartarla. Pues si conociera con exactitud el estado realizado (y, en ese caso, los demás jugadores sabrían que esto es así, ya que las reglas del mecanismo han de ser públicas), las anteriores recomendaciones ya no definirían un equilibrio. Sus oponentes podrían deducir que, en ese caso, el jugador 3 reaccionaría de la siguiente forma:

$$M \text{ si } \omega_1; \quad Q \text{ si } \omega_2,$$

esto es, violaría las recomendaciones. Ello destruye los incentivos de los jugadores 1 y 2 para comportarse tal como se les recomienda, con lo que se colapsa totalmente el mecanismo que permite a todos los jugadores alcanzar un pago de 2. Y en ese caso, la única situación de equilibrio consistente con el mecanismo que trata a todos los jugadores de forma simétrica es la siguiente: escoger siempre el (único) equilibrio de Nash, con lo que todos alcanzan un pago de 1. Por tanto, todos pierden en relación con el mecanismo (asimétrico) original.

Una vez introducidas las ideas intuitivas que subyacen en el concepto de equilibrio correlado, pasamos ahora a presentarlo formalmente. Sea G un juego en forma estratégica. Un mecanismo estocástico de coordinación del tipo que se ha ilustrado se formaliza mediante:

(i) Una variable aleatoria definida sobre un conjunto finito Ω con probabilidades $p(\omega)$ para cada $\omega \in \Omega$.

(ii) Para cada $i = 1, 2, ..., n$, una partición de Ω, $\mathcal{P}_i$, que refleja la información del jugador i sobre la realización de la variable aleatoria subyacente.

En este contexto, una estrategia para el jugador i se formaliza por una función

$$\gamma_i : \Omega \to S_i$$

que se requiere que sea "medible" con respecto a $\mathcal{P}_i$. Esto es, cada γ_i ha de satisfacer:

$$\forall e_i \in \mathcal{P}_i, \ \forall \omega, \omega' \in e_i, \gamma_i(\omega) = \gamma_i(\omega').$$

Con ello reflejamos un requisito ya familiar (recuérdese la sección 1.2): la estrategia del jugador i no puede depender de información de la que no dispone.

Definición 2.5 *Decimos que un perfil de estrategias* $\gamma = (\gamma_1, ..., \gamma_n)$ *es un equilibrio correlado si* $\forall i = 1, 2, ..., n,$ $\forall \tilde{\gamma}_i : \Omega \to S_i$ *que sea medible con respecto a* $\mathcal{P}_i$,

$$\sum_{\omega \in \Omega} p(\omega)\pi_i(\gamma(\omega)) \geq \sum_{\omega \in \Omega} p(\omega)\pi_i(\tilde{\gamma}_i(\omega), \gamma_{-i}(\omega)).$$

Observación 2.2 Nótese que la definición precedente refleja, para cada jugador i, una colección de problemas de maximización "paralelos" (o independientes) para cada elemento de su partición $\mathcal{P}_i$ (ejercicio 2.15). O, en otras palabras, el óptimo *ex ante* que la estrategia de cada jugador ha de satisfacer en equilibrio exige que la decisión prescrita para *cada* señal maximice el pago esperado *ex post* asociado a las percepciones *a posteriori* inducidas.

Tal como ha sido presentado en la definición anterior, el concepto de equilibrio correlado promete ser una construcción "incómoda", pues, asociado a cada equilibrio, parece necesario definir de forma explícita el mecanismo aleatorio (posiblemente muy complejo) que lo sustenta. De hecho, este aparato formal es en buena medida innecesario y es posible centrase exclusivamente en lo que es la función esencial de un equilibrio correlado: suministrar a los jugadores unas recomendaciones que sean individualmente óptimas y posiblemente correladas.

Abordando el problema de esta forma "reducida", todo lo que se necesita es una especificación de las probabilidades con las que el mecanismo produce los distintos perfiles de recomendaciones, comunicadas de forma *privada* a cada jugador. Así, desde esta perspectiva, un equilibrio correlado puede ser redefinido simplemente como una densidad de probabilidad sobre los distintos perfiles de recomendaciones de forma que, conociendo como son seleccionadas, todos los jugadores quieren seguirlas de forma voluntaria. Formalmente, ello da lugar a la siguiente definición alternativa:

Definición 2.6 *Un* equilibrio correlado *es una distribución de probabilidades* $p : \Sigma_1 \times \dots \times \Sigma_n \to [0,1]$ *tal que,* $\forall\, i = 1, 2, \dots, n, \forall \eta_i : \Sigma_i \to \Sigma_i,$

$$\sum_{\sigma \in \Sigma} p(\sigma)\, \pi_i(\sigma) \geq \sum_{\sigma \in \Sigma} p(\sigma)\, \pi_i\left(\eta_i(\sigma_i), \sigma_{-i}\right).$$

La anterior definición puede ser interpretada de la manera siguiente. Supóngase que cada jugador i recibe la recomendación de jugar una determinada estrategia σ_i de forma totalmente privada, pero todos ellos son totalmente conscientes de la probabilidad $p(\sigma)$ con la que cada perfil σ es elegido por el mecanismo. En ese caso, para que $p(\cdot)$ defina un equilibrio correlado, ningún jugador i ha de ser capaz de mejorar reaccionando a alguna posible recomendación σ_i con una elección distinta σ_i'. (Por tanto, no debe poder mejorar recurriendo a una función η_i en la definición 2.7 que sea *distinta* de la identidad.) Esta forma alternativa (y naturalmente equivalente) de definir el equilibrio correlado enfatiza una idea importante: las recomendaciones enviadas a cada jugador i son la única información *relevante* que el mecanismo le proporciona. Consiguientemente, cualquier estrategia de desviación de este jugador debe ser medible con respecto a la partición inducida por sus recomendaciones, es decir, está constreñida a depender sólo de ellas.

Nótese que todo equilibrio de Nash del juego subyacente es, trivialmente, un equilibrio correlado en donde las recomendaciones a los jugadores no están correladas. Por tanto, la existencia de éste último está garantizada por el teorema 2.1. En general, sin embargo, el conjunto de equilibrios correlados será mayor que el de equilibrios de Nash. Esto será desde luego así cuando el equilibrio de Nash no sea único, pues en este caso, y tal como fue ilustrado por alguno de nuestros ejemplos, está claro que *cualquier* distribución de probabilidad sobre los equilibrios de Nash define un equilibrio correlado, que permite a los jugadores alcanzar cualquier pago esperado incluido en la envoltura convexa de los equilibrios de Nash.

Si el mecanismo de coordinación no utiliza más que señales (o recomendaciones) públicas, sólo podrán darse estos equilibrios correlados. Sin embargo, nuestros ejemplos también han ilustrado que, en general, las posibilidades serán mucho más amplias si las señales pueden ser privadas en grados diferentes (y asimétricos). En este caso, hemos visto cómo el equilibrio correlado puede permitir a los jugadores alcanzar niveles de pagos que son inalcanzables como mera combinación convexa de equilibrios de Nash.

En vista de las ganancias de eficiencia que un mecanismo como el descrito por el equilibrio correlado puede permitir a los jugadores, podemos suponer que éstos, en una fase anterior al juego propiamente dicho, tratarán de llegar a un acuerdo sobre el mecanismo concreto que utilizar; es decir, intentarán llegar a un consenso sobre la naturaleza del equilibrio correlado que guiará subsiguientemente el juego efectivo. Si llegaran a un acuerdo, no les quedaría ya más que diseñar una "máquina estocástica" que lo implemente, o si no confiar su ejecución a un "mediador imparcial".

En un cierto sentido, el tipo de comunicación que la anterior descripción sugiere no es cualitativamente distinto del que necesitarían los jugadores para coordinarse en un determinado equilibrio de Nash. Si el equilibrio de Nash es único, la creencia de que se jugará *algún* equilibrio puede ser suficiente para conseguir esa coordinación de una forma más o menos implícita. Sin embargo, cuando son varios los equilibrios de Nash, ello ya no es posible y los jugadores pueden encontrar serios problemas para alcanzar la deseada coordinación.

Es habitual encontrar en la literatura una firme defensa del siguiente principio metodológico: la representación de un juego ha de incluir todos los detalles relevantes de la situación; sólo aquello formalmente incluido en ella debe ser utilizado en el análisis. Desde esta perspectiva, cualquier vía de comunicación que los jugadores pudieran utilizar con anterioridad al juego ha de incluirse expresamente en el juego mismo. Y si, como es bien posible, una vez entablado el juego de esta forma aún subsisten los problemas arriba descritos, ya no es lícito recurrir de nuevo a consideraciones (v.g. posibilidades de comunicación entre los jugadores) que, presumiblemente, han sido ya íntegramente incluidas en el marco teórico. En respuesta a los difíciles problemas conceptuales que la anterior discusión sugiere, se arguye con frecuencia que un análisis apropiado de situaciones estratégicas ha de fundamentarse en premisas exclusivamente individualistas que modelen el comportamiento de los agentes como resultado de un proceso de decisión totalmente independiente. Éste es precisamente el enfoque adoptado en la próxima sección.

2.7 Racionalizabilidad

Cuando no se presume ninguna convergencia previa de las expectativas de los jugadores sobre el juego de los demás, el análisis de la situación llevado a cabo independientemente por cada uno de ellos ha de estar sólo basado en el supuesto de racionalidad de sus oponentes; o, de forma algo más precisa, en el supuesto de que la racionalidad (tanto de él como de sus oponentes) es *conocimiento común*. Tal como avanzamos al principio de este capítulo, decir que la racionalidad de los jugadores es conocimiento común significa que la siguiente cadena *indefinida* de afirmaciones es cierta (Aumann (1976)):

(i)   todos los jugadores son racionales;
(ii) todos los jugadores saben que todos son racionales;
(iii) todos los jugadores saben que todos saben que son racionales;
(iv) todos los jugadores..., etc.

En contraste con la sección 2.1, adoptaremos aquí una concepción más fuerte de lo que se entiende por racionalidad. En concreto, un agente se dirá racional si *existen* ciertas percepciones por su parte sobre lo que los demás jugadores van a hacer que permitan concebir la estrategia que adopta como maximizadora de sus pagos esperados. Obviamente, esto elimina la posibilidad de que juegue con probabilidad positiva una estrategia pura dominada, en el sentido de la definición 2.1.

Supongamos, por simplicidad, que sólo hay dos jugadores, 1 y 2. Si la anterior cadena de afirmaciones (i), (ii), (iii), ... es cierta y ninguno de los dos jugadores experimenta ningún límite a su capacidad de análisis, la estrategia adoptada por cualquiera de ellos, digamos el 1, ha de satisfacer:

(i)′ Por (i), su estrategia ha de ser una "mejor respuesta" a alguna percepción suya (medida subjetiva de probabilidad) sobre cuál es la estrategia de 2. A este tipo de percepción la denominamos de primer orden (o nivel).
(ii)′ Por (ii), debe ser posible "racionalizar" (esto es, fundamentar de forma consistente con el conocimiento común de racionalidad) cualquier percepción de

primer orden considerada en (i). Ello requiere que exista alguna percepción (de 1) sobre lo que 2 percibe al primer nivel y su mejor respuesta asociada que induzca la percepción de primer orden (de 1) consideradas en (i). Tales percepciones (medidas subjetivas de probabilidad sobre percepciones de primer orden del oponente) se denominan percepciones de segundo orden.

(iii)′ Por (iii), ha de ser posible racionalizar cualquier percepción de 1 de segundo orden considerada en (ii) a través de percepciones de tercer orden sobre cuáles son las percepciones de 2 de segundo orden. Estas percepciones se denominan de tercer orden.

(iv)′ Por (iv)...

La figura 2.1 ilustra el proceso anterior de "racionalizaciones".

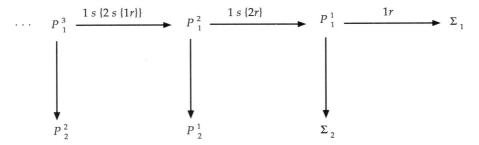

Figura 2.1. Percepciones que reflejan un "conocimiento común de racionalidad".

LEYENDA:

"jr" ($j = 1, 2$) representa la afirmación "el jugador j es racional";

"$js\{\cdot\}$" representa la afirmación "el jugador j sabe $\{\cdot\}$";

P_j^k representa percepciones de orden k a cargo del jugador j, que están definidas sobre el conjunto $P_{j'}^{k-1}$ (las percepciones de orden $k-1$ del jugador j', $j' \neq j$), siendo $P_j^0 = \Sigma_j$.

Las flechas verticales apuntan al espacio donde las percepciones respectivas de orden superior están definidas.

Las flechas horizontales representan las implicaciones de consistencia que percepciones de un cierto orden imponen sobre las percepciones de menor orden (del mismo jugador) a través del supuesto de *conocimiento común de racionalidad*.

Una estrategia que verifique toda la cadena de racionalizaciones mencionada más arriba se conoce como *racionalizable* (un concepto propuesto independientemente por Bernheim (1984) y Pearce (1984)). A continuación, presentamos su definición formal que refleja de forma rigurosa las consideraciones expuestas en (i)′-(iv)′.

Sea $G = \{N, \{S_i\}_{i=1}^n, \{\pi_i\}_{i=1}^n\}$ un juego finito en forma estratégica. Considérese, para cada jugador i, la sucesión $\{\hat{\Sigma}_i^q\}_{q=0}^\infty$ definida de la forma siguiente:

(a) $\hat{\Sigma}_i^0 = \Sigma_i$, y

$\forall q = 1, 2, ...,$

(b) $\hat{\Sigma}_i^q = \left\{ \sigma_i \in \hat{\Sigma}_i^{q-1} \mid \exists \sigma_{-i} \in \hat{\Sigma}_{-i}^{q-1} : \pi_i(\sigma_i, \sigma_{-i}) \geq \pi_i(\tilde{\sigma}_i, \sigma_{-i}), \forall \tilde{\sigma}_i \in \hat{\Sigma}_i^{q-1} \right\}.$ [2.6]

Definición 2.7 *Para cada* $i = 1, 2, ..., n$, $R_i \equiv \bigcap_{q=1}^\infty \hat{\Sigma}_i^q$ *es el conjunto de* estrategias racionalizables. *Un perfil estratégico* σ *se dice* racionalizable *si cada uno de sus componentes* σ_i *es racionalizable.*

El proceso iterativo inducido por (a)-(b) formaliza la cadena de afirmaciones heurísticas enumeradas más arriba. Así, para $q = 1$, el proceso elimina todas las estrategias mixtas que no pueden ser racionalizadas como la mejor respuesta a alguna percepción de primer orden (de i) sobre la estrategia adoptada por $j \neq i$. Para $q = 2$, el proceso descarta aquellas estrategias mixtas que no pueden ser racionalizadas como mejor respuesta a algunas percepciones de i de segundo orden —o, de forma más precisa, como mejor respuesta a alguna percepción de i sobre la estrategia de j que sea inducida por (i) alguna percepción de i de segundo orden sobre cuál es la percepción de primer orden de su oponente y (ii) el supuesto de que éste reacciona óptimamente a tales percepciones. Procediendo de forma inductiva, la exigencia de que el comportamiento de un jugador i satisfaga la cadena indefinida de consideraciones descrita es equivalente al requisito de que su estrategia pertenezca a cada uno de los conjuntos $\hat{\Sigma}_i^q$ para todo $q = 0, 1, 2, ...$; esto es, que pertenezca a la intersection de todos estos conjuntos.

Consideramos primero la cuestión de existencia.

Teorema 2.5 (Bernheim, 1984; Pearce, 1984) *El conjunto* $R \equiv R_1 \times R_2 \times ... \times R_n \neq \emptyset.$

Demostración. Probamos primero, por inducción, que la sucesión $\{\hat{\Sigma}_i^q\}_{q=0}^\infty$ es una sucesión decreciente de conjuntos compactos y no vacíos. Por consiguiente, su intersección es no vacía en virtud de un clásico resultado del análisis matemático (véase, por ejemplo, Rudin (1976)).

Consideremos cualquier q y su asociado $\hat{\Sigma}^q = \Pi_{i=1}^n \hat{\Sigma}_i^q$. Supongamos $\hat{\Sigma}^q \neq \emptyset$ y cerrado. Claramente, $\hat{\Sigma}^{q+1} \subseteq \hat{\Sigma}^q$. También es no vacío, ya que resulta de una colección de procesos de maximización en un conjunto compacto. Para ver que $\hat{\Sigma}^{q+1}$ es cerrado, tómese cualquier i dado y considérese una sucesión convergente $\{\sigma_i^r\} \subset \hat{\Sigma}^{q+1}$, con $\sigma_i^r \to \sigma_i^*$. Para cada r, tenemos:

$$\exists \sigma_{-i}^r \in \hat{\Sigma}_{-i}^q : \forall \tilde{\sigma}_i \in \hat{\Sigma}_i^q, \quad \pi_i(\sigma_i^r, \sigma_{-i}^r) \geq \pi_i(\tilde{\sigma}_i, \sigma_{-i}^r).$$

dado que $\hat{\Sigma}_{-i}^q$ es un conjunto compacto, $\{\sigma_{-i}^r\}$ tiene una subsucesión convergente. Sea $\hat{\sigma}_{-i} \in \hat{\Sigma}_{-i}^q$ el límite de esa subsucesión. Este límite ha de satisfacer que:

$$\pi_i\left(\sigma_i^*\hat{\sigma}_{-i},\right) \geq \pi_i\left(\tilde{\sigma}_i, \hat{\sigma}_{-i},\right), \forall \tilde{\sigma}_i \in \hat{\Sigma}_i^q,$$

lo cual confirma que $\sigma_i^* \in \hat{\Sigma}_i^{q+1}$. Ello completa la confirmación del proceso inductivo y la prueba. ∎

A pesar de que la definición de estrategia racionalizable incorpora un número potencialmente infinito de iteraciones, se comprueba inmediatamente que el proceso puede completarse en un número finito de ellas, ya que el juego subyacente G se supone finito. Éste es el contenido de la siguiente proposición.

Proposición 2.1 *Existe un $\bar{q}$ tal que $\forall q \geq \bar{q}$, $\forall i = 1, 2, ..., n$, $\hat{\Sigma}_i^q = \hat{\Sigma}_i^{q+1}$.*

Demostración. Ejercicio 2.17. ∎

Es fácil confirmar que las estrategias que componen cualquier equilibrio de Nash son racionalizables (ejercicio 2.18). Racionalizabilidad, por tanto, es una generalización del concepto de equilibrio de Nash. En ocasiones, puede suponer tamaña generalización que pierda por completo cualquier poder predictivo. Por ejemplo, en la batalla de los sexos (sección 1.1), el conjunto de estrategias racionalizables coincide con el conjunto completo de estrategias mixtas. En otras palabras, si no permitimos al chico y a la chica de este ejemplo ninguna posibilidad de coordinación, *cualquier* perfil estratégico es consistente con un análisis de la situación que respete el conocimiento común de racionalidad.

El proceso iterativo que conforma la definición de una estrategia racionalizable recuerda mucho el proceso contemplado al comienzo de esta lección en torno a las estrategias no dominadas. ¿Hay alguna relación entre ambos? Claramente, el proceso de eliminación basado en la "dominancia" *no* es más fuerte que el basado en la "*no* mejor respuesta". (Tal como fue explicado, si una estrategia es estrictamente dominada por otra, aquélla nunca puede ser mejor respuesta ante ningún perfil estratégico de los demás jugadores.) ¿Puede ser más débil (estrictamente)? Para el caso *bilateral*, el resultado siguiente establece que tampoco; es decir, cualquier estrategia mixta racionalizable sólo otorga peso positivo a aquellas estrategias puras que sobreviven el proceso iterativo de eliminación de estrategias dominadas.

Teorema 2.6 (Pearce, 1984) *Sea $N = \{1, 2\}$. Para cada $i = 1, 2$, el conjunto de estrategias (mixtas) racionalizables R_i coincide con el conjunto de aquéllas cuyo soporte es S_i^∞, el conjunto de estrategias (puras) iterativamente no dominadas.*

Demostración. Denotemos por Σ_i^q y $\hat{\Sigma}_i^q$ los conjuntos de estrategias mixtas del jugador $i = 1, 2$, que superan la iteración q en los procesos que subyacen a los conceptos de no dominancia iterativa y racionalizabilidad respectivamente. El segundo se define más arriba (véase [2.6]). El primero es el conjunto de estrategias mixtas que otorgan el peso positivo al siguiente conjunto de estrategias puras (recuérdese la sección 2.1):

$$S_i^q = \left\{ s_i \in S_i^{q-1} : \neg \left(\exists \sigma_i \in \Sigma_i^{q-1} : \forall s_{-i} \in S_{-i}^{q-1}, \ \pi\left(\sigma_i, s_{-i}\right) > \pi\left(s_i, s_{-i}\right) \right) \right\}.$$

Procedemos inductivamente. Por construcción, $\hat{\Sigma}_i^0 = \Sigma_i^0$. Supongamos ahora que $\hat{\Sigma}_i^q = \Sigma_i^q$ para algún q. Probaremos que ello implica que $\hat{\Sigma}_i^{q+1} = \Sigma_i^{q+1}$.

Para cada $q = 1, 2, ..., i = 1, 2, \sigma_i \in \hat{\Sigma}_i^q$, considérese el conjunto de vectores del tipo:

$$\rho\left(\sigma_i\right) = \left(\pi_i\left(\sigma_i, s_j\right)\right)_{s_j \in S_j^q},$$

de dimensión igual al cardinal de S_j^q, que denotaremos por v_j^q. Claramente el conjunto

$$C_i^q \equiv \left\{ \rho\left(\sigma_i\right) : \sigma_i \in \hat{\Sigma}_i^q \right\}$$

es convexo. Elíjase cualquier estrategia $s_i \in S_i^{q+1}$. Por construcción, esta estrategia ha de ser un punto frontera de C_i^q. Por tanto, el Teorema del Hiperplano Separador nos permite garantizar la existencia de un vector v_j^q-dimensional, μ, tal que $\forall \tilde{\sigma}_i \in \hat{\Sigma}_i^q$,

$$\mu \cdot \rho\left(s_i\right) \geq \mu \cdot \rho\left(\tilde{\sigma}_i\right).$$

que puede reescribirse como:

$$\sum_{s_{jr} \in S_j^q} \mu_r \ \pi_i\left(s_i, s_{jr}\right) \geq \sum_{s_{jr} \in S_j^q} \mu_r \ \pi_i\left(\tilde{\sigma}_i, s_{jr}\right).$$

Eligiendo

$$\hat{\sigma}\left(s_{jr}\right) = \frac{\mu_r}{\sum_{r'} \mu_{r'}},$$

llegamos a la conclusión de que s_i es efectivamente una mejor respuesta a $\hat{\sigma}_j (\in \hat{\Sigma}_i^q = \Sigma_i^q)$. Por tanto, $s_i \in \hat{\Sigma}_i^{q+1}$, con lo que se prueba que $\Sigma_i^{q+1} \subseteq \hat{\Sigma}_i^{q+1}$. Ya que la inclusión recíproca es inmediata, se sigue la identidad entre ambos conjuntos. ∎

Para tres o más jugadores, se pueden encontrar ejemplos que demuestran que, en general, no toda estrategia que sobrevive al proceso iterativo de eliminación de estrategias dominadas es racionalizable (véase el ejercicio 2.20). La clave de esta conclusión es la siguiente: cuando un cierto jugador i se enfrenta a varios oponentes (más de dos), cada uno de éstos aleatoriza según su estrategia mixta de forma independiente. Desde la perspectiva del jugador i, esta independencia implica que, a diferencia del caso bilateral, el espacio factible de vectores de probabilidad sobre el conjunto S_{-i} no es convexo, lo que viola un punto crucial del argumento que prueba el teorema 2.7.

Ejercicios

Ejercicio 2.1
(a) Demuéstrese que el proceso iterativo de eliminación de estrategias dominadas definido en la sección 2.1 se puede completar en un número finito de etapas.
(b) Reconsidérese ahora el proceso iterativo de eliminación de estrategias dominadas, de forma que en cada iteración se elimine una, y sólo una, estrategia de uno, y sólo uno, de los jugadores. Demuéstrese que:
    (i) El proceso resultante es independiente del orden en que la eliminación se lleva a cabo en el caso de que, en un momento dado del proceso, haya más de una estrategia dominada
    (ii) El conjunto límite coincide con el resultante del proceso originalmente descrito en la sección 2.1.

Ejercicio 2.2 Adaptando de forma obvia la definición 2.1, podemos extender a estrategias mixtas el concepto de "estar dominada". Muéstrese mediante un ejemplo que es falso que, en general, cuando una estrategia mixta del jugador i, $\sigma_i \in \Sigma_i$, está dominada, también lo está alguna de las estrategias puras $s_i \in S_i$ para las que $\sigma_i(s_i) > 0$.

Ejercicio 2.3 Considérese el juego representado por:

		2 A	B
1	X	$100, 2$	$-1000, 2$
	Y	$99, 3$	$1000, 2$

¿Que solución predeciría? Discuta posibles ambigüedades.

Ejercicio 2.4 Considérese el siguiente juego:

		2 A	B
1	X	$1, 3$	$4, 1$
	Y	$0, 2$	$3, 4$

(i) ¿Que solución predeciría?

(ii) Supóngase ahora que al jugador 1 se le retiran 2 unidades (útiles) si adopta la estrategia X. ¿Cambia su predicción? Discútase.

(iii) Considérese ahora la siguiente segunda posibilidad. El jugador 1 puede decidir, en una etapa inicial del juego, si dispone o no de los 2 útiles mencionados en el punto (ii). Una vez que 1 ha tomado esta decisión, ambos jugadores juegan (digamos que tomando acciones simultáneas A o B y X o Y) al juego resultante. Represéntese el juego en forma extensiva y estratégica. Una vez encontrados todos los equilibrios de Nash, predígase un resultado, contrastándolo con (ii).

Ejercicio 2.5 Demuéstrese que si un juego es resoluble por dominancia tiene un único equilibrio de Nash (que es precisamente la solución por dominancia). Además, pruébese que en ese caso el equilibrio de Nash es también inmune a coaliciones.

Ejercicio 2.6 Considérese el juego bilateral resumido por la siguiente tabla de pagos:

		A	B
	X	5, 0	0, 4
1	Y	1, 3	2, 0

(Con encabezado "2" sobre A y B.)

Calcúlense *todos* sus equilibrios de Nash.

Ejercicio 2.7 Considérese el juego bilateral resumido por la siguiente tabla de pagos:

		R	S	T
	A	3, 0	2, 2	1, 1
1	B	4, 4	0, 3	2, 2
	C	1, 3	1, 0	0, 2

(Con encabezado "2" sobre R, S, T.)

¿Qué estrategias del juego sobreviven a la eliminación iterativa de estrategias dominadas? Calcúlense los equilibrios de Nash, tanto en estrategias puras como mixtas.

Ejercicio 2.8 Pruébese el teorema 2.3.

Ejercicio 2.9 Demuéstrese que un perfil de estrategias es un equilibrio de Nash para un juego de suma cero si y sólo si lo es para el juego de suma constante que resulta de añadir uniformemente cualquier cantidad fija d a los pagos de *ambos* jugadores en el juego original. ¿Y si las cantidades fijas, denotadas ahora por d_i para cada jugador i, difieren entre los jugadores?

Ejercicio 2.10 Calcúlese el valor y las estrategias de equilibrio de los juegos de suma cero cuyas matrices de pagos son como sigue:

$$\begin{pmatrix} 1 & 0 \\ 0 & 1 \end{pmatrix} \qquad \begin{pmatrix} 2 & 3 \\ 1 & 0 \\ 2 & 3 \end{pmatrix} \qquad \begin{pmatrix} 2 & 3 & 1 \\ 1 & 0 & 3 \\ 2 & 3 & 0 \end{pmatrix}$$

Ejercicio 2.11 Muéstrese que para el siguiente juego trilateral (en forma estratégica) de suma cero no se satisfacen las conclusiones del teorema 2.4.

Cuando el jugador 3 elige la estrategia Q, los jugadores 1 y 2 se confrontan a la siguiente tabla de pagos:

		2		
		X	Y	Z
	A	10, 8	4, 4	1, 0
1	B	6, 10	14, 15	9, 20
	C	4, 10	8, 20	12, 25

Y si el jugador 3 elige la estrategia R, a la siguiente:

		2		
		R	S	T
	A	10, 8	4, 4	3, 2
1	B	6, 10	14, 15	9, 20
	C	4, 10	8, 20	12, 25

Ejercicio 2.12 Identifíquense los pasos en la demostración del teorema 2.4 que no son válidos para juegos bilaterales generales (de suma variable).

Ejercicio 2.13 Considérense los siguientes juegos: (i) el ajedrez, (ii) el tute (brisca o mus, a gusto del lector), (iii) el póquer (las siete y media, Black Jack o Julepe). Para *cualquier* especificación de preferencias VNM que valoren "ganar", ¿cuáles son estrictamente competitivos?, ¿cuáles de suma cero?

Ejercicio 2.14 Pruébese que (Y, A, M) es el único equilibrio de Nash del juego representado en la tabla 2.5.

Ejercicio 2.15 Pruébese la observación 2.3.

Ejercicio 2.16 "Si un juego bilateral tiene un solo equilibrio de Nash, las estrategias que lo componen son las únicas estrategias racionalizables". Pruébese esta afirmación o muéstrese un contraejemplo.

Ejercicio 2.17 Pruébese la proposición 2.1.

Ejercicio 2.18 Pruébese que todo perfil estratégico σ^* que es equilibrio de Nash también es racionalizable. ¿Implica ello que si $\sigma^*(s_i) > 0$, $s_i \in S_i^\infty$? Discútase.

Ejercicio 2.19

(a) Considérese un proceso iterativo como el descrito en la sección 2.7 para definir estrategias racionalizables pero formulado en estrategias puras. Es decir, de forma análoga a como se construye el proceso iterativo de eliminación de estrategias dominadas en la sección 2.1, se define, para cada $q \geq 1$,

$$\hat{S}_i^q = \left\{ s_i \in \hat{S}_i^{q-1} \mid \exists \sigma_{-i} \in \hat{\Sigma}_{-i}^{q-1} : \pi_i\left(s_i, \sigma_{-i}\right) \geq \pi_i\left(\tilde{\sigma}_i, \sigma_{-i}\right), \forall \tilde{\sigma}_i \in \hat{\Sigma}_i^{q-1} \right\}$$

$$\hat{\Sigma}_i^q = \left\{ \sigma_i \in \hat{\Sigma}_i^{q-1} : \mathbf{sop}\left(\sigma_i\right) \subseteq \hat{S}_i^q \right\}. \tag{2.7}$$

Compárese $\bigcap_{q=1}^{\infty} \hat{\Sigma}_i^q$ cuando $\hat{\Sigma}_i^q$ se define como en [2.7] con el caso en que se define como [2.6].

(b) Considérese ahora un proceso iterativo de eliminación de estrategias dominadas como el descrito en la sección 2.7 pero formulado *directamente* sobre estrategias mixtas. Es decir, definimos, para cada $q \geq 1$,

$$\Sigma_i^q = \left\{ \sigma_i \in \Sigma_i^{q-1} : \left[\nexists \sigma_i' \in \Sigma_i^{q-1} : \forall \sigma_{-i} \in \Sigma_{-i}^{q-1}, \pi\left(\sigma_i', \sigma_{-i}\right) > \pi\left(\sigma_i, \sigma_{-i}\right) \right] \right\}. \tag{2.8}$$

Compárese $\bigcap_{q=1}^{\infty} \Sigma_i^q$ cuando Σ_i^q se define como en [2.8] con el caso en que se define como [2.1].

Ejercicio 2.20 Muéstrese mediante el siguiente juego trilateral que la conclusión del teorema 2.7 es falsa para juegos con más de dos jugadores (se especifican sólo los pagos para el jugador 2). Discútase.

		2 a	2 b	2 c			2 a	2 b	2 c
	A	6	10	0		A	6	10	10
1					1				
	B	6	10	10		B	6	0	10
3		M					N		

Sugerencia: Considérese la estrategia a del jugador 2.

3. APLICACIONES I

3.1 Modelo de oligopolio de Cournot

Quizás la primera aplicación conocida de conceptos y enfoques que hoy son característicos de la teoría de juegos se deba a Cournot (1838), en su análisis de la interacción entre dos empresas en un duopolio (un mercado integrado por sólo dos empresas). Aquí consideraremos el caso general de un oligopolio con un número arbitrario (finito) de empresas.

Sea un determinado mercado de un cierto producto homogéneo cuyos consumidores reaccionan agregadamente de acuerdo con una función de demanda

$$F : \mathbb{R}_+ \to \mathbb{R}_+ \qquad\qquad [3.1]$$

que especifica, para cada precio $p \in \mathbb{R}_+$, la correspondiente demanda total del producto $F(p)$. Suponemos que la función $F(\cdot)$ satisface la llamada *ley de la demanda,* esto es, la cantidad demandada es estrictamente decreciente con el precio. Por tanto, la función $F(\cdot)$ es invertible, y $P(\cdot)$ su correspondiente inversa. (Esto es, $P(q) = p \Leftrightarrow F(p) = q$.)

Suponemos que participan n empresas en el mercado, siendo identificadas con el subíndice $i = 1, 2, ..., n$. Cada empresa i tiene asociada una función de coste

$$C_i : \mathbb{R}_+ \to \mathbb{R}_+,$$

creciente, donde $C_i(q_i)$ representa el coste para la empresa i de producir una cantidad q_i.

En el contexto cournotiano que estamos considerando, la variable de decisión de las empresas es su cantidad producida q_i, decidida *simultáneamente* por todas ellas. Dado un vector de cantidades $q \equiv (q_1, q_2, ..., q_n)$ y la consiguiente cantidad agregada definida por $Q \equiv q_1 + q_2 + ... + q_n$, los beneficios obtenidos por la empresa i son:

$$\pi_i(q) \equiv P(Q)q_i - C_i(q_i). \qquad [3.2]$$

Todo ello define un juego simultáneo (en forma estratégica) entre las n empresas, donde cada empresa i tiene un idéntico espacio de estrategias $S_i = \mathbb{R}_+$ (sus decisiones de producción q_i) y las funciones de pagos vienen dadas por [3.2]. Un equilibrio de (Cournot-)Nash en este juego es un vector $q^* \equiv (q_1^*, q_2^*, ..., q_n^*)$ que satisface:

$$\forall i = 1, 2, ..., n, \quad \forall q_i \in \mathbb{R}_+, \quad \pi_i(q^*) \geq \pi_i(q_i, q_{-i}^*), \qquad [3.3]$$

donde (q_i, q_{-i}^*) indica el vector de cantidades en que la empresa i adopta la cantidad q_i y las otras empresas $j \neq i$ la cantidad q_j^*.

Suponemos que las funciones $P(\cdot)$ y $C_i(\cdot)$, $i = 1, 2, ..., n$, son diferenciables. Siendo así, las condiciones de primer orden para que un vector q^* sea equilibrio de Nash son las siguientes:

$$P'(Q^*)q_i^* + P(Q^*) - C_i'(q_i^*) \leq 0 \qquad (i = 1, 2, ..., n), \qquad [3.4]$$

donde $Q^* = \sum_{i=1}^n q_i^*$ y la notación $g'(\cdot)$ representa la derivada de la función $g(\cdot)$.

Si el equilibrio de Nash es interior (esto es, $q_i^* > 0$ para cada $i = 1, 2, ..., n$), entonces [3.4] se ha de satisfacer con la igualdad. Más aún, siempre y cuando se satisfagan las adecuadas condiciones suficientes (véase el ejercicio 3.2), podemos asegurar que el correspondiente sistema de ecuaciones (una para cada empresa) *caracteriza* completamente todos los equilibrios interiores de Nash.

En lo que resta de nuestra discusión, supondremos que tales condiciones suficientes se cumplen y nos centraremos exclusivamente en equilibrios interiores. En esas circusntancias, podemos reescribir [3.4] como sigue:

$$P(Q^*) - C_i'(q_i^*) = -P'(Q^*)q_i^* \qquad (i = 1, 2, ..., n), \qquad [3.5]$$

lo que nos permite llegar a la siguiente conclusión:

> *Para cada oligopolista, la desviación de su coste marginal con respecto al precio del mercado es proporcional, en equilibrio, a su propia cantidad producida, y la proporción, común para todas las empresas, es igual a la pendiente (en valor absoluto) de la función de demanda.*

Para entender el significado de esta conclusión, es preciso recordar que, en un contexto de *competencia perfecta*, la desviación mencionada es cero, pues, en este contexto, las empresas toman el *precio* $\bar{p}$ que prevalece en el mercado como *independiente* de sus acciones y cada una de ellas maximiza:

$$\widehat{\pi}_i(\overline{p}, q) \equiv \overline{p} \; q - C_i(q)$$

con respecto a $q_i \in \mathbb{R}_+$. Las empresas *no* se conciben a sí mismas como participantes significativas de un juego subyacente y, por tanto, las soluciones $\widehat{q}_i(\overline{p})$ a sus problemas de maximización satisfacen (si son interiores) las condiciones de primer orden:

$$C_i'\left(\widehat{q}_i(\overline{p})\right) = \overline{p} \qquad (i = 1, 2, ..., n). \tag{3.6}$$

Naturalmente, el precio $\overline{p}$ que prevalece ha de ser el que "vacía" el mercado, dadas las cantidades $\widehat{q}(\overline{p}) \equiv (\widehat{q}_i(\overline{p}), \widehat{q}_2(\overline{p}), ..., \widehat{q}_n(\overline{p}))$ que resuelven los correspondientes problemas de maximización. Es decir, en el equilibrio perfectamente competitivo se ha de satisfacer la ecuación:

$$P\left(\sum_{i=1}^{n} \widehat{q}_i(\overline{p})\right) = \overline{p}.$$

Nótese que el mismo requisito básico de vaciado de mercado también se contempla en el modelo cournotiano, aunque aparece reflejado sólo de forma implícita en la función $P(\cdot)$ incluida en la expresión [3.2]. De hecho, podemos interpretar el escenario de competencia perfecta como un contexto pseudo-cournotiano en el que cada empresa *percibe* una función de demanda que es totalmente "elástica", es decir, una función *inversa* de demanda cuya pendiente es idénticamente cero. En ese caso, si las empresas perciben $P'(\cdot) \equiv 0$, [3.6] resulta de [3.5] como caso particular. Naturalmente, si el número~de empresas es finito, tal percepción es errónea. Sólo en el caso en que el número de empresas sea suficientemente grande (y, por tanto, el peso de cada una de ellas relativamente insignificante) será tal percepción una buena aproximación de la realidad. Sólo entonces será el paradigma de la competencia perfecta un modelo. "estratégico" realista del comportamiento de las empresas en el mercado.

Al hilo de la discusión precedente, parece intuitivo vincular la desviación de un mercado cournotiano de uno con competencia perfecta a los dos siguientes factores:

(a) la elasticidad de la función de demanda;
(b) el grado de concentración del mercado.

La elasticidad $\varepsilon(Q)$ de la función (inversa) de demanda se define de la forma habitual: el descenso porcentual experimentado marginalmente por el precio cuando se produce un cierto cambio porcentual (también de naturaleza marginal) de la cantidad demandada. Es decir,

$$\varepsilon(Q) \equiv -P'(Q)\frac{Q}{P}$$

Por otro lado, una forma tradicional de medir el grado de concentración del mercado es a través del llamado *índice de Herfindahl*. Este índice $H(\alpha)$ está formulado sobre el vector de "cuotas de mercado" $\alpha \equiv (\alpha_1, \alpha_2, ..., \alpha_n)$ donde:

$$\alpha_i \equiv \frac{q_i}{Q}$$

representa la fracción de la producción total asociada a cada empresa $i = 1, 2, ..., n$. Se define como sigue:

$$H(\alpha) \equiv \sum_{i=1}^{n} (\alpha_i)^2.$$

Obsérvese que, manteniendo fijo el número de empresas n, la función $H(\cdot)$ obtiene su máximo cuando $\alpha_i = 1$ para alguna empresa i (esto es, cuando el grado de concentración es máximo) y alcanza su mínimo en el vector $(1/n, 1/n, ..., 1/n)$, que refleja una configuración totalmente simétrica entre las empresas (y, por tanto, "mínimamente concentrada").

Con el objeto de obtener la relación que hemos avanzado entre concentración, elasticidad y desviación de la competencia perfecta, reescribimos [3.5] de la siguiente forma:

$$\frac{P(Q^*) - C_i'(q_i^*)}{P(Q^*)} = -P'(Q^*)\frac{1}{P(Q^*)}q_i^* \qquad (i = 1, 2, ..., n). \qquad [3.7]$$

La parte izquierda de la ecuación anterior expresa, para cada empresa $i = 1, 2, ..., n$, la desviación porcentual de la situación de competencia perfecta en la que el coste marginal de cada empresa coincide con el precio de equilibrio. Si ponderamos cada uno de estos términos por el "peso" de cada empresa (es decir, por su cuota de mercado α_i^* en equilibrio) obtenemos el llamado índice de Lerner

$$\mathcal{L}(q^*) \equiv \sum_{i=1}^{n} \alpha_i^* \frac{P(Q^*) - C_i'(q_i^*)}{P(Q^*)}$$

que expresa la "desviación media" de competencia perfecta observada en el equilibrio de Cournot-Nash q^*. Sumando los términos en [3.7] y manipulando apropiadamente la expresión resultante obtenemos:

$$\mathcal{L}(q^*) = \sum_{i=1}^{n} \alpha_i^* \frac{P(Q^*) - C_i'(q_i^*)}{P(Q^*)}$$

$$= -\sum_{i=1}^{n} \alpha_i^* \frac{q_i^*}{Q^*} Q^* P'(Q^*) \frac{1}{P(Q^*)}$$

$$= -P'(Q^*)\frac{Q^*}{P(Q^*)} \sum_{i=1}^{n} (\alpha_i^*)^2$$

$$= \varepsilon(Q^*) H(\alpha^*)$$

que es la relación buscada. Refleja de forma nítida (y simétrica) las dos consideraciones que arriba apuntamos como relevantes para entender la desviación con respecto a la competencia perfecta: el grado de concentración en el mercado y la elasticidad de la función de demanda.

Ilustramos ahora los desarrollos anteriores para un caso especialmente sencillo de duopolio (véase el ejercicio 3.3 para un contexto más general). Sean dos empresas, $i = 1, 2$, con funciones de coste idénticas y lineales:

$$C_i(q_i) = c\, q_i, \quad c > 0. \tag{3.8}$$

Postulamos también una función de demanda lineal de la forma

$$P(Q) = \max\{M - d\, Q\,, 0\}, \quad M, d > 0. \tag{3.9}$$

Centrándonos en un equilibrio interior, las condiciones de primer orden [3.5], particularizadas para este caso, dan lugar al sistema:

$$c - \big(M - d(q_i^* + q_j^*)\big) = -dq_i^* \quad (i, j = 1, 2;\ i \neq j), \tag{3.10}$$

cuya solución es:

$$q_i^* = \frac{M - c}{3d} \quad (i = 1, 2)$$

que representa un equilibrio interior siempre y cuando $M > c$.

El análisis anterior puede representarse gráficamente mediante el útil concepto de "función de reaccion". Para cada empresa $i = 1, 2$, su función de reacción $\eta_i(\cdot)$ se obtiene de [3.10] y expresa la respuesta óptima de esta empresa a cada una de las posibles decisiones de su competidora. Incluyendo las configuraciones de frontera (donde una de las empresas no produce), las funciones de reacción son de la siguiente forma:

$$\eta_i(q_j) = \max\left\{0, \frac{M - c}{2d} - (1/2)q_j\right\}. \tag{3.11}$$

Así, por ejemplo, las cantidades óptimas en monopolio se pueden definir a partir de las funciones de reacción como sigue:

$$q_i^m \equiv \eta_i(0), \quad (i = 1, 2),$$

esto es, como la reacción óptima de cada empresa i cuando la competidora produce una cantidad nula.

En un contexto lineal como el considerado, las funciones de reacción [3.11] también son lineales (para configuraciones interiores). Su intersección representa obviamente un equilibrio de Nash: esto es, un par de producciones tales que, simultáneamente, cada una de ellas es la reacción óptima respecto a la otra. Una ilustración gráfica de esta idea se incluye en la figura 3.1. En esta figura, la función de reacción de cada empresa (1 o 2) se representa como la línea de puntos de tangencia de sus respectivas curvas iso-beneficio al conjunto de rectas (horizontales o

verticales) asociadas a los distintos niveles de producción por parte de la competidora
(2 o 1).

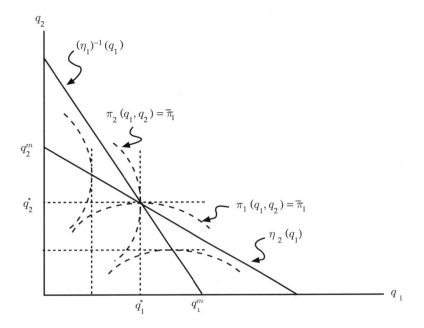

Figura 3.1. Equilibrio de Cournot.

En el caso de un duopolio con funciones de reacción decrecientes *que sólo se intersectan en un punto*, el único equilibrio de Nash resultante tiene una fundamentación mucho más fuerte que la normalmente ímplicita en este concepto (véase la discusión de las secciones 2.6 y 2.7), pues, en este caso, es posible extraer una única predicción del modelo a través de la eliminación iterativa de estrategias dominadas. (Recuérdese la sección 2.1.) Obviamente, esta única predicción ha de coincidir con el equilibrio de Nash (ejercicio 2.5).

Verificamos esta afirmación para el contexto lineal ilustrado en la figura 3.1. La forma más inmediata de hacerlo es recurriendo a la identificación del conjunto de estrategias racionalizables y el de estrategias iterativamente no dominadas que establece el teorema 2.7,[1] pues, una vez hecha esta identificación, podemos proceder gráficamente sobre las funciones de reacción de las empresas, que reflejan precisamente las decisiones que pueden racionalizarse como mejor respuesta frente a distintas estrategias de la competidora.

[1] Este teorema fue formulado y probado para espacios finitos de estrategias puras. Sin embargo, es totalmente trasladable a contextos como el presente donde el espacio de estrategias puras es infinito.

Así, primero podemos descartar, para cada empresa $i = 1, 2$, las cantidades que exceden sus niveles de monopolio. Esto es, aquellas cantidades q_i tales que

$$q_i > q_i^m \equiv \eta_i(0).$$

Estas cantidades nunca pueden ser la respuesta óptima a *ninguna* percepción sobre la empresa competidora —o, expresado gráficamente, tales cantidades no están "sobre la función de reacción" de la empresa i para *ninguna* posible cantidad de su competidora. Una vez que, por simetría, se han descartado para ambas empresas las cantidades en los intervalos (q_1^m, ∞) y (q_2^m, ∞), podemos hacer lo propio con las cantidades q_i que satisfacen:

$$0 \leq q_i < \eta_i(q_j^m) = \eta_i(\eta_j(0)), \qquad (i, j = 1, 2; \ i \neq j),$$

ya que, una vez que se descarta que la competidora $j \neq i$ decida producir una cantidad mayor que la suya de monopolio, cualquier q_i que verifique la anterior desigualdad no puede ser respuesta óptima a ninguna percepción sobre la competidora. Gráficamente, lo que esto refleja es que, si se descartan las cantidades de la competidora en el intervalo (q_j^m, ∞), no existe ninguna cantidad $q_i \in [0, \eta_i(q_j^m))$ que esté sobre la función de reacción de la empresa i. O, de forma algo más precisa,

$$\left[q_i = \eta_i(q_j), \ q_j > q_j^m\right] \Rightarrow q_i \in \left[\eta_i(q_j^m), q_i^m\right],$$

para cada i, $j = 1, 2$ ($i \neq j$). Prosiguiendo una iteración más tras eliminar los intervalos (q_i^m, ∞) y $[0, \eta_i(q_j^m))$, es inmediato comprobar que, por consideraciones análogas, podemos entonces descartar las cantidades q_i que satisfacen:

$$q_i > \eta_i\left(\eta_j(\eta_i(0))\right) \qquad (i, j = 1, 2; \ i \neq j).$$

Iterando indefinidamente este proceso, es evidente que en el límite sólo permanecen (esto es, *no* se descartan) las cantidades q_1^* y q_2^* que definen el equilibrio Cournot-Nash. Ellas son las únicas que satisfacen, para todo $k = 1, 2, ...$, las condiciones (véase la figura 3.2):

$$\eta_i\left(\eta_j(...(\eta_j(\eta_i(0)))...)\right) \geq q_i \geq \eta_i\left(\eta_j(...(\eta_i(\eta_j(0)))...)\right) \qquad (i, j = 1, 2; \ i \neq j).$$

3.2 Modelo de oligopolio de Bertrand

Medio siglo después de Cournot, Bertrand (1883) propuso un modelo alternativo de competencia oligopolista en donde las empresas se centran en el precio (en lugar de la cantidad) como su variable de decisión, que también se supone adoptada simultáneamente por todas ellas.

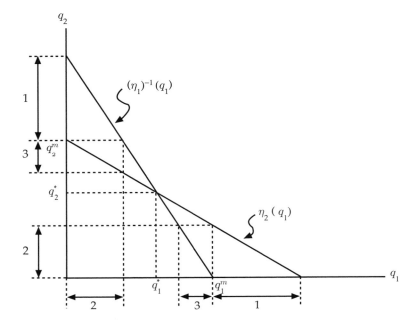

Figura 3.2. Modelo de Cournot –eliminación iterativa de estrategias dominadas. (Los conjuntos descartados en iteraciones 1-3 se encierran en correspondientes flechas.)

Consideremos primero el caso en que, tal como se postuló en la sección 3.1, el bien producido por todas las empresas es homogéneo. Bajo estas circunstancias, está claro que si el mercado es "transparente" para los consumidores, cualquier equilibrio del juego ha de ser tal que todas las empresas activas fijen un mismo precio, pues, si cualesquiera dos empresas ofrecieran precios diferentes para el bien homogéneo, los consumidores sólo comprarían de aquella que lo ofrezca más barato. Todo ello da lugar a una competencia especialmente drástica entre las empresas, que, bajo condiciones bastantes generales, tiende a recortar sustancialmente sus posibilidades de beneficio. De hecho, como veremos a continuación, existen condiciones paradigmáticas bajo las cuales las empresas se ven abocadas a beneficios nulos en equilibrio, independientemente de cual sea su número (obviamente, siempre que sean al menos dos). Por su marcado contraste con la conclusión cournotiana descrita en la sección 3.1, este hecho se conoce usualmente como la "paradoja de Bertrand".

Para ilustrar esta paradoja de la forma más nítida, considérense n (≥ 2) empresas que confrontan una función de demanda $F(\cdot)$ del tipo descrito en [3.1] y tienen costes de producción lineales e idénticos del tipo reflejado en [3.8]. Suponemos que las empresas fijan simultáneamente sus precios, lo que determina el vector $p \equiv (p_1, p_2, ..., p_n)$

que confrontan los consumidores. Como el bien es homogéneo (y el mercado se concibe transparente), toda la demanda fluye a aquellas empresas que ofrezcan el menor precio.

Sea $\theta(p) \equiv \min\{p_1, p_2, ..., p_n\}$ y $F(\theta(p))$ la demanda total inducida. Por simplicidad, supondremos que esta demanda total se reparte uniformemente entre todas las empresas que han ofrecido el precio $\theta(p)$. Formalmente, ello define un juego en forma estratégica entre las n empresas donde $S_i = \mathbb{R}_+$ es el espacio de estrategias de cada empresa i y los pagos asociados a cada vector de estrategias (precios) p se definen como sigue:

$$\pi_i(p) = 0 \quad \text{si } p_i > \theta(p)$$
$$= (p_i - c)\frac{F(\theta(p))}{\#\{j \in N : p_j = \theta(p)\}} \quad \text{en otro caso,}$$

donde $\#\{\cdot\}$ representa el cardinal del conjunto en cuestión.

Nuestro objetivo es determinar los equilibrios de (Bertrand-)Nash de este juego. Primeramente, argumentamos que cualquier vector p^* de equilibrio ha de satisfacer que $\theta(p^*) = c$.

Por un lado, está claro que no podemos tener $\theta(p^*) < c$, pues, en ese caso, las empresas que ofrecieran el mínimo precio $\theta(p^*)$ estarían obteniendo beneficios negativos y mejorarían sus pagos subiendo unilateralmente el precio (por ejemplo, haciéndolo igual a c).

Por otro lado, tampoco puede ocurrir que $\theta(p^*) > c$. Para ver que esta situación no puede definir un equilibrio de Nash, considérese cualquiera de las empresas que *no* capta todo la demanda $F(\theta(p^*))$. (Siempre ha de existir al menos una empresa con estas características, bien porque su precio es mayor que $\theta(p^*)$ —en cuyo caso su demanda es cero, bien porque comparte esta demanda con alguna otra que también ofrece $\theta(p^*)$.) Esa empresa podría aumentar sus beneficios si ofreciera un precio "infinitesimalmente menor" que $\theta(p^*)$ (digamos $\theta(p^*) - \varepsilon$, para un ε suficientemente pequeño) con lo que captaría todo el mercado.

Habiendo descartado que $\theta(p^*)$ sea mayor o menor que c, sólo un perfil p^* que satisfaga la igualdad $\theta(p^*) = c$ permanece como posible situación de equilibrio. De hecho, es fácil comprobar que una configuración p^* define un equilibro de Nash del juego descrito si, y sólo si, satisface la siguiente doble condición:

$$\theta(p^*) = c$$
$$\#\{j \in N : p_j^* = \theta(p^*)\} \geq 2. \tag{3.12}$$

Por tanto, en equilibrio, todas las empresas (tanto las que tienen una demanda positiva como las que no) alcanzan beneficios nulos.

Contrastando este resultado con el análisis llevado a cabo en la sección 3.1, llegamos a la conclusión de que, en general, la competencia en precios (a la Bertrand) tiende a ser mucho más drástica que en cantidades (a la Cournot). De hecho, en las circunstancias especiales consideradas más arriba (costes marginales idénticos y constantes), la primera produce un resultado plenamente *competitivo* donde el precio de equilibrio y el coste marginal coinciden.

En otros casos (v.g., cuando los costes marginales son distintos y/o no son constantes —véanse los ejercicios 3.4 y 3.5) la abrupta discontinuidad sobre la función de pagos inducida por la competencia en precios puede producir situaciones bastantes más complejas (en particular, la inexistencia de equilibrio de Nash) si el producto en cuestión es totalmente homogéneo. Es por lo que la competencia *a la Bertrand* se plantea con frecuencia en un contexto donde las empresas producen bienes diferenciados y, por tanto, su demanda no varía de forma discontínua con los precios. (Supóngase, por ejemplo, que las distintas empresas producen varios tipos de coche, de ordenador o de aceite. Entonces, las empresas producen en cada ejemplo bienes que cubren las mismas necesidades, aunque de forma sólo parcialmente sustitutiva.)

Como primera ilustración de un contexto de competencia estratégica con productos diferenciados, centrémonos en el caso de un duopolio (dos empresas $i = 1, 2$) cuyas funciones de coste son como las descritas en [3.8]:

$$C_i(q_i) = c\, q_i, \quad c > 0.$$

Las funciones de demanda para cada producto i (el bien producido por la empresa i) se suponen dadas por el siguiente simple (y simétrico) sistema de funciones inversas de demanda:

$$P_i(q_1, q_2) = \max\{0,\ M - q_i - bq_j\} \quad (i, j = 1, 2, \quad i \neq j), \qquad [3.13]$$

donde $M > 0$. Es natural suponer que $|b| \leq 1$; es decir, el efecto sobre el precio del bien i de un aumento en la propia cantidad q_i es al menos tan importante como el de la otra cantidad q_j.

Dado que, en el presente contexto, suponemos que las variables de decisión de las empresas son los precios, es útil centrar la análisis en el sistema de funciones (directas) de demanda inducido por [3.13], cuyos argumentos son precisamente estas variables. Se calcula inmediatamente que este sistema tiene la siguiente forma:

$$F_i(p_1, p_2) = \max\left\{0,\ \frac{M}{1 + b} - \frac{1}{1 - b^2}p_i + \frac{b}{1 - b^2}\, p_j\right\} \quad (i, j = 1, 2, \quad i \neq j). \qquad [3.14]$$

De la expresión anterior se sigue que, si $b > 0$, los bienes son *parcialmente* sustitutos, ya que el incremento del precio de cualquiera de ellos aumenta la cantidad demandada del otro.

En vista de [3.14], las funciones de pagos del juego vienen ahora dadas por:

$$\tilde{\pi}_i(p_1, p_2) = (p_i - c) \max \left\{ 0, \frac{M}{1+b} - \frac{1}{1-b^2} p_i + \frac{b}{1-b^2} p_j \right\} \qquad (i, j = 1, 2; \ i \neq j).$$

Las condiciones de primer orden para un equilibrio (Bertrand-)Nash interior dan lugar al sistema:

$$\frac{\partial \tilde{\pi}_i}{\partial p_i}(p_1^*, p_2^*) = \left(\frac{M}{1+b} - \frac{1}{1-b^2} p_i^* + \frac{b}{1-b^2} p_j^* \right) - \frac{1}{1-b^2}(p_i^* - c) = 0$$

que, explotando la simetría del problema, puede resolverse fácilmente[2]

$$p_1^* = p_2^* = \frac{M(1-b)}{2-b} + \frac{c}{2-b}. \qquad [3.15]$$

El parámetro b refleja el grado de sustituibilidad de los dos bienes. Así, si $b = 1$, se sigue de [3.13] que los dos bienes son perfectamente sustitutos (o, equivalentemente, las dos empresas producen un mismo bien homógeneo). En ese caso, [3.15] da lugar a [3.12] y los precios de equilibrio coinciden con el coste marginal, tal como fue explicado más arriba. En ese caso, por tanto, los beneficios de equilibrio son cero. En general, es fácil probar (véase el ejercicio 3.6) que cuanto mayor es el grado de heterogeneidad de los bienes (es decir, peor sustitutos son), mayores son los beneficios de las empresas en equilibrio.

El contexto de competencia estratégica con diferenciación de productos aquí considerado presenta una limitación importante: impone exógenamente sobre las empresas el grado de diferenciación de sus bienes. En la sección 5.3, llevaremos a cabo un análisis más rico del problema en el que el grado de diferenciación de los bienes se determina endógenamente dentro de un modelo "dinámico" (esto es, multietápico). Ello nos permitirá alcanzar una comprensión mucho mejor de este importante fenómeno económico.

3.3 Incentivos y eficiencia en la asignación de bienes públicos

Considérese una comunidad de n individuos que desea financiar un cierto bien público (digamos, un medio de transporte o un sistema de educación), cuyo nivel de dotación se denota por x. Este bien público se ha de costear mediante las contribuciones privadas de los individuos de la comunidad $(c_i)_{i=1}^{n}$, donde c_i representa la contribución del individuo i. Supóngase, por simplicidad, que existen rendimientos

---

[2] Nótese que las condiciones de segundo orden del problema de optimización de cada empresa se satisfacen ya que $\frac{\partial^2 \tilde{\pi}_i}{\partial p_i^2}(p_1, p_2) < 0$ para cada $i = 1, 2$.

constantes en la dotación del bien público, de forma que un nivel total de contribuciones $c = \sum_{i=1}^{n} c_i$ permite dotar un nivel $x = c$ de bien público. (Nótese que, dados rendimientos constantes, se puede obtener una tasa de transformación entre "dinero" y bien público igual a la unidad recurriendo simplemente a una apropiada elección de unidades.)

Sea $w_i > 0$ la cantidad de bien privado en manos de cada individuo i. Sus preferencias sobre el bien público y sus contribuciones vienen representadas por funciones de utilidad del tipo:

$$U_i : \mathbb{R}_+ \times [0, w_i] \to \mathbb{R}$$

que especifica la utilidad $U_i(x, c_i)$ que reporta a cada individuo $i = 1, 2, ..., n$ un nivel de bien público x y una contribución propia de c_i. Naturalmente, se supone que la función $U_i(\cdot)$ es creciente con respecto al primer argumento y decreciente con respecto al segundo. Por simplicidad analítica, también se supondrá que esta función es estrictamente cóncava y diferenciable con respecto a sus dos argumentos.

Como punto de referencia, consideraremos primero cuál es la asignación que elegiría un "planificador benevolente" cuya preferencias pudieran representarse como una determinada combinación lineal de los vectores de utilidades obtenida por los distintos individuos. Denotando por $\alpha = (\alpha_1, \alpha_2, ..., \alpha_n)$ el vector de ponderaciones (positivas) utilizado por el planificador, su decisión debe ser la solución del siguiente problema de optimización:

$$\text{Max} \ \sum_{i=1}^{n} \alpha_i \, U_i(x, c_i)$$

con respecto a $\left(x, (c_i)_{i=1}^{n}\right)$ y sujeto a

$$x \leq \sum_{i=1}^{n} c_i, \quad x \geq 0, \quad w_i \geq c_i \geq 0 \qquad (i = 1, 2, ..., n).$$

Es fácil de comprobar que cualquier asignación que resuelva el problema anterior ha de ser eficiente (es decir, óptima en el sentido de Pareto). De hecho, es bien conocido —véase, por ejemplo, Laffont (1982)— que la concavidad de las funciones $U_i(\cdot)$ implica que *cualquier* asignación eficiente ha de ser una solución del problema anterior para un vector α de ponderaciones *apropiadamente elegido*.

Supóngase que cualquier asignación $\left(x^*, (c_i^*)_{i=1}^{n}\right)$ que resuelve el problema del planificador es interior (esto es $x^* > 0$, $w_i > c_i^* > 0$, $\forall i = 1, 2, ..., n$ —véase el ejercicio 3.8—. Abordando entonces el problema mediante el enfoque lagrangiano habitual, se han de verificar las siguientes condiciones:

$$\sum_{i=1}^{n} \alpha_i \, \frac{\partial U_i(x^*, c_i^*)}{\partial x} - \lambda = 0 \qquad\qquad [3.16]$$

$$\alpha_i \, \frac{\partial U_i(x^*, c_i^*)}{\partial c_i} + \lambda = 0 \qquad (i = 1, 2, ..., n) \qquad [3.17]$$

$$x^* = \sum_{i=1}^{n} c_i^* \qquad\qquad [3.18]$$

donde $\lambda > 0$ es el multiplicador de Lagrange asociado a la restricción de factibilidad [3.18]. Utilizando [3.16] y [3.17], obtenemos la condición:

$$\sum_{i=1}^{n} -\frac{\frac{\partial U_i(x^*,c_i^*)}{\partial x}}{\frac{\partial U_i(x^*,c_i^*)}{\partial c_i}} = 1 \qquad\qquad [3.19]$$

que refleja el hecho de que la suma de relaciones marginales de sustitución entre bien público y privado (dinero) para todos los consumidores ha de coincidir con la relación marginal de transformación en la que el primero se puede obtener del segundo. Esta es la igualdad que en la literatura tradicional se conoce como *condición de Bowen-Lindahl-Samuelson*. Por lo antedicho, caracteriza el conjunto de asignaciones interiores y eficientes.

Con esta caracterización de eficiencia como punto de referencia para el ulterior análisis, pasamos a estudiar las propiedades de varios mecanismos alternativos de asignación. Nos centraremos en dos de ellos. El primero refleja el enfoque quizás más natural e intuitivo del problema: simplemente, se pide a los consumidores que propongan sus contribuciones individuales a la dotación del bien público. Como veremos, este procedimiento produce un resultado marcadamente insatisfactorio. Por ello, estudiaremos a continuación un mecanismo alternativo que garantiza la deseada eficiencia, pero en el que los agentes utilizan mensajes abstractos, mucho menos naturales e intuitivos.

3.3.1 Mecanismo de subscripción

Considérese un contexto en el que los individuos, de forma independiente y simultánea, proponen unas contribuciones ξ_i para la provisión del bien público. En función de ellas, se exige de cada individuo i una contribución $c_i = \xi_i$ (es decir, igual a su propuesta) y se dota la cantidad correspondiente de bien público $\sum_{i=1}^{n} c_i$. Ello reporta una utilidad $U_i(\sum_{j=1}^{n} c_j, c_i)$ a cada individuo $i = 1, 2, ..., n$.

El procedimiento descrito define un juego simultáneo en el que el espacio de estrategias para cada agente es $S_i = [0, w_i]$ y las funciones de pagos son de la forma:

$$\pi_i(\xi_1, ..., \xi_n) = U_i(\sum_{j=1}^{n} \xi_j, \xi_i) \qquad (i = 1, 2, ..., n),$$

para cada perfil $(\xi_1, ..., \xi_n) \in S$. Es inmediato comprobar que las condiciones necesarias y suficientes para que un perfil de estrategias $\hat{\xi} = (\hat{\xi}_i)_{i=1}^{n}$ sea equilibrio de Nash son las siguientes:

$$\frac{\partial U_i(x(\hat{\xi}), \hat{\xi}_i)}{\partial x} + \frac{\partial U_i(x(\hat{\xi}), \hat{\xi}_i)}{\partial c_i} = 0 \qquad (i = 1, 2, ..., n) \qquad [3.20]$$

donde

$$x(\hat{\xi}) \equiv \sum_{i=1}^{n} \hat{\xi}_i. \qquad [3.21]$$

Reescribiendo las expresiones en (3.20) de la siguiente forma:

$$-\frac{\frac{\partial U_i(x(\hat{\xi}), \hat{\xi}_i)}{\partial x}}{\frac{\partial U_i(x(\hat{\xi}), \hat{\xi}_i)}{\partial c_i}} = 1 \qquad (i = 1, 2, ..., n)$$

y sumándolas, obtenemos:

$$\sum_{i=1}^{n} -\frac{\frac{\partial U_i(x(\hat{\xi}), \hat{\xi}_i)}{\partial x}}{\frac{\partial U_i(x(\hat{\xi}), \hat{\xi}_i)}{\partial c_i}} = n. \qquad [3.22]$$

Comparando [3.22] y [3.19], concluimos que las condiciones de primer orden que caracterizan el equilibrio de Nash del mecanismo de subscripción son incompatibles con la condición de Bowen-Lindahl-Samuelson. Por tanto, la asignación obtenida en equilibrio mediante este mecanismo es ineficiente. Por ejemplo, se ve inmediatamente que, a partir de la asignación $(\hat{x}, (\hat{c}_i)_{i=1}^{n})$ inducida por un equilibrio de Nash, siempre es posible encontrar una asignación factible $(\tilde{x}, (\tilde{c}_i)_{i=1}^{n})$ con $\tilde{x} > \hat{x}$ que domine (en el sentido de Pareto) el equilibrio de Nash. Así, considérese una incremento "marginal" idéntico por parte de cada individuo i sobre su contribución $\hat{c}_i$ en equilibrio. El efecto de ese incremento *conjunto* en la utilidad de *cada* individuo i se puede aproximar por

$$n\frac{\partial U_i(\hat{x}, \hat{\xi}_i)}{\partial x} + \frac{\partial U_i(\hat{x}, \hat{\xi}_i)}{\partial c_i} = (n-1)\frac{\partial U_i(\hat{x}, \hat{\xi}_i)}{\partial x} > 0.$$

La razón intuitiva para esta conclusión es clara: en un equilibrio de Nash, los individuos no tienen en cuenta el efecto que sobre la utilidad conjunta tiene su contribución al bien público; tratan este bien, a todos los efectos, como un bien privado. Por tanto, el nivel con el que contribuyen a su dotación es ineficientemente pequeño.

3.3.2 Diseño e implementación de mecanismos: una alternativa eficiente*

En vista del resultado insatisfactorio inducido por el mecanismo "natural" de subscripción, se plantea la pregunta de si existirán otros mecanismos, quizás más complejos y/o artificiales, que consigan abordar adecuadamente el problema. Este es la clase de pregunta típicamente suscitada por la llamada literatura de implementación: ¿es posible *diseñar* mecanismos que consigan reconciliar los incentivos individuales de los jugadores y alguna medida de deseabilidad social? Centrado en el problema de asignación eficiente de bienes públicos, el mecanismo abstracto propuesto por Walker (1981) que ahora pasamos a describir responde a este objetivo.

Cada agente envía un mensaje $m_i \in \mathbb{R}$ de forma simultánea e independiente. En función del perfil de mensajes enviados $m \equiv (m_1, m_2, ..., m_n)$, el mecanismo establece un nivel de bien público x calculado de la siguiente forma:

$$x = \psi(m) = \max \left\{ \frac{\sum_{i=1}^{n} m_i}{n}, 0 \right\}, \qquad [3.23]$$

esto es, la media de los mensajes enviados (siempre que sea no negativa). Por otro lado, la necesaria contribución de bien privado por parte de cada individuo i, c_i, se determina como sigue:

$$c_i = \left(\frac{1}{n} + m_{i+1} - m_{i+2} \right) \psi(m) \qquad (i = 1, 2, ..., n), \qquad [3.24]$$

y se interceptan los índices en esta expresión como normalizados en "módulo n" (es decir, como el resto resultante cuando se dividen por n).

A modo de ilustración, podemos suponer que los individuos están dispuestos correlativamente en un círculo, con el individuo de índice 1 precedido por el que tiene el índice n (véase la figura 3.3). Con esa interpretación, los agentes $i + 1$ y $i + 2$ son simplemente los dos individuos que se encuentran más próximos al agente i conforme se avanza a lo largo del círculo indicado en el sentido de las agujas del reloj.

Para que [3.23] y [3.24] puedan servir de base apropiada para definir los pagos de un juego, ha de cumplirse que el resultado asociado a *cualquier* posible perfil de mensajes $m = (m_1, m_2, ..., m_n)$ esté bien definido. En particular, es necesario que la asignación resultante sea factible, tanto a nivel individual como agregado. Para obviar difíciles problemas relacionados con la factibilidad *individual*, haremos un supuesto extremo pero sustancialmente simplificador, que esencialmente ignora dicha factibilidad:

$$w_i = \infty \qquad (i = 1, 2, ..., n);$$

es decir, la disponibilidad de recursos individuales para hacer frente a posibles contribuciones es ilimitada. Por otro lado, la factibilidad *agregada* de la asignación asociada a cualquier perfil m se comprueba fácilmente sumando las expresiones en [3.24] para todo $i = 1, 2, ..., n$. Haciéndolo, se obtiene:

$$\sum_{i=1}^{n} c_i = \sum_{i=1}^{n} (\frac{1}{n} + m_{i+1} - m_{i+2}) \psi(m) = \psi(m) = x, \qquad [3.25]$$

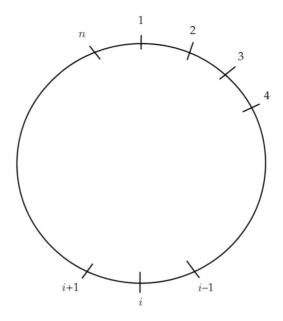

Figura 3.3

lo que implica que, para cualquier perfil de mensajes m, la suma de las contribuciones individuales $(c_i)_{i=1}^{n}$ exigidas por el mecanismo permite producir la cantidad de bien público asociada x.

Las expresiones [3.23] y [3.24] definen un juego con espacios de estrategias $S_i = \mathbb{R}$ y funciones de pagos

$$\pi_i(m_1, ..., m_n) = U_i\left(\psi(m), (\frac{1}{n} + m_{i+1} - m_{i+2})\,\psi(m)\right) \qquad (i = 1, 2, ..., n).$$

Sea $m^* = (m_1^*, m_2^*, ..., m_n^*)$ un equilibrio de Nash de este juego.[3] Se comprueba a continuación que si especificamos:

$$p_i^* = \frac{1}{n} + m_{i+1}^* - m_{i+2}^* \qquad (i = 1, 2, ..., n) \qquad [3.26]$$

$$x^* = \psi(m^*) \qquad [3.27]$$

$$c_i^* = p_i^* x^*, \qquad [3.28]$$

la colección $[(p_i^*)_{i=1}^{n},\ (c_i^*)_{i=1}^{n},\ x^*]$ define un *equilibrio de Lindahl* de la economía en cuestión. (Véase de nuevo Laffont (1982) para una descripción y discusión de este

---

[3] Tal como se explica más adelante, la existencia de un equilibrio de Nash está garantizada siempre y cuando exista un equilibrio de Lindahl para el contexto económico subyacente.

concepto tradicional en economía del bienestar.) Es decir, [3.26] y [3.28] satisfacen:

(a) $\sum_{i=1}^{n} p_i^* = 1$.
(b) $\sum_{i=1}^{n} c_i^* = x^*$.
(c) Para todo $i = 1, 2, ..., n$, (c_i^*, x^*) es una solución del problema de maximización

$$\max_{c_i, x} U_i(x, c_i) \quad \text{s.a} \tag{3.29}$$
$$p_i^* x = c_i.$$

La condición (a) se satisface por mera construcción, tal como es inmediato verificar. Por otro lado, la condición (b) se sigue de la factibilidad agregada de la regla de asignación (véase [3.25]), particularizada al perfil de mensajes m^*. Finalmente, la parte (c) resulta de la siguiente argumentación.

Al ser m^* un equilibrio de Nash, se sigue que, dado m_{-i}^*, el mensaje m_i^* mandado por cada agente $i = 1, 2, ..., n$ en equilibrio ha de ser una solución al siguiente problema de optimización:

$$\max_{m_i \in \mathbb{R}} U_i \left(\psi(m_i, m_{-i}^*), (\frac{1}{n} + m_{i+1}^* - m_{i+2}^*) \, \psi(m_i, m_{-i}^*) \right). \tag{3.30}$$

Dado que el valor de p_i^* especificado en [3.26] sólo depende de m_{-i}^*, la anterior expresión se puede reescribir de la forma siguiente:

$$\max_{m_i \in \mathbb{R}} U_i \left(\psi(m_i, m_{-i}^*), p_i^* \, \psi(m_i, m_{-i}^*) \right)$$

que, para establecer un mayor paralelismo con [3.29], es útil reformular como sigue:

$$\max_{m_i, c_i, x} U_i(x, c_i) \quad \text{s.a}$$
$$\mathbf{x} = \psi(m_i, m_{-i}^*) \tag{3.31}$$
$$p_i^* x = c_i.$$

Supóngase que, en contra de lo afirmado, la colección $[(p_i^*)_{i=1}^{n}, \ (c_i^*)_{i=1}^{n}, \ x^*]$ definida en [3.26]–[3.28] *no* define un equilibrio de Lindahl. Entonces, para algún individuo i, existe una cantidad de bien público $\tilde{x} \neq x^*$ que satisface:

$$U_i(\tilde{x}, p_i^* \tilde{x}) > U_i(x^*, p_i^* x^*).$$

Mas, en ese caso, eligiendo

$$\tilde{m}_i = n\tilde{x} - \sum_{j \neq i} m_j^*$$
$$\tilde{c}_i = p_i^* \tilde{x}$$

se concluye que la terna $(\tilde{m}_i, \tilde{c}_i, \tilde{x})$ es una alternativa factible para el problema [3.31]. Ello refuta la supuesta optimalidad de (m_i^*, c_i^*, x^*) o, equivalentemente, que m_i^* sea una solución de [3.30]. Por tanto, m^* no puede ser un equilibrio de Nash, en contra de lo inicialmente supuesto.

Una vez demostrado que la asignación inducida por un equilibrio de Nash m^* es una asignación de Lindahl para los precios personalizados p_i^* dados por [3.26], su optimalidad se sigue fácilmente. Pues, al ser cada (c_i^*, x^*) una solución de [3.29] para todo $i = 1, 2, ..., n$, las siguientes condiciones necesarias y suficientes que la caracterizan han de satisfacerse:

$$-\frac{\frac{\partial U_i(x^*, c_i^*)}{\partial x}}{\frac{\partial U_i(x^*, c_i^*)}{\partial c_i}} = p_i^* \qquad (i = 1, 2, ..., n),$$

y, por tanto, en virtud de [3.26],

$$\sum_{i=1}^{n} -\frac{\frac{\partial U_i(x^*, c_i^*)}{\partial x}}{\frac{\partial U_i(x^*, c_i^*)}{\partial c_i}} = \sum_{i=1}^{n} p_i^* = 1,$$

por lo que la condición de Bowen-Lindahl-Samuelson se satisface. Ello indica que el mecanismo propuesto es capaz de abordar adecuadamente los problemas de incentivos, garantizando la eficiencia de cualquiera de sus equilibrios de Nash. A pesar de su naturaleza abstracta (o precisamente por ello), es capaz de abordar con éxito los graves problemas de manipulación e ineficiencia que afectan a otros mecanismos más directos e intuitivos (recuérdese la subsección 3.3.1).

3.4 Fallos de coordinación en contextos macroeconómicos*

La utilización de la Teoría de Juegos en economía no se ha circunscrito a problemas de naturaleza microeconómica. Así, recientemente, ha sido aplicada al estudio de una amplia variedad de fenómenos macroeconómicos modelados desde una perspectiva estratégica. Aquí nos centraremos en un sencillo modelo inspirado por Bryant (1983), cuyo objetivo es ilustrar de forma estilizada la consistencia entre la teoría macroeconómica keynesiana y la hipótesis de comportamiento racional.

Considérese el siguiente contexto "macroeconómico". La economía está fragmentada en K sectores ($K > 1$), en cada uno de los cuales trabajan I individuos ($I > 1$). Todos los n ($\equiv K \times I$) individuos de la economía tienen una idéntica función de utilidad

$$U : \mathbb{R}_+^2 \to \mathbb{R}, \quad U(c_{ik}^1, c_{ik}^2),$$

donde c_{ik}^1 y c_{ik}^2 son las cantidades consumidas de dos bienes, 1 y 2, por el individuo $i = 1, 2, ..., I$ del sector $k = 1, 2, ..., K$. Supondremos que $U(\cdot)$ es diferenciable, cuasi-cóncava, y estrictamente creciente en sus dos argumentos. El bien 1 se interpreta como ocio y el 2 como un bien de consumo producido a partir de una colección de productos intermedios, tal como se describe a continuación.

Cada individuo está dotado de una unidad de tiempo, que dedica a dos usos alternativos. Por un lado, consume ocio, que es una de las variables de su función de utilidad. Por otro lado, aquella parte de su tiempo que dedica a "trabajar" la emplea en obtener una cierta cantidad de bien intermedio x_{ik}, que él mismo produce (digamos, como "trabajador autónomo") con rendimientos constantes. En ese caso, podemos suponer (sin pérdida de generalidad) que x_{ik} unidades de trabajo producen una cantidad idéntica de producto intermedio z_{ik}; esto es, $z_{ik} = x_{ik}$.

Los productos intermedios obtenidos en cada sector son productos heterogéneos. El bien de consumo (bien 2) se produce a partir de todos ellos en proporciones fijas (es decir, mediante tecnologías con rendimientos constantes del llamado "tipo Leontieff"). Concretamente, si se utilizan cantidades $(z^k)_{k=1}^K$ de bienes intermedios en cada uno de los K sectores (donde $z^k \equiv \sum_{i=1}^I z_{ik}$), la cantidad total producida del bien 2 es:

$$y^2 = \min \left\{ z^1, z^2, ..., z^K \right\}.$$

En este contexto, el mecanismo de asignación que se postula es de la siguiente forma. Todos los individuos ik ($i = 1, 2, ..., I$, $k = 1, 2, ..., K$) han de decidir simultáneamente cuánto trabajo dedican a la producción del bien intermedio. Una vez estas decisiones x_{ik} han sido tomadas por todos ellos, las producciones correspondientes $z_{ik} = x_{ik}$ se envían a un "mercado central", donde las empresas productoras del bien 2 compran los diferentes bienes intermedios en un marco totalmente competitivo.[4] Por la Ley de Walras (véase por ejemplo, Mas-Colell, Whinston y Green (1995), capítulo 17) los ingresos así obtenidos por cada individuo inducen una demanda agregada de bien 2 que vacía también este mercado.

El mecanismo descrito se puede formular como un juego simultáneo entre los n individuos, donde los pagos asociados a cada perfil de estrategias $x = ((x_{ik})_{i=1}^I)_{k=1}^K \in \mathbb{R}^n$ se computan anticipando el resultado competitivo que se produce en el mercado de bienes intermedios. Sea $p(x) \equiv (p_k(x))_{k=1}^K$ el vector de precios de equilibrio determinado en este mercado para cada posible vector x, donde los precios se expresan en términos del bien 2, que se toma como numerario. Denótese $x_k \equiv \sum_{i=1}^I x_{ik}$. Por argumentos bien conocidos en la Teoría del Equilibrio General (véase de nuevo Mas-Colell, Whinston y Green (1995)), sabemos que:

$$\left[x_{k'} > \min_{k=1,...,K} \{x_k\} \right] \Rightarrow p_{k'}(x) = 0. \qquad [3.32]$$

---

[4] Nótese que el número de empresas productoras del bien 2 es irrelevante, ya que su tecnología de producción presenta rendimientos constantes. Por tanto, si éstas se comportan competitivamente, el equilibrio deja indeterminado cómo la producción se distribuye entre todas ellas.

Esto es, cualquier bien para el que se produce un exceso de oferta en equilibrio ha de tener un precio nulo asociado. Por otro lado, en aquellas situaciones en las que hay más de un bien intermedio para el que la demanda iguala la oferta en equilibrio, el contexto descrito induce una amplia multiplicidad de posibles precios de equilibrio. En concreto, tenemos que, además de [3.32], la única condición adicional que caracteriza *completamente* el conjunto de precios de equilibrio es la siguiente:

$$\sum_{k=1}^{K} p_k(x) = 1; \quad p_k(x) \geq 0 \quad (k = 1, ..., K). \tag{3.33}$$

Es decir, cualquier regla de formación de precios $[p_k(\cdot)]_{k=1}^{K}$ que especifique:

(a) un precio nulo para bienes, intermedios en exceso de oferta, y
(b) *cualquier* precio no negativo para los demás bienes de forma que el coste de producir cada unidad de bien final (es decir, $\sum_{k=1}^{K} p_k(\cdot)$) sea igual a la unidad (el precio del bien producido, que es el numerario)

da lugar a un sistema de precios de equilibrio asociado a cada posible perfil de estrategias x.

Dada la indeterminación contenida en (b), es necesaria una regla de selección de precios de equilibrio para poder cerrar apropiadamente el modelo. Ya que cualquier elección en este sentido es irrelevante para la naturaleza de nuestras conclusiones, supondremos, por concreción, la siguiente formulación simétrica:

$$\left[x_{k'} = x_{k''} = \min_{k=1,...,K} \{x_k\} \right] \Rightarrow p_{k'}(x) = p_{k''}(x). \tag{3.34}$$

El marco teórico descrito pretende formalizar de manera muy estilizada las fricciones y complementariedades inherentes a una economía moderna. Desde esta perspectiva, el objetivo del modelo es ilustrar que, tal como postula la teoría keynesiana tradicional, es posible la materialización de situaciones macroeconómicas persistentes a niveles muy distintos de los de plena capacidad. De forma extrema, esta conclusión aparece reflejada en el siguiente resultado.

Proposición 3.1 *El vector $x^o = (0, 0, ..., 0)$ define el único equilibrio de Nash del juego descrito.*

Demostración. Sea x cualquier equilibrio de Nash. Observamos primero que, en ese caso, ha de satisfacerse que:

$$\forall k, k' = 1, 2, ..., K, \quad x_k = x_{k'}, \tag{3.35}$$

pues supóngase lo contrario. En ese caso, hay un sector $\hat{k}$ tal que $x_{\hat{k}} > \min_{k=1,\ldots,K}\{x_k\}$. Por tanto, $p_{\hat{k}}(x) = 0$ y, para todo individuo $i\hat{k}$ ($i = 1, 2, \ldots, I$), tenemos que

$$\left(c_{i\hat{k}}^1, c_{i\hat{k}}^2\right) = \left(1 - x_{i\hat{k}}, 0\right).$$

Dado que $x_{i\hat{k}} > 0$ para algún $\hat{\imath}$, se sigue que, para el correspondiente individuo $\hat{\imath}\hat{k}$, la estrategia $\tilde{x}_{\hat{\imath}\hat{k}} = 0$ le reporta una utilidad $U(1, 0)$, que es mayor que $U(1 - x_{\hat{\imath}\hat{k}}, 0)$. Ello contradice que el perfil x pueda ser un equilibrio de Nash.

Supóngase ahora que x satisface [3.35], esto es, cumple que $x_k = \theta$ para algún $\theta \geq 0$ y todo $k = 1, 2, \ldots, K$. Argumentamos que θ *no* puede ser estrictamente positivo. Pues, si fuera así, sea ik' un individuo cualquiera del sector k' con $x_{ik'} > 0$. Por [3.34], su pago es:

$$U(c_{ik'}^1, c_{ik'}^2) = U(1 - x_{ik'}, \frac{1}{K}x_{ik'}). \qquad [3.36]$$

Considérese una desviación unilateral de este individuo hacia $\tilde{x}_{ik'} = x_{ik'} - \varepsilon$, para un $\varepsilon > 0$ arbitrariamente pequeño. Para esta estrategia alternativa, su pago sería $U(1 - x_{ik} + \varepsilon, x_{ik} - \varepsilon)$, ya que, en ese caso, si $(\tilde{x}_k)_{k=1}^K$ denota la configuración sectorial resultante tras la desviación, tenemos

$$\tilde{x}_{k'} < \min_{k \neq k'} \tilde{x}_k$$

y, por tanto,

$$p_{k'}(\tilde{x}) = 1; \quad p_k(\tilde{x}) = 0 \quad \forall k \neq k'.$$

Claramente, si ε se elige suficientemente pequeño, se sigue (por la continuidad de $U(\cdot)$) que

$$U(1 - \tilde{x}_{ik'}, \tilde{x}_{ik'}) = U(1 - x_{ik'} + \varepsilon, x_{ik'} - \varepsilon) > U(1 - x_{ik'}, \frac{1}{K}x_{ik'}).$$

lo que completa la demostración. ∎

La proposición 3.1 refleja una situación en la que un sistema de mercado (con precios flexibles) se colapsa totalmente y es incapaz de sostener un nivel positivo de producción. Una conclusión tan extrema es consecuencia directa de la naturaleza (también extrema) de las complementariedades y la estructura temporal postuladas para el proceso de producción del bien 2.[5] Se obtienen también resultados similares, aunque no tan drásticos, en modelos menos estilizados como los de Heller (1986) o Cooper y John (1988).

---

[5] Las consideraciones subyacentes son similares a las que aparecen en el Dilema del Prisionero (véase la sección 1.1) o en la competencia a la Bertrand entre oligopolistas (véase la sección 3.2).

Manteniéndonos dentro del presente contexto, una variación sencilla del marco teórico que permite matizar sustancialmente las extremas conclusiones anteriores consiste en admitir unas mayores posibilidades de coordinación y colusión por parte de los individuos de los diferentes sectores. Así, supóngase por ejemplo que, tras las decisiones de *producción* llevadas a cabo *independientemente* por los individuos de cada sector, éstos pueden destruir o retirar parte del stock producido (nunca incrementarlo). Ello sigue permitiendo a los individuos manipular los precios de equilibrio en su provecho, por lo que, si no existieran trabas institucionales que lo impidan, la economía se vería abocada a una situación de colapso del mercado similar a la reflejada por la proposición 3.1. Ante esta amenaza, supongamos que los individuos (de todos los sectores en conjunto) intentan y consiguen coludirse globalmente, *cuando* ya están en en el mercado con su producción *irreversiblemente* fijada. En particular, asumamos que les es viable comprometerse a que en aquellos sectores $k = 1, 2, ..., K$ tales que

$$x_k > \min_{k=1,...,K} \{x_k\} \equiv \rho,$$ [3.37]

y sólo en ellos, sus trabajadores respectivos puedan retirar el excedente $x_k - \rho$ del mercado antes de que se fijen los precios de equilibrio. Con ello, estos trabajadores evitan que los precios de los bienes intermedios que producen se desplomen en equilibrio y, subsiguientemente, pueda desencadenarse un proceso "auto-destructivo" de manipulación de las condiciones de mercado, tal como el discutido con anterioridad.

En tales circunstancias, está claro que todos los sectores aportarán la misma cantidad de bienes intermedios al mercado y, por consiguiente, todos ellos recibirán el mismo precio $1/K$ por ella (recuérdese [3.34]). Pero, a diferencia del contexto anterior, las posibles configuraciones de equilibrio son mucho más ricas, tal como aparece expresado en el siguiente resultado.

Proposición 3.2 *Considérese un mecanismo colusivo como el descrito, aplicado cuando los trabajadores de los diferentes sectores se encuentran en el mercado con sus procesos de producción de bienes intermedios ya completados. Sea θ^* el nivel de trabajo que satisface:*

$$\frac{\frac{\partial U}{\partial c_1}(1 - \theta^*, \frac{1}{K}\theta^*)}{\frac{\partial U}{\partial c_2}(1 - \theta^*, \frac{1}{K}\theta^*)} = \frac{1}{K}.$$ [3.38]

Dado cualquier $\theta \in [0, \theta^*]$, todo perfil estratégico x tal que:

$$x_{ik} = \theta, \qquad \forall i = 1, 2, ..., I; \ \forall k = 1, 2, ..., K,$$ [3.39]

es un equilibrio de Nash del juego inducido.

Demostración. Sea x un perfil estratégico que satisface [3.39]. En él, cada agente ik obtiene una asignación

$$(c_{ik}^1, c_{ik}^2) = (1 - \theta, \frac{1}{K}\theta), \qquad (i = 1, 2, ..., I, k = 1, 2, ..., K)$$

con pagos respectivos $U(1 - \theta, \frac{1}{K}\theta)$. Si algún individuo ik eligiera un $\hat{x}_{ik} > \theta$, este individuo obtendría una asignación

$$(\hat{c}_{ik}^1, \hat{c}_{ik}^2) = (1 - \hat{x}_{ik}, \frac{1}{K}\theta)$$

con un pago asociado obviamente menor que (c_{ik}^1, c_{ik}^2), por la estricta monotonía de la función $U(\cdot)$.

Por otro lado, si eligiera $\hat{x}_{ik} < \theta$, su asignación sería $(1 - \hat{x}_{ik}, \frac{1}{K}\hat{x}_{ik})$. Ya que $\theta \leq \theta^*$ (donde θ^* se define en (3.38)), se sigue que

$$U(1 - \hat{x}_{ik}, \frac{1}{K}\hat{x}_{ik}) < U(1 - \theta, \frac{1}{K}\theta),$$

lo que completa el argumento. ∎

La proposición 3.2 ilustra que, en una economía sujeta a fricciones y complementariedades, es posible hacer compatible un amplio rango de diferentes niveles de actividad con los siguientes supuestos tradicionales:

(a) agentes racionales (es decir, agentes que maximizan sus pagos en función de expectativas bien definidas sobre todo aquello que no está bajo su control);
(b) expectativas racionales (es decir, reglas de formación de expectativas que se autoverifican en equilibrio);
(c) flexibilidad de precios (es decir, ajuste endógeno de precios que vacía los mercados).

En la literatura macroeconómica moderna, esta compatibilidad ha sido defendida por algunos autores como una posible "micro-fundamentación" del tradicional análisis keynesiano.

Ejercicios

Ejercicio 3.1 Considérese un modelo general de oligopolio con n empresas idénticas y función de demanda $F(\cdot)$ que satisface la ley de la demanda. Pruébese que si las funciones de coste de las empresas son estrictamente convexas, la cantidad producida (o el precio) de un mercado oligopolístico es siempre menor (respectivamente, mayor) que los correspondientes a un contexto competitivo.

Ejercicio 3.2 Considérese un modelo general de oligopolio con n empresas y función de demanda $F(\cdot)$ que satisface la ley de la demanda. Postúlense condiciones adicionales sobre la función de demanda, así como sobre las funciones de coste de las empresas, que garanticen que las condiciones de primer orden para un equilibrio de Nash también sean suficientes.

Ejercicio 3.3 En un contexto con costes y función de demanda lineales tal como se describe en [3.8] y [3.9], considérese un modelo de competencia oligopolística de Cournot con $n \geq 3$ empresas. Calcúlese el equilibrio. ¿Qué ocurre cuando $n \to \infty$?

Ejercicio 3.4 Considérese un contexto de competencia duopolística a la Bertrand con producto *homogéneo*. Se supone que las dos empresas tienen costes fijos nulos y marginales constantes, pero el coste marginal de la empresa 1 es menor que el de la 2. Calcúlense los equilibrios de Nash del juego correspondiente, bajo las siguientes especificaciones alternativas sobre cómo se reparte el mercado entre ambas en caso de igualdad de precios:
(i)   la empresa 1 capta todo el mercado;
(ii) la empresa 2 capta todo el mercado;
(iii) las dos empresas se reparten por igual la demanda inducida.

Ejercicio 3.5 Considérese de nuevo un contexto de competencia duopolística a la Bertrand con producto homogéneo y función de demanda $F(\cdot)$ en el que, en caso de igualdad de precios, las empresas se reparten la demanda inducida por igual. Ambas empresas tienen costes idénticos $C(\cdot)$ que satisfacen $C(0) = 0$, $C'(\cdot) > 0$, $C''(\cdot) > 0$. Sea p^* el precio competitivo que satisface:

$$p^* = C'(\frac{1}{2}F(p^*)).$$

Pruébese que el par (p^*, p^*) define un equilibrio de Nash del juego correspondiente.
    Sugerencia: Siguiendo a Dastidar (1997), defínase $\hat{q}_i(p)$ como la cantidad que maximiza los beneficios de la empresa i, tomando el precio p como dado. Verifíquese entonces (y utilícese) que $p\hat{q}_i(p) - C_i(\hat{q}_i(p))$ es creciente en p.

Ejercicio 3.6 Considérese un contexto de competencia duopolística a la Bertrand con funciones de demanda dadas por [3.13] donde los bienes son parcialmente sustitutos —es decir, tenemos $0 < b < 1$. Pruébese que cuanto mayor es el grado de sustituibilidad de los bienes, menores son los beneficios de equilibrio de las empresas.

Ejercicio 3.7 Dos individuos negocian sobre la repartición de un "pastel" de tamaño unidad. Cada individuo $i \in \{1, 2\}$ introduce en un sobre cerrado una demanda γ_i

especificando cuánto desea conseguir. Un interventor externo abre los sobres con posterioridad y ejecuta la siguiente repartición:

- Si $\gamma_1 + \gamma_2 \leq 1$, da a cada individuo $i = 1, 2$ la parte del pastel $\gamma_i + \frac{1-\gamma_1-\gamma_2}{2}$.
- Si $\gamma_1 + \gamma_2 > 1$, ningún individuo recibe *nada* del pastel.

Caracterícense los equilibrios de Nash del juego en estrategias puras. ¿Hay también algún equilibrio en estrategias mixtas? En caso afirmativo, especifíquese alguno.

Ejercicio 3.8 Propóngase condiciones sobre los datos del problema de la sección 3.3 que garanticen que las soluciones de los problemas de decisión del planificador y los individuos son interiores.

Ejercicio 3.9 Considérese la siguiente variación del problema descrito en la sección 3.3. Una comunidad confronta la decisión de financiar la dotación de un bien público indivisible con un coste fijo K. Los individuos proponen simultáneamente sus contribuciones γ_i ($i = 1, 2, ..., n$). Si el nivel de contribución agregada *propuesta*, $\sum_{i=1}^{n} \gamma_i$, llega a cubrir el coste, el bien público se dota (repartiendo de forma uniforme cualquier exceso de fondos privados que se pudiera producir). En caso contrario, el bien no se dota y nadie materializa la contribución propuesta (esto es, la contribución efectiva de cada individuo es nula).

Supóngase, por simplicidad, que las preferencias de cada individuo $i = 1, 2, ..., n$ admiten la representación

$$U_i(x, c_i) = V_i(x) - c_i$$

donde c_i representa la contribución del individuo y x indica si el bien público se dota ($x = 1$) o no ($x = 0$). Suponemos además que $\sum_{i=1}^{n} (V_i(1) - V_i(0)) - K > 0$.

Considérese un planificador con vector (arbitrario) de ponderaciones $\alpha = (\alpha_1, \alpha_2, ..., \alpha_n)$ para las utilidades de los individuos y que respeta la restricción de "racionalidad individual"

$$U_i(x, c_i) \geq U_i(0, 0).$$

Verifíquense las dos siguientes afirmaciones:

(a) Existen equilibrios de Nash cuya asignación *no* coincide con la prescripción del planificador.

(b) Existe *algún* equilibrio de Nash que *sí* coincide con la prescripción del planificador. Contrástese este hecho con la conclusión explicada en la sección 3.3.

Ejercicio 3.10 Considérese una comunidad de pescadores cuya actividad se concentra en una cierta zona, sobre la que opera de forma exclusiva. Los rendimientos en esa zona dependen del total de horas faenadas por todo el grupo. Así, si h_i denota el número de horas trabajadas por cada pescador $i = 1, 2, ..., n$, y $H \equiv \sum_{i=1}^{n} h_i$ refleja el total de horas trabajadas, se postula que los rendimientos de cada pescador *por hora* trabajada vienen dados por una función cóncava de H, $\rho : \mathbb{R}_+ \to \mathbb{R}_+$, con $\lim_{H \to \infty} \rho'(H) = 0$.

Por otro lado, cada trabajador i experimenta un coste individual por hora trabajada que viene especificado por una cierta función de h_i, $c : \mathbb{R}_+ \to \mathbb{R}_+$. Por simplicidad, se supone que esta función es idéntica para cada individuo, convexa, creciente y satisface $\lim_{h_i \to k} c'(h_i) = \infty$ para algún T dado, $T \leq 24$. Combinando lo antedicho, los pagos de cada pescador i se identifican con la función $U_i(\cdot)$ definida de la forma siguiente:

$$U_i(h_i, ..., h_n) = \rho(H) \ h_i - c_i(h_i) \qquad (i = 1, 2, ..., n).$$

(i) Plantéese el problema de decisión de un planificador cuyo objetivo es maximizar la suma total de utilidades individuales y caracterícese su solución.

(ii) Formúlese el juego en que todos los pescadores deciden simultaneamente sus horas de trabajo. Caracterícense sus equilibrios de Nash y compárense con la solución del problema del planificador, discutiendo las diferencias.

Ejercicio 3.11 Considérese la siguiente variación del mecanismo propuesto por Walker (1981) y discutido en la sección 3.3.2: se insiste en que los mensajes m_i enviados por los agentes admitan la interpretación de "cantidad de bien público deseada" por el agente respectivo y, por consiguiente, se requiere que sean no negativos; es decir, se exige que $m_i \in \mathbb{R}_+$ para cada $i = 1, 2, ..., n$. Contéstense las siguientes preguntas en relación con el mecanismo así modificado.

(i) ¿Son todos los equilibrios de Nash del juego inducido eficientes?

(ii) ¿Hay algún equilibrio eficiente?

Ejercicio 3.12 Se prueba en la sección 3.3.2 que todos los equilibrios de Nash del mecanismo propuesto por Walker (1981) inducen asignaciones de Lindahl (esto es, asignaciones correspondientes a algún equilibrio de Lindahl bajo apropiados precios personalizados). Pruébese que la afirmación recíproca es también cierta; esto es, toda asignación de Lindahl se puede asociar a algún equilibrio de Nash del mecanismo de Walker.

Ejercicio 3.13 Introdúzcase en el contexto considerado por la proposición 3.2 un agente adicional: el Gobierno, cuyas preferencias coinciden con la de un planificador benevolente (véase la sección 3.3). Supóngase que el gobierno puede intervenir en el proceso con capacidad fiscal y/o de compromiso para afectar al proceso de asignación de recursos. Descríbanse en detalle al menos dos diferentes posibilidades de acción por parte del gobierno (que, en este caso, ha de ser considerado un jugador adicional dentro del proceso) que puedan remediar en un sentido deseado (tanto por él como por la población) la multiplicidad de equilibrios del juego original.

Ejercicio 3.14 Considérese un contexto como el descrito en la sección 3.4, pero con la siguiente variación:

$$\frac{\partial U}{\partial c_1}(\cdot) \equiv 0, \qquad\qquad [3.40]$$

esto es, el trabajo no es "costoso" para los individuos (o, equivalentemente, el ocio no es un argumento relevante de su función de utilidad). Explórense las implicaciones que ello tiene para las conclusiones expuestas en las proposiciones 3.1 y 3.2.

Ejercicio 3.15 Considérese un contexto como el descrito en la sección 3.4, con sólo dos sectores ($K = 2$) y las posibilidades colutorias en el mercado de bienes intermedios descritas en su segunda parte. A diferencia de lo allí postulado, supóngase que las decisiones de producción tomadas por el sector 2 se llevan a cabo una vez conocidas las tomadas por el sector 1. Por simplicidad, supóngase también [3.40].

(i)   Modélese el contexto como un juego en forma extensiva.

(ii) Especifíquense sus equilibrios de Nash. ¿Hay alguno de ellos que parezca más razonable? Discútase y vuélvase sobre este apartado una vez completado el capítulo 4.

4. Refinamientos del equilibrio de Nash

4.1 Introducción

El equilibrio de Nash es el concepto central más frecuentemente utilizado en el análisis de los juegos no cooperativos. Como ya explicamos en el capítulo 2, se puede concebir como un requisito mínimo (esto es, condición necesaria) de estabilidad estratégica. Pues, en cierta medida, es posible argumentar que cualquier predicción (o acuerdo más o menos implícito entre los jugadores) que *no* sea equilibrio de Nash tenderá a ser refutado por alguno de ellos: aquél para el que existe una desviación beneficiosa.[1]

Por otro lado, también se argumentó que hay algunos supuestos implícitos subyacentes en el equilibrio de Nash que, a pesar de lo antedicho, pueden llevar a juzgarlo como un concepto demasiado restrictivo (esto es, como una "condición necesaria" demasiado exigente). En particular, lo que tal contraargumento subraya es que el concepto propuesto por Nash supone implícitamente (al menos, en contextos donde hay multiplicidad de equilibrios) que los jugadores sean capaces de coordinarse en uno determinado. Si, por las razones metodológicas apuntadas al final de la sección 2.6, esta posibilidad de coordinación se rechaza, pasamos a depender del concepto más general de estrategia racionalizable, tal como fue presentado en la sección 2.7.

En cualquier caso, dada la multiplicidad habitual de equilibrios de Nash exis-

---

[1] Naturalmente, aquí estamos prescindiendo de la posibilidad de que los jugadores puedan recurrir a algún mecanismo complementario de coordinación, tal como el que subyace, por ejemplo, en el concepto de equilibrio correlado (recuérdese la sección 2.6).

tente en muchos juegos de interés, *no* es una *generalización* de este concepto lo que normalmente necesitaremos para hacer nuestros modelos más fructíferos (esto es, ajustados en sus percepciones). Más bien al contrario: lo que necesitamos son criterios *adicionales* al de Nash que nos permitan discriminar entre distintos equilibrios de este tipo. Una posibilidad en este sentido ya fue explorada en la lección anterior: la exigencia de que la configuración estratégica sea inmune no sólo a desviaciones unilaterales sino también a las coalicionales (o multilaterales). Sin embargo, como ya vimos entonces, ello puede suponer en muchos casos una demanda excesiva; en muchos contextos, *no* hay configuraciones que satisfagan este criterio. Por ello, la Teoría de Juegos ha avanzado en otra línea: la consideración de criterios de estabilidad *unilateral* adicionales al especificado por el equilibrio de Nash que permitan descartar algunos equilibrios de este tipo. Ello ha generado la amplia literatura que se conoce como la de los *refinamientos del equilibrio de Nash*.

Nuestra presentación de esta literatura se dividirá en tres grandes partes. Primeramente, en la próxima sección 4.2 discutiremos los refinamientos aplicables a juegos en forma extensiva. Subdividimos éstos en dos grandes categorías: por un lado los refinamientos dirigidos a descartar las llamadas "amenazas increíbles" (subsección 4.2.1); por otro, los centrados en eliminar las "percepciones insostenibles" (subsección 4.2.2). A continuación, en la sección 4.3, presentaremos los refinamientos que operan sobre la forma estratégica o normal del juego. Acabaremos finalmente el capítulo en la sección 4.4 investigando la relación existente entre ambos tipos de enfoques: el vinculado con la forma estratégica del juego y el centrado en su forma extensiva.

4.2 Refinamientos del equilibrio de Nash en forma extensiva: motivación

4.2.1 "Amenazas increíbles"

Un equilibrio de Nash induce una situación estratégicamente estable debido a los resultados perjudiciales que los agentes prevén para sí tras una desviación unilateral. Naturalmente, en la evaluación de tales posibles desviaciones, cada jugador ha de tener en cuenta las estrategias del resto de los jugadores y, en particular, las acciones que estas estrategias inducirían en respuesta a *cada una* de sus propias acciones. Ha de tener en cuenta, en otras palabras, las "amenazas" incorporadas en las estrategias de sus oponentes para responder óptimamente a ellas.

En juegos con una estructura auténticamente secuencial, no hay nada que impida a un jugador cambiar su supuesta estrategia conforme el juego avanza. Si deja de considerar óptima la que tenía como su estrategia, dada la evolución del juego, es esperable de su racionalidad que la cambie por otra que sí lo sea. En ese caso, podemos decir que su estrategia incluía "amenazas" ficticias; esto es, planes de acción que, aunque como tales fueran anunciados, no se llevarían a cabo en el caso de que el desarrollo del juego así lo exigiera. Si los demás agentes son también racionales y pueden analizar el juego en cada posible contingencia, serán capaces de anticipar esta situación: a sus ojos, los antedichos planes o amenazas se convierten en "increíbles" y, por tanto, ningún equilibrio sustentado en ellos tiene posibilidades de prosperar.

Ilustremos las anteriores ideas con el ejemplo representado en la figura 4.1.

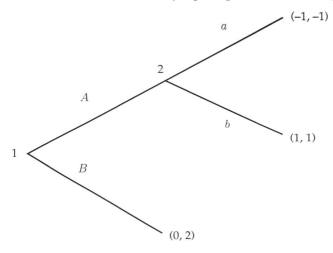

Figura 4.1

Este juego tiene dos equilibrios de Nash: (B, a) y (A, b). El primero, sin embargo, no es razonable, ya que está sustentado en la amenaza increíble, por parte del jugador 2, de que éste tomaría la acción a si el jugador 1 le diera esa oportunidad al *no* jugar B. Como el jugador 1, de hecho, juega B en equilibrio, a permanece en el limbo de las amenazas. Sin embargo, el jugador 1 adopta la acción B *porque* cree en esta amenaza. Mas, teniendo en cuenta que el jugador 2 es racional,[2] el 1 debería poder anticipar que aquél no llevará a cabo su amenaza. Esta supuesta acción contingente de 2 deja de ser entonces creíble, e invalida con ello el equilibrio correspondiente.

El equilibrio (A, b), por el contrario, es plenamente creíble. Y lo es porque presenta las características de *inducción retroactiva* (optimización de delante hacia atrás en el juego) que requiere un análisis coherente de programación dinámica. Esta inducción retroactiva garantiza que al adoptarse una decisión en un momento determinado (por ejemplo, cuando el jugador 1 comienza el juego en el presente caso), la valoración de las posibles acciones incorpora el resultado de las decisiones que serán *óptimas en el futuro* (en el ejemplo, la acción b de 2 en la segunda etapa del juego). Siguiendo a

---

[2] Excepto cuando se haga mención expresa de lo contrario, siempre supondremos que la racionalidad es conocimiento común —recuérdese la sección 2.8.

Selten (1965, 1975), los equilibrios de Nash que disfrutan de esta característica serán llamados *equilibrios perfectos en subjuegos*. Su nombre, por sí mismo, ya indica cuál será su propiedad fundamental: la de ser equilibrio (de Nash) en cada subjuego, *sea éste alcanzado o no en equilibrio*.

Tal como se define formalmente más adelante, la clase de subjuegos que a este respecto se consideran son los conocidos como *propios*. Los subjuegos propios heredan del juego completo la importante característica de tener una única raíz; es decir, consisten en un conjunto de información compuesto de un *solo* nodo y *todos* sus sucesores. Tales subjuegos admiten un análisis especialmente sencillo, ya que, al iniciarse, el jugador que actúa en su primer nodo sabe *exactamente* dónde está. Por tanto, dadas las estrategias de los demás, le es posible valorar sin ambigüedad las consecuencias asociadas a sus diferentes posibilidades de acción.

En un equilibrio perfecto en subjuegos las estrategias de equilibrio han de prescribir, incluso en contingencias que no se dan en equilibrio, un comportamiento racional. En suma, las "amenazas" que sustentan fuera de la senda de equilibrio las acciones propiamente de equilibrio han de ser, en el sentido descrito con anterioridad, acciones creíbles: llegado el momento, unos agentes racionales estarían dispuestos a adoptarlas.

Como hemos explicado, el juego ilustrado en la figura 4.1 presenta dos equilibrios de Nash. En términos de las utilidades que cada uno de ellos reporta a los agentes, los intereses de éstos están *enfrentados*. Así, el jugador 1 prefiere el equilibrio (A, b), mientras que el 2 prefiere el equilibrio (B, a). En este sentido, la perfección en subjuegos es un criterio del que uno de los jugadores (el 1) no estará dispuesto a prescindir. En contraste con esta situación, considérese ahora el juego representado en la figura 4.2 (Van Damme, 1983).

En este juego, de forma análoga al de la figura 4.1, podemos descartar alguno de los equilibrios de Nash por no ser perfecto en subjuegos. Así, las estrategias $((A, D), b)$ forman un equilibrio de Nash en el que la segunda acción D por parte de 1 no es creíble. El jugador 2, paradójicamente, querría "poder creerse" que esta acción supone una decisión racional para 1. Ya que si no, $((B, C), a)$ es el único equilibrio alternativo.[3] En este equilibrio, ambos jugadores obtienen un pago de 1, que para cada uno de ellos es menor que el pago de 2 que obtendrían en el equilibrio $((A, D), b)$. Sin embargo, si los dos jugadores son racionales, y ambos conocen este hecho, se ven condenados al equilibrio que, los dos por igual, desearían evitar.

El refinamiento del equilibrio de Nash que hemos llamado "perfecto en subjuegos" adquiere toda su fuerza en aquellos juegos dinámicos que se denominan

---

[3] Adicionalmente, existe el equilibrio $((B, D), a)$, que induce el mismo resultado que el equilibrio perfecto en subjuegos $((B, C), a)$. Sin embargo, $((B, D), a)$ *no* es perfecto, ya que incorpora la decisión subóptima D por parte del jugador 1 en su último conjunto de información.

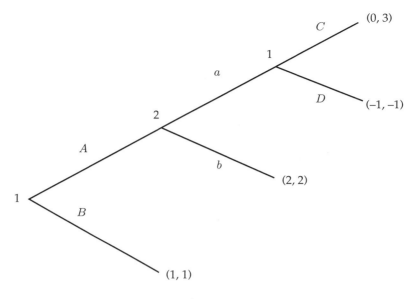

Figura 4.2

de *información perfecta,* donde cada nodo (no final) define, por sí solo, un conjunto de información. En estos juegos, cada una de las acciones posibles en cualquier punto del juego induce un subjuego bien definido de ahí en adelante. Por tanto, dado un perfil de estrategias de los demás, el jugador llamado a mover en ese momento puede predecir nítidamente las sendas futuras y pagos inducidos por cualquiera de sus posibles planes (presentes y futuros) de acción.

En juegos de gran interés, donde o bien se toman acciones simultáneas por parte de los jugadores o bien éstos sólo poseen información incompleta sobre los demás (éste será el contexto estudiado en el capítulo 6), el concepto de "perfección en subjuegos" puede llegar a tener muy poco poder discriminador. Así, si por ejemplo el juego es tal que (como ocurrirá en estos casos) ningún conjunto de información excepto el inicial está compuesto de un solo nodo, ese concepto se vacía de contenido al no existir subjuegos sobre los que poder aplicarse. Considérese el juego representado en la figura 4.3.

Este juego no tiene ningún subjuego propio (aparte del juego completo). Por tanto, el requisito de perfección en subjuegos resulta equivalente al de equilibrio de Nash. En este juego, existen dos equilibrios de Nash en estrategias puras: (A, b) y (B, a). Ambos, por lo antedicho, son trivialmente perfectos en cada subjuego. El primero, sin embargo, no parece en absoluto razonable, pues suponer que, si llamado a mover, el jugador 2 puede elegir b es claramente inconsistente con su racionalidad. Y esto es así, a pesar de que este jugador no es capaz de discernir entre los dos

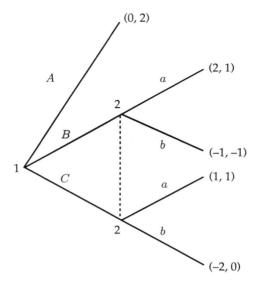

Figura 4.3

nodos de su conjunto de información: para cualquiera de ellos, la acción a es uniformemente mejor para él. O dicho de otra forma, cualquiera que sea la *percepción* (probabilidad subjetiva) de 2 sobre la acción de 1 que ha llevado el juego a su conjunto de información, la acción b reporta a 2 un pago esperado estrictamente menor que a. Por tanto, si 1 asume que 2 es racional, el equilibrio sustentado por la acción contingente b no es creíble. La "hipotética acción" b es, en otras palabras, una amenaza increíble, aunque fuera anunciada por 2 para inducir al jugador 1 a mover A.

La idea anterior se puede formalizar mediante el concepto de *equilibrio secuencial* (Kreps y Wilson, 1982a). Un equilibrio secuencial no sólo exige especificar un perfil de estrategias para cada jugador (sus acciones contingentes en cada conjunto de información) sino también un conjunto de percepciones adecuadas sobre la incertidumbre que cada uno de ellos experimenta en sus respectivos conjuntos de información (obviamente, ello sólo deja de ser trivial en conjuntos de información que estén compuestos de más de un nodo).

Para que una especificación de estrategias y percepciones como la descrita sea un equilibrio secuencial se requiere, informalmente, lo siguiente:

(a) Para cada agente, y en cada uno de sus conjuntos de información, las acciones prescritas por su estrategia son óptimas en función de sus percepciones.

(b) Las percepciones que los agentes sostienen en cada uno de sus conjuntos de información son actualizaciones de probabilidad consistentes con las estrategias de equilibrio de los demás jugadores y la regla de Bayes.

La primera de las condiciones anteriores es simplemente una extensión del criterio de "perfección" a los conjuntos de información que (por estar compuestos de más de un nodo) no definen un subjuego propio. En todos ellos, el concepto de equilibrio secuencial exige que el comportamiento prescrito sea racional (individualmente óptimo) dadas las percepciones especificadas. Mas, ¿qué percepciones pueden especificarse en equilibrio? Ello viene determinado por la segunda de las condiciones anteriores: sólo se admiten aquellas percepciones que sean consistentes (esto es, no contradictorias) con el procedimiento formal de actualización estadística, la regla de Bayes. Cuando, en un determinado conjunto de información, esta regla está bien definida (porque, dadas las estrategias de equilibrio, la probabilidad *a priori* de tal conjunto es positiva), la aplicación de la regla de Bayes define unívocamente las percepciones correspondientes. Ello ocurre a lo largo de la "senda de equilibrio", esto es, para el conjunto de sendas del juego a las que las estrategias de equilibrio asocian probabilidad *a priori* positiva. Fuera de tales sendas, sin embargo, la regla de Bayes no constriñe estas percepciones. En esos casos, por tanto, el concepto de equilibrio secuencial admite que las percepciones de los agentes se determinen arbitrariamente.[4]

Aun aceptando como válida cualquier percepción fuera de equilibrio, es fácil ver que el concepto de "equilibrio secuencial" tiene implicaciones importantes por encima de las del concepto de "equilibrio perfecto en subjuegos". Considérese de nuevo el juego de la figura 4.3. Como ya argumentamos, la acción *b* no es óptima cualesquiera que sean las percepciones que se asignen fuera de la senda de equilibrio correspodiente a las estrategias (A, b) —esto es, en el (único) conjunto de información del jugador 2. (A, b), por tanto, no es un equilibrio secuencial; sólo (B, a) lo es. Y en este caso, como su conjunto de información sí pertenece ya a la senda de equilibrio, sus percepciones en él ya no son arbitrarias: toda la probabilidad ha de estar concentrada en el nodo que resulta de la acción B de equilibrio por parte de 1.[5]

4.2.2 "Percepciones insostenibles"

En la sección anterior nuestro objetivo fue proponer criterios para refinar (descartar) equilibrios de Nash que incluyeran amenazas (esto es, un comportamiento contingente fuera del equilibrio) cuya puesta en práctica, si llegara el caso, nunca podría esperarse de agentes racionales. Estas amenazas fueron catalogadas como increíbles, incapaces por tanto de cimentar el equilibrio descartado.

---

[4] Esto no es totalmente cierto. Como veremos en la sección 4.3, el concepto de equilibrio secuencial incorpora un requisito adicional de consistencia con la estructura del juego que, al ser básicamente técnico, preferimos obviar hasta su presentación formal.

[5] Dado que en el juego considerado, la acción *a* domina la *b* para cualquier acción del jugador 1 que induzca a mover al jugador 2, el requisito de consistencia entre percepciones y estrategias de equilibrio es irrelevante para racionalizar la acción de 2. En juegos más complejos esto no será generalmente así.

De lo explicado debe ya quedar claro que la credibilidad de una amenaza (que se identifica con la racionalidad de llevarla a cabo si llegara el caso) ha de depender crucialmente de las percepciones que, en sus conjuntos de información, se supongan del jugador en cuestión. Cuando, en la sección anterior, nuestro objetivo se reducía a distinguir entre amenazas creíbles y aquellas que no lo eran, admitíamos la posibilidad de "racionalizar" amenazas sobre la base de cualquier sistema de percepciones que fuera consistente con el equilibrio. En cierto sentido, admitíamos la posibilidad de que un jugador "eligiera" sus percepciones con tal de fundamentar unas amenazas determinadas. Dando un paso cualitativo adicional, aunque conceptualmente análogo al de la sección anterior, vamos a investigar en la presente sección la credibilidad de las percepciones. La discriminación entre aquellas que son sostenibles (creíbles) de las que no lo son nos dará criterios adicionales de refinamiento de equilibrios de Nash.

Por desgracia, la tarea es ahora sustancialmente más sutil y, a su vez, menos concluyente que en el caso anterior. La credibilidad o no de determinadas percepciones acaba dependiendo, en cierta forma más o menos implícita, de las racionalizaciones (justificaciones o "historias") que se admitan tras la observación de una desviación del equilibrio. Para facilitar su dicusión, es útil concebir los distintos refinamientos como formas alternativas de racionalizar la observación de una desviación. En particular, se considerarán tres tipos de tales racionalizaciones:

1. El jugador ha cometido un error.
2. El jugador tiene otra teoría (otro equilibrio) en términos de la cual está jugando.
3. El jugador está, de hecho, enviando una señal.

4.2.2.1 Desviaciones interpretadas como "errores"

Suponiendo que los agentes juegan (o pretenden jugar) un determinado equilibrio, parece natural que intentemos racionalizar cualquier posible desviación de él como consecuencia de un "error", al cual los jugadores están sujetos con una cierta (pero pequeña) probabilidad *ex ante* cuando adoptan cada una de sus decisiones. La formalización de esta idea da origen al concepto de *equilibrio perfecto* (Selten, 1975), a veces denominado también "de mano temblorosa". Pasamos a describirlo informalmente.

Supóngase que dado un juego determinado y unas estrategias supuestamente de equilibrio, los agentes no pueden asegurar con certeza que no se desviarán (por error) de estas estrategias. En ese caso, la posibilidad de que cada vez que se produzca una decisión a lo largo del juego, el jugador en cuestión adopte una acción diferente de la deseada se ha de admitir con cierta (pequeña) probabilidad, digamos ε.

Con esta motivación, dado cualquier $\varepsilon > 0$, se define el concepto de equilibrio ε-perfecto como un equilibrio de Nash del juego "perturbado" en el que las mencionadas probabilidades de desviación no pueden evitarse. El juego perturbado y su motivación en términos de errores desempeña básicamente un papel instrumental. Dado que todas las estrategias se juegan con cierta probabilidad positiva en el juego perturbado, no existen en él conjuntos de información fuera del equilibrio. Por tanto, a diferencia de lo que ocurre generalmente sin posibilidad de errores, las percepciones son consecuencia directa de una aplicación de la regla de Bayes en cada caso. Cuando ε se hace infinitesimal (tiende a cero), el equilibrio que resulta es llamado simplemente perfecto.

Veamos las implicaciones de este concepto para el juego representado en la figura 4.3. Si admitimos que, por la inevitabilidad de cometer errores, todos los jugadores adoptan cada una de sus aciones con una probabilidad de al menos $\varepsilon > 0$, la estrategia del jugador 2 no será óptima si, llamado a mover —lo cual ocurre con una probabilidad de al menos 2ε— aquélla prescribe, con probabilidad por encima de la mínima ε, la acción b. En vista de ello, jugar A con probabilidad mayor que la inevitable ε no puede ser una estrategia de equilibrio para el jugador 1. Al hacer tender ε a cero sólo se mantiene el equilibrio (B, a). En este ejemplo, pues, el único equilibrio perfecto coincide con el secuencial, tal como este último fue derivado en la sección 4.2.1. Como veremos en la sección 4.3, esto no es mera coincidencia: en general, y para "casi todos" los juegos (en un sentido natural bien definido) ambos conjuntos de equilibrio coinciden. Siendo así, el concepto de equilibrio secuencial (de más directa y fácil aplicación) presenta ventajas prácticas que le llevan a ser más ampliamente utilizado en aplicaciones.

Abundando en una interpretación de las desviaciones como errores, un refinamiento, que lo es a su vez del concepto de equilibrio perfecto, viene dado por el denominado *equilibrio propio* (Myerson, 1978). Según este concepto, si hemos de atribuir "desviaciones imprevistas" a errores cometidos por los agentes, parece natural atribuir una probabilidad de error sustancialmente menor a aquellas acciones que sean dominadas por otras desviaciones. La motivación es que el agente será más o menos "cuidadoso" en no tomar diferentes acciones erróneas dependiendo de cuáles sean sus consecuencias relativas. Así, para cada conjunto de información, se puede obtener una jerarquía que ordena las posibles desviaciones en función de cuan negativas sean sus consecuencias asociadas. Si, una vez identificada tal jerarquía, mantenemos que el *orden de magnitud* de los errores debe responder a ella y hacemos tender a cero los errores, el equilibrio límite resultante es un equilibrio propio.

Cerramos estas subsección con un ejemplo que ilustra de forma heurística las diferencias entre los conceptos perfecto y propio de equilibrio. Considérese el juego representado en la figura 4.4.

Este juego posee dos equilibrios de Nash: (F, b) y (A, a). Ambos son perfectos. El segundo lo es, ya que no incluye la posibilidad de percepciones fuera de equilibrio.

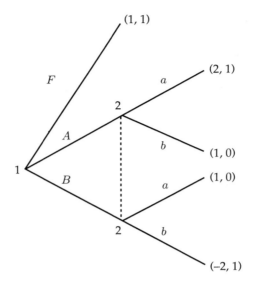

Figura 4.4

El primero, por su parte, también es perfecto, ya que, en caso de que el jugador 2 sea llamado a actuar (lo cual no ocurre en el supuesto equilibrio), este jugador puede racionalizar su acción *b* partiendo de la percepción de que es más probable que el jugador 1 haya jugado *B* que *A* (es decir, estimando que la probabilidad relativa de error hacia *A* por parte de 1 es mayor que la de *B*). Pero esta percepción es incompatible con la que se requeriría si el equilibrio fuera propio, pues, en ese caso, ya que la estrategia *A* domina la *B* para el jugador 1 —según el equilibrio considerado (*F, b*)— una desviación (por error) hacia *A* debería de tener asignada una probabilidad mayor que hacia *B*. Concluimos, por tanto, que el equilibrio (*F, b*) no es propio. Por su parte, (*A, a*) lo es trivialmente, ya que, tal como se ha indicado, no admite la posibilidad de que surjan percepciones fuera de equilibrio.

4.2.2.2 Desviaciones interpretadas como "teorías erróneas"

Cada equilibrio de un juego representa una "teoría" particular sobre cómo se jugará (o se ha de jugar) el juego. Implícito en la predicción de un equilibrio determinado está el supuesto de que todos los jugadores comparten la misma teoría. Si ésta es la única posible (por ejemplo, si sólo hay un equilibrio secuencial) no se pueden producir posibles ambigüedades. Tal unicidad, sin embargo, está ausente de gran parte de los juegos de interés. En ese caso, la desviación de un supuesto equilibrio por parte de algún jugador puede, de forma natural, ser interpretada por los demás como una confusión en el equilibrio que el jugador en cuestión estima como la apropiada (o aceptada) teoría del juego. En algunos casos, una hipótesis alternativa puede determinar de forma unívoca las percepciones naturales fuera del supuesto equilibrio. Considérese el juego representado en la figura 4.5.

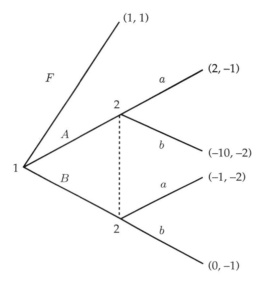

Figura 4.5

Este juego tiene dos equilibrios, ambos secuenciales:[6] (F, b) y (A, a). Supóngase que el primero de ellos es el que 2 asume (o insiste, dados sus pagos) que es (sea) jugado. ¿Qué suponer si, a pesar de todo, 1 se desvía de él? Parece lógico considerar la posibilidad de que este jugador se haya desviado porque asume (o insiste) que el equilibrio (A, a) es el que representa la "teoría apropiada" del juego. Si 2 está convencido de ello, sus percepciones tienen que atribuir toda la probabilidad a la acción A en su conjunto de información. En este caso, a es la acción racional por parte de 2. Si el jugador 1 lleva a cabo este tipo de razonamiento y, a su vez, está convencido de que 2 razona de esta forma, siempre se desviará del equilibrio (F, b). El equilibrio alternativo (A, a), en otras palabras, es el único equilibrio sólido ante un análisis más sofisticado del juego como el descrito.

El tipo de consideraciones utilizadas para invalidar el equilibrio (F, b) explota argumentos de *inducción proyectiva* (denominada así, en contraste con la inducción *retroactiva* reflejada, por ejemplo, en el concepto de equilibrio perfecto en subjuegos). La inducción proyectiva interpreta las acciones efectuadas por otros jugadores a lo largo del juego en términos de lo que éstos pudieron hacer (en el pasado) y no

---

[6] El equilibrio (F, b) es secuencial con percepciones por parte de 2 de que una desviación hacia B es más probable que hacia A.

hicieron.[7] En el caso del juego anterior, cualquier acción por parte de 1 que lleve a 2 a mover (es decir, A o B) se interpreta por éste último en términos de la acción F que 1 pudo haber efectuado y no efectuó. "Si el jugador 1 me deja actuar", razona el jugador 2, "es porque 1 pretende conseguir un pago mayor que el que se podía asegurar con F". Esto sólo es posible si la acción efectuada por 1 es A. "En ese caso", concede 2 resignadamente, "lo óptimo para mí es elegir la acción a y aceptar que 1 consiga su objetivo".

Argumentos de inducción proyectiva como el descrito forman la base de los desarrollos más recientes y sofisticados de la literatura sobre refinamientos que nos ocupa. Volveremos a ellos repetidamente en lo que resta de este capítulo y algunos de los siguientes. Como ilustración adicional de los difíciles problemas conceptuales que pueden llegar a plantear, considérese el juego representado en la figura 4.6.

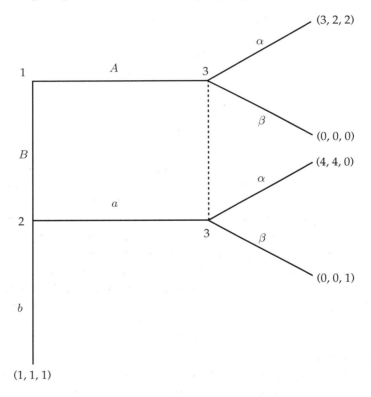

Figura 4.6

[7] Por el contrario, la inducción retroactiva evalúa acciones presentes en términos de previstas acciones futuras. La inducción, en este caso, es de atrás hacia delante en el juego, con el objetivo de atribuir a las diferentes alternativas presentes un valor consistente con lo que se predice que serán las decisiones futuras.

Este juego tiene dos equilibrios de Nash: (A, b, α) y (B, b, β); el segundo secuencial pero el primero no. La terna (A, b, α) no define un equilibrio secuencial, ya que si el jugador 2 fuera llamado a jugar, no elegirá b sino a. (El jugador 3 efectúa la acción α en equilibrio y este jugador no puede hacer depender su acción de que 2 mueva o no; por tanto, si 2 eligiera a en su conjunto de información, obtendría un pago mayor que con b.) A pesar de que (A, b, α) no es secuencial, presentamos a continuación un argumento de inducción proyectiva que, en la línea ya esbozada, puede llegar a hacer de (A, b, α) un equilibrio "razonable".

En el único equilibrio secuencial del juego, (B, b, β), el jugador 3 no llega a mover. Suponiendo que éste es, por tanto, el equilibrio previsto por 3, considérese la situación que resulta de la acción A por 1. El jugador 3 se "sorprende". Si, una vez recuperado de la sorpresa, reemplaza su "teoría" (B, b, β) por la del equilibrio de Nash alternativo: es decir, pasa a suponer que el equilibrio en juego es (A, b, α), su acción óptima es α. Mas entonces, si el jugador 1 es capaz de desarrollar este proceso mental (respecto al proceso mental de 3) moverá A e inducirá el equilibrio (A, b, α), que es sustancialmente más beneficioso para él que el equilibrio secuencial (B, b, β).

El "proceso mental", sin embargo, no ha de parar necesariamente ahí. Supóngase que el jugador 1 es también capaz de imaginar que 2 pueda llegar a pensar de forma análoga a él (en particular, que es capaz de comprender el razonamiento por parte de 3 descrito más arriba). En ese caso, si este último jugador es llamado a mover, adoptará a en vez de b, ya que predecirá que 3 moverá α subsiguientemente. Teniendo esto en cuenta, el jugador 1 habría de efectuar la acción B y el perfil (B, a, α) prevalecería. Pero, ¿qué impide que 3 pueda llegar a desarrollar, íntegramente, el mismo proceso mental? Si es así, su acción será β y todo el argumento se colapsa irremediablemente.

¿Qué pensar de todo este razonamiento "auto-destructivo"? Llevado al extremo, incluso la predicción de que los jugadores adoptarán necesariamente un equilibrio de Nash parece peligrar. (Recuérdese, por ejemplo, el concepto más débil de "racionalizabilidad" presentado en la sección 2.7.) Como tendremos ocasión de argumentar más adelante, la posición que parece inferirse de todo ello es la ecléctica ya esbozada con anterioridad: *la fuerza predictiva de una noción de equilibrio no puede abstraerse de su contexto de aplicación.* Todo ello resultará aún más claro en discusiones y ejemplos ulteriores, cuando razonamientos circulares del tipo que acabamos de exponer aparezcan de forma frecuente.

4.2.2.3 Desviaciones interpretadas como señales

En cierto sentido general, toda acción intermedia de un juego con estructura secuencial puede ser vista como una señal por parte del jugador que la realiza. En contextos con información incompleta, donde parte de la información relevante del juego es privada para algún jugador, esta idea se manifiesta de forma absolutamente nítida. Así ocurre, por ejemplo, en los juegos llamados de señalización que serán objeto de discusión en el capítulo 5.

No es necesario, sin embargo, circunscribirse a contextos con información incompleta para encontrar contextos donde el concepto de "desviación como señal" puede jugar un papel importante. Como ilustración, discutimos ahora un ejemplo que es una simple variación de un juego propuesto por Ben-Porath y Dekel (1992). Como punto de partida, consideramos la "batalla de los sexos" descrita en la tabla 4.2. A ello añadimos la siguiente complicación: en un momento anterior al que se desarrolla este juego (cuyas decisiones son simultáneas), el chico puede *públicamente* "quemar dinero". Esto es, puede optar por disminuir su utilidad en, digamos, 1 unidad *a la vista de la chica*. Con esta posibilidad, el juego presenta la forma extensiva reflejada en la figura 4.7 (en los vectores de pagos indicados, el chico se considera el primer jugador, la chica el segundo).

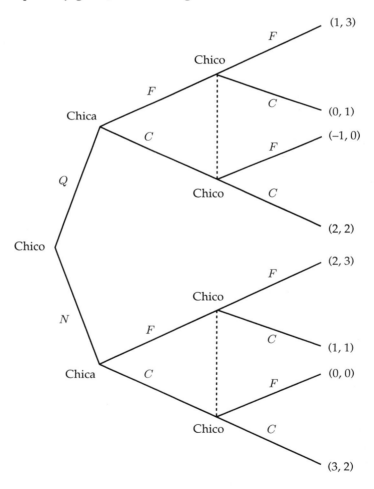

Figura 4.7. Batalla de los sexos con "quema de dinero".

Supongamos que el chico quema dinero públicamente (elige Q) en la primera fase del juego. ¿Cómo habría de interpretar la chica esta acción? Una conclusión razonable sería interpretarla como una señal de que en "la batalla de los sexos" el chico tiene intención de jugar C, pues si no fuera así (esto es, si tuviera intención de jugar F), lo máximo que puede esperar es un pago de 1 (pero quizás menor, si la chica juega C en vez de F). En comparación, jugando N y después C se *garantiza* el pago de 1.

Una vez que la chica comprende la situación (es decir, que jugar Q y después F está dominado —al menos débilmente— para el chico), debería responder con C en la batalla de los sexos si observa una acción inicial de Q por parte del chico. Mas entonces, si el chico comprende esto y decide elegir N en vez de Q ha de ser porque tiene intención de alcanzar algo más que el pago de 2 que ya tiene asegurado por el anterior argumento. Ello sólo es posible jugando C. Por tanto, parece razonable que la chica prediga una acción de C por parte del chico, no sólo después de Q sino también de N. Con esa predicción, la chica reaccionará también con C después de N, lo que conlleva que, desde el punto de vista del chico, N seguida de C domine ahora la elección de Q seguida de C. Al final, la posibilidad de "quemar dinero" no se utiliza por parte del chico, pero sirve para que éste consiga el equilibrio que prefiere.

El anterior argumento es chocante y, en cierto sentido, polémico: ¿por qué suponer que sólo uno de los jugadores puede "quemar dinero"?, ¿cómo es posible que añadir una posibilidad que luego se demuestra irrelevante tenga una influencia tan determinante en el juego? Todo ello ilustra la enorme fuerza que la lógica de la inducción proyectiva pone a nuestra disposición en el análisis de muchos juegos de interés. También ilustra su posible fragilidad conceptual, cuya discusión ha generado una amplia controversia (no resuelta) entre los especialistas.

El razonamiento iterativo descrito puede formalizarse de forma rigurosa. Como veremos en la sección 4.4, consiste esencialmente en un proceso iterativo de eliminación progresiva de estrategias *débilmente* dominadas, que contrasta de forma radical con el de eliminación iterativo de eliminación de estrategias (fuertemente) dominadas presentado en la sección 2.1.

4.3 Refinamientos del equilibrio de Nash en forma extensiva: formalización

Sea $\Gamma = \left\{ N, \{K_i\}_{i=0}^n, R, \{H_i\}_{i=0}^n, \{(\pi_i^j)_{i=0}^n\}_{j=1}^m \right\}$ un juego en forma extensiva. Un subconjunto $\hat{K} \subset K \equiv \bigcup_{i=0}^n K_i$ define un *subjuego* $\hat{\Gamma}$ si existe un conjunto de información $\hat{h}$ tal que:

(i) el conjunto $\hat{K}$ se compone de *todos* los nodos en $\hat{h} \cup \{x' : x \in \hat{h},\ x\,R\,x'\}$;

(ii) $\forall h \in H \equiv \bigcup_{i \in N} H_i$,

$$(h \subset \hat{K}) \vee (h \subset K \backslash \hat{K}),$$

es decir, cualquier conjunto de información h está bien *íntegramente* incluido en $\hat{K}$ o en su complementario.

Si el conjunto de información $\hat{h}$ que induce $\hat{\Gamma}$ está compuesto de un *solo* nodo, el subjuego se dice *propio*.

Sea $\gamma^* \in \Psi$ un equilibrio de Nash de Γ (es decir, el perfil de estrategias de comportamiento inducido por un equilibrio de Nash σ^* en la forma estrategica $G(\Gamma)$). Naturalmente, γ^* induce un perfil estratégico $\gamma^* \mid_{\hat{\Gamma}}$ para cada subjuego $\hat{\Gamma}$ (para ello, simplemente es necesario restringir cada γ_i^* a los conjuntos de información de H_i incluidos en $\hat{K}$). Si restringimos la atención a subjuegos *propios*, se sigue de (i)-(ii) que estos subjuegos tienen estructura de juego en sí mismos, ya que cuentan con una única raíz. Ello nos permite plantear la exigencia de que, para *cada uno* de estos subjuegos propios $\hat{\Gamma}$, los perfiles estratégicos $\gamma^* \mid_{\hat{\Gamma}}$ definan un equilibrio de Nash. Formalmente, ello da lugar al siguiente concepto de equilibrio:

Definición 4.1 (Selten, 1965) *Un perfil $\gamma^* \in \Sigma$ es un equilibrio perfecto en subjuegos de Γ si, para cada subjuego propio $\hat{\Gamma} \subset \Gamma$, $\gamma^* \mid_{\hat{\Gamma}}$ es un equilibrio de Nash de $\hat{\Gamma}$.*

Las limitaciones del concepto de equilibrio que acabamos de definir ya fueron explicadas en la sección precedente. Se obtiene un refinamiento con el concepto de *equilibrio secuencial*, cuya especificación (en términos de estrategias de comportamiento) requiere la introducción del siguiente formalismo.

Una *apreciación* para Γ es una par (μ, γ), donde μ es un conjunto de *percepciones* y γ un perfil de *estrategias de comportamiento*. El concepto de estrategia de comportamiento ya fue descrito en el capítulo 1. Por su parte, un conjunto de percepciones μ especifica, para cada conjunto de información $h \in H_i$, una atribución de probabilidades $\mu(x)$ por parte del jugador i a cada uno de los nodos $x \in h$ de forma que

$$\sum_{x \in h} \mu(x) = 1. \qquad [4.1]$$

Estas probabilidades se interpretan como las percepciones subjetivas de este jugador si el conjunto de información en cuestión es alcanzado a lo largo del juego. En principio, μ es arbitrario. En equilibrio, sin embargo, requeriremos que el par (μ, γ) sea un par consistente.

De manera muy informal (y, de hecho, incompleta, tal como explicamos más adelante), una apreciación (μ, γ) se dice *consistente* si, en todo conjunto de información en que esto sea posible (es decir, siempre que el conjunto de información en cuestión tenga, dado γ, probabilidad *ex ante* positiva), μ es inducido por γ a través de la regla de Bayes. Sea $P^\gamma : 2^K \to [0,1]$ la probabilidad inducida por el perfil estratégico γ sobre cada subconjunto de nodos de K.[8] La consistencia de μ requiere que si, para algún conjunto de información h, $P^\gamma(h) > 0$, entonces

---

[8] La notación 2^K denota, como es habitual, el conjunto de partes de K.

$$\mu\left(x\right)=\frac{P^{\gamma}\left(x\right)}{P^{\gamma}\left(h\right)} \qquad\qquad [4.2]$$

para cada $x \in h$.

Cuando $P^{\gamma}\left(h\right) = 0$, la regla de Bayes no está bien definida. Si el conjunto de información h se alcanzara, estaríamos en un suceso de probabilidad *ex ante* cero, dado el perfil γ. La función μ, sin embargo, no puede eludir la imputación de alguna probabilidad *a posteriori* si, de hecho, h llega a alcanzarse. Si sólo insistiéramos en la consistencia de las percepciones cuando puede aplicarse la regla de Bayes, podríamos admitir que para los conjuntos de información h tales que $P^{\gamma}\left(h\right) = 0$, las probabilidades $\mu\left(x\right)$ de los nodos $x \in h$ se fijaran arbitrariamente. O, equivalentemente, podríamos reformular [4.2] como sigue:

$$\mu\left(x\right)\ P^{\gamma}\left(h\right) = P^{\gamma}\left(x\right),$$

lo que implica [4.2] cuando $P^{\gamma}\left(h\right) > 0$, pero admite cualquier imputación arbitraria (que satisfaga [4.1]) en otro caso.

Sin embargo, aceptar un margen tan amplio de arbitrariedad en la formación de las percepciones fuera de equilibrio puede plantear algunos problemas conceptuales. Así, a modo de ilustración, considérese el juego trilateral representado en la figura 4.8.

En este juego, el perfil de estrategias puras (A, b, U) define un equilibrio de Nash. (Este equilibrio es igualmente perfecto en subjuegos ya que no existe ningún subjuego propio distinto del juego completo.) Con estas estrategias, los conjuntos de información de los jugadores 2 y 3 no se alcanzan. Por lo tanto, la fijación de percepciones "consistentes" asociadas a estos conjuntos de información se puede hacer, en principio, de forma arbitraria. Mas, si insistimos en que la acción U sea óptima para 3 en función de tales percepciones, éstas han de atribuir un peso *positivo* al nodo x_{31} inducido por B-a. Obviamente, ello es incompatible con que el jugador 2 adopte b tras una desviación de 1, tal como se postula en el perfil considerado. En otras palabras, las percepciones requeridas para sostener la acción U como comportamiento óptimo en el último conjunto de información son incompatibles con la estructura del juego y las estrategias consideradas.

Esencialmente, el problema radica en el hecho de que cualquier conjunto de información que siga a otro cuya probabilidad *ex ante* es cero también tiene probabilidad *ex ante* cero. Por tanto, desde el punto de vista exclusivo de la consistencia estadística (es decir, la regla de Bayes) ambos admiten una determinación arbitraria (y en principio independiente) de las percepciones correspondientes. Sin embargo, una vez que las percepciones han sido especificadas en el primero de los conjuntos de información de forma discrecional, parece razonable exigir que se mantenga una cierta "coherencia" subsiguiente con la estructura del juego y las estrategias consideradas.

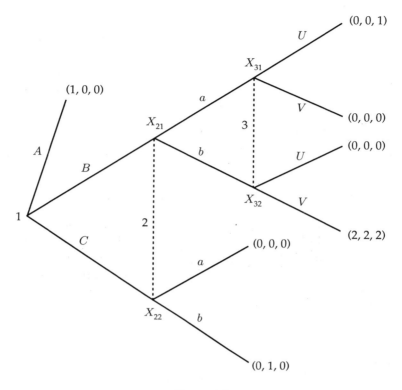

Figura 4.8

En otras palabras, una vez especificadas las percepciones en el primer conjunto de información, sólo deberíamos admitir un nuevo recurso a la "arbitrariedad" cuando sea inevitable. O de forma algo más precisa, dado cualquier conjunto de información $h \in H$ y las percepciones $(\mu(x))_{x \in h}$ asociadas a él (incluso si $P^\gamma(h) = 0$), las percepciones $(\mu(x))_{x \in h'}$ vinculadas a cualquier h' posterior a h en el juego deberían ser consistentes, siempre y cuando ello sea posible, con $(\mu(x))_{x \in h}$, el perfil estratégico γ y la regla de Bayes.

De una forma concisa y efectiva se puede imponer esta idea natural de consistencia sobre una apreciación (μ, γ) mediante un requisito natural de continuidad sobre el espacio de apreciaciones. Así, siempre podemos concebir el perfil estratégico γ como el *límite* de alguna sucesión $\{\gamma_k\}_{k=1,2,...}$ donde cada perfil γ_k sea *completamente mixto*; es decir, donde las estrategias de cada jugador atribuyan una probabilidad positiva a *todas* sus acciones en cada uno de sus conjuntos de información. Naturalmente, este tipo de perfiles garantizan que todos los conjuntos de información del juego tienen probabilidad *ex ante* positiva. Por tanto, la correspondiente apreciación consistente (μ_k, γ_k) viene especificada de forma *unívoca* por la aplicación de la (bien definida) regla de Bayes. Siendo así, el requisito de continuidad mencionado exigirá que, incluso cuando γ no sea completamente mixta, la apreciación asociada (μ, γ) sea "aproximable" por una sucesión de apreciaciones consistentes $\{(\mu_k, \gamma_k)\}_{k=1,2,...}$ donde cada γ_k sí es completamente mixta. Formalmente, está idea viene reflejada por los siguientes conceptos:

Definición 4.2 *Sea* $\gamma \in \Psi$ *un perfil estratégico* completamente mixta *en* Γ *(es decir,* $\forall i = 1, 2, ..., n, \forall h \in H_i, \forall a \in A(h), \gamma_i(h)(a) > 0$). *Una apreciación* (μ, γ) *se dice* consistente *si* $\forall h \in H, \forall x \in h, \mu(x)$ *es una actualización en* h *de* $P^\gamma(x)$ *que resulta de aplicar la regla de Bayes.*

Definición 4.3 *Una apreciación* (μ, γ) *es* consistente *si es el límite de una sucesión de apreciaciones consistentes* $\{(\mu_k, \gamma_k)\}_{k=1,2,...}$ *donde cada* γ_k *es totalmente mixta.*

Considérese de nuevo el ejemplo representado en la figura 4.8 y denótese $\gamma_1 \equiv (\gamma_1(A), \gamma_1(B), \gamma_1(C)), \gamma_2 \equiv (\gamma_2(a), \gamma_2(b)), \gamma_3 \equiv (\gamma_3(U), \gamma_3(V))$. En este formato de estrategias de comportamiento, el equilibrio (A, b, U) considerado más arriba viene dado por:

$$\hat{\gamma}_1 = (1, 0, 0); \quad \hat{\gamma}_2 = (0, 1); \quad \hat{\gamma}_2 = (1, 0).$$

Dado cualquier $\rho > 0$ arbitrario, considérese ahora la sucesión de estrategias completamente mixtas $\{\gamma_{1k}, \gamma_{2k}, \gamma_{3k}\}_{k=1}^\infty$ de la forma:

$$\gamma_{1k} = (1 - (1 + \rho)\varepsilon_{1k}, \varepsilon_{1k}, \rho\varepsilon_{1k}); \quad \gamma_{2k} = (\varepsilon_{2k}, 1 - \varepsilon_{2k}); \quad \gamma_{3k} = (1 - \varepsilon_{3k}, \varepsilon_{3k}); \qquad [4.3]$$

donde $\varepsilon_{rk} \downarrow 0$ para cada $r = 1, 2, 3$. Inducida por esta sucesión de estrategias, tenemos la correspondiente sucesión de percepciones definida de la forma siguiente:

$$\mu_{2k} \equiv (\mu_{2k}(x_{21}), \mu_{2k}(x_{22})) = \left(\frac{1}{1 + \rho}, \frac{\rho}{1 + \rho} \right)$$

$$\mu_{3k} \equiv (\mu_{3k}(x_{31}), \mu_{3k}(x_{32})) = (\varepsilon_{2k}, 1 - \varepsilon_{2k}).$$

Obviamente, $\gamma_{rk} \to \hat{\gamma}_r$ para cada $r = 1, 2, 3$, y

$$\hat{\mu}_2 \equiv \lim_{k \to \infty} \mu_{2k} = \left(\frac{1}{1 + \rho}, \frac{\rho}{1 + \rho} \right) \qquad [4.4]$$

$$\hat{\mu}_3 \equiv \lim_{k \to \infty} \mu_{3k} = (0, 1). \qquad [4.5]$$

Ello formaliza rigurosamente la idea ya explicada: dado el equilibrio $\hat{\gamma}$, las únicas percepciones $\hat{\mu}$ que dan lugar a apreciaciones consistentes $(\hat{\mu}, \hat{\gamma})$ son las que concentran en el nudo x_{32} todo el peso en el último conjunto de información del juego, aun permitiendo cualquier percepción arbitraria (vinculada con valores alternativos de ρ)[9] en el conjunto de información del jugador 2.

Tal como acabamos de ilustrar, la definición 4.3 exige de cualquier apreciación (μ, γ) un cierto concepto de consistencia con el juego y las leyes estadísticas. Mas, para que una apreciación consistente induzca un equilibrio ha de ocurrir, además, que las estrategias consideradas sean "secuencialmente óptimas". Esto es, cada estrategia γ_i ha de prescribir acciones óptimas por parte del jugador i a partir de cada uno de sus conjuntos de información $h \in H_i$, en función de las percepciones asociadas $\mu(h)$. Denótese por $\pi_i(\gamma \mid \mu, h)$ el pago esperado por parte del jugador i cuando éste se encuentra en el conjunto de informacion h y sus percepciones son las indicadas en μ. El concepto de equilibrio secuencial se define como sigue.

Definición 4.4 (Kreps y Wilson, 1982a) *Un perfil* $\gamma^* = (\gamma_1^*, \gamma_2^*, ..., \gamma_n^*) \in \Psi$ *es un equilibrio secuencial de* Γ *si existen unas percepciones* μ^* *tales que* (μ^*, γ^*) *es una apreciación consistente y* $\forall i \in N, \forall h \in H_i, \forall \gamma_i \in \Psi_i - 0,2$ cm,

$$\pi_i\left(\gamma^* \mid \mu^*, h\right) \geq \pi_i\left(\left(\gamma_i, \gamma_{-i}^*\right) \mid \mu^*, h\right).$$

Volviendo al juego representado en la figura 4.8, resulta claro que el equilibrio (A, b, U) *no* es secuencialmente óptimo para *cualquiera* de las percepciones $\hat{\mu}$ que dan lugar a una apreciación $(\hat{\gamma}, \hat{\mu})$ consistente. Por el contrario, el perfil de estrategias puras (B, b, V) sí define un equilibrio secuencial (de hecho, el único —véase el ejercicio 4.2). Ya que con las estrategias de equilibrio

$$\tilde{\gamma}_1 = (0, 1, 0), \quad \tilde{\gamma}_2 = (0, 1), \quad \tilde{\gamma}_2 = (0, 1), \qquad [4.6]$$

se visitan todos los conjuntos de información con probabilidad uno, está claro que las percepciones unívocamente inducidas por la regla de Bayes:

$$\tilde{\mu}_2 = (1, 0); \quad \tilde{\mu}_3 = (0, 1)$$

definen una apreciación $(\tilde{\gamma}, \tilde{\mu})$ consistente. Por otro lado, dadas estas percepciones, cada una de las estrategias en [4.6] es óptima para cada jugador respectivo.

Abordamos ahora la definición del concepto de equilibrio perfecto (también llamado de "mano temblorosa" —"trembling-hand perfect" en inglés). Tal como fue informalmente expuesto en la subsección 4.2.1, este concepto puede interpretarse

---

[9] Estrictamente, el procedimiento descrito sólo genera percepciones $\hat{\mu}_2$ interiores, esto es, con pesos positivos a ambos nudos. Sin embargo, es fácil comprobar que modificando [4.3] de forma que $\gamma_{1k} = (1 - (1 + \rho_k)\varepsilon_{1k}, \varepsilon_{1k}, \rho_k\varepsilon_{1k})$, cualquiera de las dos percepciones extremas, $(0, 1)$ o $(1, 0)$, se obtiene haciendo $\rho_k \to \infty$ o $\rho_k \downarrow 0$, respectivamente.

como el límite de una situación en la que los jugadores admiten probabilidades progresivamente menores de desviación ("por error") del equilibrio en cuestión. Para su formalización necesitamos la siguiente notación. Sea γ_i una estrategia de comportamiento arbitraria del jugador $i = 1, 2, ..., n$, y a una acción disponible para él en el conjunto de información $h, \in H_i$. Denotamos por $\gamma_i \backslash a$ la estrategia que resulta de jugar siempre la acción a en h, manteniendo el resto de las prescripciones de γ_i para todos los demás conjuntos de información en H_i.

Definición 4.5 (Selten, 1975) *Un perfil* $\gamma^* \in \Psi$ *es un equilibrio perfecto de* Γ *si existe una sucesión* $\{(\mu_k, \gamma_k)\}_{k=1,2,...}$ *de apreciaciones consistentes tales que:*
(i) $\forall k = 1, 2, ..., \gamma_k$ *es completamente mixta;*
(ii) $\exists \{\varepsilon_k\}_{k=1}^{\infty}, \varepsilon_k \downarrow 0$, *tal que* $\forall k = 1, 2, ..., \forall i \in N, \forall h \in H_i, \forall a, a' \in A(h)$,

$$\pi_i((\gamma_{i,k} \backslash a, \gamma_{-i,k}) \mid \mu_k, h) > \pi_i((\gamma_{i,k} \backslash a', \gamma_{-i,k}) \mid \mu_k, h) \Rightarrow \gamma_{i,k}(h)(a') \leq \varepsilon_k;$$

(iii) $\{\gamma_k\} \to \gamma^*$.

La parte (i) de la anterior definición asegura que, al estar todos los conjuntos de información dentro de las sendas de juego que tienen probabilidad positiva en equilibrio, el requisito de consistencia de las percepciones $\{(\mu_k, \gamma_k)\}_{k=1,2,...}$ se puede derivar exclusivamente de la aplicación de la regla de Bayes. La parte (ii) impone sobre las estrategias el requisito de que los comportamientos subóptimos se deben de producir únicamente por error al tomar las acciones respectivas; esto es, con probabilidades $\{\varepsilon_k\}_{k=1}^{\infty}$ que son esencialmente independientes en cada conjunto de información y convergentes a cero a lo largo de la sucesión considerada. Finalmente, (iii) indica que el perfil estratégico γ^* puede efectivamente concebirse como (aproximadamente) óptimo ante probabilidades pequeñas de error por parte de los oponentes.

Es fácil comprobar (ejercicio 4.9) que el concepto de equilibrio perfecto puede reformularse de la siguiente forma más compacta, en la línea reflejada por la definición 4.4 para el concepto de equilibrio secuencial.

Definición 4.6 *Un perfil* $\gamma^* \in \Psi$ *es un equilibrio perfecto de* Γ *si existe una sucesión* $\{(\mu_k, \gamma_k)\}_{k=1,2,...}$ *de apreciaciones consistentes tales que:*
(i) $\forall k = 1, 2, ..., \gamma_k$ *es completamente mixta;*
(ii) $\forall k = 1, 2, ..., \forall i \in N, \forall h \in H_i, \forall \gamma_i \in \Psi_i$,

$$\pi_i(\gamma^* \mid \mu_k, h) \geq \pi_i((\gamma_i, \gamma_{-i,k}^*) \mid \mu_k, h);$$

(iii) $\{\gamma_k\} \to \gamma^*$.

El concepto de equilibrio perfecto no incluye ninguna restricción sobre la estructura de los posibles errores considerados por los individuos. Tal como fue explicado en la sección anterior, consideraremos también un concepto de equilibrio más exigente que el perfecto, el equilibrio propio, cuya motivación es similar al anterior excepto en que contempla una jerarquía de errores. Según esta jerarquía, los errores que son más costosos en cada conjunto de información (es decir, aquellas acciones subóptimas que inducen un pago menor que otras acciones, posiblemente subóptimas también) han de tener asociada una probabilidad significativamente más baja que los menos costosos. Concretamente, se requiere que, conforme la probabilidad (mínima) de error ε_k se hace progresivamente más pequeña ($\varepsilon_k \downarrow 0$), las distintas acciones subóptimas se jueguen con probabilidades infinitesimales cuyo orden en ε_k refleje la jerarquía referida.

Definición 4.7 (Myerson, 1978) *Un perfil* $\gamma^* \in \Psi$ *es un* equilibrio propio *de* Γ *si existe una sucesión* $\{(\mu_k, \gamma_k)\}_{k=1,2,\ldots}$ *de apreciaciones consistentes tales que:*

(i) $\forall\, k = 1, 2, \ldots, \gamma_k$ *es completamente mixta;*

(ii) $\exists\, \{\varepsilon_k\}_{k=1}^{\infty},\, \varepsilon_k \downarrow 0,$ *tal que* $\forall k = 1, 2, \ldots, \forall i \in N, \forall h \in H_i, \forall a, a' \in A(h),$

$$\pi_i((\gamma_{i,k}\backslash a, \gamma_{-i,k}) \mid \mu_k, h) > \pi_i((\gamma_{i,k}\backslash a', \gamma_{-i,k}) \mid \mu_k, h) \Rightarrow \gamma_{i,k}(h)(a') \leq \varepsilon_k \cdot \gamma_{i,k}(h)(a);$$

(iii) $\{\gamma_k\} \rightarrow \gamma^*.$

Dado un juego en forma extensiva Γ, denotamos:

- PS(Γ): conjunto de equilibrios de Γ perfectos en subjuegos;
- Sc(Γ): conjunto de equilibrios secuenciales de Γ;
- Pf(Γ): conjunto de equilibrios perfectos de Γ;
- Pr(Γ): conjunto de equilibrios propios de Γ.

Con esta notación, enunciamos el siguiente resultado básico.

Teorema 4.1 *Todo juego finito en forma extensiva* Γ *satisface:*

$$PS(\Gamma) \supset Sc(\Gamma) \supset Pf(\Gamma) \supset Pr(\Gamma) \neq \emptyset.$$

Demostración. Las relaciones de inclusión descritas son una simple consecuencia de las definiciones respectivas de cada concepto de equilibrio. Nos centramos, por tanto, en probar que Pr(Γ) $\neq \emptyset$. Esto, obviamente, garantiza la existencia para cada uno de los conceptos de equilibrio considerados.

Sea $\varepsilon \in (0, 1)$ arbitrario. Para cada $h \in H$, denotamos:

$$\delta_h = \frac{\varepsilon^{|A(h)|}}{|A(h)|},$$

donde $|A(h)|$ representa la cardinalidad del conjunto $A(h)$. Definimos:

$$\tilde{\Psi}_i \equiv \{\gamma_i \in \Psi_i : \forall h \in H_i,\ \forall a \in A(h),\ \gamma_i(h)(a) \geq \delta_h\},$$

$$\tilde{\triangle}\left(A\left(h\right)\right) \equiv \left\{\gamma_i\left(h\right) \in \left(A\left(h\right)\right) : \forall a \in A\left(h\right), \gamma_i\left(h\right)\left(a\right) \geq \delta_h\right\}.$$

Para cada $h \in H_i$, consideramos la correspondencia:

$$\varphi_h : \tilde{\Psi} \equiv \tilde{\Psi}_1 \times \tilde{\Psi}_2 \times \ldots \times \tilde{\Psi}_n \rightrightarrows \tilde{\triangle}\left(A\left(h\right)\right)$$

definida por:

$$\varphi_h\left(\gamma\right) = \left\{ \begin{array}{c} \tilde{\gamma}_i\left(h\right) \in \tilde{\triangle}\left(A\left(h\right)\right) \mid \forall a, a' \in A\left(h\right) : \\ \pi_i\left(\gamma_i \backslash a, \gamma_{-i} \mid \mu, h\right) > \pi_i\left(\gamma_i \backslash a', \gamma_{-i} \mid \mu, h\right) \Rightarrow \tilde{\gamma}_i\left(h\right)\left(a'\right) \leq \varepsilon \tilde{\gamma}\left(h\right)\left(a\right) \end{array} \right\}.$$

Es fácil comprobar (véase el ejercicio 4.10) que:

$$\forall h \in H, \; \forall \gamma \in \tilde{\Psi}, \; \varphi_h\left(\gamma\right) \neq \emptyset. \tag{4.7}$$

También está claro que cada φ_h es semi-continua superiormente y el respectivo conjunto $\varphi_h\left(\gamma\right)$ es convexo y cerrado para cada γ. Por tanto,

$$\varphi \equiv \left(\varphi_h\right)_{h \in H} : \tilde{\Psi} \rightrightarrows \tilde{\Psi}$$

satisface las condiciones del teorema de Kakutani (recuérdese el capítulo 2), lo que garantiza la existencia de un punto fijo $\gamma^* \in \tilde{\Psi}$ tal que $\gamma^* \in \varphi\left(\gamma^*\right)$.

Considérese ahora una sucesión $\{\varepsilon_k\}$, tal que $\varepsilon_k \downarrow 0$. Para cada ε_k, elegimos un perfil $\gamma^*\left(\varepsilon_k\right)$ que es punto fijo de φ para $\varepsilon = \varepsilon_k$. Por construcción, la sucesión $\{\gamma^*\left(\varepsilon_k\right)\}$ satisface (i) y (ii) de la definición 4.7. Por consiguiente, su límite (de una subsucesión, si es necesario) es un equilibrio propio de Γ, la conclusión buscada. ∎

Completamos el teorema anterior con el siguiente resultado "genérico".

Teorema 4.2 *Genéricamente,*[10] *todo juego finito en forma extensiva Γ satisface:*
(i) $Sc\left(\Gamma\right) = Pf\left(\Gamma\right)$
(ii) $Sc\left(\Gamma\right)$ tiene un número finito e impar de elementos.

La demostración del resultado anterior requiere el uso de herramientas matemáticas de topología diferencial que rebasan ampliamente el nivel fijado para un texto de las presentes características. En su parte (i), el teorema 4.2 establece la "práctica igualdad" entre los conceptos perfecto y secuencial del equilibrio (véase la nota 10).

---

[10] El calificativo genérico aplicado a un juego en forma extensiva se entiende como sigue. Fijada la estructura del juego —conjunto de jugadores N, sucesos K, relación de precedencia R, orden de movimiento $\{K_i\}$ y distribución de información $\{H_i\}$— una cierta conclusión se dice genérica si es válida para "casi todos" los vectores de pago $\left\{\pi_i^j\right\}$ asociados a esta estructura; o, de forma más precisa, si sólo se admite la excepción de algún subconjunto cerrado de medida (de Lebesgue) cero en el espacio euclídeo correspondiente.

Es por ello que, tal como mencionamos, este último concepto (más sencillo en su definición y computación) es utilizado con mayor asiduidad en las aplicaciones. Por otro lado, su parte (ii) es un reflejo, dentro del contexto que nos ocupa, de resultados análogos en otras áreas. (Compárese, por ejemplo, con resultados similares —véase Mas Colell, 1985— referidos al concepto de equilibrio walrasiano.)

4.4 Refinamientos del equilibrio de Nash en forma estratégica*

Un criterio natural de refinamiento con el cual es útil comenzar la discusión resulta de insistir en que *todo* jugador tenga incentivos *estrictos* para adoptar su correspondiente estrategia de equilibrio. Esta idea es precisamente la formalizada por el siguiente concepto de refinamiento.

Definición 4.8 *Un perfil estratégico σ^* es un* equilibrio de Nash estricto *de G si*

$$\forall i = 1, 2, ..., n, \ \forall \sigma_i \neq \sigma_i^*, \ \pi_i(\sigma^*) > \pi_i\left(\sigma_i, \sigma_{-i}^*\right).$$

En general, el requisito arriba considerado es demasiado fuerte para garantizar la existencia del equilibrio en cuestión. Por ejemplo, cuando todos los equilibrios de Nash del juego incluyen estrategias completamente mixtas, no existe ningún equilibrio de Nash estricto (ejercicio 4.1).

Si bien no siempre es posible esperar que los jugadores tengan incentivos *estrictos* para jugar un cierto equilibrio, sí parece deseable descartar ciertos casos de "indiferencia". Considérese, a modo de ilustración, el sencillo juego bilateral en forma estratégica descrito por la siguiente tabla de pagos:

		2 A	B
1	X	0, 0	0, 0
	Y	0, 0	1, 1

Tabla 4.1

El juego anterior tiene dos equilibrios de Nash: (X, A) y (Y, B). Intuitivamente, parece claro que el primer equilibrio no es muy razonable. Si, por ejemplo, el jugador 1 fuera a jugar Y en vez de X, estaría seguro de no perder con el cambio. Lo mismo ocurre para 2 con respecto a un cambio de la estrategia B por A. En ambos casos, sólo pueden mejorar, lo cual ocurrirá si el otro jugador se desvía también del supuesto equilibrio. De hecho, si los dos jugadores razonan así se desviarán del supuesto equilibrio y ambos mejorarán con esta desviación. Por ello, no parece razonable prescribir o predecir (X, A).

Esencialmente, el factor que subyace en las consideraciones anteriores es el hecho de que las estrategias X y A están *débilmente dominadas* por Y y B, respectivamente. A continuación, presentamos una definición general de este concepto. Sea $G = \left\{ N, \{S_i\}_{i=0}^n, \{\pi_i\}_{i=0}^n \right\}$ un juego en forma estratégica.

Definición 4.9 *La estrategia* $s_i \in S_i$ *está* débilmente dominada *para el jugador i en G si* $\exists \sigma_i \in \Sigma_i$ *tal que:*

(a) $\forall s_{-i} \in S_{-i} \equiv S_0 \times \ldots S_{i-1} \times S_{i+1} \times \ldots \times S_n, \ \pi(\sigma_i, s_{-i}) \geq \pi(s_i, s_{-i}), y$

(b) $\exists \tilde{s}_{-i} \in S_{-i} \ con \ \pi(\sigma_i, \tilde{s}_{-i}) > \pi(s_i, \tilde{s}_{-i}).$

En contraste con el concepto de estrategia (fuertemente) dominada —definición 2.1— la diferencia es que, en este caso, sólo se requiere un pago estrictamente mayor para *algún* perfil estratégico de los demás jugadores (aunque se exige que sea *no menor* para todos ellos). En función de este nuevo concepto de dominancia, proponemos el siguiente refinamiento en forma estratégica del equilibrio de Nash.

Definición 4.10 *El perfil estratégico* $\sigma^* \in \Sigma$ *es un* equilibrio de Nash en estrategias no dominadas *de G si* $\forall \ i = 1, 2, \ldots, n, \ \sigma_i^*(s_i) = 0$ *para toda* $s_i \in S_i$ *que sea una estrategia débilmente dominada.*

Tal como se ha explicado, la diferencias entre los dos criterios de dominancia considerados hasta ahora (fuerte y débil) se siguen de forma transparente de sus definiciones respectivas (definiciones 2.1 y 4.9). Más importante, sin embargo, es entender sus distintas implicaciones. A nivel básico, una importante ya apuntada es que, a diferencia de lo que ocurre con estrategias fuertemente dominadas, las que lo son sólo débilmente pueden formar parte de un equilibrio de Nash. Son consistentes, por tanto, con la racionalidad compartida de los agentes, aunque en un sentido indudablemente muy frágil. Otras diferencias sustanciales, sin embargo, se manifiestan sólo tras una aplicación iterativa de cada concepto.

Primeramente, ilustramos el hecho de que, a diferencia de lo que ocurre con el concepto de dominancia estricta, el resultado final de la aplicación iterativa del concepto débil *no* es independiente del orden en que se produzca la eliminación (recuérdese el ejercicio 2.1). Considérese el juego en forma estratégica representado por la siguiente tabla de pagos.

	2	
	a	b
A	1, 0	0, 1
B	0, 0	0, 2

Tabla 4.2

Si en el juego anterior eliminamos primero la estrategia débilmente dominada del jugador 2 (la a), las dos estrategias del jugador 1 son indiferentes para él. Sin embargo, si eliminamos primero la estrategia débilmente dominada del jugador 1 (la B) y después la del jugador 2 (la a), obtenemos el perfil (A, b). Por tanto, en contraste con el orden de eliminación anterior, el perfil (B, b) no sobrevive el proceso.

Otra característica interesante del proceso iterativo de eliminación de estrategias débilmente dominadas será ilustrada mediante el juego en forma extensiva descrito en la figura 4.7. Como se recordará, este juego incorporaba la posibilidad de "quemar dinero" por parte del chico, que precedía una estándar "batalla de los sexos". Su forma estratégica se puede representar como sigue:[11]

		Chica		
	CC	CF	FC	FF
QC	2, 2	2, 2	0, 1	0, 1
QF	−1, 0	−1, 0	1, 3	1, 3
NC	3, 2	1, 1	3, 2	1, 1
NF	0, 0	2, 3	0, 0	2, 3

Chico (columna izquierda, junto a las filas QC, QF, NC, NF)

Tabla 4.3

donde, por ejemplo, QC denota la estrategia del chico: "quemar dinero primero, jugar C después", o CF representa la estrategia de la chica: "tras Q jugar C, tras N jugar F". En la subsección 3 propusimos un interesante argumento iterativo que, explotando la carga de señalización implícita en las diferentes posibles acciones (específicamente, en las de quemar o *no* quemar dinero), descartaba cualquier perfil de estrategias distinto

---

[11] Nótese que implícitamente identificamos las estrategias del chico que determinan diferentes acciones en conjuntos de información que, dependiendo de cual sea su primera acción elegida (Q o N), no se pueden llegar a alcanzar. Si no realizáramos esta identificación tendríamos ocho estrategias del chico: QCC, QCF, QFC, QFF, NCC, NCF, NFC, NFF, donde la segunda letra se refiere a la acción efectuada despues de Q y la tercera a la efectuada después de N. Está claro que, por ejemplo, QCC y QCF, o NCF y NFF, inducen la misma senda en el juego (y, por tanto, darían lugar a una idéntica fila en la tabla de pagos).

de (NC, CC). La lógica subyacente en este proceso de descarte la denominamos de inducción proyectiva (inducción desde el principio hacia el final del juego). Como ilustramos a continuación, una vía rigurosa para formalizar este tipo de inducción es la ofrecida por el proceso iterativo de estrategias débilmente dominadas.

Considérese la tabla 4.3. Como primera iteración del proceso, observamos que, para el chico, QF es dominada (débilmente) por NC (es decir, jugando F trás Q el chico no puede obtener un pago mayor —aunque posiblemente menor— que el que se garantiza no quemando dinero y jugando C). Una vez eliminada QF, la chica encuentra dominado el jugar F tras una acción del chico de Q. Por tanto, en una segunda iteración podemos eliminar FC y FF, las cuales son dominadas para la chica por CC y CF, respectivamente. Una vez realizadas estas eliminaciones, el chico encuentra débilmente dominado "arriesgarse" a jugar F después de N, en vez de asegurarse un pago de 2 jugando Q y después C (es decir, QC domina débilmente a NF). Tras la eliminación de NF, la chica no debería jugar F después de la acción N del chico; es decir, CC domina débilmente a CF. Finalmente, dado que después de todos los descartes anteriores, la chica juega CC, el chico ha de adoptar NC, que domina (débil y fuertemente) a QC. Con ello obtiene su máximo pago de 3 sin necesidad de quemar dinero. Como se recordará, esta fue nuestra conclusión en la subsección 3.[12]

Añadimos un último comentario en relación con el proceso iterativo de eliminación de estrategias débilmente dominadas que sirve de complemento a nuestra anterior discusión de la lógica de inducción retroactiva (subsección 4.2.1). Es fácil demostrar (véase el ejercicio 4.12) que si un juego es de información perfecta (esto es, todos sus subjuegos son propios), el proceso iterativo de eliminación de estrategias *débilmente* dominadas refleja el desarrollo de un proceso de inducción *retroactiva*. En particular, este proceso da lugar a un resultado alcanzado en algún equilibrio perfecto en subjuegos (definición 4.1).[13] A la luz de este comentario, resulta interesante constatar cómo el proceso iterativo descrito conlleva inducciones de naturaleza tan distinta (retroactiva o proyectiva) en contextos diferentes.

Prosiguiendo con nuestra discusión de los refinamientos en forma estratégica, abordamos ahora un concepto con el que estamos ya familiarizados en la forma extensiva: el *equilibrio perfecto*. Como veremos, en su versión aplicable a la representación estratégica de un juego, no sólo tiene confirmada su existencia sino que resulta ser

[12] Ben-Porath y Dekel (1988) han establecido un resultado general de este tipo para juegos con varios equilibrios en estrategias puras que dominan cualquier otro equilibrio en estrategias mixtas. Informalmente, estos autores prueban que, si uno cualquiera (y sólo uno) de los jugadores puede quemar suficiente dinero, el único equilibrio que sobrevive al proceso iterativo de eliminación de estrategias débilmente dominadas es aquél que prefiere este jugador, sin necesidad de que llegue a materializarse la posibilidad de quemar dinero.

[13] Es importante notar que esta conclusión no es cierta si el criterio de dominancia considerado es el más fuerte, introducido en la definición 2.1.

a su vez un "refinamiento" del concepto introducido en la definición 4.10; esto es, garantiza la *no* utilización de estrategias débilmente dominadas. Se define de la forma siguiente:

Definición 4.11 (Selten, 1975) *Un perfil estratégico* $\sigma^* \in \Sigma$ *es un* equilibrio perfecto *de G si existe una sucesión* $\{\sigma_k\}_{k=1,2,\ldots}$ *tal que:*

(i) $\forall k = 1, 2, \ldots, \sigma_k$ *es completamente mixta; esto es,* $\forall i \in N, \forall s_i \in S_i, \sigma_{i,k}(s_i) > 0.$

(ii) $\exists \{\varepsilon_k\}_{k=1}^{\infty}, \varepsilon_k \downarrow 0,$ *tal que* $\forall k = 1, 2, \ldots, \forall i \in N, \forall s_i, s_i' \in S_i$

$$\pi_i\left(s_i, \sigma_{-i,k}\right) < \pi_i\left(s_i', \sigma_{-i,k}\right) \Rightarrow \sigma_{i,k}(s_i) \leq \varepsilon_k;$$

(iii) $\{\sigma_k\} \rightarrow \sigma^*.$

Las definiciones de equilibrio perfecto para las formas extensiva y estratégica del juego son de naturaleza análoga. En cada uno de los dos casos, sin embargo, la posibilidad de error que a nivel intuitivo los motiva se asocia a un diferente espacio de decisiones. Así, para el concepto que se refiere a la forma extensiva (definición 4.5), los errores se conciben como posibilidades independientes en cada conjunto de información; esto es, en cada uno de los distintos momentos en que los agentes efectúan una acción. Por el contrario, para el concepto definido respecto a la forma estratégica del juego que ahora nos ocupa, los errores se vinculan a la decisión (irreversible) de adoptar uno de los posibles "planes de acción" (es decir, estrategias) que se aplicará a lo largo de todo el juego.

Tal como hemos avanzado, todo equilibrio perfecto en forma estratégica tiene garantizada tanto su existencia como la utilización exclusiva de estrategias que *no* estén (débilmente) dominadas. Éste es el contenido de los dos resultados siguientes:

Teorema 4.3 *Todo juego finito en forma estratégica G tiene un equilibrio perfecto.*

Demostración. Dado un juego finito arbitrario, $G = \{N, \{S_i\}_{i=1}^n, \{\pi_i\}_{i=1}^n\}$, la demostración es idéntica a la del teorema 4.1. aplicada al juego $\Gamma(G)$ en donde cada jugador $i \in N$ elige *simultáneamente* su estrategia $s_i \in S_i$ en su (único) conjunto de información respectivo. ∎

Teorema 4.4 *Sea* $\sigma^* \in \Sigma$ *un equilibrio perfecto de un juego finito en forma estratégica G. Para cada* $i = 1, 2, \ldots n, s_i \in S_i, \sigma_i^*(s_i) > 0$ *sólo si* s_i *es una estrategia no dominada débilmente.*

Demostración. Sea σ^* un equilibrio perfecto de un juego G en forma estratégica. Supongamos, por contradicción, que para algún individuo $i \in N, \sigma_i^*(s_i) > 0$ para una estrategia s_i que es dominada débilmente. Por la definición 4.9, existe alguna estrategia $\hat{\sigma}_i \in \Sigma_i$ tal que, si $\sigma_{-i} \in \Sigma_{-i}$ es completamente mixta,

$$\pi_i\left(\hat{\sigma}_i, \sigma_{-i}\right) > \pi_i\left(s_i, \sigma_{-i}\right).$$

Lo que implica que existe una estrategia pura $\hat{s}_i \in S_i$ tal que:

$$\pi_i\left(\hat{s}_i, \sigma_{-i}\right) > \pi_i\left(s_i, \sigma_{-i}\right). \tag{4.8}$$

Considérese ahora una sucesión $\{\sigma_k\}_{k=1}^{\infty}$ de perfiles estratégicos que satisfacen (i), (ii), y (iii) de la definición 4.11. Dada la sucesión $\{\varepsilon_k\}_{k=1}^{\infty}$, [4.8] implica que, $\forall k = 1, 2, ...,$ se ha de cumplir que:

$$\sigma_{i,k}\left(s_i\right) \leq \varepsilon_k.$$

Como $\varepsilon_k \downarrow 0$, (iii) implica que $\sigma_i^*\left(s_i\right) = 0$, lo cual incurre en una contradicción. ∎

Observación 4.1 Se puede probar (véase van Damme (1987, teorema 3.2.2)) que, de hecho, en juegos *bilaterales* (esto es, con sólo dos jugadores) los conceptos de "perfección en forma estratégica" y "equilibrio de Nash en estrategias no dominadas" son equivalentes. Ello no se generaliza a juegos con más de dos jugadores.

Como hemos explicado, las definiciones 4.5 y 4.11 reflejan un similar requisito de "perfección" en el comportamiento de los agentes, pero aplicado en cada caso a una representación distinta del juego no cooperativo en cuestión. Desde esta perspectiva, es natural plantearse la relación existente entre los conjuntos de equilibrio inducidos por cada uno de estos dos enfoques al problema. Aunque a primera vista pudiera parecer sorprendente, ninguno de los dos conceptos resultantes demuestra ser más general ni restrictivo que el otro. En otras palabras, es posible encontrar juegos donde un equilibrio perfecto en su forma extensiva no se corresponde con uno que lo sea en su forma estratégica y viceversa (es decir, juegos donde un equilibrio perfecto en su forma estratégica no induce uno en su forma extensiva).

Como ejemplo de la primera posibilidad, considérese el juego (extraído de Van Damme, 1987) que en sus dos posibles representaciones aparece en la figura 4.9 (forma extensiva) y tabla 4.4 (forma estratégica).

Se comprueba inmediatamente que tanto el perfil de estrategias de comportamiento $((A, C), X))$ como el $((B, C), X))$ son equilibrios perfectos de Γ_1. Sin embargo, sólo el perfil estratégico (AC, X) define un equilibrio perfecto en la forma estratégica $G(\Gamma_1)$. Formalizado a través de las estrategias de comportamiento inducidas, este equilibrio en forma estratégica corresponde al primero de los equilibrios mencionados en forma extensiva, $((A, C), X))$.

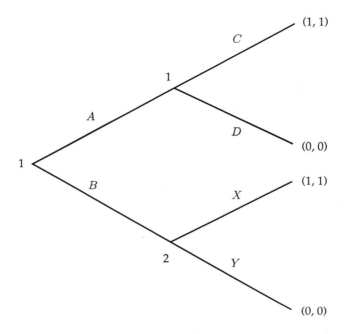

Figura 4.9. Forma extensiva Γ_1.

		X	Y
		2	
	AC	1, 1	1, 1
1	AD	0, 0	0, 0
	BC	1, 1	0, 0
	BD	1, 1	0, 0

Tabla 4.4. Forma estratégica $G(\Gamma_1)$.

Como ejemplo de la segunda posibilidad (esto es, que un equilibrio perfecto en la forma estratégica no lo sea en la extensiva) considérese el juego (también extraído de Van Damme, 1987) que en sus dos posibles representaciones aparece en la figura 4.10 (forma extensiva) y tabla 4.5 (forma estratégica).

Primeramente, se puede comprobar que sólo el perfil de comportamiento $((B, C), X)$ es un equilibrio perfecto en la forma extensiva Γ_2. Los otros equilibrios de Nash, $((A, C), Y)$ y $((A, D), Y)$, no son perfectos: en el primer caso, ya que se prescribe la acción Y por parte de 2 que no es una acción óptima si se llega al conjunto de

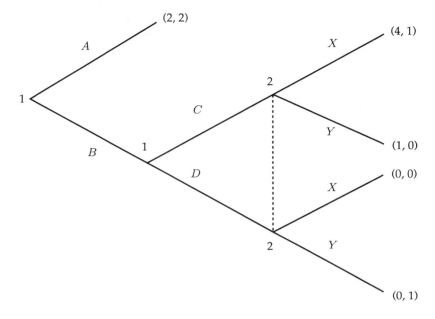

Figura 4.10. Forma extensiva Γ_2.

	2	
	X	Y
AC	2, 2	2, 2
AD	2, 2	2, 2
BC	4, 1	1, 0
BD	0, 0	0, 1

Tabla 4.5. Forma estratégica $G(\Gamma_2)$.

información correspondiente; en el segundo caso, porque la acción D es igualmente subóptima por parte de 1, sea cual sea la reacción del jugador 2.

Por otra parte, los perfiles estratégicos $((A, C), Y)$ y $((A, D), Y)$ son ambos equilibrios perfectos en la forma estratégica $G(\Gamma_2)$. Ello es debido a que la acción Y puede concebirse como una respuesta óptima por parte de 2 a toda estrategia completamente mixta de 1 que otorgue a este jugador una mayor probabilidad de "error" hacia la estrategia BD que BC. Por tanto, resulta posible construir una sucesión de estrategias con estas características que induzcan la acción Y de 2 y, en anticipación, una decisión de A por parte de 1. En contraste con ello, nótese que, partiendo de una estrategia de comportamiento en la forma extensiva que óptimamente prescriba A en el primer conjunto de información, la concatenación de errores hacia B y después C siempre ha de ser menor que un único error inicial hacia B, después seguido de la acción (uniformemente) óptima D.

Esencialmente, las diferentes implicaciones que el requisito de perfección induce sobre cada una de las formas de representación de un juego refleja una diferente concepción sobre cómo se originan los posibles errores de los jugadores. En el caso del equilibrio perfecto en forma extensiva, se supone implícitamente que cada vez que el jugador tiene que elegir una acción puede "equivocarse"; por el contrario, en el contexto alternativo dado por la forma estratégica, se supone que las estrategias se eligen irreversiblemente al principio del juego y, por tanto, el posible error ocurre al fijar el plan de acción que será utilizado a lo largo del juego.

Existe en la literatura una gran variedad de refinamientos del equilibrio de Nash, cuyas relaciones y diferencias son a veces bastante complicadas de discernir. Ante esta proliferación, es lícito preguntarse lo discriminante ("refinante") que es cada uno de los conceptos propuestos. A esta pregunta (particularizada en el concepto de equilibrio perfecto) responde el siguiente teorema de una forma bastante drástica.

Teorema 4.5 *Genéricamente,*[14] *todos los equilibrios de Nash de un juego finito en forma estratégica G son perfectos.*

A primera vista, el resultado anterior parece bastante sorprendente. Esta sorpresa se refuerza por el hecho de que, tal como es posible probar, su conclusión se puede extender a casi cualquiera de los refinamientos propuestos en la literatura: propio, esencial, persistente, regular, etc.[15] En cierto sentido, todo ello parecería indicar que, excepto en casos no genéricos poco ganamos requiriendo que nuestra predicción sea algo más exigente que equilibrio de Nash. ¿Por qué considerar pues una variedad tan amplia de refinamientos?

En buena medida, la contestación a la pregunta anterior se deriva de un "matiz" fundamental que, sin embargo, puede haber pasado desapercibido: todos los juegos con estructura secuencial genuina (es decir, juegos en donde *no* todos los jugadores toman sus decisiones *simultáneamente*) presentan "características no genéricas" en la forma estratégica inducida. En concreto, la forma estratégica de tales juegos secuenciales ha de incluir múltiples igualdades de pagos ("empates") entre aquellos perfiles de estrategias cuya prescripción es idéntica sobre la senda de equilibrio (véanse, por

---

[14] En este caso, en contraste con la nota 10, la genericidad de un juego en forma estratégica se define sobre el espacio de pagos $\mathbb{R}^{r_1 \times r_2 \times \cdots \times r_n}$ asociado a cada posible perfil de estrategias puras.

[15] Esto no es así en el caso del equilibrio de Nash estricto, ya que, tal como hemos explicado, este concepto es tan fuerte que no existe en muchos casos.

ejemplo, las tablas 4.3, 4.4 o 4.5, y sus juegos en forma extensiva asociados). O dicho en otras palabras, aunque un juego secuencial presente pagos en los nodos finales que respondan a "condiciones genéricas", la forma estratégica inducida es necesariamente *no* genérica en el espacio correspondiente, esto es, en el conjunto de posibles vectores de pagos asociados a formas estratégicas de la misma dimensión. Y es precisamente por esta falta de "genericidad" (en el sentido matemático del término) que los criterios de refinamiento considerados pueden tener (en principio, y sin contradicción con el teorema 4.5) un papel discriminador efectivo respecto a los equilibrios de Nash.

A pesar de lo antedicho, existió durante mucho tiempo el convencimiento de que, debido a la pérdida de información "dinámica" irremisiblemente asociada a la representación *estratégica* de un juego, ésta era incapaz de servir como marco apropiado para evaluar la credibilidad (o racionalidad secuencial) del comportamiento de los agentes. En los primeros años ochenta, sin embargo, empezó a ganar fuerza un escuela metodólogica cuyas concepciones pueden resumirse como sigue:[16]

> *Todo problema de decisión (tanto si es unipersonal como no) puede ser representado y analizado de forma adecuada a través de su forma estratégica; esto es, a través de una* completa *descripción* ex-ante *de todas las posibles decisiones contingentes de los individuos. La consiguiente forma estratégica es* (debe ser) *suficiente para introducir todos los "refinamientos" de las decisiones que pudieran juzgarse relevantes; en particular, debe ser suficiente para valorar la racionalidad secuencial del comportamiento inducido.*

La validez o no de esta postura metodológica ha suscitado una enconada polémica entre los investigadores, que todavía hoy en día debaten intensamente sobre el tema. No intentaremos aquí resumir siquiera las líneas generales del debate. Sólo mencionaremos a este respecto que el inicio con fuerza de la línea metodólogica esbozada surgió con el descubrimiento de que un cierto refinamiento en forma estratégica, el *equilibrio propio*, captura en un cierto sentido la idea de racionalidad secuencial. De forma análoga a como el concepto fue propuesto para juegos en forma extensiva, su definición para juegos en forme estratégica es como sigue:

Definición 4.12 (Myerson, 1978) *Un perfil estratégico $\sigma^* \in \Sigma$ es un equilibrio propio de G si existe una sucesión de perfiles estratégicos $\{\sigma_k\}_{k=1}^{\infty}$ tales que:*

(i) $\forall k = 1, 2, ..., \sigma_k$ *es completamente mixta;*

---

[16] El exponente quizás más emblemático de este literatura está representado por el trabajo de Kohlberg y Mertens (1986). Estos autores plantean el problema de forma axiomática, formulando una serie de requisitos exigibles a un concepto de equilibrio. Su análisis, sin embargo, se centra en el denominado *equilibrio estable,* que sólo satisface parcialmente los criterios propuestos.

(ii) $\exists \{\varepsilon_k\}_{k=1}^{\infty}$, $\varepsilon_k \downarrow 0$, tal que $\forall k = 1, 2, \dots, \forall i \in N$, $\forall s_i, s_i' \in S_i$,

$$\pi_i\left(s_i, \sigma_{-i,k}\right) < \pi_i\left(s_i', \sigma_{-i,k}\right) \Rightarrow \sigma_{i,k}\left(s_i\right) \leq \varepsilon_k \sigma_{i,k}\left(s_i'\right);$$

(iii) $\{\sigma_k\}_{k=1}^{\infty} \to \sigma^*$.

En su origen, el concepto de equilibrio propio fue propuesto para juegos en forma estratégica con el objeto de remediar lo que parecía una propiedad poco atractiva del concepto de equilibrio perfecto: la posibilidad de que el conjunto de equilibrios se viera afectado por la adición al juego de estrategias dominadas (véase el ejercicio 4.14). Irónicamente, sin embargo, se puede mostrar que el concepto de equilibrio propio está sujeto a idéntico problema (véase el ejercicio 4.15). Sin entrar a discutir este extremo en ningún detalle, nuestro objetivo se reduce a utilizar este concepto como ilustración específica de la idea general esbozada más arriba: los refinamientos en forma estratégica pueden ser una vía apropiada para introducir en el análisis criterios de "racionalidad secuencial". A tal efecto, probamos ahora el siguiente resultado:

Teorema 4.6 *Todo equilibrio propio de un juego finito en forma estratégica G induce un equilibrio secuencial en cualquier juego en forma extensiva Γ tal que $G = G\left(\Gamma\right)$.*

Demostración. Sea $\{\sigma_k\}_{k=1}^{\infty}$ una sucesión que satisface (i)-(iii) de la definición 4.12 y, por tanto, $\sigma^* = \lim_{k \to \infty} \sigma_k$ es un equilibrio propio de $G\left(\Gamma\right)$. Denótense por γ^* y γ_k los perfiles de estrategias de comportamiento inducidos respectivamente por σ^* y cada σ_k. Correspondientemente, sean μ_k y μ^* las percepciones consistentes asociadas, con $\mu_k \to \mu^*$. (Nótese que cada γ_k es completamente mixta, $k = 1, 2, \dots$) Se ha de probar que $\forall i \in N$, $\forall h \in H_i$, $\gamma_i^*\left(h\right)$ es una respuesta óptima para el jugador i, dadas γ_{-i}^* y μ^*.

Supóngase lo contrario, y sea i_0 un jugador cuya estrategia $\gamma_{i_0}^*$ prescribe una respuesta subóptima para alguno de sus conjuntos de información. Denótese por $\hat{h}$ el último conjunto de información con tales características, según el orden establecido en el juego. En ese $\hat{h}$, por tanto, ha de existir alguna acción a tal que $\gamma_{i_0}^*(a) > 0$ y, dado $\left(\gamma_{-i_0}^*, \mu^*\right)$, su pago esperado sea dominado para i_0 por alguna otra posible acción b. Para ε_k suficientemente pequeño, b ha dominar igualmente la acción a, dado el correspondiente perfil $\sigma_{-i_0,k}$ asociado a los oponentes de i_0. Por consiguiente, como consecuencia de la parte (ii) de la definición 4.12, la probabilidad $\sigma_{i_0,k}\left(s_{i_0}\right)$ asignada a cualquier estrategia s_{i_0} que prescriba la acción a en $\hat{h}$ ha de ser *no* mayor que $\varepsilon_k \sigma_{i_0,k}(s_{i_0}')$ para otra estrategia s_{i_0}' que difiera de ella sólo en el aspecto de jugar b en $\hat{h}$. Agregando sobre todas las estrategias s_{i_0} que prescriben a en $\hat{h}$, el peso que $\gamma_{i_0,k}$ asocia a esta acción no puede exceder $q \cdot \varepsilon$, donde q es el número de estrategias puras de i_0 en $G\left(\Gamma\right)$. En el límite, conforme $\varepsilon_k \downarrow 0$, esta probabilidad tiende a cero, lo que incurre en una contradicción. ∎

Ejercicios

Ejercicio 4.1 Demuéstrese que un equilibrio de Nash en el que algún jugador da peso positivo a más de una estrategia pura *no* puede ser estricto.

Ejercicio 4.2 Pruébese que el perfil de estrategias puras (B, b, Y) define el *único* equilibrio secuencial del juego representado en la figura 4.8.

Ejercicio 4.3 Restringiendo el análisis a perfiles de *estrategias puras*, determínense los equilibrios (i) de Nash, (ii) perfectos en subjuegos, (iii) secuenciales y (iv) perfectos, en el juego en forma extensiva representado en la figura 4.11.

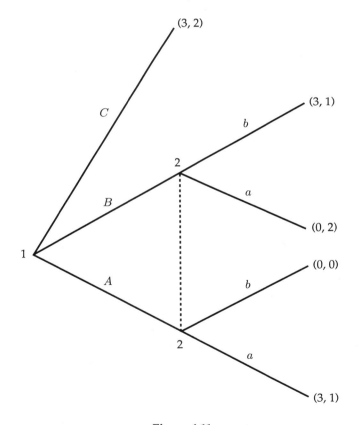

Figura 4.11

Ejercicio 4.4 Determínense los siguientes equilibrios en *estrategias puras:* (i) de Nash, (ii) perfectos en subjuegos, (iii) secuenciales, (iv) perfectos, en el juego en forma extensiva representado en la figura 4.12.

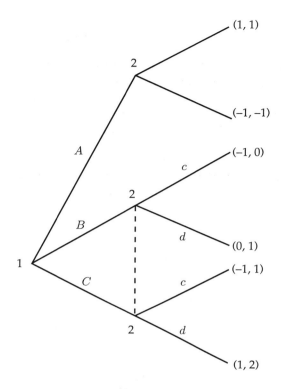

Figura 4.12

Ejercicio 4.5 Considérese el siguiente contexto propuesto por Rosenthal (1981), y habitualmente conocido como el "juego del ciempiés". Dos socios, 1 y 2, empiezan un cierto "proceso de acumulación" conjunta con 1 millón de pesetas. Toman decisiones alternadamente (primero el 1, luego el 2, luego el 1, etc.) durante un máximo de 100 periodos. En cada punto del proceso, el jugador que mueve en ese momento tiene que decir si invierte (I) o no invierte (N). Si elige I, tiene que pagar 1 millón de pesetas, pero ello revierte en una ganancia de 2 millones de pesetas para el otro jugador (es decir, si el individuo en cuestión invierte, su riqueza disminuye en 1 millón pero la de su socio aumenta en 2 millones). Por el contrario, si elige N (no invertir), el proceso de acumulación se acaba irreversiblemente y cada individuo obtiene como pago lo acumulado hasta entonces.

(i) Represéntese el juego (de forma sólo ilustrativa) en forma extensiva y estratégica.

(ii) Determínense los equilibrios de Nash, perfectos en subjuegos y secuenciales del juego.

Ejercicio 4.6 Determínense, tanto en estrategias puras como mixtas, los equilibrios (i) de Nash, (ii) perfectos en subjuegos y (iii) secuenciales, en el juego de forma extensiva representado en la figura 4.13.

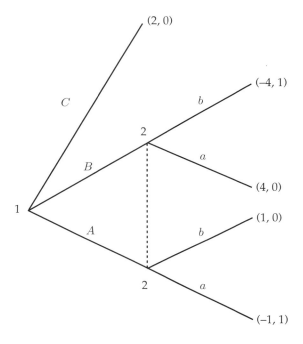

Figura 4.13

Ejercicio 4.7 Considérese el juego en forma extensiva representado en la figura 4.14.
(a) Especifíquense los espacios de estrategias (puras) de cada jugador.
(b) Calcúlense los equilibrios en *estrategias puras* siguientes: (i) de Nash, (ii) perfectos en subjuegos, (iii) secuenciales y (iv) perfectos.
(c) Formúlese la forma extensiva de un juego *simultáneo* con la misma forma estratégica que el juego anterior.
(d) En el juego formulado en el apartado (c), determínense los equilibrios en *estrategias puras* (i) de Nash, (ii) perfectos en subjuegos, (iii) secuenciales y (iv) perfectos. Compárense con los encontrados en el apartado (b).

Ejercicio 4.8 Determínense los equilibrios en *estrategias puras* (i) de Nash, (ii) perfectos en subjuegos, (iii) secuenciales y (iv) perfectos, del juego en forma extensiva representado en la figura 4.15.

Ejercicio 4.9 Demuéstrese que las definiciones 4.5 y 4.6 son equivalentes.

Ejercicio 4.10 Demuéstrese la afirmación [4.7] contenida en la prueba del teorema 4.1.

Ejercicio 4.11 Calcúlense los equilibrios perfectos del juego descrito en la parte (iii) del ejercicio 2.4 (capítulo 2). Contrástese con las conclusiones obtenidas entonces.

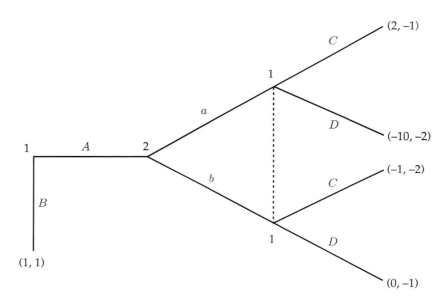

Figura 4.14

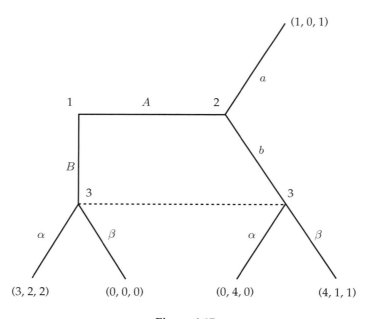

Figura 4.15

Ejercicio 4.12 Sea Γ un juego en forma extensiva con información perfecta. Pruébese que el proceso de eliminación de estrategias débilmente dominadas sobre $G(\Gamma)$ da lugar a un resultado consistente con la lógica de inducción retroactiva a Γ.

Ejercicio 4.13 Determínense los equilibrios de Nash, perfectos y propios de los siguientes juegos en forma estratégica:

(i)

		2	
		a	b
1	A	2, 2	1, 0
	B	2, 2	2, 2

(ii)

		2		
		a	b	c
	A	2, 2	1, 0	0, −1
1	B	0, 1	1, 1	1, −1
	C	−1, 0	−1, 1	−1, −1

Ejercicio 4.14 Encuéntrense los equilibrios de Nash, perfectos y propios de los siguientes juegos en forma estratégica. Contrástense las conclusiones en cada caso:

(i)

		2	
		a	b
1	A	1, 1	10, 0
	B	0, 10	10, 10

(ii)

		2		
		a	b	c
	A	1, 1	10, 0	−1, −2
1	B	0, 10	10, 10	0, −2
	C	−2, −1	−2, 0	−2, −2

Ejercicio 4.15 Considérense los dos siguientes juegos trilaterales (el primer jugador elige filas, el segundo columnas y el tercero tablas de pagos —en el juego (i), esto último trivialmente):

(i)

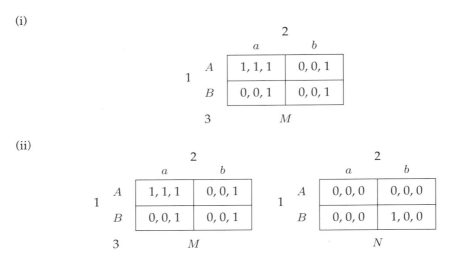

(ii)

Calcúlense los equilibrios perfectos y propios, contrastando el resultado con el del ejercicio 4.14.

Ejercicio 4.16 Considérese un gobierno y un agente inmersos en el siguiente contexto estratégico. El gobierno quisiera influir sobre el comportamiento del agente, el cual ha de escoger entre una de *dos* posibles acciones $a \in A = \{0, 1\}$. Para ello, antes de que el agente elija su acción, el gobierno anuncia una regla de transferencias $t : A \to \mathbb{R}$, que el agente conoce en el momento de tomar su decisión y que será *automáticamente* implementada una vez que la haya tomado. Por simplicidad, suponemos que la transferencias inducidas (es decir los valores de $t(a)$) sólo pueden tomar dos valores: un valor nulo o un cierto valor fijo, que normalizamos a la unidad.

Supóngase que el objetivo del gobierno es maximizar $U_g(a, t) \equiv 2a - t$. Por su parte, el objetivo del agente es maximizar $U_a(a, t) \equiv t - c(a)$, donde $c(a)$ es el coste monetario de su acción. A este último respecto, postulamos que $c(0) = 0$ y $c(1) = \frac{1}{2}$.

(a) Represéntese el juego en forma extensiva cuando la regla de transferencia del gobierno *no* puede depender de la acción del agente.

(b) Represéntese el juego en forma extensiva cuando el gobierno *puede* elegir una regla de transferencia que *sí* dependa de la decisión del agente.

(c) Defina en cada caso el espacio de estrategias de cada jugador y represente el juego en forma estratégica.

(d) Encuentre para cada caso (1 y 2) los equilibrios de Nash y perfectos en subjuegos. Discútanse sus respectivas características.

Ejercicio 4.17 Considérese la siguiente situación. Dos jugadores, 1 y 2, han de repartirse una cesta en la que se incluyen dos bienes perfectamente divisibles, a y b. La cesta tiene 4 unidades de cada bien. En este contexto, una asignación x es un par de vectores $[(x_a^i, x_b^i)]_{i=1,2} \in \mathbb{R}_+^2 \times \mathbb{R}_+^2$ que especifica las cantidades asignadas a cada individuo $i = 1, 2$ de cada uno de los bienes. Naturalmente, la factibilidad exige que

$$x_h^1 + x_h^2 \leq 4$$

para cada bien $h = a, b$.

El individuo 1 tiene preferencias dadas por la función de utilidad

$$U^1(x_a^1, x_b^1) = x_a^1 \cdot x_b^1$$

y el individuo 2

$$U^2(x_a^2, x_b^2) = \min\{x_a^2, x_b^2\}.$$

El mecanismo de asignación que se considera es el siguiente:

- En una primera etapa, el jugador 1 propone un par de vectores $\{y \equiv (y_a, y_b) \in \mathbb{R}_+^2, \ z \equiv (z_a, z_b) \in \mathbb{R}_+^2\}$ tales que

$$y_h + z_h = 4 \qquad (h = a, b).$$

  Los dos vectores se interpretan como sendas "subcestas" complementarias (y alternativas) en que se dividen los totales disponibles de cada bien.

- En una segunda etapa, el jugador 2 determina cuál de estas subcestas elige, y o z, como su propia asignación. La subcesta no elegida por 2 determina la asignación del jugador 1.

(a) Formúlese el mecanismo de asignación propuesto como un juego en dos etapas, definiendo con precisión los espacios de estrategias de cada jugador.

(b) Calcúlese un equilibrio perfecto en subjuegos.

(c) ¿Existe algún otro equilibrio de Nash con pagos distintos de los calculados en el punto anterior? Discútase.

(d) Reconsidérense las tres preguntas anteriores para un mecanismo modificado en el que el jugador 2 tiene la posibilidad *adicional* de destruir por completo la cesta y todo su contenido.

(e) Reconsidérense las cuatro preguntas anteriores para el caso en que la cesta que debe repartirse sigue teniendo 4 unidades del bien a, pero 5 unidades del bien b.

5. Aplicaciones II

5.1 Modelo del oligopolio de Stackelberg

Casi un siglo había pasado desde que Cournot (1838) publicara su trabajo precursor cuando Von Stackelberg (1934) propuso un modelo de competencia oligopolística que, a diferencia del de Cournot o Bertrand (secciones 3.1 y 3.2), incorpora una asimetría entre los diferentes competidores. Así, se supone que uno de ellos, denominado "el líder", tiene capacidad de decidir su producción primero (o, alternativamente, de comprometerse de forma creíble a cualquier nivel de producción antes de que las demás empresas tomen su decisión). Formalmente, una manera natural de modelar este hecho es a través de un juego en dos etapas en el que:

(a) en una primera etapa, el líder determina su producción;
(b) en una segunda etapa, son las demás empresas (las "seguidoras") las que determinan (simultáneamente) sus producciones.

Consideremos, por simplicidad, el caso de un duopolio con una función de demanda lineal y costes marginales constantes e idénticos, tal como fue descrito en las expresiones [3.8] y [3.9] en el capítulo 3. Esto es:

$$C_i(q_i) = c\,q_i, \quad c > 0, \ i = 1,2; \qquad [5.1]$$

$$P(Q) = \max\{M - d\,Q, 0\}, \quad M, d > 0, \qquad [5.2]$$

donde cada q_i representa la producción de la empresa i, siendo Q la suma de ambas.

Supóngase que la empresa 1 es la "líder" y la empresa 2 la "seguidora". Entonces, el espacio de estrategias de la empresa 1 es

$$S_1 = \mathbb{R}_+,$$

y el de la empresa 2

$$S_2 = \{s_2 : \mathbb{R}_+ \to \mathbb{R}_+, \ q_2 = s_2(q_1)\}.$$

La representación en forma extensiva del juego se ilustra en la figura 5.1.

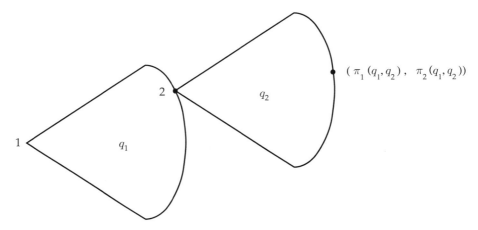

Figura 5.1. Competencia oligopolística a la Stackelberg.

Como se explica en el capítulo anterior, la forma natural de analizar un juego multietápico como el aquí considerado consiste en centrarse en sus *equilibrios perfectos en subjuegos*. Para calcularlos en este caso, se han de determinar primero las reacciones óptimas de la empresa 2 a *cada* posible decisión inicial de la empresa 1. O, de forma algo más precisa, es necesario determinar las producciones de equilibrio de la empresa 2 en *cada uno* de los subjuegos inducidos por los distintos niveles de producción (esto es, estrategias) que la empresa 1 pudiera llegar a elegir. Tal esquema contingente de acciones óptimas define la estrategia $\tilde{s}_2(\cdot)$ que puede ser "creíble" como conjunto de reacciones de la empresa seguidora. Sobre la base de esta estrategia de la empresa 2, la empresa 1 ha de calcular entonces su decisión inicial óptima $\tilde{s}_1$.

Para calcular $\tilde{s}_2(\cdot)$, simplemente resolvemos el siguiente problema de optimización, para *cada* posible valor dado de q_1:

$$\max_{q_2 \in \mathbb{R}_+} \{\max[M - d(q_1 + q_2), 0] \, q_2 - c \, q_2\},$$

cuyas condiciones de primer orden para una solución interior son:

$$M - dq_1 - 2d\tilde{q}_2 - c = 0,$$

que induce una estrategia dada por:

$$\tilde{s}_2\left(q_1\right) = \max\left\{\frac{M - c - dq_1}{2d}, 0\right\} \tag{5.3}$$

que, obviamente, no es más que la función de reacción de la empresa 2, $\eta_2(\cdot)$, definida en [3.11] para el tradicional contexto cournotiano. Dada esta estrategia de la empresa 2, la decisión óptima de la empresa 1 en la primera etapa de juego es aquélla que soluciona el siguiente problema de optimización:

$$\max_{q_1 \in \mathbb{R}_+}\left\{\max\left[M - d\left(q_1 + \max\left[\frac{M - c - dq_1}{2d}, 0\right]\right), 0\right] q_1 - c\,q_1\right\},$$

cuyas condiciones de primer orden para un punto interior son:

$$\tilde{q}_1 = \frac{M - c}{2d}. \tag{5.4}$$

Si el "tamaño del mercado" es suficientemente grande en relación con los costes de producción (en concreto, si $M > c$), la solución para la empresa 1 es interior, con lo que el único equilibrio perfecto en subjuegos viene dado por un par $(\tilde{s}_1, \tilde{s}_2(\cdot))$ tal que $\tilde{s}_1 = \tilde{q}_1$ y $\tilde{s}_2(\cdot)$ se define en [5.3].

Introduciendo $\tilde{q}_1$ en [5.3], la producción de la empresa 2 en el equilibrio es:

$$\tilde{q}_2 = \frac{M - c}{4d}. \tag{5.5}$$

Comparando [5.4] y [5.5] con el equilibrio (simétrico) derivado para el modelo de Cournot de la sección 3.1, observamos que, tal como resulta intuitivo, el modelo de Stackelberg induce una producción mayor que el equilibrio de Cournot para la empresa líder ($\tilde{q}_1 > q_1^*$) pero menor para la seguidora ($\tilde{q}_2 < q_2^*$). De hecho, es posible comprobar que los beneficios de cada una de las empresas también guardan la misma relación en comparación con los obtenidos en el modelo de Cournot. Todo ello puede ilustrarse gráficamente en términos de las funciones de reacción de las empresas, tal como aparece en la figura 5.2 (compárese con la figura 3.1).

5.2 Modelo de negociación de Stahl-Rubinstein

Considérese un proceso de negociación entre dos individuos, 1 y 2, que han de decidir cómo repartir un cierto excedente. Este excedente puede consistir en un premio monetario que han recibido conjuntamente, la diferencia entre el valor que comprador (digamos, el individuo 1) y vendedor (individuo 2) dan a un cierto objeto, o la contribución relativa de cada uno de ellos a la producción de un cierto bien público. Por

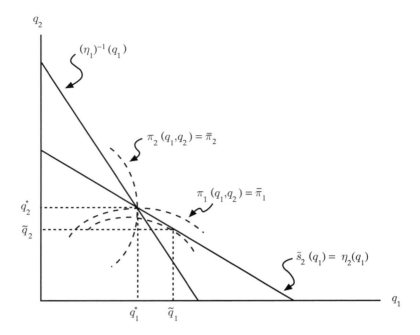

Figura 5.2. Equilibrios de Cournot y Stackelberg.

simplicidad, el tamaño del excedente que hay que distribuir, que se supone conocido por ambos, se normaliza a la unidad.

El modelo analizado es como sigue. El tiempo se formula de forma discreta, con los periodos indexados por $t \in \{1, 2, ..., T\}$. Inicialmente, supondremos que T es finito, esto es, el proceso de negociación acaba necesariamente en un tiempo finito.

En los periodos impares, $t = 1, 3, 5...$, el jugador 1 propone un reparto del excedente de la forma $(x(t), 1 - x(t))$, cuya primera componente se interpreta como la parte del excedente correspondiente al jugador 1. En los periodos pares, es el turno del jugador 2 para hacer propuestas con el mismo formato.

En cada periodo t, después de que el correspondiente jugador i (1 o 2, dependiendo de si t es impar o par) haya hecho su propuesta $(x(t), 1 - x(t))$, el otro jugador $j \neq i$ puede aceptarla o rechazarla. En función de su decisión, tenemos:

- Si acepta la propuesta, el correspondiente reparto de excedente se lleva a cabo y los jugadores reciben unos pagos $\left(\delta^{t-1} x(t), \delta^{t-1}(1 - x(t))\right)$, en donde la fracción que cada uno recibe está descontada por un cierto factor de descuento $\delta < 1$.
- Si, por el contrario, el jugador j rechaza la propuesta, dos son las posibilidades:
  - si $t < T$, el proceso entra en el periodo $t + 1$; ahora es el turno de j para hacer una propuesta;
  - si $t = T$, el proceso termina y los jugadores reciben un pago igual a cero.

El juego en forma extensiva inducido se ilustra en la figura 5.3.

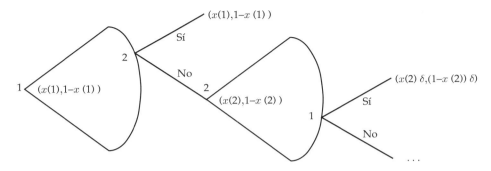

Figura 5.3. Proceso de negociación con ofertas alternadas.

El análisis del juego se llevará a cabo inductivamente en T, el horizonte de negociación.

Considérese primero el caso en que $T = 1$. El *único* equilibrio de este juego es trivial: el jugador 1 propone $(1, 0)$ y el jugador 2 acepta *cualquier* propuesta. Para ver que esto es así, nótese primero que cualquier estrategia de 2 que sea óptima en cada subjuego debe aceptar toda propuesta $(x, 1 - x)$ con $1 - x > 0$ (esto es, $x < 1$). Esto determina unívocamente la estrategia de equilibrio de 2 excepto en el subjuego resultante tras la propuesta $(1, 0)$. En este subjuego, tanto "aceptar" como "rechazar" es una reacción óptima de 2: ambas proporcionan el mismo pago de cero. Considérese primero la posibilidad "rechazar". Si ésta fuera la reacción prescrita por la estrategia de 2, el jugador 1 no tendría una *mejor* propuesta (esto es, una estrategia óptima de anticipación), pues, ante tal estrategia por parte de 2, el jugador 1 querría proponer la cesión de una fracción "infinitesimalmente positiva" del excedente a su oponente, una magnitud que no está bien definida.[1] Por tanto, no puede existir un equilibrio en este caso. Por el contrario, si la estrategia del jugador 2 prescribe aceptar la propuesta $(1, 0)$ —así como todas las demás— la reacción óptima del jugador 1 es precisamente esa propuesta, lo que nos lleva al único equilibrio perfecto en subjuegos mencionado.

Sea ahora $T = 2$. En este caso, sabemos por lo anterior que si el proceso llegara hasta el último periodo $(t = 2)$, todo el excedente iría al jugador 2 (el jugador que propone en ese momento). Por tanto, aun teniendo en cuenta el descuento que conlleva esta posibilidad, el jugador 2 sólo aceptará propuestas en el primer periodo $(x(1), 1 - x(1))$ que satisfagan:

$$1 - x(1) \geq \delta \cdot 1. \qquad [5.6]$$

---

[1] Con mayor exactitud, el problema radica en que el conjunto de alternativas relevantes para 1 (esto es, el conjunto de propuestas aceptables para 2) no es compacto.

En otras palabras, dado que el equilibrio perfecto en subjuegos del juego completo ha de incorporar el jugar el (único) equilibrio perfecto en subjuegos desde el principio de $t = 2$ en adelante, cualquier estrategia óptima del jugador 2 ha de rechazar en $t = 1$ cualquier propuesta que no satisfaga [5.6]. De hecho, por un argumento análogo al explicado para $T = 1$, la estrategia de equilibrio del jugador ha de aceptar *todas* las propuestas que satisfagan tal desigualdad de forma *débil*. En vista de ello, la estrategia de equilibrio del jugador 1 ofrecerá en el primer periodo la propuesta que le otorga el mayor excedente consistente con [5.6], esto es, $(1 - \delta, \delta)$. Ante esta propuesta, el jugador 2 acepta y el acuerdo se obtiene en el primer periodo del proceso. Éste es el resultado inducido por el (de nuevo, único) equilibrio de Nash que es perfecto en subjuegos para $T = 2$.

Sea ahora $T = 3$. Procediendo de forma análoga, está claro que, en un equilibrio perfecto en subjuegos, el jugador 2 aceptará en el primer periodo cualquier propuesta del jugador 1 que satisfaga:

$$1 - x(1) \geq \delta(1 - \delta), \qquad [5.7]$$

pues, rechazando la oferta inicial del jugador 1, el jugador 2 se encontraría como oferente en un juego con horizonte temporal de dos periodos. Y, a partir de ahí, disfruta de la misma situación descrita para el jugador 1 cuando $T = 2$ que, en virtud de lo explicado, le garantiza un pago igual a $1 - \delta$. Cuando este pago se descuenta apropiadamente, da lugar a $\delta(1 - \delta)$, que es la cota inferior que aparece en [5.7]. Por tanto, si el jugador 2 acepta en el equilibrio cualquier propuesta que satisfaga esa cota, la propuesta de equilibrio por parte del jugador 1 en $t = 1$ ha de especificar para sí la mayor $x(1)$ consistente con ella. Esto es, propondrá $(1 - \delta(1 - \delta), \delta(1 - \delta))$ en el primer periodo y el jugador 2 aceptará. Éste es el único resultado consistente con un equilibrio de Nash que sea perfecto en subjuegos para $T = 3$.

Iterando el argumento para cualquier T finito, concluimos que el resultado inducido por el único equilibrio perfecto en subjuegos del proceso ha de ser un acuerdo inmediato en $t = 1$ sobre la propuesta

$$\left(1 - \delta + \delta^2 - \delta^3 + \ldots + (-1)^{T-1}\delta^{T-1}, \delta - \delta^2 + \delta^3 - \ldots + (-1)^T\delta^{T-1}\right).$$

O, equivalentemente,

$$\left(\frac{1 - (-1)^T\delta^T}{1 + \delta}, \frac{\delta - (-1)^{T+1}\delta^T}{1 + \delta}\right). \qquad [5.8]$$

Este resultado se sostiene por estrategias que, tal como se exige de un equilibrio perfecto en subjuegos, definen un equilibrio de Nash en cada posible subjuego. Sobre la base del argumento iterativo desarrollado más arriba, estas estrategias se pueden definir de la siguiente forma para cada jugador $i = 1, 2$:

En cada $t = 1, 2, ..., T$,

(a) si el jugador i es el que propone en t, demanda para él la siguiente parte del excedente:
$$\frac{1 - (-1)^{T-t+1} \delta^{T-t+1}}{1 + \delta}$$
y ofrece la cantidad complementaria para $j \neq i$.

(b) si el jugador i es el que responde en t, acepta de $j \neq i$ cualquier propuesta que le otorgue una parte del excedente no menor que:
$$\frac{\delta - (-1)^{T-t+2} \delta^{T-t+1}}{1 + \delta}$$

y rechaza el resto.

Estas estrategias conducen a un inmediato acuerdo sobre [5.8], induciendo por tanto una "historia" extremadamente corta para el proceso. A pesar de ello, estas estrategias han de especificar un *comportamiento de equilibrio* en caso de que, por alguna razón, el proceso superara el primer periodo, o el segundo, o el tercero, etc. De hecho, es precisamente la anticipación de lo que ocurriría en estos casos lo que induce a los agentes a obtener ese acuerdo inmediato. A este respecto, es importante enfatizar que la nítida conclusión obtenida sólo es cierta si nos centramos en equilibrios perfectos en subjuegos, pues, si consideramos equilibrios de Nash arbitrarios, se puede comprobar (véase el ejercicio 5.5) que *cualquier* acuerdo, por asimétrico o tardío que éste sea, define un equilibrio de Nash del juego de negociación descrito. A modo de ilustración considérese (para T par) el siguiente par de estrategias:

(i) En cada $t = 1, 3, 5, ...T - 1$,
   – el jugador 1 propone $(1, 0)$;
   – el jugador 2 rechaza toda propuesta $(x, 1 - x)$ si $x \neq 0$.
(ii) En cada $t = 2, 4, 6, ..., T$,
   – El jugador 2 propone $(0, 1)$;
   – El jugador 1 acepta toda propuesta $(x, 1 - x)$.

Las estrategias anteriores definen un equilibrio de Nash. Por un lado, el jugador 1 no puede mejorar a través de una desviación unilateral, ya que, dada la estrategia del jugador 2, lo más que el jugador 1 puede conseguir es un pago de cero (bien una fracción nula del excedente o bien desacuerdo final). Por otro lado, ya que el jugador 1 nunca ofrece al 2 una fracción positiva del excedente pero acepta cualquiera de las propuestas de este último, está claro que lo mejor que puede hacer el jugador 2 es ofrecer $(0,1)$ siempre que tenga oportunidad (en particular, en $t = 2$, que es el primer periodo en que él propone). Esto es precisamente lo que (ii) refleja.

Las estrategias especificadas en (i)-(ii) inducen un resultado muy distinto al inmediato acuerdo sobre [5.8]. En concreto, producen una situación en la que el jugador 2 obtiene *todo* el excedente con un periodo de retraso. Ello sólo es posible porque tales estrategias definen un equilibrio que no es perfecto en subjuegos. Por ejemplo, en contraste con lo (hipotéticamente) prescrito por la estrategia de 2, nunca puede ser óptimo para este jugador rechazar una propuesta $(x, 1 - x)$ por parte del jugador 1 donde $1 - x > \delta$, pues, el máximo pago descontado que, en el mejor de los casos, 2 puede alcanzar tras rechazar esa propuesta se deriva de conseguir para sí todo el excedente con un periodo de retraso: es decir, un pago descontado (tal como se percibe desde $t = 1$) igual a δ.

El juego de negociación con horizonte finito descrito fue propuesto y analizado por Stahl (1972). Posteriormente, Rubinstein (1982) analizó un marco teórico similar con horizonte infinito en donde la negociación entre los jugadores no está circunscrita a un número máximo de periodos (heurísticamente, un contexto con $T = \infty$). Para encontrar un equilibrio perfecto en subjuegos para el contexto de horizonte infinito, resulta ser suficiente tomar límites $T \to \infty$ en las estrategias para horizonte finito definidas en (a)-(b). Con ello se obtienen las siguientes estrategias para cada $i = 1, 2$.

En cada $t = 1, 2, ...,$

(α) si el jugador i propone en t, demanda la siguiente parte del excedente para él:

$$\frac{1}{1 + \delta}$$

y ofrece la cantidad complementaria a $j \neq i$.

(β) si el jugador i responde en t, acepta de $j \neq i$ cualquier propuesta que le otorgue una parte del excedente no menor que:

$$\frac{\delta}{1 + \delta}$$

y rechaza el resto.

Para confirmar que estas estrategias en verdad definen un equilibrio perfecto en subjuegos del juego con horizonte infinito, el primer paso es observar que el contexto dinámico subyacente es marcadamente estacionario. En concreto, cada par de subjuegos que empiezan al comienzo de un periodo par son isomórficos; naturalmente, igual ocurre con aquellos que empiezan al comienzo de cualquier periodo impar. Debido a esta estacionariedad, la confirmación de que (α)-(β) definen un equilibrio perfecto en subjuegos sólo requiere verificar que estas estrategias definen un equilibrio de Nash tras cualquier periodo "tipo", sea éste par o impar.

Considérese, por concreción, el caso del jugador 1. Si el periodo en cuestión es impar y él es el que propone, la división $(\frac{1}{1+\delta}, \frac{\delta}{1+\delta})$ es la mejor propuesta que puede hacer entre todas las que serían aceptadas por el jugador 2. Si fuera a proponer en su lugar algo más ambicioso (esto es, una propuesta $(x, 1 - x)$ con $x > \frac{1}{1+\delta}$), ello ocasionaría el rechazo de 2 y una fracción menor del excedente $(\frac{\delta}{1+\delta})$ conseguida en el siguiente periodo.

Supóngase ahora que el periodo en cuestión es par y que, por tanto, es el jugador 1 el que responde a la propuesta de 2. Entonces, por un lado, es óptimo para 1 rechazar cualquier fracción del excedente que sea estrictamente menor que $\frac{\delta}{1+\delta}$, pues, si así lo hace, el equilibrio que es jugado a continuación le otorga la fracción $\frac{1}{1+\delta}$ en el siguiente periodo, con un "valor presente" igual a $\frac{\delta}{1+\delta}$. Por otro lado, la aceptación de una fracción del excedente no menor que $\frac{\delta}{1+\delta}$ es igualmente óptima, ya que esta cota inferior coincide con el valor presente que obtendría si (dado el equilibrio que se juega a continuación) rechaza la oferta y comienza el siguiente periodo haciendo una propuesta (que se acepta) igual a $\frac{1}{1+\delta}$. Combinando estas consideraciones, concluimos que, dada la estrategia del oponente, la estrategia especificada en (α)-(β) es óptima para el jugador 1 en cada subjuego. La confirmación de una conclusión similar para el jugador 2 es totalmente simétrica.

Una vez confirmado que las estrategias (α)-(β) definen un equilibrio perfecto en subjuegos, el establecimiento de un completo paralelismo con el análisis desarrollado para el contexto con horizonte finito tiene aún pendiente la verificación de su *unicidad*. Para probarla, nos basamos en un elegante argumento de Shaked y Sutton (1984), que explota de nuevo la estacionaridad del contexto de negociación.

Considérese un cierto equilibrio perfecto en subjuegos, y denótese por ω_1 el pago obtenido en él por parte del jugador 1. Por otro lado, sea ω_1' el "pago de continuación"[2] que obtendría el jugador 1 en ese equilibrio si (tras una serie de "imprevistas desviaciones") el proceso llegara al periodo $t = 3$. En ese caso, se ha de verificar la siguiente expresión:

$$\omega_1 = 1 - \delta + \delta^2 \omega_1' \equiv h(\omega_1'). \qquad [5.9]$$

Esta ecuación se obtiene de una ligera variación del razonamiento de inducción retroactiva considerado más arriba para un horizonte finito $T = 3$. Sólo esbozamos el argumento. Primeramente, nótese que, dado que suponemos que el jugador 1 obtiene un pago de ω_1' si el proceso alcanza el periodo $t = 3$, la única propuesta de equilibrio (por parte de 2) en $t = 2$ debe ser $(\delta\omega_1', 1 - \delta\omega_1')$. Teniendo esto en cuenta, se sigue que la

---

[2] Dado un cierto equilibrio, los "pagos de continuación en t" se identifican con los pagos obtenidos en este equilibrio a partir del subjuego que comienza en t. Por conveniencia, estos pagos se consideran evaluados (esto es, descontados) sólo desde t en adelante.

única propuesta de equilibrio por parte de 1 en $t = 1$ ha de ser $(1 - \delta + \delta^2 \omega_1', \delta - \delta^2 \omega_1')$. En el equilibrio, esta última propuesta induce el inmediato acuerdo por parte del jugador 2 y un pago ω_1 para 1 que satisface [5.9].

Sea $\hat{\omega}_1$ el supremo de los pagos que el jugador 1 puede obtener en un equilibrio perfecto en subjuegos. (Este supremo está bien definido ya que la existencia de algún equilibrio perfecto está garantizada por el argumento constructivo anterior.) Como la función $h(\cdot)$ definida en [5.9] es creciente, se sigue que el máximo pago que 1 puede obtener en un equilibrio perfecto en subjuegos se obtiene cuando, precisamente, este pago máximo es su pago de continuación en $t = 3$. Formalmente, ello implica que:

$$\hat{\omega}_1 = 1 - \delta + \delta^2 \hat{\omega}_1$$

y, por consiguiente:

$$\hat{\omega}_1 = \frac{1}{1 + \delta}.$$

Sea ahora $\tilde{\omega}_1$ el ínfimo de los pagos que el jugador 1 puede obtener en algún equilibro perfecto en subjuegos. Un argumento similar al anterior indica que

$$\tilde{\omega}_1 = 1 - \delta + \delta^2 \tilde{\omega}_1,$$

y, por tanto,

$$\tilde{\omega}_1 = \frac{1}{1 + \delta}.$$

Como resulta que $\hat{\omega}_1 = \tilde{\omega}_1$, este valor común ha de ser el único pago obtenible en un equilibrio perfecto en subjuegos por parte del jugador 1. Claramente, esto implica que las estrategias de equilibrio también deben ser únicas, tal como deseábamos probar.

5.3 Competencia oligopolística con diferenciación de productos*

Tal como vimos en capítulo 3, cuando las empresas de un mercado oligopolista compiten en precios (a la Bertrand), dispondrán con frecuencia de un estrecho margen para obtener beneficios positivos en el equilibrio (v.g. si sus costes son lineales e idénticos). Una característica del mercado que puede mejorar su situación es la existencia de un cierto grado de diferenciación de los bienes que producen, lo que permite a cada empresa protegerse en alguna medida de una competencia demasiado exacerbada de las demás. Todo ello fue ilustrado en la sección 3.2 a través de un simple modelo con diferenciación de productos y competencia a la Bertrand, en el que, a pesar de la completa simetría entre las empresas, éstas alcanzaban beneficios positivos en el equilibrio.

En esta ocasión, nuestra intención es la de "endogeneizar" el grado de diferenciación de los bienes producidos por cada empresa en un juego de dos etapas. En la primera, las empresas seleccionan el tipo de producto que desean producir. A continuación, en la segunda etapa del juego, las empresas compiten a la Bertrand, fijando simultáneamente sus precios.

En su origen, este modelo se debe a Hotelling (1929), que fue el primero que propuso un modelo de "localización" del tipo que a continuación describimos. El marco teórico propuesto admite diferentes interpretaciones, todas igualmente válidas. Una de ellas es genuinamente espacial: los bienes producidos se suponen todos homogéneos, pero cada empresa decide el lugar físico (posiblemente distinto) desde donde suministra el suyo. Dado que los consumidores están esparcidos por el territorio, cada uno de ellos incurre en un doble coste a la hora de adquirir el bien de una determinada empresa:

1. Por un lado, tiene que pagar el precio (común a todos los consumidores) determinado por la empresa.
2. Por otro lado, el consumidor en cuestión tiene que sufragar el coste de transporte requerido para desplazarse desde el lugar en que se halla a aquel en que la empresa está radicada.

Una interpretación alternativa del modelo concibe la "localización" elegida por cada empresa como el punto en el espacio de posibles características ocupado por el bien que produce. Con esta interpretación, la distribución de consumidores en el espacio refleja la heterogeneidad de sus gustos, identificándose el punto que ocupa cada uno de ellos con su específica combinación ideal de características. Así, conforme un consumidor se ve forzado a comprar un bien cuyas características difieren de su punto ideal, tiene que incurrir en un "coste de desagrado" que es formalmente idéntico al de transporte considerado en la primera interpretación. Por concreción, nuestra discusión adoptará esa primera interpretación geográfica del modelo.

Más formalmente, estudiaremos el siguiente marco teórico propuesto por D'Aspremont, Gabszewicz y Thisse (1979). Sea un duopolio en el que dos empresas $i = 1, 2$ producen un bien homogéneo con idéntica tecnología de rendimientos constantes y coste marginal $c > 0$. La región servida por estas empresas tiene una estructura "lineal" y continua, estando sus puntos representados en el intervalo $[0, 1]$. Los consumidores se suponen distribuidos sobre este intervalo de forma uniforme (esto es, hay un continuo de ellos, con idéntica densidad en cada punto). Cada uno de los consumidores compra como mucho una sola unidad del bien, de la cual deriva una utilidad bruta igual a $\hat{u} > 0$, expresada en "dinero".

La utilidad *neta* obtenida por cada consumidor resulta de sustraer de la utilidad bruta $\hat{u}$ tanto el precio p pagado por el bien como los costes de transporte que le conlleva el desplazamiento al punto de venta del producto. Supondremos que cada empresa sólo puede suministrar su producto en un único punto dado del intervalo $[0, 1]$. Para cada empresa $i = 1, 2$, denotaremos este punto por s_i y lo denominaremos *el punto de venta de la empresa i.*

Los costes de transporte se suponen idénticos para cada consumidor y cuadráticos en la distancia recorrida d. Es decir, son de la forma

$$C(d) = qd^2, \quad q > 0.$$

Para un consumidor localizado en el punto $h \in [0, 1]$ (al cual denominaremos simplemente "consumidor h") el coste de trasladarse a una empresa en s_i viene dado por:

$$C(|h - s_i|) = q(h - s_i)^2.$$

Naturalmente, dado un par de localizaciones de cada empresa (s_1, s_2) y un correspondiente vector de precios (p_1, p_2) determinado por cada empresa, el consumidor h comprará de la empresa $i \in \{1, 2\}$ que maximiza la expresión

$$\hat{u} - p_i - q(h - s_i)^2,$$

siempre y cuando la anterior expresión sea no negativa para al menos una de las empresas. Si lo fuera para ambas, el consumidor h no comprará en absoluto el producto en cuestión. Finalmente, si la utilidad neta derivada de ambas empresas (una vez descontados el precio y el coste de transporte) es idéntica, supondremos que el consumidor comprará de una u otra con igual probabilidad.

Sin pérdida de generalidad, supondremos que $s_2 \geq s_1$, esto es, la empresa 2 está localizada a la derecha de la empresa 1. Como primer paso en el análisis, es útil encontrar para cada perfil de precios y localizaciones $[(p_1, s_1), (p_2, s_2)]$, el consumidor al que le resulta "indiferente" consumir de una u otra empresa. Si éste consumidor $\tilde{h}$ pertenece al interior del intervalo $[0, 1]$ —lo cual siempre ha de ocurrir *en el equilibrio* si las dos empresas se modelan de forma simétrica— tiene que satisfacerse la siguiente expresión:

$$p_1 + q\left(\tilde{h} - s_1\right)^2 = p_2 + q\left(\tilde{h} - s_2\right)^2$$

que a su vez induce

$$\tilde{h} = \frac{p_2 - p_1}{2q(s_2 - s_1)} + \frac{s_1 + s_2}{2}. \qquad [5.10]$$

Si el valor $\tilde{h}$ que resuelve la anterior ecuación fuera negativo, ello indicaría que la empresa 1 tendría una demanda agregada igual a cero; si por el contrario, este valor excediera la unidad, ello indicaría que es la empresa 2 la que tiene una demanda agregada nula.

La anterior descripción del comportamiento de los consumidores permite definir funciones de demanda para cada empresa que expresan sus ventas totales respectivas para cada vector de precios y localizaciones. Supóngase, por simplicidad, que todos los consumidores compran el bien de alguna de las empresas. Esto se puede garantizar (véase el ejercicio 5.8) si, por ejemplo:

$$\hat{u} > 3q + c. \tag{5.11}$$

En ese caso, y en virtud de las anteriores consideraciones, las demandas de las empresas 1 y 2 vienen dadas respectivamente por las siguientes expresiones:

$$D_1\left(s_1, s_2, p_1, p_2\right) = \min\left\{\max\left\{\tilde{h}, 0\right\}, 1\right\} \tag{5.12}$$

$$D_2\left(s_1, s_2, p_1, p_2\right) = \min\left\{\max\left\{1 - \tilde{h}, 0\right\}, 1\right\}. \tag{5.13}$$

Reescribiendo [5.10] como sigue:

$$\tilde{h} = s_1 + \frac{s_2 - s_1}{2} + \frac{p_2 - p_1}{2q\left(s_2 - s_1\right)} \tag{5.14}$$

conseguimos una interesante interpretación del nivel de demanda alcanzado por cada empresa. Centrándonos, por ejemplo, en la empresa 1, lo que [5.14] nos indica es que esta empresa obtiene, por una parte, su mercado cautivo de consumidores $\{h : h \leq s_1\}$ de forma completa. Por otro lado, del "terreno de nadie" dado por $\{h : s_1 \leq h \leq s_2\}$, obtiene una fracción adicional que es igual a la mitad de esta región $\frac{s_2 - s_1}{2}$ más (o menos) una prima (penalización) vinculada a la diferencia de precios $p_2 - p_1$. Como sería de esperar, esta prima o penalización (dependiendo de si $p_2 - p_1$ es positivo o negativo) crece con el valor absoluto de la diferencia.

Tal como avanzamos, consideraremos el siguiente juego en dos etapas:

- En una primera etapa, las empresas seleccionan simultáneamente su localización en $[0, 1]$; es decir, eligen su respectiva s_i, $i = 1, 2$.
- En una segunda etapa, conocidas las localizaciones ya elegidas, fijan sus precios p_i, $i = 1, 2$, también simultáneamente.

Para calcular los equilibrios perfectos en subjuegos, resolvemos el juego por inducción retroactiva: primero computamos los equilibrios de Nash en la segunda etapa (en general, puede haber varios de ellos), y luego trasladamos estos equilibrios al comienzo del juego en donde las empresas toman sus iniciales decisiones de localización.

Dado cualquier par de localizaciones (s_1, s_2), un equilibrio de Nash del juego simultáneo desarrollado en la *segunda* etapa es similar al analizado en la sección 3.2.

Es fácil computar que los precios de equilibrio asociados a un par de localizaciones (s_1, s_2) vienen dados por (véase el ejercicio 5.9):

$$p_1^* (s_1, s_2) = c + q (s_2 - s_1) \left(1 + \frac{s_1 + s_2 - 1}{3} \right) \qquad [5.15]$$

$$p_2^* (s_1, s_2) = c + q (s_2 - s_1) \left(1 + \frac{1 - s_1 - s_2}{3} \right) \qquad [5.16]$$

Las expresiones anteriores definen unívocamente el resultado inducido en la segunda etapa del juego para cada posible par de decisiones de localización de las empresas en la primera etapa. Desde el punto de vista de esta primera etapa, podemos utilizar [5.15]-[5.16] para definir unas funciones de pagos que resuman toda la trayectoria del juego asociado a cada par de decisiones (s_1, s_2). Ello nos permite entonces abordar el juego bi-etápico como un juego simultáneo cuyas decisiones (de localización) se toman, para cada $i = 1, 2$, en términos de las siguientes funciones de pagos:

$$\pi_i (s_1, s_2) \equiv \tilde{\pi}_i (s_1, s_2, p_1^* (s_1, s_2), p_2^* (s_1, s_2))$$

$$\equiv (p_i^* (s_1, s_2) - c) D_i (s_1, s_2, p_1^* (s_1, s_2), p_2^* (s_1, s_2)),$$

donde recuérdese que $c > 0$ denota los costes marginales (constantes e idénticos) incurridos por ambas empresas al producir sus bienes respectivos. Como es habitual, caracterizamos los equilibrios de Nash (s_1^*, s_2^*) a través de las condiciones marginales de primer orden asociadas a las variables de decisión de cada empresa. Así, se requiere que, para cada $i = 1, 2$:

$$\frac{\partial \pi_i}{\partial s_i} (s_1^*, s_2^*) \leq 0 \quad \text{si } s_i^* < 1$$

$$\frac{\partial \pi_i}{\partial s_i} (s_1^*, s_2^*) \geq 0 \quad \text{si } s_i^* > 0$$

y, por tanto,

$$\frac{\partial \pi_i}{\partial s_i} (s_1^*, s_2^*) = 0 \quad \text{si } 1 > s_i^* > 0.$$

Ahora calculamos

$$\begin{aligned}
\frac{\partial \pi_i}{\partial s_i} (s_1, s_2) &= \frac{\partial \tilde{\pi}_i}{\partial p_i} (s_1, s_2, p_1^* (s_1, s_2), p_2^* (s_1, s_2)) \frac{\partial p_i^*}{\partial s_i} \\
&+ \frac{\partial \tilde{\pi}_i}{\partial p_j} (s_1, s_2, p_1^* (s_1, s_2), p_2^* (s_1, s_2)) \frac{\partial p_j^*}{\partial s_i} \qquad [5.17] \\
&+ \frac{\partial \tilde{\pi}_i}{\partial s_i} (s_1, s_2, p_i^* (s_i, s_2), p_2^* (s_1, s_2)) \\
&= 0.
\end{aligned}$$

Para desarrollar esta expresión, hemos de utilizar [5.12]-[5.13] y [5.15]-[5.16]. La complejidad algebraica de esta tarea se simplifica sustancialmente al observar que, por la optimalidad incorporada en las funciones $p_i^*(\cdot)$, se ha de satisfacer que:

$$\frac{\partial \tilde{\pi}_i}{\partial p_i}(s_1, s_2, p_1^*(s_1, s_2), p_2^*(s_1, s_2)) = 0,$$

ya que las soluciones son interiores (véanse [5.15]-[5.16]). Ello evita el cómputo del primero de los términos de [5.17]. Con respecto a los otros dos, se puede comprobar (véase el ejercicio 5.10) que, para la empresa 1, tenemos:

$$\frac{\partial \tilde{\pi}_1}{\partial p_2}(s_1, s_2, p_1^*(s_1, s_2), p_2^*(s_1, s_2)) \frac{\partial p_2^*}{\partial s_1} = (p_1^*(s_1, s_2) - c)\frac{s_1 - 2}{3(s_2 - s_1)} \qquad [5.18]$$

$$\frac{\partial \tilde{\pi}_1}{\partial s_1}(s_1, s_2, p_1^*(s_1, s_2), p_2^*(s_1, s_2)) = (p_1^*(s_1, s_2) - c)\frac{2 + s_2 - 5s_1}{6(s_2 - s_1)}. \qquad [5.19]$$

Sumando [5.18] y [5.19], se obtiene que, para todo (s_1, s_2),

$$\frac{\partial \pi_1}{\partial s_1}(s_1, s_2) < 0. \qquad [5.20]$$

Por tanto, la empresa 1 siempre querrá moverse hacia el extremo inferior del intervalo $[0, 1]$. Simétricamente:

$$\frac{\partial \pi_2}{\partial s_2}(s_1, s_2) > 0, \qquad [5.21]$$

por lo que la empresa 2 siempre buscará localizarse en el extremo superior de $[0, 1]$. Combinando [5.20] y [5.21], concluimos que el *único* equilibrio perfecto en subjuegos (con $s_1 \leq s_2$) lleva a las dos empresas a localizarse en extremos opuestos del intervalo. Esto es, las localizaciones de equilibrio son:

$$s_1^* = 0, \quad s_2^* = 1.$$

Sustituyendo estos valores en [5.15]-[5.16], obtenemos los correspondientes precios de equilibrio,

$$p_1^*(s_1^*, s_2^*) = p_2^*(s_1^*, s_2^*) = c + q. \qquad [5.22]$$

Es importante entender la intuición subyacente en este resultado. En particular, resulta algo paradójico que, tal como indica [5.22], el equilibrio induzca ambas empresas a extremar su distancia (o diferenciación). Más bien parecería que dada la localización de una empresa, digamos la 2, en un cierto punto dado s_2, la empresa 1 estaría interesada en acercarse lo máximo a ella con el objeto de "arañarle" el mayor número de consumidores posible. De hecho, éste es el efecto reflejado en [5.19], que, para valores suficientemente pequeños de s_1, indica que $\partial \tilde{\pi}_1 / \partial s_1(\cdot) > 0$. Ello implica que, *dado* $s_2 > s_1$, la empresa 1 estaría efectivamente interesada en aproximarse a la localización de la 2, pero sólo si los precios *permanecieran fijos*. Sin embargo, [5.20] establece que esta tendencia siempre se compensa con el hecho de que una mayor proximidad a 2 induce una competencia demasiado fuerte en precios. Es este segundo efecto (que aparece reflejado en [5.18] y cuya magnitud siempre excede en este caso a la del primero), el que lleva a las empresas a querer alejarse lo máximo posible una de otra. De esta forma, se limitan al máximo los efectos de su subsiguiente competencia en precios durante la segunda etapa, cuyas consecuencias se anticipan perfectamente en el equilibrio.

5.4 Implementación dinámica: el problema del rey Salomón

Enfrentados al problema de reconciliar incentivos y eficiencia en la asignación de bienes públicos, la perspectiva adoptada en el capítulo 3 fue la "creativa" de un diseñador de mecanismos. Allí, no nos conformábamos con tomar el marco de interacción como dado (limitándonos, por ejemplo, a uno "natural" como el de subscripción, cuyos resultados se mostraron insatisfactorios en la subsección 3.3.1). Por el contrario, en la subsección 3.3.2, perseguíamos diseñar un mecanismo *ex novo* que, aunque adoleciera quizás de abstracto y no tan natural, garantizara al menos algunos de los buenos resultados deseados.

Esta misma perspectiva de considerar el mecanismo como una variable más que como un dato del problema puede ser aplicada a una amplia variedad de problemas. Éste es, esencialmente, el planteamiento de la llamada Teoría de la Implementación, que ha dado lugar a una extensa literatura en las últimas décadas (véase, por ejemplo, Corchón, 1996). A modo de ilustración adicional de la perspectiva y los objetivos perseguidos por esta literatura, abordamos aquí un interesante problema de implementación, formulado recientemente por Glazer y Ma (1989). Motivado a veces como el "problema del rey Salomón", su característica teórica más importante es su naturaleza dinámica. En contraste, por ejemplo, con el mecanismo de Walker (1981) estudiado en la subsección 3.3.2, sus posibilidades se derivan esencialmente de una estructura multi-etápica, sobre la que se impone la hipótesis de credibilidad (o perfección) de las estrategias utilizadas por los agentes.

Considérese la siguiente situación. Un planificador (el rey Salomón) tiene que decidir a quién de dos individuos (posibles madres, 1 o 2) asigna un cierto bien (el hijo en disputa). Su deseo altruista es ceder el bien al individuo que tenga una mayor valoración de él (la verdadera madre), sin recibir nada a cambio ni penalizar a ninguno de los dos. Sin embargo, *no* conoce las valoraciones de cada uno, y cuenta simplemente con la información de que éstas pertenecen a un cierto conjunto finito V, siendo cada $v \in V$ una valoración finita expresada en términos monetarios.

Supongamos que cada individuo $i = 1, 2$ conoce su propia valoración $v_i \in V$, así como también la valoración v_j de su oponente $j \neq i$ (sabe, en particular, quién es la madre). Manteniendo la analogía con el problema del rey Salomón, adoptaremos la simplificación de que $v_i \neq v_j$ si $i \neq j$ (esto es, madre no hay más que una).

Para resolver el dilema, el planificador decide utilizar un mecanismo escalonado en varias etapas. Sea

$$\eta \equiv \min \left\{ |v - v'| : v \neq v', \ v, v' \in V \right\}.$$

Al ser V un conjunto finito, $\eta > 0$, y el planificador conoce su valor (ya que conoce V). Por tanto, puede utilizarlo para diseñar un mecanismo para asignar el bien. El mecanismo que consideraremos se compone de las siguientes etapas:

1. El individuo 1 expresa si su valoración del bien es máxima (acción A) o no (acción B). Si elige B, el proceso se acaba y el bien es adjudicado al individuo 2. Si elige A, se pasa a la siguiente etapa.

2. El individuo 2 acepta (acción B') o no (acción A') que el individuo 1 tenga la valoración maxima. Si lo acepta, el proceso se acaba y el bien es cedido al individuo 1. En el otro caso, se pasa a la siguiente etapa y *cada* jugador tiene que pagar una cantidad igual a $\eta/4$, fijada monetariamente por el planificador como parte del mecanismo.

3. Si se llega a esta tercera etapa, el individuo 1 anuncia un valor $\rho_1 \in V$, interpretado como una oferta monetaria (o "puja") por la obtención del bien.

4. A continuación, conocido el valor ρ_1 dado por el jugador 1, el jugador 2 anuncia su propia oferta $\rho_2 \in V$.

5. Finalmente, si el mecanismo ha llegado a las fases 3 y 4 donde los individuos han propuesto un par de ofertas (ρ_1, ρ_2), el bien se adjudica a aquél cuya oferta es máxima. Si ocurriera que $\rho_1 = \rho_2$, el "empate" se resuelve asignando el bien al individuo 1. En cualquier caso, el adjudicatario paga por el bien la cantidad $\theta \equiv \max \{\rho_1, \rho_2\} - \eta/2$, mientras que aquél que queda sin él no realiza ningún pago en esta última etapa. (Nótese, en cualquier caso, que el pago realizado por ambos individuos al final de la segunda etapa es irreversible.)

La forma extensiva del juego considerado se ilustra esquemáticamente en la figura 5.4.

El análisis del juego se centrará en los equilibrios perfectos en subjuegos. Como primer paso en su determinación, necesitamos especificar los espacios de estrategias de los diferentes jugadores. Así, el conjunto de estrategias del jugador 1 viene dado por:

$$S_1 = \{A, B\} \times V$$

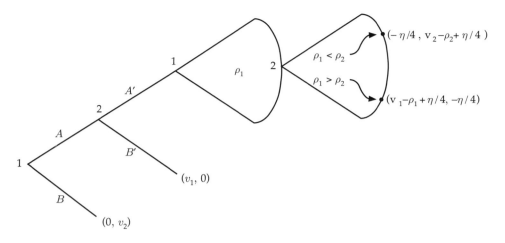

Figura 5.4. Un mecanismo "salomónico".

y el del jugador 2:

$$S_2 = \{A', B'\} \times \{r : V \to V\}$$

con las siguientes interpretaciones. Para el jugador 1, una estrategia determina si reclama o no que su valoración es máxima en la primera etapa del juego (la primera componente de la estrategia), en conjunción con la oferta que anunciaría en la tercera etapa si llegara el caso (la segunda componente). Por otro lado, una estrategia para el jugador 2 refleja el mismo tipo de consideraciones, con la única (pero importante) salvedad de que este jugador actúa como "seguidor". Por tanto, puede vincular sus decisiones a las tomadas anteriormente por parte del otro jugador (en concreto, la oferta del jugador 2 en la última etapa del juego puede depender de la realizada en la etapa precedente por el jugador 1).

Con el objeto de encontrar los equilibrios perfectos en subjuegos procedemos a una consideración retroactiva (de atrás hacia delante en el juego) de la optimalidad de las diferentes estrategias. Así, considérense primero los últimos subjuegos alcanzables a lo largo del juego cuando los individuos han optado por A y A', y el jugador 1 ha anunciado una cierta oferta ρ_1. En ese caso, cualquier estrategia óptima $s_2^* = (x_2^*, r^*) \in S_2$ ha de satisfacer que

$$v_2 \leq \rho_1 \Rightarrow r^*(\rho_1) \leq \rho_1 \tag{5.23}$$

$$v_2 > \rho_1 \Rightarrow r^*(\rho_1) = \min\{\rho_2 \in V : \rho_2 > \rho_1\}. \tag{5.24}$$

Considerando retroactivamente una etapa más en el juego, sea $r^*(\cdot)$ una función que satisface [5.23]-[5.24] y considérese ahora cuál sería una decisión óptima por parte del jugador 1 en la tercera etapa —esto es, la oferta que anuncia tras el par (A, A'). Esta decisión ha de depender de su valoración v_1, así como de la valoración v_2 del jugador 2, que suponemos conoce.[3] Por concreción (véase el ejercicio 5.12), considérese el caso en que $v_1 > v_2$. Siendo así, se comprueba inmediatamente que la única decisión óptima para el jugador 1 —que anticipa una reacción de equilibrio $r^*(\cdot)$ que satisface [5.23]-[5.24]— es realizar una oferta $\rho_1^* = v_2$. De esta forma, se garantiza la obtención del bien al menor coste posible. Sabiendo que ésta va a ser la oferta del jugador 1 si, tras una decisión de A por su parte, el jugador 2 eligiera A', está claro que el jugador 2 no querrá realizar esta elección (es decir, no querrá disputar el bien), pues, dado el comportamiento ulterior de equilibrio apropiadamente anticipado, ello no le dará finalmente el bien y, además, le reportará un coste monetario de $\eta/4$ que bien podría ahorrarse (el coste impuesto por las reglas del mecanismo a *cada* jugador si se entra en la fase de ofertas). Finalmente, ello tiene una clara implicación sobre cuál es la decisión óptima por parte del jugador 1 durante la primera etapa: este jugador optará por A, anticipando que el jugador 2 elegirá subsiguientemente B' (es decir, no cuestionará que su valoración del bien sea la mayor).

Compendiando todo lo antedicho, concluimos que, si $v_1 > v_2$, cualquier equilibrio perfecto en subjuegos $((x_1^*, \rho_1^*), (x_2^*, r^*(\cdot))$ tiene $x_1^* = A$ y $x_2^* = B'$, con lo que el bien es adjudicado al individuo 1 tras la segunda etapa del juego sin ningún coste o transacción monetaria. Este hecho refleja de forma especialmente nítida la potencia del criterio de perfección en subjuegos como instrumento de análisis de juegos multietápicos. Desde la perspectiva de un diseñador, su virtualidad es también importante. Por ejemplo, es posible probar que el resultado eficiente inducido por el "mecanismo salomónico" propuesto *no* se puede garantizar mediante procedimientos que incluyan sólo decisiones simultáneas (o bien, si el concepto de equilibrio considerado no refina suficientemente el básico de Nash).[4] Sin embargo, si el planificador está dispuesto a aplicar mecanimos multi-etápicos como el considerado (y los jugadores se comportan de forma secuencialmente racional), la solución de problemas de implementación aparentemente complejos puede ser abordada, tal como se ha ilustrado, de forma efectiva y sencilla.

Ejercicios

Ejercicio 5.1 Arguméntese *verbalmente* (y de forma rigurosa) la siguiente afirmación *general* para un duopolio:

---

[3] Recuérdese que el único que se supone que *no* conoce ni v_1 ni v_2 es Salomón, el planificador. Es por ello que diseña el mecanismo considerado, con la intención de extraer la información que ambos individuos comparten, pero que uno de ellos (la "falsa madre") tiene incentivos para ocultar.

[4] Ello es así porque el problema de implementación confrontado por Salomón no satisface el criterio de "monotonicidad", que, tal como fue establecido por Maskin (1977), es condición necesaria para la implementación en equilibrio (no refinado) de Nash.

"La empresa líder en el modelo de Stackelberg siempre obtiene unos beneficios al menos tan altos como los que obtendría ella misma en el marco de un modelo de Cournot con los mismos datos subyacentes (demanda, costes, etc.)".

Ejercicio 5.2 Considérese la afirmación siguiente para un duopolio:

"Todo equilibrio de Nash en un modelo de Cournot induce producciones para cada empresa que son sostenibles también en un equilibrio de Nash del correspondiente modelo de Stackelberg".

Especifíquese si es verdadera o falsa, argumentando con rigor la contestación.

Ejercicio 5.3 Considérese un modelo de competencia oligopolística entre tres empresas con funciones de coste y demanda dadas por [5.1] y [5.2].

(a) Calcúlese el equilibrio de Nash del correspondiente modelo de Cournot.
(b) Calcúlese el equilibrio perfecto en subjuegos si las decisiones de las empresas se toman en dos etapas:
   (i) en un primera etapa, la empresa 1 decide su nivel de producción;
   (ii) en una segunda etapa, las empresas 2 y 3 deciden simultáneamente su nivel de producción.
(c) Compárense las producciones y beneficios de equilibrio obtenidos en (a) y (b).

Ejercicio 5.4 Considérese un contexto como el del ejercicio 3.9 para una cierta "comunidad" de *dos* individuos.

En esta comunidad, se plantea un mecanismo secuencial de subscripción. Primero, el individuo 1 propone su contribución. Si la propuesta de 1 cubre $\bar{c}$, el bien se dota inmediatamente. Si no, en una segunda etapa, el individuo 2 propone su propia contribución. En ese caso, si la suma de ambas contribuciones cubre $\bar{c}$, el bien se dota en el segundo periodo, y se descuenta la utilidad neta de cada individuo aplicándole un cierto factor de descuento $\delta < 1$. Esto es, la utilidad que cada individuo recibe en este segundo caso es

$$\delta U_i\left(x, c_i\right) = \delta\left(V_i\left(x\right) - c_i\right).$$

Supóngase, por simplicidad, que para cada $i = 1, 2$, $V_i\left(1\right) = 1$, $V_i\left(0\right) = 0$, $\delta = 1/2$.

(i) Calcúlense los equilibrios perfectos en subjuegos según el valor de $\bar{c} \in [0, 2]$. (Esto es, divídase este intervalo en diferentes subintervalos, dependiendo de las características del equilibrio).
(ii) Compárense estos equilibrios con los del ejercicio 3.9 del capítulo 3. ¿Es cierto que todo equilibrio de Nash de ese contexto lo es también del presente contexto multi-etápico? Arguméntese.

(iii) Finalmente, estúdiese cómo varían las características de los equilibrios perfectos en subjuegos si consideramos una función de utilidad para cada individuo del tipo

$$U_i\left(x, c_i\right) = V_i\left(x\right) - \left(c_i\right)^2.$$

Ejercicio 5.5 Considérese el modelo de negociación de horizonte infinito propuesto por Rubinstein, tal como se describe en la sección 5.2. Muéstrese que *cualquier* resultado del proceso de negociación (es decir, cualquier acuerdo tomado en cualquier momento del tiempo) es inducido por algún equilibrio de Nash del juego.

Ejercicio 5.6 Considérese un modelo de negociación de Rubinstein donde los dos individuos tienen factores de descuento posiblemente diferentes, δ_1 y δ_2. Calcúlese el (único) equilibrio perfecto en subjuegos.

Ejercicio 5.7 Considérese un modelo de negociación del tipo propuesto por Rubinstein donde hay n jugadores, $i = 1, 2, ..., n$, que realizan secuencialmente propuestas del tipo $x \equiv \left(x_1, x_2, ..., x_n\right), \sum_{i=1}^{n} x_i = 1$. (Esto es, cada jugador i realiza sus propuestas en $t \in \{i, i+n, i+2n, ...\}$). Ante cada propuesta de un jugador i, los individuos $j \neq i$ indican simultáneamente si la aceptan o no: si la aceptan, el juego se acaba; si no, el jugador $i+1$ (módulo n) tiene la oportunidad de presentar una propuesta alternativa. Suponiendo que todos los agentes tienen un factor de descuento común, pruébese que existe un equilibrio perfecto en subjuegos con la siguiente propuesta del jugador 1

$$\left(\frac{1}{1 + \delta + ... + \delta^{n-1}}, \frac{\delta}{1 + \delta + ... + \delta^{n-1}}, ... \frac{\delta^{n-1}}{1 + \delta + ... + \delta^{n-1}} \right)$$

que es aceptada inmediatamente por todos los individuos $i = 2, 3, ..., n$ en $t = 1$.

Ejercicio 5.8 En el contexto de la sección 5.3, pruébese que, efectivamente, para cualquier precio relevante en la búsqueda del equilibrio, [5.11] garantiza que todos los consumidores comprarán el bien de alguna empresa.

Ejercicio 5.9 Derívense las expresiones [5.15] y [5.16].

Ejercicio 5.10 Utilizando [5.12]-[5.13] y [5.15]-[5.16], derívense las expresiones [5.18] y [5.19].

Ejercicio 5.11 Considérese un planificador cuyo objetivo es maximizar el bienestar agregado de una economía cuyo único mercado tiene las características descritas en la sección 5.3. Específicamente, supondremos que el planificador maximiza la suma de los beneficios de las empresas y la utilidad agregada neta de los consumidores (esta última, se puede identificar con la utilidad neta *media*). Supóngase que el planificador puede forzar a cada empresa a situarse en un cierto punto del intervalo [0, 1], y dejar luego que ellas mismas determinen sus precios en competencia entre sí. ¿Cuáles serán las localizaciones elegidas por el planificador? Contrástense éstas con las obtenidas en un contexto sin restricciones como el descrito en el texto.

Ejercicio 5.12 En el contexto de la sección 5.4, supóngase que $v_2 > v_1$.

(i)   Determínense los equilibrios perfectos en subjuegos en este caso
(ii) Supóngase que el orden de movimiento de los jugadores 1 y 2 se invierte ¿Cómo se ve afectado el equilibrio en ese caso?
(iii) Estudiese el efecto sobre el equilibrio del juego del siguiente cambio en las reglas del mecanismo: en caso de empate entre las ofertas de los individuos (esto es, $\rho_1 = \rho_2$), la asignación del bien se realiza aleatoriamente con igual probabilidad para cada uno de ellos.

6. Información incompleta

6.1 Introducción y ejemplos

Muchos problemas de interés surgen en contextos donde, a diferencia de lo asumido implícitamente hasta ahora, los jugadores *no* tienen una información completa sobre todas las características de la situación; en particular, y muy especialmente, sobre los pagos de los restantes jugadores para cada una de las posibles realizaciones del juego. Consideremos algunos ejemplos.

Dos individuos, 1 y 2, que tienen casas colindantes situadas en un lugar remoto, consideran la posibilidad de hacerse con un sistema eólico de generación de energía con el cual ambos podrán disponer de electricidad de forma virtualmente ilimitada. Han averiguado que el equipo en cuestión les costará dos millones de pesetas. Por otro lado, ambos también saben que cada uno de ellos valoraría positivamente la compra de dicho equipo sólo si proyectara utilizar la energía generada para montar una granja moderna: el valor monetario (descontado) de esta granja se estima en tres millones de pesetas. En cambio, la valoración de cualquiera de ellos es pequeña (por simplicidad, nula) si no están interesados en un proyecto de esa naturaleza.

Ante el problema así planteado, el individuo 1 decide tomar la iniciativa y considera dos posibles mecanismos alternativos.

Un primer mecanismo (que llamaremos Mecanismo A) consiste en que ambos individuos pongan por escrito y comuniquen independientemente a un mediador imparcial si están o no interesados en el proyecto; o, en otras palabras, si su valoración respectiva v_i es positiva (es decir, igual a 3, expresada en millones de pesetas) o nula. En caso de que ambos indiquen una valoración positiva, se comprometen a compartir el gasto del equipo (un millón cada uno). En caso de que sólo lo haga uno de ellos, éste correrá con el gasto íntegro. Finalmente, si los dos individuos expresan una valoración nula, no se adquirirá el equipo.

El segundo mecanismo alternativo (Mecanismo B) tiene una estructura secuencial. Primero, el individuo 2 ha de especificar con cuánto está dispuesto a contribuir a la compra del equipo (cualquier cantidad $p_2 \in [0,2]$). A continuación, si es necesario ($p_2 < 2$), el individuo 1 indica si está dispuesto a cubrir la diferencia $2 - p_2$. Si lo está, se realiza la compra; en caso contrario, no se lleva a cabo.

El problema de asignación descrito es especialmente interesante si suponemos que sólo cada individuo conoce sus propios planes (es decir, su valoración del proyecto) pero desconoce los de su vecino. Para formalizar esta situación, el enfoque propuesto por John Harsanyi (que presentaremos rigurosamente más adelante) consiste en suponer que es la naturaleza la que selecciona de forma aleatoria e independiente la valoración de cada uno de los individuos (su tipo), y "filtra" después esta información a cada uno de los jugadores respectivos de forma privada. En nuestro caso, denótese por $\rho \equiv \Pr(v_i = 3)$, la probabilidad *a priori* con que la naturaleza elige una alta valoración para cada individuo $i = 1, 2$ —por tanto, $\Pr(v_i = 0) = 1 - \rho$. Al comenzar el juego, los individuos sólo disponen de información sobre cuáles son estas probabilidades *a priori*. Posteriormente, en función de estas probabilidades y la revelación de su propio tipo, cada jugador toma su decisión de forma óptima.

Considérese primero el juego "simultáneo" inducido por el Mecanismo A. Una estrategia para cada jugador i en este contexto es una regla contingente $\gamma_i(\cdot)$ que, para cada valoración propia v_i, indica las probabilidades $\gamma_i(v_i)(\hat{v}_i)$ con las que se envían los mensajes $\hat{v}_i \in V \equiv \{0, 3\}$. Claramente, cualquier estrategia de equilibrio $\gamma_i^*(\cdot)$ ha de especificar $\gamma_i^*(0)(0) = 1$, es decir, un individuo cuyo tipo es bajo elige el mensaje $\hat{v}_i = 0$ con certeza (probabilidad uno). Por otro lado, está claro que cualquier equilibrio que sea simétrico (es decir, con estrategias idénticas para cada individuo) *no* puede prescribir el mensaje $\hat{v}_i = 0$ de forma *determinista* para el tipo alto. Es decir, la estrategia de equilibrio en este caso ha de inducir la elección $\hat{v}_i = 3$ con probabilidad positiva. Denótese $\gamma_i^*(3)(3) \equiv q$ (con lo que $\gamma_i^*(3)(0) = 1 - q$). Ya que $q > 0$, se requiere que los pagos esperados de mandar el mensaje bajo:

$$\rho\, q \times 3 + [(1 - \rho) + \rho(1 - q)] \times 0 \qquad [6.1]$$

sean *no* mayores que los derivados de mandar el mensaje alto:

$$\rho\, q \times (3 - 1) + [(1 - \rho) + \rho(1 - q)] \times (3 - 2). \qquad [6.2]$$

Reordenando la desigualdad resultante, se obtiene:

$$2q\rho \leq 1. \qquad [6.3]$$

Si $\rho \leq \frac{1}{2}$, [6.1] es menor que [6.2] para todo $q < 1$, lo que implica que $\gamma_i^*(3)(3) = 1$. Si tenemos, en cambio, que $\rho > \frac{1}{2}$, [6.3] exige que $q < 1$. En ese caso, por los requisitos

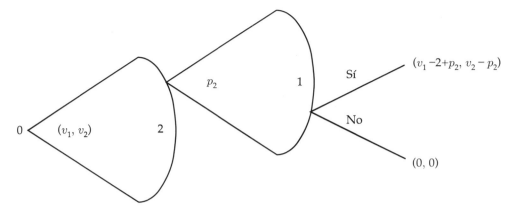

Figura 6.1. Mecanismo B.

usuales de indiferencia aplicables a todo equilibrio en estrategias mixtas, [6.3] ha de satisfacerse con la igualdad. Ello determina que, en general,

$$\gamma_i^*(3)(3) = \min\left\{1, \frac{1}{2\rho}\right\}.$$

Por tanto, concluimos que si $\rho > \frac{1}{2}$, hay una probabilidad *ex ante* $(1 - \frac{1}{2\rho})^2 > 0$ de que, aunque ambos individuos tengan una valoración positiva del equipo (y, por tanto, sería eficiente que se comprara el equipo), esta compra no se realice en el (único) equilibrio simétrico del juego. Naturalmente, en aquellas situaciones en que sólo uno de los individuos tiene una valoración positiva (en cuyo caso, sigue siendo eficiente contar con el equipo), la probabilidad de que no se produzca la compra es aún mayor: $1 - \frac{1}{2\rho}$.

Paradójicamente, más se amplía este margen de posible ineficiencia cuanto más probable es que sea eficiente realizar la compra; es decir, cuanto más alta sea la probabilidad ρ de una valoración alta. De hecho, en el caso extremo en el que hay plena certeza de que esto es así ($\rho = 1$), las pérdidas esperadas son máximas. (Véase el ejercicio 6.1.)

Considérese ahora el juego inducido por el Mecanismo B. Concebido como un juego en el que la naturaleza mueve primero, su representación en forma extensiva se ilustra de manera informal[1] en la figura 6.1.

En este segundo contexto, resulta suficiente considerar estrategias puras para cada jugador. En consecuencia, admitiendo por comodidad cierta inconsistencia

---

[1] Cada uno de los "arcos" de la figura representa el abanico de posibles decisiones de los jugadores en cada uno de sus conjuntos de información. Para los jugadores 1 y 2, sólo se especifican las decisiones asociadas a un "nudo tipo". Por otro lado, esta representación del juego tampoco agrupa aquellos nudos que pertenecen a un mismo conjunto de información (e.g. todos aquellos nudos del jugador 2 que siguen a pares (v_1, v_2) cuya segunda componente coincide).

con la notación anterior, una estrategia del jugador 2 se puede formular como una función $\gamma_2 : V \rightarrow [0,2]$, donde $\gamma_2(v_2)$ especifica (de forma determinista) la propuesta del jugador 2 cuando su valoración es v_2. Por su parte, una estrategia para el jugador 1 se puede formalizar a través de una función $\gamma_1 : V \times [0,2] \rightarrow \{S, N\}$, con la intepretación de que $\gamma_1(v_1, p_2)$ indica si, dada su valoración v_1, el jugador 1 acepta (S) o no (N) cubrir la diferencia $2 - p_2$.

En el equilibrio, está claro que se ha de verificar que $\gamma_2^*(0) = 0$. Por otro lado, si el equilibrio es perfecto, el hecho de que v_1 pertenezca al conjunto discreto $\{0, 3\}$ implica que $\gamma_2^*(3) \in \{0, 2\}$; esto es, la propuesta del individuo 2 en el equilibrio ha de ser pagar todo el coste del equipo o no pagar nada.[2] En concreto, se sigue que la estrategia de equilibrio ha de satisfacer:

$$\gamma_2^*(3) = 0 \quad \text{si } \rho > \frac{1}{3},$$

es decir, la propuesta del jugador 2 con valoración alta será nula si

$$(1 - \rho) \times 0 + \rho \times 3 > 3 - 2, \qquad [6.4]$$

que indica que el pago esperado de tal propuesta (con el riesgo asociado de que no se compre el equipo) es mayor que el inducido por la propuesta de financiar uno mismo el equipo. Por otra parte, la estrategia de equilibrio induce:

$$\gamma_2^*(3) = 2 \quad \text{si } \rho < \frac{1}{3}, \qquad [6.5]$$

es decir, cuando la desigualdad [6.4] se da en sentido contrario.

Contrastando [6.4]-[6.5] con nuestro análisis anterior del Mecanismo A, se concluye que una asignación ineficiente *no* puede darse con el Mecanismo B cuando el individuo 1 tiene una valoración positiva (*a fortiori*, por tanto, cuando los dos individuos la tienen). Por el contrario, cuando *sólo* el individuo 2 tiene una valoración positiva, tal ineficiencia se da (con certeza) si $\rho > \frac{1}{3}$. Ello indica que el Mecanismo B conlleva un rango de valores mayores para ρ (el intervalo $(\frac{1}{3}, 1]$, en comparación con $(\frac{1}{2}, 1]$ para el Mecanismo A) en donde una asignación ineficiente es *posible*. Sin embargo, la relevancia de esta conclusión se ve sustancialmente mitigada por el hecho de que, cuando ρ se aproxima a 1, la probabilidad *ex-ante* asociada a que se dé esta situación (es decir, a que sólo el individuo 1 tenga una valoración positiva) se hace arbitrariamente pequeña. Por tanto, para valores altos de ρ, el Mecanismo B tiende a ser más efectivo que el A en inducir un resultado eficiente (véanse los ejercicios 6.2 y 6.3).

---

[2] Cualquier propuesta positiva menor que 2 sólo será efectiva si el jugador 1 tiene una valoración positiva. Pero, en ese caso, una propuesta nula hubiera sido preferible.

Consideremos ahora otro ejemplo, que es una ligera variación de uno propuesto por Cho y Kreps (1987). Este juego se ha hecho ya famoso en la literatura como ilustración de los problemas y sutilezas que plantean los refinamientos del equilibrio de Nash en juegos con información incompleta.

Dos individuos, 1 y 2, pertenecientes a dos familias rivales se encuentran en la cantina de un pueblo del "Far West". El individuo 1 pertenece a un clan pacífico, mientras que el 2 pertenece a una familia que se distingue por su afán belicoso. Aunque todos los componentes del clan 1 son pacíficos, un 90% de ellos son "fuertes" (o rápidos con el revólver), mientras que los restantes son "débiles". *A priori*, el individuo 2 tiene una probabilidad subjetiva sobre el tipo del individuo 1 al que se confronta (fuerte o débil) que coincide con las proporciones de cada uno en su clan.

El individuo 2 se plantea la posibilidad de retar en un duelo a 1. Aunque 2 no conoce el tipo de 1, sí observa, sin embargo, la clase de desayuno (con leche o cerveza) que 1 toma en la cantina la mañana de autos. Dependiendo del tipo de individuo 1 y la acción elegida por 2, los pagos son como sigue:

El individuo 2 obtiene un pago de 1 si lleva a cabo su amenaza de duelo y el individuo 1 es débil. Si, por el contrario, el individuo 1 es fuerte su pago es -1. Si no promueve el duelo, el pago del individuo 2 es cero.

Los pagos del individuo 1 dependen tanto de su desayuno como del hecho de que 2 se le enfrente en duelo o no. Siendo de carácter pacífico (tanto si es fuerte como débil) el individuo 1 obtiene un pago de 3 si consigue evitar el duelo y desayunar lo que más le apetece. Con respecto a sus preferencias, supondremos que el individuo 1 prefiere un desayuno con leche si es del tipo débil, pero prefiere uno con cerveza si es fuerte. Si, aun evitando el duelo, su desayuno no es el apetecido, se postula que su utilidad disminuye (para ambos tipos de este individuo) en una unidad. Por último, en caso de duelo, suponemos que la utilidad del individuo 1 depende de cuál haya sido su desayuno. Si el desayuno es el preferido, aún obtiene una unidad de utilidad (por simplicidad, supondremos que independientemente de cuál sea su tipo). Por el contrario, si su desayuno no es el ideal (y, sin embargo, se ve retado en duelo), su utilidad es igual a cero.

La anterior descripción se puede formalizar mediante el juego de forma extensiva representado en la figura 6.2. De nuevo, esta formalización refleja el enfoque harsanyiano para modelar situaciones con información incompleta. Primeramente, se supone que la naturaleza elige el tipo del jugador informado (el individuo 1), al que revela completamente su decisión. Posteriormente, este jugador decide su acción, de forma posiblemente contingente a su tipo. Finalmente, el individuo 2 (el no informado) toma su decisión, habiendo observado antes la acción del 1 pero *no* su tipo.

Como explicaremos en la sección 6.4, el ejemplo anterior define lo que se de-

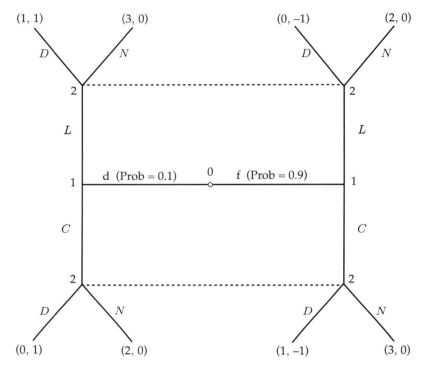

Figura 6.2. Desayuno en el "Far West".

nomina un *juego de señalización*. También veremos que este juego tiene sólo dos clases de equilibrios, y que en ambos casos son "agrupadores"; es decir, poseen la característica de que el individuo 1 nunca hace nada que pueda desvelar su tipo (tanto si es débil como fuerte toma el mismo desayuno). En principio, no será posible descartar ninguno de ellos en función de criterios de perfección como los introducidos en el capítulo 4. Para discriminar entre ellos, necesitaremos recurrir a argumentos de inducción proyectiva similares a los esbozados en la sección 4.4. Un análisis detallado de estas cuestiones se pospone a la sección 6.5, una vez que se hayan introducido los conceptos y formalismo adecuados.

6.2 Juegos bayesianos

Tal y como hemos avanzado, el enfoque tradicional adoptado por la literatura para estudiar situaciones de información incompleta (o asimétrica) consiste en modelarlas como un *juego bayesiano*. Esta formulación, propuesta por Harsanyi (1967-68), incluye los siguientes componentes:

- Un conjunto de jugadores $N = \{1, 2, ..., n\}$.
- Para cada jugador $i \in N$ un correspondiente *conjunto de tipos* T_i, considerado finito por simplicidad formal.[3]
- Una función (discreta) de densidad:

$$P : T \equiv T_1 \times T_2 \times ... \times T_n \rightarrow [0, 1],$$

que determina la probabilidad con que la "naturaleza" selecciona al principio del juego el perfil de tipos $t \equiv (t_1, t_2, ..., t_n) \in T$.
- Para cada jugador $i \in N$, una función

$$\pi_i : T \times A_1 \times ... \times A_n \rightarrow \mathbb{R} \qquad [6.6]$$

que vincula sus pagos al perfil de tipos de todos los jugadores, $t \in T$, y a su perfil de acciones $a \equiv (a_1, a_2, ..., a_n) \in A = A_1 \times ... \times A_n$ donde cada A_i se supone finito.[4] Definiendo $\mathcal{A}_i \equiv \Delta(A_i)$ como el espacio de medidas (o vectores) de probabilidad definido sobre A_i, las funciones especificadas en [6.6] se extienden al dominio $T \times \mathcal{A}_1 \times ... \times \mathcal{A}_n$ de forma análoga a la descrita en la sección 1.4.

Como es habitual, se supone que los datos subyacentes del modelo (los espacios de acciones, las funciones de pagos, la función de densidad $P(\cdot)$) son todos conocidos por los jugadores; esto es, son un *conocimiento común* y, por tanto, "simétrico". La información *asimétrica* se introduce en el juego suponiendo que, una vez que la naturaleza ha elegido el vector de tipos $t = (t_1, t_2, ..., t_n)$, cada t_i es revelado exclusivamente al jugador i respectivo. Y es en función de esta información que el jugador selecciona su "acción mixta" respectiva de acuerdo con una cierta función

$$\gamma_i : T_i \rightarrow \mathcal{A}_i$$

que se identifica con la estrategia del jugador i en el juego bayesiano subyacente.

En el contexto descrito, se formula la siguiente noción de equilibrio.

---

[3] En alguna de las aplicaciones futuras, consideraremos espacios de tipos con cardinal infinito (e.g. con la estructura del continuo). La adaptación formal que se requiere en esos casos es inmediata.

[4] En general, las "acciones" aquí consideradas pueden concebirse como planes contingentes para un subjuego subsiguiente en forma extensiva (es decir, pueden ser de la misma naturaleza que las estrategias habitualmente consideradas). Sin embargo, el enfoque implícito en la formulación de juego bayesiano es que, una vez que se ha informado a cada agente de su tipo respectivo, el análisis del subjuego inducido se puede llevar a cabo adecuadamente en su forma estratégica. Un análisis más rico que admite consideraciones genuinamente secuenciales en tales subjuegos se desarrolla en la sección 6.4 para juegos de señalización.

Definición 6.1 *Dado $P(\cdot)$, un perfil de estrategias $\left[\gamma_i^*(\cdot)\right]_{i=1}^n$, $\gamma_i^* : T_i \to \mathcal{A}_i$, define un equilibrio bayesiano si $\forall i = 1, 2, ...n$, $\forall t_i \in T_i$, $\forall \alpha_i \in \mathcal{A}_i$, se satisface:*

$$\sum_{t_{-i} \in T_{-i}} P_i\left(t_{-i} \mid t_i\right) \pi_i\left(t_i, t_{-i}, \gamma_1^*\left(t_1\right), \gamma_2^*\left(t_2\right), ..., \gamma_i^*\left(t_i\right), ..., \gamma_n^*\left(t_n\right)\right)$$

$$\geq \sum_{t_{-i} \in T_{-i}} P_i\left(t_{-i} \mid t_i\right) \pi_i\left(t_i, t_{-i}, \gamma_1^*\left(t_1\right), \gamma_2^*\left(t_2\right), ..., \alpha_i, ..., \gamma_n^*\left(t_n\right)\right)$$

donde $P_i\left(\cdot \mid t_i\right)$ representa la probabilidad sobre T_{-i} inducida por $P(\cdot)$ cuando se condiciona a t_i.

Claramente, un juego bayesiano se puede reformular como un juego en forma extensiva donde la naturaleza es un jugador ficticio que mueve primero (recuérdese la formulación general introducida en la subsección 1.2.1). En ese contexto, la información *incompleta* a que están sujetos los jugadores en un juego bayesiano se traduce en información *imperfecta* sobre cuál ha sido la elección inicial de la naturaleza. Es decir, dada cualquier elección $t \in T$ realizada por la naturaleza, se considera que ésta no es conocida con precisión por parte de algunos (o todos los) jugadores, estando tal información parcial distribuida entre los individuos de forma posiblemente asimétrica. Desde esta perspectiva, un equilibrio bayesiano puede concebirse como un equilibrio de Nash de un juego con información imperfecta que incluye a la naturaleza como jugador. Por esta razón, la literatura se refiere a él con frecuencia como *equilibrio bayesiano de Nash*. Utilizando la técnica de prueba utilizada para el teorema 2.1 se prueba inmediatamente su existencia para cualquier función de densidad $P(\cdot)$ —véase el ejercicio 6.4.

6.3 Estrategias mixtas e información incompleta

Muchos autores cuestionan la validez del concepto de estrategias mixtas. Arguyen, en particular, que en problemas de decisión importantes los individuos *no* deciden aleatoriamente la acción que van a efectuar. La crítica se acentúa por el hecho de que, en un equilibrio en estrategias mixtas, se necesita normalmente que los jugadores elijan las probabilidades con las que se adoptan cada una de las estrategias puras con "exactitud milimétrica". Ello parece bastante inverosímil, defienden estos autores, cuando, de hecho, los jugadores que adoptan en el equilibrio una estrategia mixta les ha de ser indiferente *cualquier* posible combinación de probabilidades entre las estrategias puras utilizadas. (Recuérdese el ejercicio 4.1.) Este planteamiento admite una contestación a los siguientes dos niveles.

a) En muchos juegos de interés, el comportamiento de los jugadores sí puede concebirse como resultado de un proceso "interno" de naturaleza aleatoria. Supóngase, por ejemplo que un juego de anticipación como el de "pares y nones" (representado en las figuras 1.3-1.4) se repite muchas veces entre dos individuos dados. En este contexto, cualquier regla de decisión por parte de un jugador que no "parezca" estocástica con probabilidades iguales para cada una de las dos estrategias podrá ser manipulada en su favor por el otro jugador. Por ello, cada jugador intentará que su regla de decisión, aunque sea determinista, no induzca un patrón reconocible (y por tanto explotable) por parte de su oponente.

Como éste podríamos considerar cualquier otro ejemplo cuyos equilibrios consideren estrategias mixtas. En una estrategia mixta de equilibrio, no son diferencias de pagos las que directamente inducen su utilización (pues, como ya hemos explicado, al jugador le ha de ser indiferente adoptar cualquiera de las estrategias puras a las que se asigna probabilidad positiva). Lo que subyace en ellas, sin embargo, es un deseo de protegerse de posibles anticipaciones por parte de los oponentes. Por lo tanto, si el jugador no utiliza estrategias mixtas en un equilibrio que las prescribe, al menos habría de parecer (en la mente de sus oponentes) como si lo estuviera haciendo. Al hilo de la última consideración, tenemos la siguiente segunda defensa del concepto de estrategias mixtas, debida a Harsanyi (1973).

b) Harsanyi argumenta que una estrategia mixta ha de concebirse como la formalización de la incertidumbre que los oponentes de un jugador afrontan a la hora de predecir su estrategia. Esta incertidumbre puede ser, como ya hemos explicado, un mecanismo consciente de defensa utilizado por el jugador. Pero también puede ser concebido, y ésta es la motivación que ahora nos ocupa, un reflejo de la incertidumbre (posiblemente infinitesimal) que los jugadores tienen sobre algún dato del problema que determina la decisión de sus oponentes.

Para ilustrar este enfoque, nos referiremos de nuevo al juego de "pares y nones", descrito en el capítulo 1. Considérese un juego con la misma estructura cualitativa de pagos que el representado por las figuras 1.3-1.4, pero donde los valores precisos de éstos no son un conocimiento común. Supóngase, por ejemplo, que si cada jugador $i \in \{1, 2\}$ elige la estrategia P sus pagos originales se ven incrementados en la magnitud ε_i (independientemente de lo que haga el otro jugador), mientras que si elige N sus pagos disminuyen en la misma magnitud ε_i. Para cada par $(\varepsilon_1, \varepsilon_2)$ (donde cada ε_i puede ser positivo o negativo), la estructura de pagos descrita puede ser representada mediante la siguiente tabla de pagos:

		2 P	N
1	P	$1.000 + \varepsilon_1, \; -1.000 + \varepsilon_2$	$-1.000 + \varepsilon_1, \;\; 1.000 - \varepsilon_2$
	N	$-1.000 - \varepsilon_1, \;\; 1.000 + \varepsilon_2$	$1.000 - \varepsilon_1, \; -1.000 - \varepsilon_2$

Tabla 6.1

Supóngase que el valor de cada ε_i se distribuye *uniformemente* y de forma independiente en un cierto intervalo $[-\delta, \delta]$, aunque su realización concreta sólo es conocida por el jugador i respectivo. Ello nos permite identificar los ε_i con los "tipos" de los jugadores y definir un juego bayesiano con $T_i = [-\delta, \delta]$, $i = 1, 2$. En este contexto, es fácil de comprobar (véase el ejercicio 6.5) que las estrategias

$$\gamma_i^* : [-\delta, \delta] \rightarrow \{P, N\}, \qquad\qquad [6.7]$$

tales que

$$\begin{aligned}
\gamma_i^* \left(\varepsilon_i\right) &= P, \quad \text{si } \varepsilon_i > 0, \\
\gamma_i^* \left(\varepsilon_i\right) &= N, \quad \text{si } \varepsilon_i \leq 0,
\end{aligned} \qquad [6.8]$$

definen un equilibrio bayesiano de Nash (de hecho, el único excepto en la prescripción irrelevante asociada a $\varepsilon_i = 0$). En este equilibrio, los jugadores siempre deciden una estrategia pura, contingente en su tipo respectivo ε_i. *Ex ante*, sin embargo, la elección de una u otra se realiza con una probabilidad $1/2$. Esta característica se mantiene, de hecho, para cualquier valor de δ, por pequeño que éste sea. Por tanto, se mantiene también en el límite, cuando $\delta \rightarrow 0$; es decir, cuando la incertidumbre subyacente que sustenta la aleatorización se desvanece.

Es en este sentido que podemos concebir las estrategias mixtas del juego original como una formalización de la incertidumbre *infinitesimal* que subsiste sobre los pagos exactos de un jugador en la mente de sus oponentes. Pues, aunque cada jugador de hecho adopta estrategias puras en el juego perturbado, la *percepción* que los demás tienen de su decisión es esencialmente identificable con una estrategia mixta del juego original. Conforme la magnitud de la perturbación se desvanece, los equilibrios bayesianos correspondientes pueden concebirse como una *purificación* (este es el término usualmente utilizado en la literatura) del equilibrio en estrategias mixtas del juego original. De hecho, Harsanyi (1973) ha mostrado que esta fundamentación de los equilibrios en estrategias mixtas es totalmente general; esto es, puede aplicarse (genéricamente) a *cualquier* juego siempre y cuando la perturbación estocástica subyacente satisfaga unos mínimos requisitos de regularidad.

6.4 Juegos de señalización

Algunos de los juegos introducidos en la sección 6.1 para ilustrar las primeras ideas de este capítulo tenían una naturaleza dinámica (o en múltiples etapas) que no puede ser analizada de forma suficientemente fructífera dentro del formato esencialmente estático de un juego bayesiano. Una formulación sencilla que incorpora ya algunas consideraciones importantes y sutiles en este sentido viene dada por los llamados *juegos de señalización*. (De hecho, tal como avanzamos en la sección 6.1, el último de los ejemplos allí propuestos es un juego de señalización.)

Estos juegos representan quizás el paradigma más sencillo que permite ilustrar de forma interesante un proceso dinámico de interacción bajo información incompleta. Reflejan, de forma natural, problemas típicos de la economía de la información. Así, incorporan dos agentes que mueven consecutivamente. Uno de ellos (por ejemplo, un vendedor con conocimiento de la calidad del producto (Akerlof, 1970) o un trabajador conocedor de sus habilidades (Spence, 1973, 1974) posee información privada relevante para el otro jugador (la calidad del producto que vende, o su competencia en el desempeño de una tarea). El agente informado es el primero en actuar. A continuación, es el segundo jugador el que, una vez observada la acción del primero (aunque sin conocer su información), efectúa su propia acción. Finalmente, los pagos del juego se determinan como función conjunta de las acciones de los dos individuos y la información privada del primero de ellos.

De manera más formal, la estructura de un juego de señalización entre dos jugadores, 1 y 2 (el primero completamente informado, el segundo totalmente desinformado), es como sigue.[5] Al principio del juego, la naturaleza selecciona un cierto $t \in T$ con probabilidades respectivas $P(t) > 0$ que son de conocimiento común a ambos jugadores. Esta elección es entonces revelada al jugador informado, el jugador 1, y puede concebirse como el *tipo* de este jugador. (Por tanto, formalmente, podemos identificar $T = T_1$). Una vez conocido t, se postula que el jugador 1 manda un mensaje $m \in M$ al agente 2, el cual reacciona eligiendo una cierta acción $a \in A$, posiblemente como función del mensaje m recibido. Finalmente, la acción a, el mensaje m, y el tipo t determinan *conjuntamente* las utilidades de los jugadores 1 y 2 denotadas, respectivamente, por $u(t, m, a)$ y $v(t, m, a)$. (Véase la figura 6.3, para una ilustración esquemática de la forma extensiva correspondiente.)

Para el jugador 1, una estrategia en este contexto se define como una función

$$\gamma_1 : T \to \triangle(M)$$

de la información que recibe de la naturaleza (esto es, de su tipo) al espacio de "mensajes mixtos", esto es, al conjunto de vectores de probabilidad sobre el espacio de mensajes. Por su parte, para el jugador 2 una estrategia es una función

$$\gamma_2 : M \to \triangle(A)$$

del mensaje que recibe de 1 a su espacio de acciones mixtas $\mathcal{A} \equiv \triangle(A)$. Dado que en el caso del jugador 2, no hay multiplicidad de tipos posibles (su espacio de tipos

---

[5] Por simplicidad de la notación restringimos la presentación al caso de dos únicos jugadores. La extensión a más jugadores es inmediata, siempre y cuando se mantenga la dicotomía entre jugadores que están completamente informados y otros que no lo están en absoluto. De hecho, algunas de las aplicaciones discutidas en el capítulo 7 (v.g. véase la sección 7.1) incluyen la interacción entre más de dos jugadores.

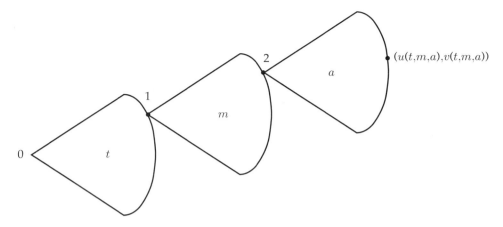

Figura 6.3. Un juego de señalización.

se puede considerar trivialmente compuesto de un solo elemento), su estrategia sólo depende del mensaje recibido del otro jugador.[6]

A nivel heurístico, los requisitos que habría de satisfacer una configuración de equilibrio en el presente contexto son los ya habituales:

(a) optimalidad individual, dadas unas ciertas expectativas sobre el comportamiento de los demás;
(b) consistencia entre estas expectativas y el comportamiento efectivo prescrito para todos los agentes en el equilibrio.

En este caso, el segundo de los requisitos se complica por el hecho de que, como en todos los juegos secuenciales, existe la *posibilidad* de observaciones *ex post* (en este caso, mensajes por parte del jugador 1) que no pertenecen al equilibrio. Y, como sabemos, la atribución de percepciones adecuadas a tales situaciones es fundamental para racionalizar el comportamiento *dentro* del equilibrio. Aquí, en particular, es crucial especificar qué "aprendería" el jugador 2 sobre el *t* subyacente que no conoce si observara un mensaje *fuera* del equilibrio; esto es, un mensaje que, de hecho, no debería observar si el otro individuo juega la estrategia de equilibrio. Ello es imprescindible para poder valorar si sus decisiones (tanto las "efectivas" en la senda de equilibrio como las "hipotéticas" fuera de ella) son *siempre* racionalizables mediante unas percepciones coherentes (o al menos no contradictorias) con el comportamiento prescrito para el jugador 1.

---

[6] Por tanto, en contraste con el contexto descrito en la sección 6.2, una estrategia del jugador 2 no se define sobre la información recibida por la naturaleza sino sobre la "información" recibida por parte del jugador 1, el jugador informado. A pesar ello, mantenemos la misma notación en ambos casos.

Al igual que para el concepto de equilibrio secuencial (definición 4.4), abordaremos este tema mediante la especificación *explícita* de las percepciones del agente 2:

$$\{\mu(\cdot \mid m)\}_{m \in M} \subset \Delta(T),$$

que se interpretan como las percepciones (probabilidades) subjetivas por parte de 2 sobre el tipo del jugador 1 después de observar cada posible mensaje $m \in M$, sea éste de equilibrio (es decir predecible *ex ante*) o no.

Con esta introducción formal (y exhaustiva) de percepciones en el presente contexto, se puede enriquecer el concepto original de equilibrio bayesiano (definición 6.1) e incluir en él consideraciones de "perfección" análogas a las reflejadas por el equilibrio secuencial. Éste es el objetivo del siguiente concepto de equilibrio.[7]

Definición 6.2. *Dado* $P(\cdot)$, *una terna* $\left[(\gamma_1^*, \gamma_2^*), \ \mu^* \text{ es un equilibrio de señalización } si:\right.$
(i) $\forall t \in T, \forall m \in \textbf{sop}(\gamma_1^*(t)), \forall m' \in M,$

$$\sum_{a \in A} u(t, m, a)\, \gamma_2^*(m)(a) \geq \sum_{a \in A} u\left(t, m', a\right) \gamma_2^*\left(m'\right)(a) \ ;$$

(ii) $\forall m \in M, \forall a \in \textbf{sop}(\gamma_2^*(m)), \forall a' \in A,$

$$\sum_{t \in T} v(t, m, a)\, \mu^*(t \mid m) \geq \sum_{t \in T} v\left(t, m, a'\right) \mu^*(t \mid m);$$

(iii) $\forall m \in M,$

$$(a) \qquad T^*(m) \equiv \left\{t \in T : \gamma_1^*(t)(m) > 0\right\} \neq \emptyset \Rightarrow$$

$$\forall t' \in T, \quad \mu^*(t' \mid m) = \frac{P(t')\,\gamma_1^*(t')(m)}{\sum_{t \in T} P(t)\,\gamma_1^*(t)(m)}$$

$$(b) \qquad T^*(m) = \emptyset \Rightarrow \mu^*(\cdot \mid m) \text{ se determina arbitrariamente.}$$

Esencialmente, un equilibrio de señalización refleja las mismas consideraciones de optimalidad y credibilidad que subyacen en el concepto de equilibrio secuencial (definición 4.4). Por un lado, los apartados (i) y (ii) de la definición 6.2 requieren la optimalidad de las estrategias de cada agente en todo conjunto de información. En particular, ello requiere que el jugador que mueve en segundo lugar (el *no* informado)

---

[7] El concepto aquí definido es una particularización del concepto de *equilibrio bayesiano perfecto* propuesto en la literatura (véase e.g. Fudenberg y Tirole, 1991). En escenarios multietápicos más generales, este concepto refleja consideraciones naturales sobre el proceso de formación de percepciones fuera del equilibrio que no tienen cabida en el presente contexto (v.g. el requisito de que las acciones de jugadores que desconocen una cierta información no afecten a las percepciones que otros agentes tienen sobre ella).

forme expectativas sobre el tipo del otro jugador tras cada posible mensaje de éste. Si el mensaje en cuestión es observable en el equilibrio (apartado (iii)(a)), estas percepciones se establecen de forma unívoca por la aplicación de la regla de Bayes. En otro caso (apartado (iii)(b)), la asignación de percepciones es totalmente discrecional.

En muchos juegos de señalización, no querremos ser tan laxos como nos permite el concepto de equilibrio de señalización en la asignación de percepciones fuera de la senda de equilibrio. Así, querremos excluir alguna de estas percepciones (y los equilibrios que sustentan) si, en un sentido intuitivo, parecen poco "razonables". Querremos descartar, en otras palabras, lo que en el capítulo 4 llamamos "percepciones insostenibles". Este es el objeto de la próxima sección 6.5.

Por el momento, volvamos a dirigir nuestra atención al juego representado en la figura 6.2. Para formularlo como un juego de señalización, sea $T = \{1_d, 1_f\}$ el espacio de tipos del individuo 1 ("débil" o "fuerte") sobre el que este jugador es informado por la naturaleza. Tal como postulamos, la función de densidad que determina su elección viene dada por $P(1_d) = 0{,}1$ y $P(1_f) = 0{,}9$.

En este juego de señalización hay sólo dos clases de equilibrios y en ninguno de ellos los dos tipos de individuo 1 hacen nada que les singularice con respecto a lo que hace el otro tipo. Son equilibrios que en la literatura se conocen como "agrupadores" (en inglés "pooling").[8]

Una clase de estos equilibrios, denotados aquí como $[(\hat{\gamma}_1, \hat{\gamma}_2), \hat{\mu}]$, son intuitivamente los más naturales. En ellos, tanto los tipos 1_d como 1_f toman cerveza para desayunar:

$$\hat{\gamma}_1(t) = (1, 0) \qquad t = 1_d, 1_f, \qquad\qquad [6.9]$$

en donde el primer componente del vector $\hat{\gamma}_1(\cdot)$ se refiere al peso de la estrategia pura C y el segundo a L. Después de este desayuno (que no contiene ninguna información para el individuo 2) la probabilidad posterior de cada tipo es la inicial:

$$\hat{\mu}(1_d \mid C) = 0{,}1 \qquad\qquad [6.10]$$

$$\hat{\mu}(1_f \mid C) = 0{,}9. \qquad\qquad [6.11]$$

Por tanto, el individuo 2 renuncia al duelo, esto es:

$$\hat{\gamma}_2(C)(D) = 0, \qquad\qquad [6.12]$$

ya que, denotando por $v(\cdot)$ la función de pagos del individuo 2 (es decir, el agente *no* informado), tenemos:

$$0{,}9 \cdot v(1_f, C, D) + 0{,}1 \cdot v(1_d, C, D) = 0{,}9 \times (-1) + 0{,}1 \times 1$$
$$< 0{,}9 \cdot v(1_f, C, N) + 0{,}1 \cdot v(1_d, C, N) = 0{,}9 \times 0 + 0{,}1 \times 0.$$

---

[8] En muchas aplicaciones de interés, nuestro interés se centrará también en identificar equilibrios "separadores" (donde distintos tipos eligen mensajes diferentes) o incluso "híbridos" (donde algunos tipos aleatorizan entre separarse y agruparse). Una rica ilustración de estas posibilidades se encuentra en la sección 7.1.

Por otro lado, la estrategia [6.9] del individuo 1 ha de sustentarse en la anticipación de que 2 llevara a cabo el duelo con una probabilidad suficientemente alta si
el primero toma leche para desayunar. En particular, se comprueba inmediatamente
que se necesita que

$$\hat{\gamma}_2(L)(D) \geq 1/2. \tag{6.13}$$

Mas, para que esto sea una reacción óptima de 2, sus percepciones fuera del equilibrio
han de ser tales que

$$\hat{\mu}(1_d \mid L) \geq 1/2. \tag{6.14}$$

Es decir, han de otorgar una probabilidad no menor que $1/2$ a que, en caso de que
se observe L, el tipo de 1 sea débil. En estos equilibrios, 1_d paga el "precio" de
un desayuno con cerveza para ser asimilado a (o agrupado con) 1_f y así evitar el
duelo. Ello es óptimo, ya que, denotando por $u(\cdot)$ la función de pagos del individuo
1, tenemos:

$$u(t, C, N) > u(t, L, D)$$

tanto para $t = 1_d$ como para $t = 1_f$. Resumiendo, concluimos que toda terna $[(\hat{\gamma}_1, \hat{\gamma}_2), \hat{\mu}]$
que satisfaga las condiciones [6.9] a [6.14] define un equilibrio de señalización agru-
pador en el que el individuo de tipo 1 toma cerveza para desayunar (independientemente de su tipo) y el individuo 2 no le reta en duelo.

La segunda clase de equilibrios agrupadores, denotados $[(\tilde{\gamma}_1, \tilde{\gamma}_2), \tilde{\mu}]$, tienen una
apariencia más extraña. Ambos tipos de individuo 1 coinciden también en sus ac-
ciones para evitar suministrar información a 2. Pero en este caso, la acción común es
el desayuno con leche para ambos tipos 1_d y 1_f. Como tras esta acción la probabilidad posterior es la inicial, consiguen, al igual que con anterioridad, evitar el duelo.
Este equilibrio, sin embargo, necesita unas percepciones fuera de equilibrio análogas
(pero polares) a las del caso anterior para impedir desviaciones. Tras la acción C,
no jugada en principio dentro de un equilibrio, el individuo 2 ha de atribuir una
probabilidad mayor a que el tipo que la ha efectuado sea débil. Es decir, en contraste
con [6.14], ha de cumplirse que:

$$\tilde{\mu}(1_d \mid C) = 1 - \tilde{\mu}(1_f \mid C) \geq 1/2.$$

Ello desencadena el duelo por parte del individuo 2 tras observar C, con lo que ambos
tipos de individuo 1 encuentran óptimo no tomar cerveza para desayunar, ya que:

$$u(t, L, N) > u(t, C, D)$$

tanto para $t = 1_d$ como para $t = 1_f$. Intuitivamente, esta situación parece paradójica,
ya que es el tipo fuerte el que prefiere cerveza para desayunar. De hecho, esta
"disonancia" se puede abordar de manera precisa a través del llamado *criterio intuitivo*
propuesto por Cho y Kreps (1987), tal como pasamos a discutir a continuación.

6.5 Inducción proyectiva

6.5.1 Criterio intuitivo: motivación

El proceso de refinamiento de percepciones aquí considerado aborda esencialmente la pregunta: ¿qué percepciones son razonables fuera del equilibrio? En el presente contexto, se conciben como "razonables" aquellas percepciones que son coherentes con un análisis del juego más sofisticado que el reflejado por el requisito de "perfección y consistencia" subyacente en el concepto de equilibrio de señalización de la definición 6.2. Tal como fue formulado, este concepto admite *toda* percepción consistente con la Regla de Bayes. En cambio, el *criterio intuitivo* que ahora consideramos exige, además de tal consistencia, que cualquier posible desviación se interprete en términos de *toda* la carga de señalización que pueda llegar a incorporar.

El refinamiento de percepciones fuera del equilibrio propuesto por el criterio intuitivo no es sino una aplicación específica del principio general de inducción proyectiva ya esbozado en el capítulo 4. Antes de abordar su precisa formalización en la subsección siguiente, abordamos ahora una motivación de este criterio (que, haciendo honor a su nombre, se pretende "intuitiva") dentro del marco representado por el ejemplo de la figura 6.2.

Reconsidérese de nuevo este juego y centremos nuestra atención en la segunda clase de equilibrios agrupadores, denotados por $[(\tilde{\gamma}_1, \tilde{\gamma}_2), \tilde{\mu}]$. Planteamos la pregunta: ¿son en verdad razonables las percepciones fuera del equilibrio que los sustentan? Pasamos a argumentar que no.

Ante una desviación de este equilibrio por parte del individuo 1 (un desayuno suyo con cerveza), el individuo 2 puede hacer las siguientes consideraciones:

> *"Si 1 fuera débil, no ganaría con esta desviación sea cual fuere mi reacción. Prescindiendo pues de la posibilidad de que sea producto de un error, no puedo admitir que esta desviación sea originada por 1_d. Siendo así, más me vale no retarle, a diferencia de lo que se suponía que haría según mis supuestas estrategia y percepciones fuera del equilibrio."*

Estas consideraciones, de hecho, pueden estar inducidas no tanto por un razonamiento propio del individuo 2 sino por un argumento "interesado" expuesto por 1, pues, si el individuo 1 es del tipo 1_f, será beneficioso para él desviarse si consigue convencer a 2 de la *señal* contenida en su desviación. Como el argumento parece en verdad sólido, la confianza en que sea convincente provocará la desviación por parte de 1_f y destruirá cualquiera de los equilibrios agrupadores en los que el individuo 1 siempre toma leche para desayunar. Por el contrario, queda claro que este argumento no sirve para descartar la otra clase de equilibrios de señalización (los "intuitivos"), en los que el individuo 1 desayuna con cerveza independientemente de su tipo.

Como ya avanzamos en la lección anterior (recuérdese la subsección 2), los argumentos de inducción proyectiva como el aquí considerado son especialmente sutiles y delicados. A veces, la claridad de un argumento puede esconder contra-argumentos sorprendentemente "traicioneros". Así ocurre, de hecho, con el argumento avanzado más arriba para descartar el equilibrio contra-intuitivo, pues, si efectivamente es sólidamente creíble, esperaríamos (y el propio individuo 2 esperaría) que, si fuera uno de estos equilibrios no intuitivos el que se plantearan jugar, 1_f se desviaría de él y tomaría cerveza para desayunar. Mas si esta desviación no ocurre, 2 podrá inferir con toda probabilidad que (tras un desayuno a base de leche) el individuo 1 es débil. Con esta certeza, le retaría a un duelo en este caso. Por tanto, si 1_d es capaz de construir igualmente esta cadena lógica, debería desviarse *también* para evitar el duelo. ¿Qué concluir, por tanto, tras un desayuno con cerveza? Casi cualquier cosa.

De lo antedicho, se extrae una clara llamada a la prudencia: en juegos dinámicos, los argumentos de inducción proyectiva pueden ser en muchos casos sutilmente contradictorios. Teniendo esto muy presente, pasamos a su formalización en la siguiente sección.

6.5.2 Una definición formal para juegos de señalización

Considérese un juego de señalización, tal como fue definido en la sección 6.4. Dado $m \in M$ y una percepción del jugador 2 asociada $\mu(\cdot \mid m)$, definase la *correspondencia de mejor respuesta*

$$\rho(m, \mu) \equiv \arg\max_{a \in A} \sum_{t \in T} v(t, m, a)\, \mu(t \mid m)$$

y, para un subconjunto $\tilde{T} \subset T$,

$$\zeta(m, \tilde{T}) \equiv \bigcup_{\{\mu : \mu(\tilde{T}|m)=1\}} \rho(m, \mu),$$

esto es, el conjunto de respuestas óptimas para *todas* las posibles percepciones que tienen su soporte en $\tilde{T}$.

Sea $\left[(\gamma_1^*, \gamma_2^*), \mu^*\right]$ un equilibrio de señalización y denótese por $u^*(t)$ el pago en este *equilibrio* de 1 si t es el tipo de este agente —simbólicamente, $u^*(t) = u(t, \gamma_1^*(t), \gamma_2^*(\gamma_1^*(t)))$.

Definición 6.3 *El equilibrio de señalización* $\left[(\gamma_1^*, \gamma_2^*), \mu^*\right]$ *satisface el* criterio intuitivo *si* $\forall m \in M$ *tal que* $\gamma_1^*(t) \neq m$, $\forall t \in T$, *no existe un subconjunto propio* $T_0 \subset T$ *(esto es,* $T_0 \neq T$*) que satisfaga:*
(i) $\forall t \in T_0, \forall a \in \zeta(m, T), u^*(t) > u(t, m, a)$.
(ii) $\exists t' \in T \backslash T_0 : \forall a \in \zeta(m, T \backslash T_0), u^*(t') < u(t', m, a)$.

Verbalmente, el criterio intuitivo requiere que, dada una desviación m cualquiera, *no* exista un subconjunto $T_0 \subset T$ ($T_0 \neq T$) que verifique simultáneamente las dos siguientes condiciones:

(i)′ Si el tipo del jugador 1 pertenece a T_0, este jugador no puede mejorar con la desviación m, sean cuales sean las percepciones del jugador 2 y su mejor respuesta inducida.

(ii)″ Existe algún tipo fuera de T_0 tal que, para *cualquier* percepción del jugador 2 que tenga su soporte en $T \backslash T_0$, la respuesta óptima (de 2) inducida por m mejora al jugador 1 en relación con el equilibrio $\left[(\gamma_1^*, \gamma_2^*), \mu^* \right]$.

En línea con nuestra discusión anterior, la motivación de este criterio es fácil de comprender. Si un equilibrio lo viola, existe un tipo en $T \backslash T_0$ tal que, si ese resulta ser el tipo del jugador 1, una desviación de este jugador a m ha de ser interpretada implícitamente (o de forma explícita, si es posible la conversación entre los agentes) de la siguiente forma:

> *"Está claro (dice el jugador 1) que mi tipo no pertenece a T_0. Pues si así fuera (y yo lo sé), no tengo ninguna oportunidad de mejorar dado que tú eres racional. Podemos por tanto coincidir, ya que también yo soy racional (y tú lo sabes), en que mi tipo pertenece al conjunto $T \backslash T_0$. Forma tus percepciones con soporte en este último conjunto como quieras; cualquier respuesta óptima tuya inducida por tales percepciones me beneficia en relación con el equilibrio supuesto."*

Si el jugador 2 se convence de la validez de esta señal (totalmente convincente, por otro lado, al menos a este nivel) cualquier respuesta inducida mejorará con certeza al agente 1 si su tipo, de hecho, pertenece al conjunto $T \backslash T_0$. Siendo así, habríamos de esperar que la desviación a m se produzca en ese caso, violando por tanto el supuesto equilibrio.

El tipo de razonamiento utilizado por el criterio intuitivo es de inducción proyectiva:

> *Si una desviación del supuesto equilibrio ha ocurrido, debe ser porque, en comparación con este equilibrio (esto es, con lo que se podría haber conseguido manteniendo sus prescripciones), la desviación puede mejorar al jugador que se desvía. La desviación del jugador 1 (una vez ha ocurrido) proyecta sus implicaciones sobre el "futuro", que es cuando 2 ha de efectuar una acción.*

El razonamiento de inducción proyectiva descrito reviste su carácter más simple en juegos de señalización. Sin embargo, formalizando de forma más compacta y directa las condiciones exigidas sobre las percepciones, sus aspectos fundamentales pueden extenderse a otros contextos más generales. A modo de ilustración, presentamos someramente este enfoque más ambicioso, aunque por mor de la simplicidad formal continuamos restringiendo la presentación a juegos de señalización. El lector interesado puede encontrar en Cho (1987) el enfoque más general.

Sea $\left[\left(\gamma_1^*, \gamma_2^*\right), \mu^*\right]$ un equilibrio de señalización. Para cada tipo $t \in T$, denótese por $\beta(t)$ el conjunto de mensajes fuera del equilibrio que son desviaciones perjudiciales para el jugador 1 cuando su tipo es t. Esto es, el mensaje $m \in \beta(t)$ si, y sólo si,

$$\forall a \in \zeta(m, T), \ u^*(t) > u(t, m, a).$$

En función de $\beta(\cdot)$, podemos definir, para cada mensaje m fuera del equilibrio, los tipos $\Gamma(m)$ para los que m es una desviación perjudicial de la siguiente forma:

$$\Gamma(m) \equiv \{t \in T : m \in \beta(t)\},$$

lo que nos permite introducir los siguientes conceptos, motivados por las mismas consideraciones subyacentes en el criterio intuitivo:

Definición 6.4 (Cho, 1987) *Un sistema de percepciones μ satisface la consistencia introspectiva si $\forall m \in M$, $\mu(\Gamma(m) \mid m) = 0$. Un equilibrio de señalización presenta inducción proyectiva si las percepciones que lo sostienen satisfacen el requisito de consistencia introspectiva.*

Para juegos generales (no necesariamente de señalización), Cho (1987) prueba la existencia de equilibrios secuenciales que satisfacen la inducción proyectiva. (Nótese que un equilibrio de señalización no es otra cosa que un equilibrio secuencial en el juego trilateral que incluye la naturaleza.) Cho también prueba que, en juegos de señalización, el requisito de consistencia introspectiva es más fuerte que el criterio intuitivo. *A fortiori*, por tanto, este resultado garantiza la existencia de equilibrios consistentes con el criterio intuitivo en juegos de señalización.

Ejercicios

Ejercicio 6.1 Considérese el juego inducido por el Mecanismo A introducido en la sección 6.1. Calcúlense las pérdidas esperadas de eficiencia en sus equilibrios bayesianos simétricos para cada posible $\rho \in [0, 1]$, y determínese la dependencia de aquéllas del parámetro ρ.

Ejercicio 6.2 Abórdense, referidas al Mecanismo B considerado en la sección 6.1, las mismas cuestiones que en el ejercicio 6.1 en relación con sus equilibrios bayesianos (en este caso, los equilibrios no pueden ser simétricos, ya que los jugadores no ocupan posiciones idénticas *ex ante*).

Ejercicio 6.3 En el contexto del primer ejemplo introducido en la sección 6.1, supóngase que el individuo 1 conoce ya su tipo (valoración) y puede elegir cuál de los dos mecanismos, A o B, utilizará para afrontar el problema. ¿Cuál elegirá?, ¿y si no conoce todavía su valoración, y sólo sabe que será alta o baja con probabilidades respectivas ρ y $1 - \rho$?

Ejercicio 6.4 Dada cualquier distribución de probabilidad sobre el espacio de tipos, pruébese la existencia de un equilibrio bayesiano en el juego con información incompleta inducido.

Ejercicio 6.5 Pruébese que las estrategias descritas en [6.7 y [6.8] definen un equilibrio bayesiano de Nash.

Ejercicio 6.6 Considérese un juego bilateral con la siguiente tabla de pagos:

		2	
		A	B
1	X	3, 0	2, 4
	Y	1, 2	3, 0

Formúlese una (pequeña) perturbación sobre este juego a la Harsanyi que purifique su (único) equilibrio en estrategias mixtas.

Ejercicio 6.7 Considérese un contexto de competencia duopolística a la Cournot entre dos empresas $i = 1, 2$ que eligen simultáneamente las cantidades que producen de un cierto producto homogéneo (recuérdese el capítulo 3). Maximizan beneficios, confrontando una función (inversa) de demanda lineal de la forma:

$$p = 10 - Q.$$

El coste medio de la empresa 1 es constante e igual a 2, y ello es un conocimiento común. El de la empresa 2 también es constante pero su verdadera magnitud es información privada, distribuyéndose *a priori* entre los valores 1 y 2 con igual probabilidad. Calcúlese el equilibrio bayesiano del juego.

Ejercicio 6.8 Considérese un contexto duopolístico como el del ejercicio 6.7 con una función inversa de demanda (lineal) que viene dada por:

$$P(Q) = \max \{M - d\,Q, 0\}, \quad M, d > 0.$$

Las funciones de coste de cada empresa, también lineales, son del tipo

$$C_i(q_i) = c_i\, q_i.$$

El coste marginal de cada empresa puede tomar dos posibles valores $c^a > c^b$ $(c^a < M)$. Cada empresa i está informada de su propio coste c_i pero desconoce el de su competidora. *A priori*, las probabilidades independientes con que cada empresa tiene un coste alto c^a son p, $0 < p < 1$.

Modélese la situación como un juego bayesiano, calcúlese el equilibrio, y discútase su dependencia de p.

Ejercicio 6.9 Considérese un modelo de competencia a la Bertrand entre dos empresas $i = 1, 2$, cuyas funciones de coste se suponen idénticas y del tipo:

$$C_i(q_i) = c\, q_i, \quad c > 0.$$

Por otro lado, la función de demanda qu afronta por cada empresa viene dada por:

$$F_i(p_1, p_2) = K - p_i + v\, p_j, \quad i, j = 1, 2, \quad j = 3 - i.$$

Así como $v > 0$ se supone constante y conocido por ambas empresas, K puede tomar dos valores diferentes: K^a, K^b $\left(K^a > K^b\right)$, con probabilidades q y $(1 - q)$ respectivamente. (Podemos interpretar un valor alto de K como "buenos tiempos" y uno bajo como "malos tiempos".) Supondremos que la empresa 1 está totalmente informada del valor de K, mientras que la empresa 2 no tiene ninguna información sobre ello a la hora de tomar su decisión de producción.

Modélese la situación como un juego bayesiano, calcúlese el equilibrio y discútase su dependencia de q.

Ejercicio 6.10 Considérese una situación igual a la del caso anterior pero con una importante diferencia: la empresa 1 (la informada) es la primera en mover. Por tanto, su decisión, observada por la empresa 2, puede representar una señal de su información sobre las condiciones del mercado. Para simplificar el análisis, consideraremos que la decisión de cada empresa se reduce a producir "agresivamente" (A) o "moderadamente" (M). La primera y la segunda de estas acciones, A y M, son respectivamente decisiones dominantes en cada una de las dos condiciones de mercado, K^a y K^b. Por otro lado, cada empresa (en particular, la empresa informada) desearía que, en cualquier caso, su competidora se comportara moderadamente en cualquiera de las condiciones. Todo ello se puede representar mediante las dos siguientes tablas de pagos:

		2 A	M
1	A	3, 3	9, 1
	M	1, 9	5, 5

$K = K^a$

$$\begin{array}{cc} & 2 \\ & A \quad\quad M \end{array}$$

		A	M
1	A	0, 0	1, 2
	M	2, 1	3, 3

$$K = K^b$$

Modélese como un juego bayesiano de "señalización". ¿Existe un equilibrio "revelador" (o "separador"), en el que, mediante su decisión, la empresa 1 revela a la 2 las condiciones de mercado?, ¿bajo qué condiciones? Discútase.

Ejercicio 6.11 Considérese el juego representado en la figura 6.4. Modélese como un juego de señalización y verifíquese que existe un equilibrio que induce el vector de pagos $(2, 2)$. Confírmese también que este equilibrio satisface el *criterio intuitivo* introducido en la sección 6.5. Sugiera finalmente una crítica a este hecho.

Ejercicio 6.12 Considérese el juego representado en la figura 6.5. Modélese como un juego de señalización y calcúlense sus equilibrios en estrategias puras.

Ejercicio 6.13 Considérese el juego representado en la figura 6.6. Modélese como un juego de señalización y calcúlense sus equilibrios en estrategias puras.

Ejercicio 6.14 Considérese un contexto duopolístico en donde las empresas afrontan una función inversa de demanda (lineal) que viene dada por:

$$P\left(Q\right) = \max\left\{M - Q, 0\right\}, \quad M > 0.$$

Las funciones de coste de cada empresa, también lineales, son del tipo

$$C_i\left(q_i\right) = q_i,$$

lo cual es un conocimiento común. A priori, el valor de M puede alcanzar uno de los dos valores, $M = 9$ o $M = 25$, ambas posibilidades con idéntica probabilidad. Sólo la empresa 1 es informada por la naturaleza del valor de M. Suponiendo que las dos empresas toman sus decisiones de producción de forma simultánea, calcúlese un equilibrio bayesiano del juego inducido.

Ejercicio 6.15 Considérese ahora un contexto como el del ejercicio 6.14 pero con la siguiente variación: la empresa 1 decide primero, y a continuación lo hace la empresa 2 tras la observación de la cantidad producida por la empresa 1 (pero sin conocer todavía M).

(i) Formúlese la situación como un juego de señalización.
(ii) Determínese un equilibrio "separador", en el que la empresa 1 elige una acción distinta dependiendo de su tipo.

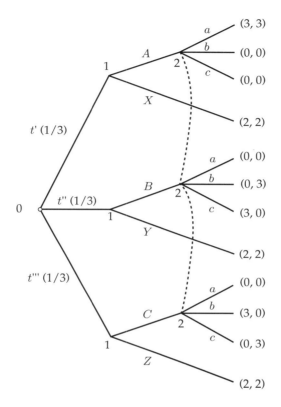

Figura 6.4

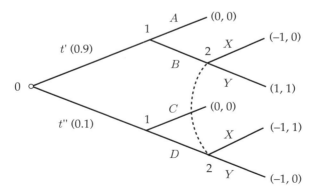

Figura 6.5

(iii) ¿Existe algún equilibrio "agrupador", en el que la empresa 1 siempre elija la misma acción? En su caso, especifíquese.

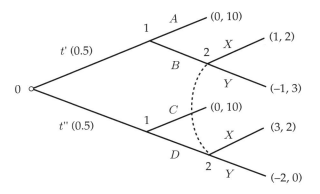

Figura 6.6

Ejercicio 6.16 Dos individuos deben producir en común un cierto bien público. Para ello, cada uno de ellos ha de aportar una cierta cantidad de trabajo $\ell_i \in [0,1]$. La productividad del agente 2 es un conocimiento público, mientras que la del agente 1 es información privada. *A priori*, esta última puede ser alta con probabilidad α, o baja con la probabilidad complementaria. Una vez que cada agente ha decidido cuánto aportar al proceso productivo, el trabajo es transformado en bien público según una tecnología dada por las funciones de producción

$$y(\ell_1, \ell_2) = \begin{cases} \sqrt{2\ell_1 + \ell_2} & \text{Si 1 es productivo, o} \\ \sqrt{\ell_1 + \ell_2} & \text{en caso contrario} \end{cases}$$

A la vista de las cantidades aportadas de trabajo y la consiguiente producción de bien público, cada agente i obtiene unos pagos determinados por la función $U_i(\ell_i, y) = (1 - \ell_i)\, y^2$.

(i) Suponiendo que ambos agentes han de decidir simultáneamente el nivel de trabajo que aportarán al proceso productivo, formalícese la situación como un juego bayesiano.

(ii) Defínase y calcúlese el equilibrio bayesiano del juego descrito.

(iii) Determínese cómo afecta un incremento de α (la probabilidad de que 1 sea altamente productivo) a los niveles de trabajo decididos por cada individuo en el equilibrio.

Ejercicio 6.17 Considérese un contexto como el del ejercicio 6.16, pero con la variación siguiente: el trabajador 1 mueve primero, y después lo hace el trabajador 2 tras observar el nivel de trabajo contribuido por el 1.

(i) Formúlese la situación como un juego de señalización.

(ii) ¿Existe algún equilibrio separador en el que el trabajador 1 elija un nivel de trabajo distinto dependiendo de su tipo? En su caso, especifíquese.

(iii) ¿Existe algún equilibrio agrupador, en el que el trabajador 1 siempre elija el mismo nivel de trabajo, independientemente de su tipo? En su caso, especifíquese.

7. APLICACIONES III

7.1 Señalización en el mercado de trabajo

En línea con el influyente trabajo de Spence (1973), consideramos ahora un estilizado modelo de señalización centrado en el mercado de trabajo. Verbalmente, el problema estudiado es como sigue.

Considérense dos empresas idénticas que venden un cierto bien homogéneo cuyo precio está dado. Compiten en salarios por un único trabajador, cuya capacidad sólo es conocida por él mismo. A pesar de no observar la capacidad del trabajador, las empresas sí observan su nivel de educación, para cuya adquisición el trabajador ha tenido que incurrir en un coste que depende de su capacidad. En concreto, se supone que el trabajador disfruta de mayor facilidad en la obtención de la educación cuanto más capaz es. En este contexto, la cuestión planteada es la siguiente: ¿es posible observar (como equilibrio) una situación en la que trabajadores de diferente capacidad elijan ("señalicen") diferentes niveles de educación? Si es así, y la capacidad y productividad de un trabajador están positivamente correlacionadas, aquél con un mayor nivel de educación obtendrá mayores salarios en el equilibrio, *incluso* aunque la educación *per se* no tenga ninguna influencia en su productividad.

Para analizar estas cuestiones formalmente, planteamos un juego con las siguientes cuatro etapas:

1. La naturaleza selecciona el "tipo" del trabajador, que se identifica con su "capacidad" χ. Ésta puede ser alta ($\chi = A$) o baja ($\chi = B$) con probabilidades respectivas p y $(1 - p)$.

2. Una vez conocido su tipo, el (único) trabajador determina su nivel de educación, $\eta \in \mathbb{R}_+$.

3. Habiendo observado el nivel de educación seleccionado por el trabajador (aunque *no* su capacidad) cada empresa $i = 1, 2$ propone *simultáneamente* un salario respectivo $\omega_i \in \mathbb{R}_+$.

4. El trabajador elige la empresa en la que desea trabajar.

Tal como indicamos anteriormente, el problema planteado sólo es suficientemente interesante si la educación es una tarea menos costosa para el trabajador con mayor capacidad. Denótese por $c(\chi, \eta)$ la desutilidad experimentada por un trabajador del tipo χ para alcanzar un nivel de educación η. (Esta desutilidad se supone medida en los mismos términos monetarios en que se expresa el salario.) No será suficiente suponer que $c(A, \eta) < c(B, \eta)$, esto es, que el tipo alto experimenta una menor desutilidad de alcanzar cualquier determinado nivel de educación η. También será necesario postular análoga asimetría sobre los costes marginales:

$$\forall \eta \geq 0, \quad \frac{\partial c(A, \eta)}{\partial \eta} < \frac{\partial c(B, \eta)}{\partial \eta}, \qquad [7.1]$$

donde la función se supone doblemente diferenciable. Por razones de conveniencia técnica, también supondremos que la función $c(\chi, \cdot)$ es estrictamente convexa:

$$\forall \eta \geq 0, \quad \frac{\partial^2 c(\chi, \eta)}{\partial \eta^2} > 0.$$

Por otro lado, se postula que el nivel de educación y la capacidad de un trabajador determinan conjuntamente sus posibilidades de producción, tal como viene reflejado por una cierta función $f(\chi, \eta)$, que suponemos cóncava. Naturalmente, también damos por supuesto que

$$\forall \eta \geq 0, \quad f(A, \eta) > f(B, \eta),$$

es decir, dado un mismo nivel de educación, una mayor capacidad del trabajador induce mayor productividad por su parte. Al hilo de lo ya avanzado, es importante notar que *no* será necesario suponer que la *educación* afecta de forma *estrictamente* positiva a la productividad del trabajador, pues, incluso admitiendo que la educación pueda ser irrelevante para su productividad (es decir, que $f(\chi, \eta)$ sea constante en η), puede haber equilibrios del juego en que, debido a su virtualidad señalizadora, cada tipo de trabajador opta por un distinto nivel de aquélla. En ese caso, por tanto, se acumula demasiada educación (costosa e improductiva), en relación con lo que sería la cantidad óptima (nula) en condiciones de información completa.

Como primer paso, es útil analizar como marco de referencia el caso en que la capacidad del trabajador es conocida por ambas empresas. A continuación, compararemos el equilibrio en esta situación en condiciones de información completa con el obtenido en el contexto original (con información incompleta).

Supóngase, por tanto, que enriquecemos la información de las empresas en la etapa (3) del juego, de forma que, con total simetría con el trabajador, conozcan perfectamente la capacidad de éste. En otras palabras, transformamos el contexto en un juego con información completa (y perfecta, con la naturaleza como un jugador más). En ese caso, y una vez que el trabajador ya ha elegido su nivel de educación η en la etapa anterior, las empresas conozcan su potencial productivo $f(\chi, \eta)$. En esas circunstancias, la competencia entre ellas presionará al alza los salarios hasta el nivel $\omega_1 = \omega_2 = \omega = f(\chi, \eta)$. La razón para ello está clara: dado que, naturalmente, el trabajador decidirá trabajar en la empresa que le ofrezca un salario mayor (por pequeña que sea la diferencia), las empresas están inmersas en un contexto de competencia análoga a la de un duopolio de Bertrand (recuérdese la sección 3.2). Ello las lleva a presionar su participación en el excedente a cero, concediéndoselo todo (esto es, el valor total de la producción menos el coste de la educación) al trabajador.

Anticipando este hecho, en la etapa (2), el trabajador elegirá el nivel de educación que resuelve:

$$\underset{\eta}{\mathbf{Max}} \quad f(\chi, \eta) - c(\chi, \eta),$$

cuya solución, como función de χ, se denotará por $\eta^*(\chi)$. Esta es la decisión que prescribe el único equilibrio perfecto en subjuegos con información completa. Gráficamente, la situación aparece ilustrada en la figura 7.1.

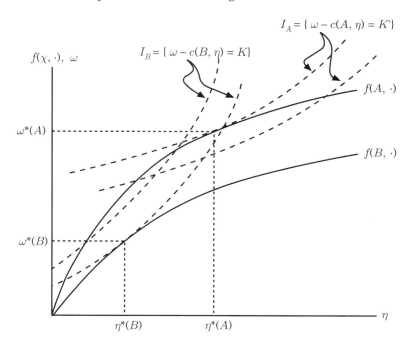

Figura 7.1. Separación de tipos bajo información completa.

Consideremos ahora el juego original con información incompleta descrito en (1)-(4). Nuestro objetivo es calcular sus equilibrios de señalización, donde el concepto descrito en la definición 6.2 se adapta de una forma natural al presente escenario.[1] Existen tres tipos de tales equilibrios: agrupadores, separadores e híbridos:

- En los equilibrios agrupadores las empresas son totalmente incapaces de discriminar entre los trabajadores en función de su nivel de educación: los dos tipos seleccionan la misma educación. Por tanto, después de observar ésta, las empresas mantienen las probabilidades subjetivas iniciales p y $(1-p)$ de que el trabajador sea de un tipo u otro.

- En los equilibrios separadores, cada tipo de trabajador elige un nivel distinto de educación y, por tanto, una vez observado este nivel, las empresas pueden inferir con exactitud la capacidad del trabajador. Estos equilibrios, por tanto, separan los tipos.

- Finalmente, en los equilibrios híbridos, algún tipo de trabajador selecciona su educación de forma aleatoria (es decir, juega una estrategia mixta) de forma que, con cierta probabilidad, su educación coincide con la del otro tipo. Por tanto, después de observar este último nivel de educación, las empresas revisarán su probabilidad *a priori* sobre cada tipo, aunque sin que esta revisión sea tan drástica como para que lleguen a estar completamente seguras del tipo de trabajador que confrontan. Estos equilibrios representan, en un sentido heurístico, un tipo intermedio entre los equilibrios separadores y agrupadores: siempre se produce una cierta revisión de la incertidumbre inicial, pero esta revisión puede ser incompleta.

En general, el modelo genera una amplia multiplicidad de equilibrios de señalización. Sólo mediante el refinamiento de este concepto reflejado por el criterio intuitivo —recuérdese la sección 6.5— conseguiremos reducir más adelante a sólo uno la profusión de equilibrios de señalización consistentes con el modelo.

Empezaremos con los equilibrios agrupadores. En ellos, por definición, los dos

---

[1] Las diferencias entre el presente contexto y el descrito en la sección 6.4 son de dos tipos.

Por un lado, el espacio de acciones es continuo. Ello no supone más que una adaptación de la notación al enfoque allí descrito (en particular, a la definición 6.2), que también será necesaria para las restantes aplicaciones consideradas en este capítulo.

Por otro lado, en el presente contexto postulamos que hay dos agentes no informados (las empresas) que actúan simultáneamente una vez recibido el mensaje (el nivel de educación) de la parte informada (el trabajador). Las consideraciones son idénticas a las que surgen con un único agente no informado, excepto por la posible heterogeneidad en sus acciones y percepciones. Prescindiremos de esta posibilidad, centrándonos en configuraciones simétricas para las dos empresas. Por tanto, formalmente, la situación puede ser analizada como si el juego contara con sólo un agente no informado, lo que permite una directa aplicación de la definición 6.2.

tipos eligen un nivel común de educación. Denotémoslo por η_0, y sea $\mu\left(\chi \mid \eta\right)$ la probabilidad *a posteriori* (o percepción) sobre el tipo χ inducida por una educación η. En ese caso, tendremos:

$$\mu\left(A \mid \eta_0\right) = p,$$

ya que, después de observar η_0, la probabilidad *a posteriori* ha de coincidir con la probabilidad *a priori* (las empresas no aprenden nada mediante esta observación). Por tanto, si denotamos por ω_0 el salario ofrecido por estas empresas en el equilibrio, éste ha de satisfacer:

$$\omega_0 = p\,f\left(A, \eta_0\right) + \left(1 - p\right)\,f\left(B, \eta_0\right)$$

debido a la competencia "a la Bertrand" desarrollada entre las empresas, tal como se describió más arriba para el contexto con información completa. Para completar la especificación del equilibrio es necesario especificar cuáles son las percepciones "fuera de equilibrio" $\mu\left(\chi \mid \eta\right)$ para $\eta \neq \eta_0$. Circunscribiéndonos por simplicidad a los equilibrios en los que las dos empresas sustentan las mismas percepciones, estas percepciones han de ser capaces de racionalizar ofertas salariales que induzcan la decisión agrupadora:

$$\eta\left(\chi\right) = \eta_0 \quad \left(\chi = A, B\right).$$

Una forma extrema y obvia de intentar conseguirlo es la siguiente:

$$\mu\left(A \mid \eta_0\right) = p; \tag{7.2}$$

$$\mu\left(A \mid \eta\right) = 0 \quad \text{si } \eta \neq \eta_0. \tag{7.3}$$

Es decir, todos los niveles de educación diferentes de η_0 (incluso si son mayores que él) se interpretan como provenientes de un trabajador del tipo B. Ello resulta algo "artificial", pero no hay nada en el concepto de equilibrio de señalización que nos impida esta elección (véase el ejercicio 7.4). Bajo estas percepciones, las empresas han de ofrecer el siguiente salario contingente:

$$\omega\left(\eta_0\right) = \omega_0; \tag{7.4}$$

$$\omega\left(\eta\right) = f\left(B, \eta\right), \quad \eta \neq \eta_0. \tag{7.5}$$

Ante esta estrategia de las empresas, el trabajador del tipo χ resuelve el siguiente problema de optimización:

$$\operatorname*{Max}_{\eta} \omega\left(\eta\right) - c\left(\chi, \eta\right),$$

donde $\omega\left(\eta\right)$ viene dado por [7.4]-[7.5]. Por tanto, para "cerrar" el cómputo del equilibrio es necesario verificar que se satisfacen las siguientes condiciones:

$$\forall \eta \geq 0, \, \omega_0 - c\left(A, \eta_0\right) \geq f\left(B, \eta\right) - c\left(A, \eta\right)$$

$$\forall \eta \geq 0, \, \omega_0 - c\left(B, \eta_0\right) \geq f\left(B, \eta\right) - c\left(B, \eta\right).$$

La primera desigualdad expresa la idea de que el trabajador del tipo A no ha de tener una "desviación beneficiosa" de η_0, dada la reacción de las empresas [7.4]-[7.5] inducida por las percepciones [7.2]-[7.3]. La segunda desigualdad expresa una condición similar para el trabajador del tipo B. En la figura 7.2 se muestra un equilibrio de este tipo para una determinada configuración de los datos del problema.

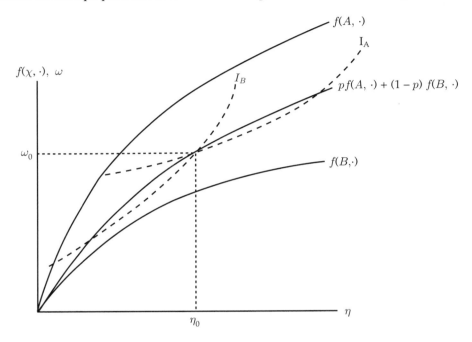

Figura 7.2. Equilibrio agrupador.

La figura 7.2 ilustra que, en ocasiones, existirán una gran cantidad de equilibrios agrupadores. Así, está claro que dada la configuración representada en esta figura (esto es, las "curvas de indiferencia" de los trabajadores, las funciones de producción y las probabilidades *a priori*), es posible construir (dentro de un cierto margen) equilibrios agrupadores a niveles de educación por encima o debajo de η_0. Sin embargo, dependiendo de cuál sea la configuración subyacente, es fácil también comprobar que puede *no* existir ningún equilibrio de este tipo. (Véanse los ejercicios 7.1 y 7.3.)

Pasamos ahora a discutir los equilibrios separadores. Abordamos primero el análisis cuando:

$$f\left(B, \eta^{*}\left(B\right)\right) - c\left(B, \eta^{*}\left(B\right)\right) \geq f\left(A, \eta^{*}\left(A\right)\right) - c\left(B, \eta^{*}\left(A\right)\right), \qquad [7.6]$$

y, por tanto, con información completa, el trabajador del tipo B "no envidia" al de mayor capacidad A. Es decir, aunque el trabajador de tipo B pudiera exigir ser tratado de la misma forma que el de tipo A (esto es, obtener el mismo salario $f(A, \eta^*(A))$ con un nivel de educación $\eta^*(A)$), preferiría elegir el nivel de educación $\eta^*(B)$ y ser retribuido con arreglo a su productividad real $f(B, \eta^*(B))$. En esas circunstancias, hay un obvio equilibrio separador en el que:

$$
\begin{aligned}
\eta(\chi) &= \eta^*(\chi) \quad (\chi = A, B), \\
\omega(\eta) &= f(B, \eta) \quad \text{si } \eta < \eta^*(A), \\
\omega(\eta) &= f(A, \eta) \quad \text{si } \eta \geq \eta^*(A),
\end{aligned}
\qquad [7.7]
$$

apoyado en las percepciones siguientes:

$$
\begin{aligned}
\mu(A \mid \eta) &= 0 \quad \text{si } \eta < \eta^*(A); \\
\mu(A \mid \eta) &= 1 \quad \text{si } \eta \geq \eta^*(A).
\end{aligned}
$$

La figura 7.3 ilustra este equilibrio. (Compárese con la figura 7.1.)

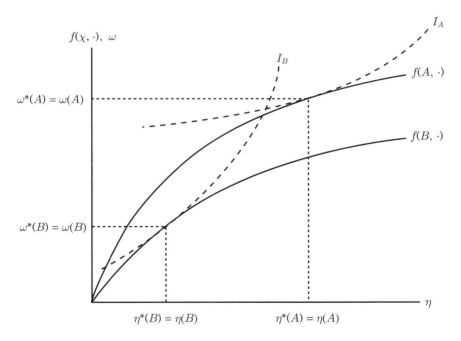

Figura 7.3. Equilibrio separador sin "envidia".

La situación más interesante se plantea cuando la condición [7.6] no se satisface. En ese caso, un patrón de comportamiento como el descrito por [7.7] no puede ser de equilibrio: el trabajador del tipo B preferiría seleccionar la educación óptima elegida por el tipo A (sufriendo con ello un incremento de coste $c(B, \eta^*(A)) - c(B, \eta^*(B))$)

con tal de obtener un salario igual a $\omega(A) = f(A, \eta^*(A))$. Ello induciría que las empresas no ofrecieran ese salario (ofrecerían por el contrario $\omega' = (1-p) f(B, \eta^*(A)) + pf(A, \eta^*(A)))$, con lo que la configuración indicada no podría sostenerse en el equilibrio.

Se concluye por tanto que si, bajo información completa, se da una situación de "envidia" por parte del tipo B, el tipo A habrá de incurrir en un cierto coste (en particular, aumentar su educación por encima del nivel óptimo $\eta^*(A)$) si quiere asegurarse de que el trabajador de tipo B juzgará desventajoso imitarle. El mínimo nivel de educación $\tilde{\eta}$ que lo consigue es el que satisface la siguiente ecuación:

$$f(B, \eta^*(B)) - c(B, \eta^*(B)) = f(A, \tilde{\eta}) - c(B, \tilde{\eta}). \qquad [7.8]$$

Es decir, la separación requerirá un nivel mínimo de educación $\tilde{\eta}$ por parte del tipo A tal que si las empresas pagan un salario asociado igual a $f(A, \tilde{\eta})$ —la productividad correspondiente a un trabajador del tipo A— el trabajador de tipo B juzga este mayor salario y su coste asociado (mayor que el del tipo A) equivalentes al inferior salario inducido por su productividad real y el menor nivel de educación $\eta^*(B)$.

Vinculado al nivel de educación $\tilde{\eta}$ determinado por [7.8], tenemos el siguiente equilibrio separador para el contexto con "envidia":

$$
\begin{aligned}
\eta(B) &= \eta^*(B) \\
\eta(A) &= \tilde{\eta} \\
\omega(\eta) &= f(B, \eta) \quad \text{si } \eta < \tilde{\eta} \\
\omega(\eta) &= f(A, \eta) \quad \text{si } \eta \geq \tilde{\eta},
\end{aligned}
\qquad [7.9]
$$

sustentado en las percepciones siguientes:

$$
\begin{aligned}
\mu(A \mid \eta) &= 0 \quad \text{si } \eta < \tilde{\eta} \\
\mu(A \mid \eta) &= 1 \quad \text{si } \eta \geq \tilde{\eta}.
\end{aligned}
\qquad [7.10]
$$

Por tanto, en este equilibrio separador, si bien el tipo B elige su nivel óptimo de educación $\eta^*(B)$, el tipo A distorsiona al alza su decisión ($\tilde{\eta} > \eta^*(A)$) para disuadir al tipo B de que lo imite. La figura 7.4 ilustra gráficamente la situación.

Proseguimos con un caso híbrido de los dos anteriores. En particular, estamos interesados en equilibrios en donde uno de los tipos de trabajador *no* juega una estrategia determinista sino que aleatoriza su decisión (esto es, juega una estrategia mixta) entre un nivel de educación que le separa del tipo alternativo y otro que no. Como sabemos, en ese caso, al trabajador en cuestión le ha de ser indiferente cualquiera de las realizaciones de su aleatorización.

De las muchas clases de equilibrio híbrido que se pueden considerar, nos centraremos en sólo una de ellas. En concreto, supondremos que, mientras que el trabajador del tipo A siempre selecciona un nivel fijo de educación, el de tipo B aleatoriza

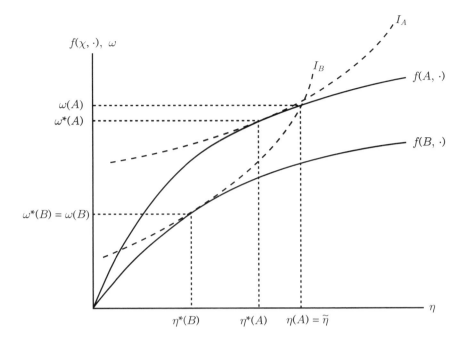

Figura 7.4. Equilibrio separador con "envidia".

entre el nivel de educación elegido por el de tipo A y otro alternativo con ciertas probabilidades α y $(1 - \alpha)$, respectivamente.

En la clase de equilibrios híbridos considerados, hay una cierta probabilidad $(1-\alpha) > 0$ con la que el tipo B se separa del tipo A, eligiendo un nivel de educación que sólo este tipo elige. Por lo tanto, tras observar este nivel de educación, las empresas saben con certeza que la capacidad del trabajador es baja y, por consiguiente, le ofrecerán un salario igual a su productividad real. Claramente, todo ello implica que el único nivel de educación con el que el tipo B querrá separarse en el equilibrio es $\eta^*(B)$.

Por otro lado, con una cierta probabilidad $\alpha > 0$, el trabajador de tipo B se agrupa con el otro tipo. Sea $\hat{\eta}$ el común nivel de educación en este caso. Obviamente, ha de ocurrir que $\omega(\hat{\eta}) < f(A, \hat{\eta})$, pues cuando las empresas observan $\hat{\eta}$, su percepción de encontrarse frente a un trabajador de tipo A tiene que ser menor que 1, ya que α es positivo. En particular, por la regla de Bayes, esta probabilidad ha de ser:

$$\mu(A \mid \hat{\eta}) = \frac{p}{p + (1 - p)\alpha} \equiv q. \qquad [7.11]$$

Por tanto, el salario pagado por las empresas en el equilibrio para el nivel de educación $\hat{\eta}$ ha de ser:

$$\omega(\hat{\eta}) = q \, f(A, \hat{\eta}) + (1 - q) \, f(B, \hat{\eta}) < f(A, \hat{\eta}). \qquad [7.12]$$

Como $\eta^*(B)$ y $\hat{\eta}$ han de ser indiferentes para el trabajador de tipo B, también se ha de cumplir lo siguiente:

$$\omega(\hat{\eta}) - c(B, \hat{\eta}) = f(B, \eta^*(B)) - c(B, \eta^*(B)) \tag{7.13}$$

Sustituyendo [7.12] en [7.13], podemos determinar el valor de $\hat{\eta}$ asociado a cualquier valor de q (a su vez inducido por un correspondiente valor de α a través de [7.11]).

Todo ello nos lleva a definir un equilibrio híbrido asociado a cualquier $\alpha > 0$ arbitrario de la forma siguiente:

$$\eta(A) = \hat{\eta};$$
$$\eta(B) = \begin{cases} \eta^*(B) & \text{con probabilidad } (1-\alpha) \\ \hat{\eta} & \text{con probabilidad } \alpha \end{cases}$$
$$\omega(\eta) = q\, f(A, \eta) + (1-q)\, f(B, \eta) \quad \text{si } \eta = \hat{\eta}$$
$$\omega(\eta) = f(B, \eta) \quad \text{si } \eta \neq \hat{\eta}$$

que puede ser sostenido, por ejemplo, mediante las siguientes percepciones:

$$\mu(A \mid \eta) = 0, \quad \text{si } \eta < \hat{\eta}$$
$$\mu(A \mid \eta) = q, \quad \text{si } \eta \geq \hat{\eta},$$

es decir, por simplicidad, consideramos la formulación extrema en que *cualquier* nivel de educación distinto de $\hat{\eta}$ se interpreta por parte de las empresas como una acción elegida por parte del trabajador de tipo B. La figura 7.5 ilustra este equilibrio.

Finalizamos nuestra discusión del modelo de Spence mostrando que, cuando aplicamos el criterio intuitivo propuesto por Cho y Kreps (1987) para refinar los distintos equilibrios descritos más arriba (en el contexto con "envidia"), sólo uno de ellos supera este criterio: el equilibrio separador dado por [7.9]-[7.10]. En este contexto, por tanto, este refinamiento es completamente efectivo para solucionar el problema de multiplicidad de equilibrios resultante del modelo.

Iremos descartando cada uno de los posibles equilibrios que no sean el mencionado. Primero, nos centramos en un equilibrio separador cuyo nivel de educación $\eta(A)$ para el agente de tipo A satisface $\eta(A) > \tilde{\eta}$. Este equilibrio requiere que las percepciones verifiquen:

$$\mu(A \mid \eta) < 1, \quad \tilde{\eta} \leq \eta < \eta(A), \tag{7.14}$$

ya que, si ocurriera que

$$\exists \check{\eta} \in [\tilde{\eta}, \eta(A)) : \mu(A \mid \check{\eta}) = 1$$

entonces

$$\omega(\check{\eta}) = f(A, \check{\eta})$$

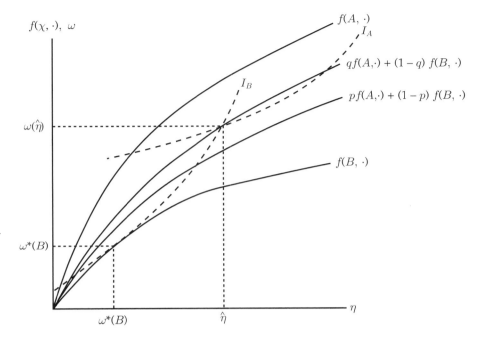

Figura 7.5. Equilibrio híbrido.

y el tipo A querría desviarse a ese nivel de educación $\check{\eta} \neq \eta\,(A)$. Sin embargo, las percepciones descritas en [7.14] son inconsistentes con el criterio intuitivo, ya que todo $\eta > \tilde{\eta}$ es un nivel de educación dominado para el trabajador de tipo B, sean cuales sean las percepciones que las empresas tengan tras esta desviación del supuesto equilibrio. En otras palabras, *ni* siquiera el salario máximo que las empresas ofrecerían si suponen que el trabajador es de tipo A es suficiente para compensar al tipo B por un nivel de educación mayor que $\tilde{\eta}$.

De forma algo más general, un argumento análogo al que acabamos de describir implica que si π_h denota el pago de un trabajador de tipo $h = A, B$ en el equilibrio, la consistencia con el criterio intuitivo requiere:

$$\pi_A \geq f\,(A, \tilde{\eta}) - c\,(A, \tilde{\eta})\,, \qquad\qquad [7.15]$$

pues, si no fuera así, existiría una desviación por parte del tipo A hacia algun $\eta' > \tilde{\eta}$ tal que

$$f\left(A, \eta'\right) - c\left(A, \eta'\right) > \pi_A$$
$$f\left(A, \eta'\right) - c\left(B, \eta'\right) < f\left(A, \eta^*(B)\right) - c\left(B, \eta^*(B)\right) \leq \pi_B$$

lo que implicaría que

$$\mu\left(B \mid \eta'\right) = 0$$

y, por tanto,

$$\omega(\eta') = f\left(A, \eta'\right),$$

con lo que

$$\omega(\eta') - c(A, \eta') > \pi_A,$$

y refuta la hipótesis de equilibrio.

Basándonos en estas consideraciones, argumentamos a continuación que podemos descartar directamente como *intuitivos* equilibrios de tipo agrupador o híbrido. Supóngase primero que p es relativamente bajo de forma que la curva

$$\{(\eta, \omega) : \omega = p\, f\left(A, \eta\right) + (1 - p)\, f\left(B, \eta\right)\}$$

está por debajo de la curva de indiferencia I_A del tipo A que pasa por el punto $(\tilde{\eta}, f\left(A, \tilde{\eta}\right))$ —véase la ilustración de esta situación contenida en la figura 7.6.

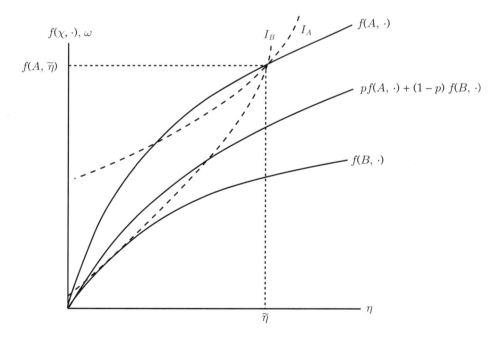

Figura 7.6. Imposibilidad de un equilibrio agrupador "intuitivo", p alto.

En ese caso, no puede existir un equilibrio agrupador, ya que la combinación (η_0, ω_0) en la que se produciría el agrupamiento (recuérdese la figura 7.2) ha de satisfacer:

$$p\, f\left(A, \eta_0\right) + (1 - p)\, f\left(B, \eta_0\right) = \omega_0$$

y se violaría [7.15] ya que la curva de indiferencia I_A no intersecta a la función $p\,f\,(A, \cdot) + (1 - p)\,f\,(B, \cdot)$.

Igual ocurre, en el contexto considerado en la figura 7.6, con un equilibrio híbrido donde sea el trabajador de tipo A el que aleatorice su decisión. Pues, en ese caso, el salario de equilibrio asociado al nivel de educación de agrupamiento ha de estar sobre la función $q\,f\,(A, \eta) + (1 - q)\,f\,(B, \eta)$, con $q < p$. Si, alternativamente, es el trabajador de tipo B el que aleatoriza su decisión entre $\eta^*(B)$ y un cierto $\hat{\eta}$ (el nivel de educación elegido por el tipo A con probabilidad 1) se sigue, por el usual requisito de indiferencia exigible de una estrategia mixta de equilibrio, que:

$$f\,(B, \eta^*(B)) - c\,(B, \eta^*(B)) = \hat{\omega} - c(B, \hat{\eta})$$

donde

$$\hat{\omega} = q\,f\,(A, \hat{\eta}) + (1 - q)\,f\,(B, \hat{\eta})\,.$$

Ya que, por definición de $\tilde{\eta}$, tenemos:

$$f\,(B, \eta^*(B)) - c\,(B, \eta^*(B)) = f\,(A, \tilde{\eta}) - c\,(B, \tilde{\eta})\,,$$

el supuesto [7.1] implica

$$\hat{\omega} - c(A, \hat{\eta}) = \pi_A < f\,(A, \tilde{\eta}) - c\,(B, \tilde{\eta})\,,$$

que de nuevo supone una violación de [7.15].

Finalmente, descartamos la posibilidad de que un equilibrio *intuitivo* sea agrupador o híbrido cuando p es relativamente grande. Considérese, por ejemplo, una situación como la ilustrada en la figura 7.7, en donde la función $p\,f\,(A, \cdot)$ $+(1 - p)\,f\,(B, \cdot)$ intersecta a la curva de indiferencia del tipo A que pasa por el punto $(\tilde{\eta}, f\,(A, \tilde{\eta}))$.

Nos centramos en descartar un equilibrio agrupador, relegando la consideración de las dos clases distintas de equilibrio híbrido para el ejercicio 7.10. En la presente situación, siempre existe un tramo de niveles de educación entre η' y η'' tal que, si el trabajador de tipo A selecciona un nivel de educación $\hat{\eta}$ en ese tramo (esto es, $\eta' < \hat{\eta} < \eta''$), consigue desmarcarse del tipo B a través del argumento que subyace en el criterio intuitivo. En particular, el equilibrio agrupador en cuestión *no* satisface el criterio intuitivo, ya que:

1. El tipo B siempre estaría peor que en el equilibrio tras seleccionar un nivel de educación $\hat{\eta} \in (\eta', \eta'')$, incluso aunque las empresas le consideran de tipo A con probabilidad 1 (el mejor de los casos posibles).

2. Si, por lo anterior, las percepciones de las empresas incorporan $\mu\,(A \mid \hat{\eta}) = 1$, el correspondiente salario ofrecido por ellas tras observar $\hat{\eta}$, $\hat{\omega} = f\,(A \mid \hat{\eta})$ induce

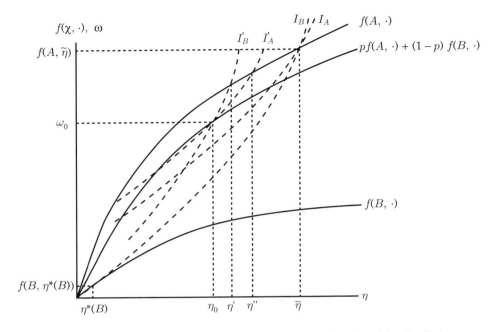

Figura 7.7. Imposibilidad de un equilibrio agrupador "intuitivo", p bajo.

una utilidad para el trabajador de tipo A, $\hat{\omega} - f(A \mid \hat{\eta})$, mayor que la obtenida en el equilibrio, $\omega_0 - c(A, \eta_0)$.

Concluimos, por tanto, que tras la aplicación del criterio intuitivo para el refinamiento de percepciones fuera del equilibrio sólo persiste aquel que en verdad habríamos de concebir como más intuitivo, pues es el equilibrio en el que los agentes utilizan íntegramente el potencial señalizador (esto es , "separador") que permite el marco estratégico considerado.[2]

7.2 Mercados de seguros y selección adversa*

Consideramos ahora un modelo que tiene ciertas similitudes formales con el contexto de señalización estudiado en la sección 7.1, pero que también presenta importantes diferencias. Fue propuesto originalmente por Rotschild y Stiglitz (1976) para estudiar la competencia en mercados de seguros cuando las empresas aseguradoras tienen información sólo imperfecta (y asimétrica) sobre las condiciones subyacentes

---

[2] Nótese, sin embargo, que puede muy bien ocurrir (como, por ejemplo, en el contexto reflejado en la figura 7.7) que los *dos* tipos de individuos preferirían *no* utilizar este potencial señalizador; esto es, ambos preferirían adoptar la misma decisión en un equilibrio agrupador (no intuitivo).

de riesgo de los posibles asegurados. El hecho de que individuos sujetos a diferentes condiciones de riesgo puedan subscribir la misma póliza (afectando con ello de forma crucial al beneficio de las empresas aseguradoras) suscita importantes consideraciones de *selección adversa*. Como veremos, sus implicaciones sobre el mercado (en particular, sobre la posibilidad de sustentar de forma estable ciertas pólizas "de equilibrio") pueden ser muy negativas.

Sean dos empresas y un individuo, este último sujeto a la posibilidad de un accidente. El accidente ocurre con una cierta probabilidad exógena, que viene determinada por las condiciones específicas de riesgo del individuo en cuestión. En contraste con la estructura de interacción descrita en la sección 7.1, aquí supondremos que son las empresas las que abren el juego, tomando (simultáneamente) la decisión de ofrecer sus respectivos "menús" de contratos. Los contratos son pólizas de seguro, que determinan la prima $\alpha \in \mathbb{R}_+$ que la empresa requiere en caso de que se *no* se produzca el accidente (que se denominará estado θ_1), a cambio de la indemnización $\beta \in \mathbb{R}_+$ que ofrece en caso de que *sí* se produzca (estado θ_2). Conocidas las ofertas de ambas empresas, es entonces el individuo el que elige la póliza que más le interesa en función de sus condiciones particulares de riesgo, alto o bajo. Estas condiciones son conocidas sólo por él, aunque las probabilidades *a priori* con las que se determinan sí se supone que son un conocimiento común a todos los agentes (en particular, las empresas aseguradoras).

Más formalmente, la estructura del juego esbozado entre el individuo y las dos empresas se puede descomponer en las siguientes etapas:

(i) La naturaleza selecciona el "tipo" del individuo, es decir su nivel de riesgo, que puede ser Alto (A) o Bajo (B). Las probabilidades de cada caso son p y $(1-p)$, respectivamente.

(ii) Sin conocer el tipo del individuo, cada empresa $i = 1, 2$ ofrece simultáneamente un conjunto (finito) de pólizas $J_i \equiv \{(\alpha_{ik}, \beta_{ik})\}_{k=1}^{r_i} \subset \mathbb{R}_+^2$, cada una de ellas con la interpretación arriba descrita.

(iii) En función de su tipo, el individuo subscribe una de las pólizas ofrecidas.

Como es habitual, supondremos que las preferencias del individuo son representables mediante una función de utilidad Von Neumann-Morgenstern $U(\cdot)$. Esta función está definida sobre el espacio de loterías del tipo $L = (\rho, W_1, W_2)$, donde:

- $\rho \in [0, 1]$ es la probabilidad de accidente;
- W_1 es la riqueza resultante en el estado θ_1 (cuando el accidente *no* ocurre);
- W_2 es la riqueza en el estado θ_2 (cuando el accidente sí se produce).

Para cualquier lotería L con la estructura indicada, la utilidad esperada del individuo se determina como sigue:

$$U(L) = (1 - \rho)\, V(W_1) + \rho\, V(W_2),$$

donde $V : \mathbb{R}_+ \to \mathbb{R}$ es la función elemental definida sobre niveles de riqueza. Supondremos que $V(\cdot)$ es diferenciable y estrictamente cóncava, de forma que el individuo siente aversión al riesgo.

Sean $(\hat{W}_1, \hat{W}_2)$, $\hat{W}_1 > \hat{W}_2$, los niveles de riqueza obtenidos respectivamente en los estados θ_1 y θ_2 cuando el individuo *no* se asegura. Por otro lado, denotemos por ρ^A y ρ^B ($\rho^A > \rho^B$) las probabilidades de accidente de cada uno de los dos tipos, A y B. Una vez especificados estos parámetros del modelo, la estructura descrita en (i)-(iii) define un juego bayesiano dinámico con las empresas y el individuo como jugadores. Para cada empresa $i = 1, 2$, sus estrategias consisten en la especificación de un menú de pólizas J_i que ofrece al individuo. El conjunto de tales menús se denota por $\mathcal{J}$. Para el individuo, por su parte, su estrategia es una prescripción sobre la póliza que debe elegir de entre las ofrecidas por las empresas, una vez conocido su tipo. Sea Φ el conjunto de reglas de decisión de la forma

$$\phi : \mathcal{J} \times \mathcal{J} \to \mathbb{R}^2,$$

donde para cada par de menús ofrecidos por las empresas, $J_1 \in \mathcal{J}$ y $J_2 \in \mathcal{J}$, $\phi(J_1, J_2) \in J_1 \cup J_2$. Con esta notación, la estrategia del individuo se formaliza como una función

$$\gamma : \Theta \to \Phi$$

tal que, para cada $\theta \in \Theta = \{\theta_1, \theta_2\}$, $\gamma(\theta)$ es la regla de decisión elegida por el individuo.

El análisis se centrará en los *equilibrios bayesianos perfectos* del juego postulado. En el presente contexto (recuérdese la nota 7 del capítulo 6), un equilibrio bayesiano perfecto es simplemente un equilibrio bayesiano (J_1^*, J_2^*, γ^*) con el requisito adicional de que, para cada $\theta \in \Theta$, $\gamma^*(\theta)$ debe ser una regla de decisión ϕ que elige una póliza óptima *para cada* par (J_1, J_2) —es decir, no sólo para (J_1^*, J_2^*). Nótese que, en contraste con el contexto de señalización estudiado en la sección 7.1, el equilibrio no requiere la especificación de percepciones (dentro o fuera del equilibrio). Ello es debido a que, en el presente escenario, los agentes no informados (las empresas aseguradoras) mueven primero en el juego. Por ello, su "percepción" sobre el tipo de individuo con el que tratan ha de coincidir con las probabilidades *a priori* $(p, 1 - p)$.

Por otra parte, restringiremos nuestra atención a equilibrios bayesianos perfectos *en estrategias puras* (EBPP). Tal restricción no sólo simplificará sustancialmente el análisis. También será esencial para alguna de nuestras conclusiones (por ejemplo, subyace crucialmente en los problemas de existencia suscitados más adelante).

Una primera conclusión, aplicable a *todos* los EBPP, tiene importantes consecuencias sobre el análisis del modelo: en cualquiera de ellos, las empresas han de obtener *beneficios nulos*. Para confirmar la validez de esta afirmación, supóngase que, por el contrario, hubiera algún EBPP en donde las empresas obtuvieran unos beneficios *agregados* $\hat{\pi} > 0$. Sean $\chi^A \equiv (\alpha^A, \beta^A)$ y $\chi^B \equiv (\alpha^B, \beta^B)$ las dos pólizas (no necesariamente distintas) subscritas por los tipos A y B en este EBPP. Considérese ahora la empresa que, en ese equilibrio, obtiene beneficios esperados no mayores que $\hat{\pi}/2$. Esta empresa puede desviarse y ofrecer unas pólizas alternativas $\tilde{\chi}^A \equiv (\tilde{\alpha}^A, \tilde{\beta}^A)$ y $\tilde{\chi}^B \equiv (\tilde{\alpha}^B, \tilde{\beta}^B)$ con $\tilde{\alpha}^A = \alpha^A$ y $\tilde{\alpha}^B = \alpha^B$ pero $\tilde{\beta}^A = \beta^A + \varepsilon$, $\tilde{\beta}^B = \beta^B + \varepsilon$, para algún $\varepsilon > 0$ arbitrariamente pequeño. Obviamente, estos contratos alternativos serían subscritos por los dos tipos de individuo en vez de los originalmente ofertados. Por tanto, tras la desviación, la empresa en cuestión obtendría unos beneficios esperados arbitrariamente cercanos a $\hat{\pi}$, si ε se elige suficientemente pequeño. En particular, podría garantizarse que estos beneficios fueran mayores que $\hat{\pi}/2$, lo que contradice que la configuración original fuera de equilibrio.

Como referencia de comparación, resulta útil analizar primero el caso más sencillo en donde *no* existe información asimétrica genuina entre las empresas y el individuo. (A este respecto, seguimos una línea de análisis paralela a la desarrollada en la sección 7.1.) Una forma sencilla de hacer ese supuesto de información completa operativo es admitir, por ejemplo, que $p \in \{0, 1\}$. En ese caso, las empresas tienen la total certeza del tipo de individuo con el que tratan —digamos, por concreción, que $p = 1$, con lo que las empresas están seguras de hallarse ante un individuo de tipo A. Dado que en el equilibrio los beneficios esperados han de ser nulos, la póliza subscrita por el individuo ha de pertenecer al conjunto:

$$H^A \equiv \left\{ \chi = (\alpha, \beta) : \alpha(1 - \rho^A) = \beta\, \rho^A \right\}. \qquad [7.16]$$

Estas pólizas son aquellas que "transforman" pagos referidos al estado θ_1 en ingresos correspondientes al estado θ_2 a la tasa $(1 - \rho^A)/\rho^A$. O, equivalentemente, son aquellas que transforman la configuración original sin seguro $(\hat{W}_1, \hat{W}_2)$ en las configuraciones $(W_1(\alpha), W_2(\alpha))$ que, parametrizadas por α, se determinan de la forma siguiente:

$$W_1(\alpha) = \hat{W}_1 - \alpha$$

$$W_2(\alpha) = \hat{W}_2 + \frac{1 - \rho^A}{\rho^A}\, \alpha.$$

Argumentamos ahora que, de todas las pólizas χ que pertenecen a H^A en [7.16], sólo la póliza que *asegura totalmente* al individuo puede formar parte de un equilibrio: es decir, la póliza de equilibrio $\chi^* = (\alpha^*, \beta^*)$ ha de satisfacer:

$$W_1(\alpha^*) = W_2(\alpha^*),$$

donde:

$$\alpha^* = (\hat{W}_1 - \hat{W}_2)\,\rho^A \qquad [7.17]$$

y, correspondientemente:

$$\beta^* = (1 - \rho^A)(\hat{W}_1 - \hat{W}_2). \qquad [7.18]$$

Todo ello se basa en la observación de que las curvas de indiferencia del individuo —definidas en el espacio de riquezas (W_1, W_2)— tienen pendiente *distinta* de $-(1 - \rho^A)/\rho^A$ en todo (W_1, W_2) donde $W_1 \neq W_2$. Por consiguiente (véase la figura 7.8, en donde las pólizas se representan en el espacio (W_1, W_2) en términos del perfil de riquezas inducido), si $\chi = (\alpha, \beta) \in H^A$ pero $\alpha \neq \alpha^*$, existe una póliza $\chi' = (\alpha', \beta')$ que satisface las dos siguientes condiciones:

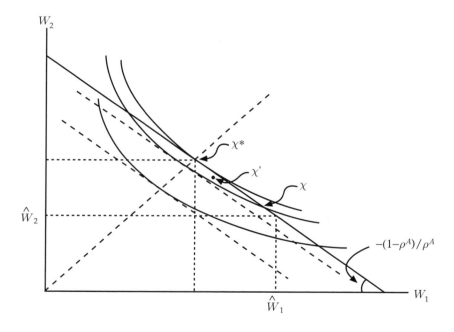

Figura 7.8. Equilibrio en mercado de seguros bajo información completa.

$$(1 - \rho^A)\,V(\hat{W}_1 - \alpha') + \rho^A\,V(\hat{W}_2 + \beta') > (1 - \rho^A)\,V(W_1(\alpha)) + \rho^A\,V(W_2(\alpha)) \qquad [7.19]$$

$$(1 - \rho^A)\,\alpha' - \rho^A\,\beta' > 0. \qquad [7.20]$$

Por [7.19], el individuo prefiere la póliza χ' a χ. Por [7.20], la empresa que se desviara hacia la póliza χ' obtendría beneficios esperados positivos si el individuo la subscribiera. Combinando ambas consideraciones, se concluye que sólo χ^* es una póliza de equilibrio, y con ella el individuo se asegura óptima y totalmente.

Consideramos ahora el caso más rico e interesante en donde la información es genuinamente asimétrica entre el individuo y las empresas, esto es, $p \in (0,1)$. Estructuramos el análisis en tres partes. Primero, mostramos que no hay ningún EBPP en donde los dos tipos se agrupen y subscriban una misma póliza. Segundo, identificamos el único tipo de configuración separadora que es susceptible de ser de equilibrio. Finalmente, describimos algunas situaciones en las que este tipo de configuración *no* puede ser un equilibrio; por tanto, no existe ningun EBPP.

(a) *No existe ningún EBPP que sea agrupador.*

Razonando por contradicción, supóngase que existiera un EBPP agrupador donde los dos tipos eligieran la misma póliza $\chi = (\alpha, \beta)$. Como todo equilibrio ha de reportar beneficios esperados nulos, χ ha de satisfacer:

$$\alpha\,(1 - \bar{\rho}(p)) = \beta\,\bar{\rho}(p)$$

donde $\bar{\rho}(p) \equiv p\,\rho^A + (1-p)\,\rho^B$ es la probabilidad de accidente cuando se desconoce el tipo del individuo y se atribuye a cada uno de ellos, A y B, las probabilidades respectivas p y $(1-p)$. Considérese el par de riquezas $(W_1(\chi), W_2(\chi))$ inducido por esta póliza:

$$W_1(\chi) = \hat{W}_1 - \alpha$$

$$W_2(\chi) = \hat{W}_2 + \beta = \hat{W}_2 + \frac{1 - \bar{\rho}(p)}{\bar{\rho}(p)}\,\alpha.$$

En el punto $(W_1(\chi), W_2(\chi))$, las preferencias del tipo A inducen una relación marginal de substitución menor, en valor absoluto, que la de B, ya que, para cada $\ell = A, B$, éstas vienen dadas por

$$-\frac{1 - \rho^\ell}{\rho^\ell}\,\frac{V'(W_1(\chi))}{V'(W_2(\chi))}.$$

Más aún, dado que

$$\frac{1 - \rho^B}{\rho^B} > \frac{1 - \bar{\rho}}{\bar{\rho}},$$

se sigue que existe una póliza $\chi' = (\alpha', \beta')$ tal que (véase la figura 7.9):

$$(1 - \rho^A)\,V(\hat{W}_1 - \alpha') + \rho^A\,V(\hat{W}_2 + \beta') < (1 - \rho^A)\,V(\hat{W}_1 - \alpha) + \rho^A\,V(\hat{W}_2 + \beta) \quad [7.21]$$

$$(1 - \rho^B)\,V(\hat{W}_1 - \alpha') + \rho^B\,V(\hat{W}_2 + \beta') > (1 - \rho^B)\,V(\hat{W}_1 - \alpha) + \rho^B\,V(\hat{W}_2 + \beta) \quad [7.22]$$

$$(1 - \rho^B)\,\alpha' - \rho^B\,\beta' > 0. \quad [7.23]$$

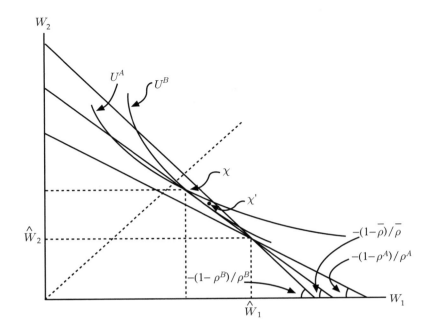

Figura 7.9. Inexistencia de equilibrio agrupador en mercado de seguros bajo información incompleta.

Por [7.21], los individuos de tipo A no subscribirán la poliza χ' si la póliza original está disponible. Sin embargo, por [7.22], un individuo de tipo B sí prefiere la póliza χ' a χ si ambas son ofrecidas. Ello implica que hay una empresa que puede desviarse ofreciendo la póliza χ' y con ello captar todos los individuos de tipo B y sólo los de este tipo. Por tanto, en vista de [7.23], obtendrá beneficios esperados positivos, lo que contradice que la situación original pudiera ser un EBPP.

(b) *Una única configuración separadora susceptible de definir un EBPP.*

Por la discusión anterior, sabemos que todo EBPP ha de ser separador, induciendo a que cada tipo de individuo elija una póliza diferente. Denótese por χ^A y χ^B las pólizas elegidas por cada tipo respectivo en ese hipotético equilibrio.

Primero argumentamos que $\chi^A = (\alpha^A, \beta^A)$ ha de coincidir con $\chi^* = (\alpha^*, \beta^*)$ donde α^* y β^* están dadas por [7.17] y [7.18], respectivamente —esto es, el tipo A se asegura de forma completa en el equilibrio. Pues, supóngase por el contrario que $\chi^A \neq \chi^*$. En ese caso, dado que $\chi^A \in H^A$ (por la condición de beneficios nulos en el equilibrio separador), se sigue que $W_1(\alpha^A) \neq W_2(\alpha^A)$. Tal como fue explicado más arriba, ello implica que las curvas de indiferencia del tipo A en el punto $(W_1(\alpha^A), W_2(\alpha^A))$ tienen una pendiente *distinta* de $-(1 - \rho^A)/\rho^A$ y ha de existir, por tanto, una póliza $\chi' = (\alpha', \beta')$ para la que

$$(1 - \rho^A)\, V(\hat{W}_1 - \alpha') + \rho^A\, V(\hat{W}_2 + \beta') > (1 - \rho^A)\, V(\hat{W}_1 - \alpha^A) + \rho^A\, V(\hat{W}_2 + \beta^A)$$

$$\forall \rho \leq \rho^A, \ (1 - \rho)\, \alpha' - \rho\, \beta' > 0. \qquad\qquad [7.24]$$

Por tanto, cualquier empresa que se desviara hacia χ' obtendría beneficios esperados positivos, mayores que los beneficios (nulos) obtenidos en el supuesto equilibrio. Y ello es así, por [7.24], aunque tanto los individuos de tipo A como los de tipo B subscribieran la nueva póliza.

Una vez fijado que $\chi^A = \chi^*$, pasamos a determinar como ha de ser la póliza $\chi^B = (\alpha^B, \beta^B)$ en un EBPP separador. De nuevo, la condición de beneficios nulos en el equilibrio requiere que

$$\chi^B \in H^B \equiv \{\chi = (\alpha, \beta) : \alpha\,(1 - \rho^B) = \beta\,\rho^B\}.$$

Mostramos a continuación que, entre todas las polizas que pertenecen a H^B, podemos descartar todas menos una que denotaremos por $\hat{\chi}$. Así, sea $\hat{\chi} = (\hat{\alpha}, \hat{\beta})$ la única póliza en H^B que satisface:

$$(1 - \rho^A)\, V(\hat{W}_1 - \alpha^*) + \rho^A\, V(\hat{W}_2 + \beta^*) = (1 - \rho^A)\, V(\hat{W}_1 - \hat{\alpha}) + \rho^A\, V(\hat{W}_1 - \hat{\beta}).$$

Si $\alpha^B > \hat{\alpha}$, tendríamos:

$$(1 - \rho^A)\, V(\hat{W}_1 - \alpha^B) + \rho^A\, V(\hat{W}_2 + \beta^B) > (1 - \rho^A)\, V(\hat{W}_1 - \alpha^*) + \rho^A\, V(\hat{W}_2 + \beta^*), \quad [7.25]$$

con lo que las pólizas χ^A y χ^B no separarían los tipos.

Por otro lado, si $\alpha^B < \hat{\alpha}$, llegaríamos a la desigualdad opuesta a [7.25], con lo que la situación sería en principio consistente con un equilibrio separador. Mas un argumento análogo al ya utilizado anteriormente indicaría la existencia de una póliza $\chi' = (\alpha', \beta')$ que verifica:

$$(1 - \rho^A)\, V(\hat{W}_1 - \alpha') + \rho^A\, V(\hat{W}_2 + \beta') < (1 - \rho^A)\, V(\hat{W}_1 - \alpha^*) + \rho^A\, V(\hat{W}_2 + \beta^*)$$

$$(1 - \rho^B)\, V(\hat{W}_1 - \alpha') + \rho^B\, V(\hat{W}_2 + \beta') > (1 - \rho^B)\, V(\hat{W}_1 - \alpha^B) + \rho^B\, V(\hat{W}_2 + \beta^B)$$

$$(1 - \rho^B)\, \alpha' - \rho^B\, \beta' > 0.$$

Todo ello implica que una empresa que ofreciera la póliza χ' induciría a un individuo de tipo B a subscribirla (y sólo a él), con lo que obtendría beneficios esperados positivos. Ello contradice que χ^B pueda ser la póliza subscrita por el individuo de tipo B en el equilibrio.

De lo anterior, concluimos que existe una única configuración susceptible de formar parte de un EBPP en el contexto descrito. En esta configuración, los dos tipos A y B se "separan" a través de las pólizas $\chi^A = \chi^*$ y $\chi^B = \hat{\chi}$, tal como aparece ilustrado en la figura 7.10.

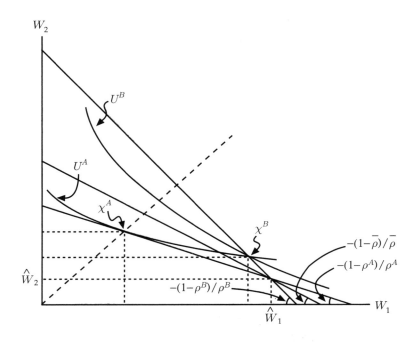

Figura 7.10. Equilibrio separador en mercado de seguros bajo información incompleta.

(c) *Posible inexistencia de un EBPP (separador)*.

El argumento explicado en (b) indica que todo potencial EBPP ha de ser un equilibrio separador en donde las únicas pólizas relevantes ofrecidas por *ambas* empresas son χ^* y $\hat{\chi}$. Sin embargo, el que esta situación se confirme como un equilibrio depende de p, la probabilidad de que un individuo sea de alto riesgo. Si p es suficientemente grande, tenemos la situación descrita en la figura 7.10 y el par de pólizas $(\chi^*, \hat{\chi})$ ofrecidas por las dos empresas en la primera fase del juego en verdad induce un EBPP.

Por el contrario, si la situación es como se ilustra en la figura 7.11 y p es relativamente pequeño, este único equilibrio *potencial no* es de hecho un equilibrio. Por tanto, en vista de la discusión llevada a cabo más arriba, el juego no tiene *ningún* EBPP.

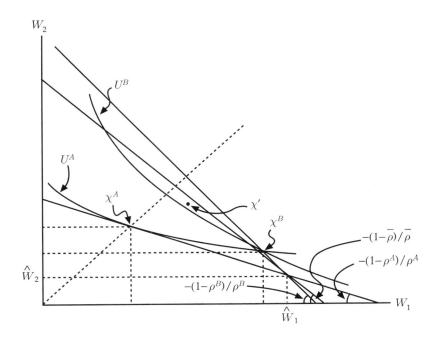

Figura 7.11. Inexistencia de equilibrio separador en mercado de seguros bajo información incompleta.

Considérese, por ejemplo, qué ocurriría en este caso si alguna empresa se desviara del hipótetico equilibrio y ofreciera la póliza $\chi' = (\alpha', \beta')$. Tras esta desviación, todos los individuos, tanto de tipo A como B, preferirían χ' a sus respectivas pólizas, χ^A y χ^B. Además, la empresa obtendría beneficios esperados positivos ya que:

$$(1 - \bar{\rho}(p))\, \alpha' - \bar{\rho}(p)\, \beta' > 0.$$

Por tanto, tal desviación del potencial equilibrio sería beneficiosa para la empresa en cuestión, lo que descarta que el par de pólizas $(\chi^*, \hat{\chi})$ pueda formar parte de un EBPP.

Podemos interpretar estos problemas de existencia como derivados de la externalidad negativa que los individuos de alto riesgo ejercen sobre el mercado. Si la probabilidad de que un individuo sea de alto riesgo es muy significativa (figura 7.10), el mercado se adapta a ello y ofrece unas condiciones de separación (con seguro parcial) al tipo B que no se pueden destruir mediante contratos agrupadores. Esto es una consecuencia de que la probabilidad media de accidente es tan alta que cualquier agrupación de tipos ofrecería condiciones no aceptables para el tipo B.

Por el contrario, si el tipo de individuo es de bajo riesgo con alta probabilidad (figura 7.11), la separación requerida en cualquier equilibrio (recuérdese el apartado (b)) se puede destruir mediante el agrupamiento de los tipos en un contrato que ambos prefieren a la separación. De nuevo, esto es una consecuencia de que, a diferencia del caso anterior, la probabilidad media de accidente es suficientemente baja para hacer factible y atractivo un seguro agrupador. En estas circunstancias, la externalidad negativa de los "pocos" individuos de tipo A sobre la "mayoría" de tipo B es tan grande que hace inviable el equilibrio.[3]

7.3 Modelos de subasta y el Principio de Revelación

7.3.1 Subasta entre compradores

Consideremos un cierto bien indivisible cuyo propietario decide venderlo en pública subasta. Hay dos individuos interesados en este bien, identificados por el subíndice $i = 1, 2$. La subasta será del tipo conocido como de "primer precio". (Véase el ejercicio 7.17, donde se introduce una subasta de "segundo precio".) Esto es, los dos individuos introducen sus ofertas en un sobre cerrado que entregan al vendedor. Éste los abre subsiguientemente, y concede el bien al mejor postor por el precio indicado en su sobre. En casos de igualdad de ambas ofertas, el bien se concede aleatoriamente a unos de los individuos, a cada uno con igual probabilidad.

Denótese la valoración del bien por parte del individuo i por v_i. Por simplicidad, suponemos que $v_i \in [0, 1]$. Cada individuo $i = 1, 2$ conoce su propia v_i pero desconoce la de su oponente v_j, $j \neq i$. Sólo sabe, y esto es un *conocimiento común*, que cada valoración se ha determinado *ex ante* de forma aleatoria e independiente con distribución de probabilidad uniforme sobre todo el intervalo $[0, 1]$.

El contexto descrito se puede formular como un juego bayesiano simultáneo. En él, el tipo de cada jugador se identifica con su valoración v_i. Es decir, $T_i = [0, 1]$ para cada $i = 1, 2$. El espacio de acciones A_i son las posibles ofertas "simultáneas" de los agentes. Sin pérdida de generalidad, podemos elegir $A_i = [0, 1]$. La naturaleza, por su parte, selecciona los tipos de los jugadores (v_1, v_2) con densidad $P(v_1, v_2)$ que es uniforme en el cuadrado $[0, 1]^2$. Finalmente, las funciones de pagos $\pi_i(\cdot)$ vienen definidas de la siguiente forma:

$$\pi_i(v_1, v_2, a_1, a_2) = \begin{cases} v_i - a_i, & \text{si } a_i > a_j \\ \frac{v_i - a_i}{2}, & \text{si } a_i = a_j \\ 0, & \text{si } a_i < a_j \end{cases} \qquad i, j = 1, 2; \; j \neq i.$$

---

[3] Estos problemas de inexistencia se pueden solucionar recurriendo a equilibrios en estrategias mixtas (véase Dasgupta y Maskin (1986)). Otra forma de abordarlos es introduciendo variaciones interesantes en el juego que restauren la existencia del equilibrio. Así, Wilson (1977) permite a cada empresa una mayor capacidad de reacción (en particular, retirar contratos ya ofrecidos cuando éstos reportan pérdidas) que limita la capacidad de encontrar desviaciones beneficiosas de un supuesto equilibrio por parte de su competidora. (A este respecto, véanse también Riley, 1979 y Hellwig, 1986.)

En el juego bayesiano descrito, las estrategias puras de los jugadores son funciones del tipo

$$g_i : [0,1] \rightarrow [0,1] , \qquad\qquad [7.26]$$

que, a cada posible tipo (valoración) $v_i \in [0,1]$ del jugador i asocia una oferta $g_i(v_i)$. Las estrategias mixtas se definen entonces como funciones

$$\gamma_i : [0,1] \rightarrow \Delta([0,1]) ,$$

donde $\Delta([0,1])$ representa el conjunto de distribuciones de probabilidad sobre el intervalo $[0,1]$.

Nos centraremos en el cómputo de un equilibrio bayesiano con las siguientes características:

(i) las estrategias de los jugadores son puras; es decir, son del tipo [7.26];

(ii) los jugadores utilizan estrategias que son funciones afines en el tipo del agente v_i:

$$g_i(v_i) = \max \{\alpha_i + \beta_i v_i, 0\} ; \qquad\qquad [7.27]$$

(iii) el equilibrio es simétrico; esto es, $\forall i = 1, 2, \alpha_i = \alpha, \beta_i = \beta$.

Es importante enfatizar que *no* calcularemos un equilibrio sujeto a la restricción de que las estrategias de los individuos satisfagan (i)-(iii). Lo que sí haremos será circunscribir nuestra búsqueda a configuraciones estratégicas que satisfacen (i)-(iii), comprobando más adelante que el equilibrio obtenido bajo estas restricciones es, de hecho, un equilibrio del juego original.

Supongamos que los individuos utilizan estrategias del tipo indicado en [7.27] en un equilibrio simétrico. Como primer paso, se observa inmediatamente que, en cualquier equilibrio de este tipo, las estrategias correspondientes han de verificar que $\alpha \geq 0$ (véase el ejercicio 7.14). Mas, por otro lado, también se ha de cumplir que $\alpha \leq 0$: si $\alpha > 0$, habría algunos tipos (aquéllos con $v_i < \alpha$) que propondrían una oferta mayor que su valoración. Ello es claramente una estrategia dominada en el equilibrio. Dado que, por tanto, cualquier estrategia de equilibrio de la forma [7.27] ha de tener $\alpha = 0$ se sigue que $\beta > 0$, pues, si $\beta \leq 0$, [7.27] prescribiría una oferta uniformemente igual a cero, lo cual es obviamente imposible en una estrategia de equilibrio.

En función de lo antedicho, podemos restringir nuestra búsqueda de estrategias (afines) de equilibrio a aquellas de la siguiente forma:

$$g_i(v_i) = \beta v_i, \ \ \beta > 0,$$

es decir, estrategias que son funciones crecientes y lineales (esto es, afines *sin* ordenada en el origen) del tipo del jugador. En ese caso, el problema de optimización afrontado por cada individuo $i = 1, 2$ es el siguiente: conocido v_i,

$$\max_{a_i \in [0,1]} \left\{ \left((v_i - a_i) \, \mathbf{Prob} \, \{a_i > \beta v_j\} \right) + \left(\frac{1}{2} (v_i - a_i) \, \mathbf{Prob} \, \{a_i = \beta v_j\} \right) \right\} \quad j \neq i.$$

[7.28]

El segundo de los sumandos puede ignorarse, ya que, dado que los tipos se suponen distribuidos uniformemente sobre $[0, 1]$, la probabilidad (*no* la densidad) de que βv_j coincida con cualquier a_i determinado es cero. Es decir,

$$\mathbf{Prob} \, \{a_i = \beta v_j\} = 0 \qquad [7.29]$$

para todo $a_i \in [0, 1]$. Por otro lado, la uniformidad de la distribución también implica:

$$\mathbf{Prob} \, \{a_i > \beta v_j\} = \mathbf{Prob} \, \left\{ v_j < \frac{a_i}{\beta} \right\} = \min \left[\frac{a_i}{\beta}, 1 \right]. \qquad [7.30]$$

Utilizando [7.29] y [7.30], el problema de optimización del individuo i se puede reescribir como sigue:

$$\max_{a_i \in [0,1]} \left\{ (v_i - a_i) \min \left[\frac{a_i}{\beta}, 1 \right] \right\},$$

cuyas soluciones *interiores* son de la forma:

$$a_i^* = g_i (v_i) = \frac{v_i}{2}. \qquad [7.31]$$

Nótese que, curiosamente, la expresión anterior *no* depende de β. Por tanto, siempre y cuando la respuesta óptima del individuo i frente a una estrategia lineal del otro jugador con pendiente β *no* conlleve la obtención del bien con probabilidad uno (esto es, si $\frac{v_i}{2} < \beta$), el individuo i debe de realizar una oferta igual a $\frac{v_i}{2}$. Obviamente, ello implica que el único valor de β que define unas estrategias de equilibrio que tengan la forma lineal requerida es precisamente $\beta = 1/2$.

Concluimos, por tanto, que la sencilla estrategia que fija la oferta de cada individuo a la mitad de su valoración define un equilibrio bayesiano del juego inducido por el mecanismo de subasta de primer precio. Más aún, es posible probar (véase Gibbons, 1992) que este equilibrio es, de hecho, el *único* equilibrio simétrico que satisface ciertas condiciones de regularidad (en particular, diferenciabilidad y monotonicidad de las estrategias).

7.3.2 Subasta bilateral comprador-vendedor*

Considérese ahora un contexto donde la subasta no es entre los posibles compradores de un cierto bien sino entre un vendedor y un comprador, ambos sujetos activos del proceso de subasta. Podemos concebirlos como los participantes de un "micro-mercado", cuyas ofertas de compra y venta se realizan de forma simultánea.

Denótese por c y s al comprador y vendedor, respectivamente, y sean p_c y p_s los "precios" respectivos que ambos proponen (simultáneamente). Las reglas del intercambio son como sigue:

- si $p_c \geq p_s$, se realiza el intercambio al precio $p^*(p_s, p_c) \equiv \frac{p_s + p_c}{2}$.
- si $p_c < p_s$, no se realiza ningún intercambio.

Sean v_c y v_s las valoraciones del bien por parte de comprador y vendedor, respectivamente —esto es, sus llamados "valores de reserva". En el caso del comprador, v_c se puede identificar con el coste del sustituto alternativo al bien en cuestión; en el caso del vendedor, v_s puede concebirse como el beneficio que éste obtendría si, en vez de transferirlo al vendedor, lo dedicara a un uso alternativo.

Al igual que en el contexto anterior, se supone que estos valores de reserva son conocidos por el agente respectivo pero desconocidos por la otra parte. Ambos individuos conocen, sin embargo, que se distribuyen *ex ante* de forma uniforme sobre el intervalo $[0, 1]$.

El contexto descrito define un juego bayesiano con espacio de tipos $T_i = [0, 1]$. En este juego, las estrategias puras de cada agente son funciones de la forma

$$p_i : [0, 1] \to [0, 1], \quad i = c, s.$$

que determinan, para cada jugador (comprador o vendedor), la oferta respectiva en función de su valor de reserva.

En este juego existen muchos equilibrios. Para ilustrar este hecho, fíjese un $\theta \in (0, 1)$ arbitrario y considérense las estrategias:

- Para el comprador:

$$\begin{aligned} \tilde{p}_c(v_c) &= \theta \quad \text{si } v_c \geq \theta \\ &= 0 \quad \text{si } v_c < \theta \end{aligned} \tag{7.32}$$

- Para el vendedor:

$$\begin{aligned} \tilde{p}_s(v_s) &= \theta \quad \text{si } v_s \leq \theta \\ &= 1 \quad \text{si } v_s > \theta \end{aligned} \tag{7.33}$$

Es fácil comprobar que este par de estrategias definen un equilibrio bayesiano; esto es, que no existe ninguna desviación unilateral beneficiosa por parte de ningún jugador (véase el ejercicio 7.18). En este equilibrio, se produce el intercambio del bien al precio θ con probabilidad

$$\textbf{Prob } \{v_c \geq \theta\} \textbf{ Prob } \{v_s \leq \theta\} = \theta(1 - \theta).$$

Por otra parte, con la probabilidad complementaria $1 - \theta(1 - \theta)$ el intercambio no se realiza. Como el hecho de que las estrategias [7.32]-[7.33] definan un equilibrio no depende del valor concreto de θ, variando este parámetro sobre $[0, 1]$ podemos generar un continuo de equilibrios diferentes con un patrón análogo. Obviamente, el más eficiente de ellos (aquél que maximiza la probabilidad de intercambio) se obtiene cuando $\theta = 1/2$.

El conjunto de equilibrios descritos presenta el inconveniente de variar muy discontinuamente con respecto al tipo de los jugadores.[4] En particular, puede ocurrir que una pequeña variación en los valoraciones de los individuos llegue a ocasionar el colapso total de un gran excedente potencial. Es por ello que se plantea de forma natural la conveniencia de obtener equilibrios cuya dependencia del tipo del agente sea más "gradual". En este sentido, la formulación afín estudiada más arriba para el contexto de subasta entre compradores parece un candidato natural.

Considérense, por tanto, estrategias de la forma:

$$p_i(v_i) = \alpha_i + \beta_i\, v_i, \qquad \alpha_i, \beta_i \geq 0, \quad i = c, s.$$

En este caso, los problemas de optimización de cada agente se pueden formular como sigue. Para el comprador:

$$\max_{p_c \in [0,1]} \left\{ v_c - \frac{p_c + \mathbf{E}\left[\alpha_s + \beta_s v_s \mid p_c \geq \alpha_s + \beta_s v_s\right]}{2} \right\} \mathbf{Prob}\left\{p_c \geq \alpha_s + \beta_s v_s\right\}, \quad [7.34]$$

donde $\mathbf{E}[\cdot]$ denota la esperanza matemática. Y para el vendedor:

$$\max_{p_s \in [0,1]} \left\{ \frac{p_s + \mathbf{E}\left[\alpha_c + \beta_c v_c \mid p_s \leq \alpha_c + \beta_c v_c\right]}{2} - v_s \right\} \mathbf{Prob}\left\{p_s \leq \alpha_c + \beta_c v_c\right\}. \quad [7.35]$$

Ya que la estrategia del vendedor es afín, su oferta p_s se distribuye uniformemente en el intervalo $[\alpha_s + (\beta_s \times 0), \alpha_s + (\beta_s \times 1)] = [\alpha_s, \alpha_s + \beta_s]$. Por tanto, se comprueba inmediatamente que [7.34] se puede reescribir como sigue:

$$\max_{p_c \in [0,1]} \left\{ v_c - \frac{1}{2}\left(p_c + \frac{\alpha_s + p_c}{2}\right) \right\} \frac{p_c - \alpha_s}{\beta_s}.$$

De forma análoga para el vendedor, y dado que la oferta p_c del comprador se distribuye uniformemente en el intervalo $[\alpha_c, \alpha_c + \beta_c]$, el problema de maximización [7.35] se puede reescribir:

$$\max_{p_s \in [0,1]} \left\{ \frac{1}{2}\left(p_s + \frac{p_s + \alpha_c + \beta_c}{2}\right) - v_s \right\} \frac{\alpha_c + \beta_c - p_s}{\beta_c}.$$

---

[4] Nótese el acusado paralelismo entre estos equilibrios y los equilibrios de Nash no perfectos considerados en la sección 5.2 en un marco de negociación. También en aquel caso obteníamos una gama completa de posibles resultados de equilibrio mediante estrategias vinculadas de forma rígida a una cierta propuesta mínima.

Las condiciones de primer orden para estos problemas de optimización inducen las siguientes soluciones:

$$p_c = \frac{2}{3}\, v_c + \frac{\alpha_s}{3}$$

$$p_s = \frac{2}{3}\, v_s + \frac{\alpha_c + \beta_c}{3},$$

de donde se obtiene $\beta_c = \beta_s = 2/3$, y

$$\alpha_c = \frac{\alpha_s}{3}$$

$$\alpha_s = \frac{\alpha_c + \beta_c}{c}.$$

Por tanto, encontramos que $\alpha_c = 1/12$ y $\alpha_s = 1/4$, lo cual completa el cómputo de las estrategias de equilibrio:

$$p_c = \frac{2}{3}\, v_c + \frac{1}{12} \qquad\qquad [7.36]$$

$$p_s = \frac{2}{3}\, v_s + \frac{1}{4}. \qquad\qquad [7.37]$$

Dado que el intercambio sólo se produce cuando $p_c \geq p_s$, de [7.36]-[7.37] obtenemos la siguiente condición:

$$v_c \geq v_s + 1/4,$$

que caracteriza las combinaciones de tipos de los agentes para las cuales se produce intercambio. La condición anterior indica que, en general, habrá circunstancias en las que es eficiente la realización del intercambio (esto es, $v_c > v_s$) pero éste no se llevará a cabo (ya que $p_c < p_s$). Ello es una consecuencia de las consideraciones estratégicas (esto es, intentos de "manipulación") que se derivan de un mecanismo de subasta bilateral con información incompleta. Este fenómeno se ilustra en la figura 7.12.

El cuadrado de lado unitario incluido en la figura 7.12 engloba el conjunto de posibles realizaciones en el espacio de tipos. Los puntos por encima de la diagonal $v_c = v_s$ reflejan todas las situaciones en las que sería eficiente que se produjera el intercambio. Sin embargo, éste no se realiza (en el equilibrio) para realizaciones incluidas en la región sombreada. El tamaño de esta región cuantifica, en términos esperados, la magnitud de la ineficiencia asociada al mecanismo de intercambio considerado.

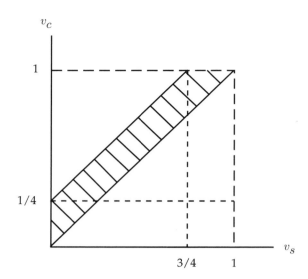

Figura 7.12. Rango de ineficiencia en subasta bilateral comprador-vendedor.

7.3.3 El Principio de Revelación*

El análisis llevado a cabo en la subsección 7.3.2 indica que, utilizando un mecanismo de subasta bilateral entre un comprador y un vendedor, siempre existe la posibilidad de que el resultado sea ineficiente *ex post*. (Es decir, existe una probabilidad positiva de que sus valoraciones sean tales que si el intercambio se realizara ambos podrían mejorar, pero la transmisión del bien no se lleva a cabo.) Esta conclusión negativa suscita de forma natural la siguiente pregunta:

> *¿Existen mecanismos de asignación alternativos al de subasta bilateral comprador-vendedor que garanticen la eficiencia del intercambio?*

Así planteada, parecería que la contestación a una pregunta tan general, referida a *cualquier* mecanismo de asignación, sería imposible de abordar con precisión. Sin embargo, existe un poderoso principio teórico en la literatura que permite afrontar este tipo de pregunta con éxito: el llamado *Principio de Revelación* (Myerson, 1979, 1981). Por este principio, a la hora de identificar el conjunto de *posibilidades* de implementación alcanzables a través de la familia completa de mecanismos, podemos restringir nuestra atención a aquellos conocidos como directos. Un mecanismo se denomina directo si las estrategias o "mensajes" de los agentes son sus propios tipos y *no* las decisiones relacionadas *indirectamente* con ellos (como, por ejemplo, las ofertas o pujas en mecanismos de subasta). Con esta terminología, el principio de revelación se puede formular sucintamente como sigue:

> *"El resultado asociado a cualquier equilibrio de cualquier mecanismo, por complicado que éste sea, se puede reproducir mediante un equilibrio de un juego directo en el que los jugadores comunican (o revelan) sus verdaderos tipos".*

En cierto sentido, el principio de revelación es casi más difícil de formular que de probar, pues el argumento sencillo e intuitivo que lo sostiene es el siguiente. Para cualquier mecanismo que se considere, por muy "indirecto" que éste sea (es decir, por muy complicada que sea la relación entre las estrategias de los agentes y las variables relevantes subyacentes: sus tipos) siempre podemos construir un mecanismo directo en el que:

(i) en una primera fase intermedia, los agentes revelan sus tipos a un mediador imparcial;
(ii) en una segunda fase, el mediador adopta, en representación de los agentes, la misma estrategia que ellos adoptarían en un cierto equilibrio del juego original.

Para cada equilibrio del mecanismo original, existe un equilibrio de mecanismo directo dado por (i)-(ii) en el que cada agente comunica al mediador su *verdadero* tipo y cuyo resultado final es el mismo. Pues, si ello no fuera así, dado que el mediador en el mecanismo directo es simplemente un *alter ego* para los agentes, llegaríamos al absurdo de que algún agente tendría incentivos para "mentirse a sí mismo" en el juego original.

Como una buena muestra de la utilidad del Principio de Revelación, volvemos a la ambiciosa pregunta planteada más arriba: ¿es posible diseñar *algún* mecanismo de intercambio que garantice resultados eficientes? Para abordar esta cuestión, el Principio de Revelación nos indica que podemos restringir nuestra atención a mecanismos directos; esto es, mecanismos en los que los agentes informan exclusivamente sobre sus valores de reserva. Haciendo uso de esta drástica simplificación, Myerson y Satterthwaite (1983) consiguieron probar que (con una distribución uniforme de los tipos) la subasta bilateral estudiada en la subsección 7.3.2 y su equilibrio en estrategias afines maximizan las ganancias esperadas de los agentes entre *todos* los mecanismos de intercambio y correspondientes equilibrios que uno pudiera llegar a considerar. Es, en este sentido, un mecanismo eficiente. Por tanto, se concluye también como corolario que no hay *ningún* mecanismo que sea eficiente *ex-post*. Es decir, la contestación a la pregunta planteada ha de ser negativa: ningún mecanismo puede garantizar que el intercambio se producirá siempre y cuando $v_c > v_s$.

Naturalmente, el Principio de Revelación puede ser aplicado también para explorar exhaustivamente los resultados alcanzables mediante una subasta entre compradores, tal como la considerada en la subsección 7.3.1. Así, si adoptamos la perspectiva de un vendedor (con valor de reserva nulo) que trata con varios posibles compradores, podemos preguntar:

> *¿cuál es el mecanismo de asignación que reporta, en términos esperados, una mayor ganancia (para el vendedor)?*

Para subrayar la generalidad del enfoque que describimos en detalle a continuación,[5] ampliaremos el contexto de la subsección 7.3.1 al caso en que hay un número arbitrario n de posibles compradores. También supondremos que la valoración (o tipo) de cada uno de ellos se extrae de forma independiente del intervalo $[0,1]$ de acuerdo con una variable aleatoria con función general de distribución $F(\cdot)$ y densidad $f(\cdot)$.

Por el Principio de Revelación, para cualquier mecanismo de asignación entre compradores que se pudiera considerar, el resultado obtenido en cualquiera de sus equilibrios se puede reproducir mediante un mecanismo directo donde es equilibrio de Nash que los jugadores comuniquen de forma honrada sus propias valoraciones del bien (es decir, sus tipos).

El comportamiento de tales mecanismos directos es fácil de formular. Viene dado por un par de funciones para cada individuo $i = 1, 2, ..., n$,

$$P_i : [0,1]^n \to \mathbb{R}_+, \quad X_i : [0,1]^n \to [0,1], \tag{7.38}$$

con la interpretación de que para cada perfil de tipos $v = (v_1, v_2, ..., v_n) \in [0,1]^n$, $P_i(v)$ especifica el pago realizado por el individuo i y $X_i(v)$ la probabilidad con la que i recibe el bien. Naturalmente, se ha de cumplir que $\sum_{i=1}^{n} X_i(v) \leq 1$.

Por otro lado, dadas las funciones indicadas en [7.38], podemos definir para cada individuo i sendas funciones:

$$p_i : [0,1] \to \mathbb{R}_+, \quad x_i : [0,1] \to [0,1],$$

donde $p_i(v_i)$ indica el *precio esperado* que el comprador i tendrá que pagar si su valoración es v_i y $x_i(v_i)$ indica la probabilidad de que obtenga el bien. Estas funciones se definen a partir de las correspondientes $P_i(\cdot)$ y $X_i(\cdot)$ de la manera siguiente:

$$p_i(\hat{v}_i) = \int_{v_{-i} \in [0,1]^{n-1}} P_i(\hat{v}_i, v_{-i}) \prod_{j \neq i} f(v_j)\, dv_{-i} \tag{7.39}$$

$$x_i(\hat{v}_i) = \int_{v_{-i} \in [0,1]^{n-1}} X_i(\hat{v}_i, v_{-i}) \prod_{j \neq i} f(v_j)\, dv_{-i}. \tag{7.40}$$

---

[5] En lo que resta de subsección, la discusión sigue en gran medida lo expuesto en Burguet (1997).

Recuérdese que, al invocar el Principio de Revelación, estamos centrando nuestra atención en mecanismos directos donde una revelación honrada de los tipos define un equilibrio. En términos de las funciones especificadas en [7.39]-[7.40], ello requiere que, para cada $i = 1, 2, ..., n$ y todo $v_i \in [0, 1]$, se cumpla:

$$v_i \in \arg \max_{z \in [0,1]} x_i(z) \, v_i - p_i(z). \qquad [7.41]$$

Lo cual exige que las funciones $p_i(\cdot)$ y $x_i(\cdot)$ satisfagan idénticamente (es decir, para todo v_i) la siguiente condición:

$$x_i'(v_i) \, v_i - p_i'(v_i) = 0 \,, \qquad [7.42]$$

que se deriva directamente de las condiciones de primer orden que caracterizan [7.41]. La expresión [7.42] define una ecuación diferencial en v_i cuya solución es de la forma:

$$p_i(v_i) = \int_0^{v_i} z \, x_i'(z) \, d\,z + p_i(0) \,, \qquad [7.43]$$

para determinadas condiciones de frontera $p_i(0) \geq 0$. Si insistimos en que ningún comprador (sea cual sea su valoración) ha de tener incentivos para bloquear el funcionamiento del mecanismo, está claro que se ha de fijar $p_i(0) = 0$. (Si $p_i(0) > 0$, habría individuos con una valoración suficientemente baja que preferirían no participar en el mecanismo.) Tal condición de participación voluntaria se conoce normalmente como condición de *racionalidad individual*.

La ecuación [7.43] refleja un idea importante: una vez que se tienen en cuenta los requisitos impuestos por los incentivos (es decir [7.42]), el funcionamiento de cada posible mecanismo está vinculado de forma esencialmente *unívoca* a las respectivas probabilidades de obtener el bien por parte de cada individuo. Pues, dadas estas probabilidades, los precios esperados $p_i(v_i)$ se siguen de ellas a través de [7.43]. En particular, ello indica que el conjunto de posibles resultados inducido por los distintos mecanismos compatibles con los incentivos individuales es esencialmente de naturaleza unidimensional. De hecho, integrando [7.43] por partes, obtenemos una interesante propiedad verificada por *cualquiera* de estos mecanismos:

$$x_i(v_i) \, v_i - p_i(v_i) = \int_0^{v_i} x_i(z) \, d\,z, \qquad [7.44]$$

es decir, las rentas esperadas obtenidas por cualquier individuo i son crecientes en su valoración v_i. Más concretamente, estas rentas crecen marginalmente a una tasa que depende exclusivamente de $x_i(v_i)$, la probabilidad con la que el bien es adjudicado al individuo con valoración v_i.

Una vez caracterizado el comportamiento de cualquier mecanismo compatible con los incentivos, estamos en condiciones de abordar la pregunta planteada más arriba: ¿cuál de ellos preferirá el vendedor? La respuesta ha de venir referida, naturalmente, al mecanismo compatible $\mathcal{M} \equiv \{P_i, X_i\}_{i=1}^{n}$ que maximice sus ganancias esperadas; es decir, a aquel que resuelva el problema:

$$\max_{\mathcal{M}} \sum_{i=1,\dots,n} \mathbf{E}\,[p_i(v_i)] \qquad [7.45]$$

donde, utilizando [7.44] para cada $i = 1, 2, \dots, n$, tenemos:

$$
\begin{aligned}
\mathbf{E}\,[p_i(v_i)] &= \int_0^1 p_i(v_i)\, f(v_i)\, dv_i \\
&= \int_0^1 \left[x_i(v_i)\, v_i - \int_0^{v_i} x_i(z)\, dz \right] f(v_i)\, dv_i \qquad [7.46]\\
&= \int_0^1 x_i(v_i)\, v_i\, f(v_i)\, dv_i - \int_0^1 \int_0^{v_i} x_i(z) f(v_i)\, dz\, dv_i.
\end{aligned}
$$

Centrándonos en el segundo término de [7.46], nótese que, cambiando el orden de integración sobre el triángulo $\{(v_i, z) \in [0,1]^2 : 0 \le z \le v_i \le 1\}$, podemos reescribirlo como sigue:

$$
\begin{aligned}
\int_0^1 \int_0^{v_i} x_i(z) f(v_i)\, dz\, dv_i &= \int_0^1 \int_z^1 x_i(z) f(v_i)\, dv_i\, dz \\
&= \int_0^1 \int_{v_i}^1 x_i(v_i) f(z)\, dz\, dv_i
\end{aligned}
$$

en donde la ultima expresión refleja únicamente un cambio de notación de las variables de integración. Introduciendo esta expresión en [7.46], se obtiene:

$$
\begin{aligned}
\mathbf{E}\,[p_i(v_i)] &= \int_0^1 \left[x_i(v_i)\, v_i\, f(v_i) - \int_{v_i}^1 x_i(v_i) f(z)\, dz \right] dv_i \\
&= \int_0^1 \left[v_i - \frac{1}{f(v_i)} \int_{v_i}^1 f(z)\, dz \right] x_i(v_i)\, f(v_i)\, dv_i \qquad [7.47]\\
&= \int_0^1 \left[v_i - \frac{1 - F(v_i)}{f(v_i)} \right] x_i(v_i)\, f(v_i)\, dv_i.
\end{aligned}
$$

Denotemos

$$\eta(v_i) \equiv v_i - \frac{1 - F(v_i)}{f(v_i)},$$

que usualmente se conoce como la *valoración virtual* del individuo i cuando su valoración es v_i. Con esta notación, y utilizando las expresiones [7.40] y [7.47], el problema de optimización [7.45] se puede desarrollar de la forma siguiente:

$$\max_{\mathcal{M}} \sum_{i=1}^{n} \mathbf{E}\,[p_i(v_i)] = \max_{\mathcal{M}} \sum_{i=1}^{n} \int \eta(v_i)\,x_i(v)\;f(v_i)\,dv_i$$

$$= \max_{\mathcal{M}} \sum_{i=1}^{n} \int \eta(v_i)\,X_i(v)\;\prod_{j=1}^{n} f(v_j)\,dv \qquad [7.48]$$

$$= \max_{\mathcal{M}} \int \left(\sum_{i=1}^{n} \eta(v_i)\,X_i(v) \right) \prod_{j=1}^{n} f(v_j)\,dv.$$

Dado un perfil de valoraciones v, sea

$$\Lambda(v) \equiv \{i \in \{1, 2, ..., n\} : \eta(v_i) \geq 0\}$$

el conjunto de individuos cuya valoración virtual es no negativa y denótese por

$$\Lambda^*(v) \equiv \{i \in \Lambda(v) : \eta(v_i) \geq \eta(v_j)\,,\; j \in \Lambda(v)\}$$

el subconjunto de tales individuos cuya valoración virtual es máxima. Considérese un mecanismo $\mathcal{M} = \{P_i, X_i\}_{i=1}^{n}$ con la propiedad

$$\sum_{j \in \Lambda^*(v)} X_j(v) = 1 \quad \text{si } \Lambda(v) \neq \emptyset; \qquad [7.49]$$

$$\sum_{i=1}^{n} X_i(v) = 0 \quad \text{en otro caso.} \qquad [7.50]$$

En tal mecanismo, el bien se asigna a alguno de los compradores cuya valoración *virtual* es máxima y no negativa (posiblemente de forma aleatoria, si hay varios de ellos). Por otro lado, en caso de que *todos* los individuos tengan una valoración virtual negativa, ninguno de los posibles compradores obtiene el bien. Obviamente, en vista de [7.48], *cualquier* mecanismo que satisfaga [7.49]-[7.50] es una solución del problema de optimización del vendedor planteado en [7.45].

Supóngase que $\eta(v_i)$ es creciente en v_i, una condición de "regularidad" que satisfacen muchas distribuciones interesantes (la uniforme, por ejemplo). Bajo esta condición, un mecanismo óptimo especialmente sencillo es el inducido por una subasta de primer precio como la descrita en la subsección 7.3.1, pero con el importante añadido de un precio de reserva $\hat{p}$ que se calcula de la siguiente forma:

$$\hat{p} = \min \left\{ v_i \in [0, 1] : \eta(v_i) \equiv v_i - \frac{1 - F(v_i)}{f(v_i)} \geq 0 \right\}, \qquad [7.51]$$

es decir, $\hat{p}$ se determina igual a la mínima v_i que conlleva una valoración virtual no negativa.[6]

---

[6] Por ejemplo, si la distribución subyacente es uniforme en [0, 1] (esto es, $F(v_i) = v_i$ para cada v_i) el precio de reserva $\hat{p}$ es precisamente 1/2.

La interpretación de este precio de reserva es la habitual: el vendedor no acepta ninguna puja que esté por debajo de $\hat{p}$. Siendo así, es fácil comprobar que las estrategias de equilibrio del juego inducido satisfacen:

(a) sólo individuos con una valoración no menor que $\hat{p}$ participan en la subasta;[7]

(b) entre aquellos individuos i que sí participan, su estrategia $g_i(v_i)$ es creciente en v_i.

Obviamente, bajo estas condiciones, el ganador de la subasta (si es que hay algún individuo con $v_i \geq \hat{p}$ que participa en ella) es aquel cuya valoración es máxima. Ello implica que [7.49]-[7.50] se satisfacen y se confirma que, efectivamente, tal procedimiento de subasta es óptimo para el vendedor.

Mas, si mantenemos el supuesto de que $\eta(\cdot)$ es creciente, el vendedor obtendrá las mismas ganacias esperadas a través de *cualquier* otro mecanismo que garantice igualmente que, en el equilibrio, el bien es asignado al individuo con la máxima valoración v_i y $\eta(v_i) \geq 0$. A modo de ilustración, un interesante mecanismo alternativo que tiene estas características es la llamada *subasta de segundo precio*, sujeta al mismo precio de reserva $\hat{p}$ especificado en [7.51]. En este tipo de subasta, el individuo ganador (el que realiza la oferta más alta, que ha de ser al menos $\hat{p}$) paga la puja del que le sigue (o $\hat{p}$, si es el único que participa). En tales circunstancias, es fácil comprobar (véase el ejercicio 7.17) que las condiciones [7.49]-[7.50] siguen verificándose, lo que indica que este mecanismo reporta al vendedor las mismas ganancias esperadas que una subasta de primer precio con el mismo valor de reserva $\hat{p}$.

Lo antedicho no es más que un reflejo particular de un resultado mucho más general: el llamado *Teorema de Equivalencia de Rentas* (Myerson, 1981). Este resultado, que se sigue directamente de la forma de [7.48], establece lo siguiente: cualquier par de mecanismos que induzcan el mismo patrón de asignación (es decir, para cada vector v, asignen el bien al individuo i con idéntica probabilidad $X_i(v)$) generan las mismas ganancias esperadas para el vendedor. Así, a pesar de que, por ejemplo, las subastas de primer y segundo precio inducen un muy *distinto* patrón de pagos $P_i(\cdot)$, ambas producen las *mismas* ganancias esperadas para el vendedor, sea cual sea el precio (común) de reserva $\hat{p}$.

Tal como indica [7.51], si el vendedor decide utilizar una subasta, ya sea de primer precio, ya sea de segundo, siempre querrá imponer un precio de reserva positivo. Ello es un mero reflejo de la situación de que disfruta como único vendedor del "mercado", que le lleva a imponer esta restricción como forma de explotar óptimamente su "poder de monopolio". Como en otros casos análogos, su función aquí es la de extraer rentas de los compradores (en este caso, rentas informacionales),

---

[7] Lo que hagan los individuos indiferentes cuya valoración $v_i = \hat{p}_i$ es irrelevante, ya que este evento tiene probabilidad *a priori* nula.

a pesar del coste que ello lleva aparejado en términos de eficiencia. Así, si $\hat{p}$ se fija como en [7.51] en una subasta de primer o segundo precio, el bien no cambiará de manos cuando el perfil de valoraciones v es tal que $0 < v_i < \hat{p}$ para cada $i = 1, 2, ..., n$. En esos casos, cuya probabilidad a priori es $(F(\hat{p}))^n > 0$, la asignación es obviamente ineficiente.

Ejercicios

Ejercicio 7.1 En el contexto de la sección 7.1, muéstrese un ejemplo gráfico en donde no exista un equilibrio agrupador.

Ejercicio 7.2 Considérese el modelo de señalización de Spence descrito en la sección 7.1.

(a) Formúlese como un juego bayesiano general (esto es, *no* como un juego de señalización). Pruébese (constructivamente) que, para cualquier nivel de educación $\eta_o < \eta^*(A)$, existe un equilibrio bayesiano en el que ambos tipos de trabajador eligen η_o. (Recuérdese que $\eta^*(\chi)$ denota el nivel óptimo de educación para cada tipo $\chi = A, B$ con información completa.)

(b) Reconsiderando el contexto como un juego de señalización, arguméntese que existe un cierto $\check{\eta} > 0$ tal que no puede haber ningún equilibrio de señalización agrupador en el que ambos tipos de trabajador eligen un nivel de educación $\eta < \check{\eta}$.

(c) Explíquese verbalmente el contraste entre (a) y (b).

Ejercicio 7.3 En el modelo de señalización de Spence considerado, postúlense funciones de producción lineales en educación:

$$f(\chi, \eta) = a(\chi) + b(\chi)\,\eta$$

con $a(A) \geq a(B) \geq 0$ y $b(A) > b(B)$.

(a) Propónganse condiciones sobre las funciones de coste $c(\chi, \eta)$ que garanticen la existencia de un equilibrio agrupador para cualquier valor dado de $p > 0$ (la probabilidad a priori del tipo A).

(b) Muéstrese también que, dada una cierta estructura de coste y cualquier η_0, existe un $\hat{p} > 0$ suficientemente pequeño tal que si $p \leq \hat{p}$, *no* existe ningún equilibrio agrupador al nivel η_0.

Ejercicio 7.4 Considérese un cierto equilibrio agrupador en el contexto del ejercicio 7.3 con funciones de producción lineales. Defínase el nivel de educación $\check{\eta} \neq \eta_0$ que resuelve la siguiente ecuación:

$$\omega_0 - c(A, \eta_0) = [p\,f(A, \check{\eta}) + (1-p)\,f(B, \check{\eta})] - c(A, \check{\eta}),$$

esto es, la educación $\check{\eta}$ distinta de η_0 para la cual al trabajador de tipo A le es indiferente obtener esta educación y ser pagado según la productividad media asociada o elegir el nivel de educación de equilibrio η_0 y ser pagado ω_0.

(a) Pruébese que $\check{\eta}$ está bien definido y es único si

$$\frac{\partial c\left(A, \eta_0\right)}{\partial \eta} < q\ b(A) + (1 - q)\ b(B)$$

y $\frac{\partial^2 c(A, \eta)}{\partial \eta^2}$ está acotada por encima de cero.

(b) Muéstrese que existe un equilibrio con la misma prescripción *en* el equilibrio pero las siguientes percepciones (mucho menos drásticas que las consideradas en el texto) fuera de equilibrio:

$$\mu\left(A \mid \eta\right) = p \quad \text{si } \eta \geq \check{\eta},\ \eta \neq \eta_0$$
$$\mu\left(A \mid \eta\right) = 0 \quad \text{si } \eta < \check{\eta}.$$

Ejercicio 7.5 Pruébese o refútese la siguiente afirmación:

Si se satisface la condición [7.6] de "no envidia", existe un equilibrio separador (tal como se describe en el texto), pero no puede existir un equilibrio agrupador.

Ejercicio 7.6 Encuéntrese otro equilibrio separador diferente del descrito en el texto para el caso en que la condición [7.6] no se satisfaga.

Ejercicio 7.7 En el contexto de la sección 7.1, pruébense o refútense las siguientes afirmaciones, referidas a un equilibrio híbrido en que el trabajador de tipo B se separa aleatoriamente del de tipo A (el tratado en el texto):

(a) El nivel alto de educación $\hat{\eta}$ es siempre menor que $\eta^*\left(A\right)$.

(b) El nivel alto de educación $\hat{\eta}$ es siempre menor que $\tilde{\eta}$, donde $\tilde{\eta}$ es el nivel caracterizado por [7.8].

Si alguna de las afirmaciones (a)-(b) es en general falsa, propónganse condiciones adicionales que las hagan ciertas.

Ejercicio 7.8 En el contexto del ejercicio 7.3, supóngase que

$$a\left(\chi\right) = 0, \qquad \chi = A, B;$$
$$b\left(A\right) = 2, \quad b(B) = 1.$$

y considérense funciones de coste dadas por:

$$c\left(\chi, \eta\right) = \frac{\eta}{b(\chi)}.$$

Suponiendo que $p > 1/2$, caractericénse los equilibrios de señalización.

Ejercicio 7.9 Descríbase un equilibrio híbrido polar respecto al considerado en la sección 7.1, es decir, un equilibrio en donde es el tipo A el que aleatoriza entre identificarse con el tipo B o bien separarse de él a través de un nivel de educación totalmente revelador de su tipo. Ilústrese gráficamente.

Ejercicio 7.10 En el contexto ilustrado por la figura 7.7, descártese en función del criterio intuitivo la posibilidad de un equilibrio híbrido donde es el tipo A o es el tipo B quien aleatoriza su elección.

Ejercicio 7.11 En el contexto de la sección 7.2, considérense los siguientes datos del problema: la función elemental $V(\cdot)$ viene dada por $V(W) = \ln W$, $\hat{W}_1 = 2$, $\hat{W}_2 = 1$, $\rho^A = 2/3$, $\rho^B = 1/3$. Caractéricense las condiciones sobre p (la probabilidad de que un individuo sea de tipo A) consistentes con la existencia de un equilibrio bayesiano perfecto.

Ejercicio 7.12 Considérese un contexto como el descrito en la ejercicio 7.11, pero con la siguiente posibilidad añadida. Antes de acudir al mercado de seguros, cada individuo decide si revela o no su probabilidad de accidente. Si lo hace, experimenta un coste de verificación $c > 0$ (por ejemplo, tiene que contratar a unos peritos que verifiquen la información mencionada). A continuación, el juego se desarrolla de la forma descrita en la sección 7.2, con la posibilidad de que las empresas hagan sus ofertas dependientes de la acción (y en su caso, información) observada en la primera etapa del juego.

(a) Demuéstrese que si c es suficientemente pequeño, ambos tipos de agentes se aseguran completamente en el único equilibrio bayesiano perfecto del juego.

(b) Caractéricense las condiciones sobre c que inducen la conclusión mencionada en (a).

(c) Explíquense las características del equilibrio resultante cuando las condiciones especificadas en (b) no se verifican.

Ejercicio 7.13 Considérese un contexto con un trabajador y una empresa como el que aparece en la sección 7.1. Sin embargo, en contraste con el orden de movimiento (1)-(4) postulado en el texto, considérese el siguiente:

(1') La naturaleza selecciona el "tipo" del trabajador, que se identifica con su "capacidad" χ: alta ($\chi = A$) o baja ($\chi = B$). Las probabilidades con que la naturaleza selecciona cada uno de los tipos son p y $(1 - p)$, respectivamente.

(2') Sin conocer el tipo del trabajador, cada empresa $i = 1, 2$ le propone *simultáneamente* un salario $\omega_i \in \mathbb{R}_+$ que le pagará si completa un cierto nivel de educación asociado η_i.

(3′) Dadas las propuestas de las empresas, el trabajador (que conoce su tipo) decide aceptar una de ellas y llevar a cabo la inversión en educación aparejada.

Demuéstrese que todos los equilibrios bayesianos perfectos del juego descrito (en estrategias puras) son separadores.

Ejercicio 7.14 Pruébese *formalmente* que $\alpha \geq 0$ para cualquier estrategia que sea de equilibrio entre las consideradas en [7.27].

Ejercicio 7.15 Calcúlese el equilibrio bayesiano simétrico de una subasta de primer precio entre 3 compradores cuyas estrategias son afines. ¿Qué extrapolación se sigue de aquí para el caso general de n posibles compradores?

Ejercicio 7.16 Calcúlese un equilibrio bayesiano simétrico en una subasta de primer precio donde las valoraciones de los individuos se seleccionan del conjunto $V = \left\{v^0, v^1\right\}$ de acuerdo con probabilidades $P(v, v') = 1/4$, $\forall(v, v') \in V^2$, y las pujas se restringen al conjunto $Q = \left\{v^0, v^1, \frac{v^0, v^1}{2}\right\}$.

Ejercicio 7.17 Considérese un contexto en el que n individuos participan en una subasta de "segundo precio" por un cierto bien, definida de la forma siguiente. Dado un perfil de ofertas $(s_1, s_2, ..., s_n) \in \mathbb{R}_+$ el bien es asignado al individuo que puja más alto. En caso de que haya varios individuos que coinciden en realizar la oferta más alta, uno de ellos es elegido con igual probabilidad. Una vez adjudicado el bien, el individuo i al que se le adjudica no paga su oferta s_i, sino la segunda oferta más alta dada por $\max\left\{s_j : s_j \leq s_i \,,\; j \neq i\right\}$.

(a) Modelando este contexto como un juego bayesiano con información privada sobre las valoraciones de los individuos, determínense sus equilibrios.
(b) Supóngase ahora que existe una mínima puja $\hat{p} > 0$ que los individuos han de realizar si desean participar en la subasta. (En este caso, la "segunda oferta más alta" se identifica con $\hat{p}$ si sólo hay un individuo que participa.) Determínense los equilibrios en este segundo caso.

Ejercicio 7.18 Compruébese que las estrategias definidas por [7.32]-[7.33] determinan un equilibrio bayesiano del juego inducido por la subasta bilateral correspondiente.

Ejercicio 7.19 Considérese un contexto de subasta como el descrito en la subsección 7.3.1 con 3 potenciales compradores y la siguiente posibilidad añadida. Antes de empezar la subasta propiamente dicha, el vendedor tiene la opción de exigir de cada posible comprador una fianza $x \geq 0$ para participar en la subasta. Si un comprador abona esta fianza pero finalmente no recibe el bien, recupera su fianza.

En este contexto, podemos considerar dos sub-escenarios alternativos. En el primero, los compradores conocen cuántos compradores pueden participar inicialmente en la subasta pero no cuántos finalmente lo hacen (es decir, pagan la fianza).

En el segundo, la información sobre cuántos compradores efectivamente participan en la subasta es pública antes de que ésta se lleve a cabo. Determínese cuál de las dos posibilidades prefiere el vendedor y cuál sería el valor óptimo de x elegido en cada caso.

8. Cooperación y reputación con interacción repetida

8.1 Introducción y ejemplos

En muchos contextos de interés, se observa cómo un conjunto dado de jugadores interacciona de forma repetida a lo largo del tiempo (las empresas que participan en un mismo mercado, un proveedor y sus clientes, los miembros de un club deportivo, etc.). Con frecuencia, podemos suponer que las condiciones subyacentes en dicha interacción dentro de cada periodo permanecen más o menos constantes a lo largo del proceso. (Así, por ejemplo, y con referencia a los ejemplos anteriores, en muchos casos resulta apropiado suponer que la demanda agregada afrontada por las empresas se mantiene esencialmente estable, o la tecnología de producción no cambia, o las actividades del club en cuestión no experimentan variación.) Bajo tales circunstancias, la interacción repetida entre los jugadores introduce ricas consideraciones intertemporales que pueden llegar a desempeñar un papel crucial en la consolidación de su relación. Como veremos, será fundamentalmente la utilización de amenazas más o menos explícitas entre jugadores, así como su intento (no siempre conseguido) de consolidar una "sólida" reputación lo que, en ocasiones, puede generar interesantes tipos de comportamiento; en particular, comportamientos que serían por sí solos inalcanzables (esto es, no serían de equilibrio) en un contexto de interacción *no* repetida.

Como primera ilustración de lo descrito, considérese el "dilema del prisionero" presentado en la tabla 1.1 (capítulo 1). Si este juego se juega sólo una vez, ya vimos que (D,D) representa el único equilibrio de Nash, ya que D es una estrategia dominante para ambos jugadores.

Supóngase ahora que este juego se repite un número T de veces entre los mismos dos jugadores. En este juego dinámico, está claro que (D,D) repetido T veces define un equilibrio de Nash (véase el ejercicio 8.1). ¿Hay la posibilidad de sostener como equilibrio algo más que (D,D) repetido T veces? Intuitivamente, parecería que una serie de (N,N) iniciales pudiera obtenerse como parte de un "acuerdo" (equilibrio) que explotara las ganancias posibles de la cooperación entre los jugadores. Como veremos a continuación, la validez de esta intuición depende crucial y espectacularmente del cardinal (sea éste finito o no) del horizonte T de interacción.

Considérese primero el caso en que T es finito, arbitrariamente grande. Sea $\gamma^* \equiv (\gamma_1^*, \gamma_2^*)$ un equilibrio de Nash del juego repetido. Dado que D es una estrategia dominante del juego en cada etapa, ninguna de las γ_i^*, $i = 1, 2$, puede prescribir N con probabilidad positiva en el último periodo. En este periodo, por tanto, γ^* habrá de inducir necesariamente el perfil de acciones (D,D). Siendo esto así, el penúltimo periodo pasa a reflejar las mismas consideraciones que el último. Es, a todos los efectos, el "último periodo", ya que sea cual sea la acción de cada jugador en esta penúltima etapa, el perfil de acciones subsiguientes es independiente de ella. Por tanto, γ^* ha de prescribir necesariamente la acción D para cada jugador en la penúltima etapa. Prosiguiendo inductivamente hacia delante en el juego, llegamos a la conclusión de que γ^* ha de resultar en el perfil (D,D) para *todos* los periodos del juego repetido, desde el primero al último. En otras palabras, la repetición *finita* del dilema del prisionero no amplía, en comparación con su versión no repetida, las posibilidades de cooperación de los jugadores.

Considérese ahora el caso en que el dilema del prisionero se repite un número *no* limitado de veces. (Naturalmente, la repetición "infinita" de un juego ha de ser concebida como una abstracción teórica que modela situaciones en donde el "último periodo" no desempeña un papel determinante en su análisis; obviamente, no puede ser interpretada como un modelo *realista* de procesos de interacción repetida.) Si T no es finito, ya no existe un último periodo a partir del cual podamos comenzar un proceso de inducción retroactiva como el descrito más arriba. ¿Es posible ahora materializar las posibilidades de cooperación entre los individuos?

Supongamos que las preferencias intertemporales de cada agente descuentan el flujo de pagos futuros a la tasa $\delta \in (0,1)$. Es decir, el pago intertemporal asociado a una sucesión de pagos $\{\pi_i^t\}_{t=1,2,\ldots}$ para el jugador i en cada t es:

$$\pi_i \equiv \sum_{t=1,2,\ldots} \delta^{t-1} \pi_i^t.$$

Al igual que ocurría en la repetición finita del juego, también es cierto en este caso que un perfil estratégico que induzca (D,D) para *cada* t y *cada* posible historia es un equilibrio de Nash. Ahora, sin embargo, *no* es el único si δ es suficientemente grande. Supóngase, por ejemplo, que $\delta = 2/3$ y considérese el perfil estratégico en el que cada jugador $i = 1, 2$ juega una estrategia que puede describirse verbalmente como sigue:

Para cada $t = 1, 2, ...,$

(i)   jugar N, si ninguno de los individuos ha jugado D en alguno de los $t-1$ periodos anteriores;

(ii) jugar D, en otro caso (es decir, si algún individuo ha jugado D en un $t' < t$).

Tal perfil estratégico define un equilibrio de Nash del juego infinitamente repetido. Pues, si cada jugador i sigue su estrategia respectiva, ambos obtienen un pago

$$\pi_i = \sum_{t=1,2,...} (2/3)^{t-1} (-1) = -3.$$

Por el contrario, si cualquiera de ellos se desvía unilateralmente en algún t_0, el jugador i que lo hace obtiene unos pagos:

$$\pi_i' = \sum_{t=1}^{t_0-1} (2/3)^{t-1} (-1) + 0 + \sum_{t=t_0+1}^{\infty} (2/3)^{t-1} (-10),$$

lo que conlleva una diferencia en sus pagos

$$\triangle \pi_i \equiv \pi_i' - \pi_i = (2/3)^{t_0-1} \left(1 + \sum_{\tau=1,2,..} (2/3)^{\tau} (-9) \right),$$

que es negativa.

Con las estrategias descritas en (i)-(ii) los jugadores consiguen sostener como equilibrio de Nash un comportamiento cooperativo desde el primer periodo del juego. Sin embargo, es importante enfatizar que este equilibrio *no* es único (en particular, tal como se ha mencionado, hay un equilibrio de Nash que induce una cadena *indefinida* de acciones (D,D)). Como veremos, esta multiplicidad de equilibrios se presenta como uno de los problemas conceptuales básicos planteados en situaciones estratégicas de interacción repetida.

8.2 Juegos repetidos: marco teórico

8.2.1 Horizonte temporal común

Considérese un contexto en donde un conjunto dado de n jugadores participa en un juego en forma estratégica

$$W : A_1 \times A_2 \times \ldots A_n \rightarrow \mathbb{R}^n$$

que se repite de forma idéntica a lo largo de una serie de etapas o periodos $t = 1, 2, ..., T$. Por simplicidad, los conjuntos A_i se suponen finitos. El juego descrito por W se denomina el *juego básico* y el juego intertemporal completo el *juego repetido*.

En cada t, se supone que todos los jugadores observan (y recuerdan) las acciones efectuadas por sí mismos y los demás. Por tanto, una estrategia del juego repetido para cada jugador $i = 1, 2, ..., n$ es un conjunto de funciones $\gamma_i \equiv \{\gamma_i^t\}_{t=1,2,...,T}$,

$$\gamma_i^t : H^t \rightarrow \Delta(A_i) \equiv \mathcal{A}_i,$$

donde H^t representa el conjunto de todas las historias h^t que pueden *preceder* a la etapa t. Es decir, H^t se compone de todas las tuplas

$$\mathbf{a}^{t-1} \equiv \left(\left(a_1^1, a_2^1, ..., a_n^1\right), \left(a_1^2, a_2^2, ..., a_n^2\right), ..., \left(a_1^{t-1}, a_2^{t-1}, ..., a_n^{t-1}\right)\right)$$

que describen una posible senda de juego anterior a la etapa t.

En principio, el horizonte intertemporal T puede ser finito o infinito. En el primer caso (T finito), los pagos $\pi_i^T\left(\mathbf{a}^T\right)$ del jugador i en el juego repetido se pueden identificar con cualquier función afín de sus pagos etápicos. Por conveniencia, consideraremos la media de tales pagos etápicos:

$$\pi_i^T\left(\mathbf{a}^T\right) \equiv (1/T) \sum_{t=1,...,T} W_i\left(a_1^t, a_2^t, ..., a_n^t\right). \qquad [8.1]$$

El juego repetido finito con pagos dados por [8.1] se denotará $\mathcal{R}^T(W)$.

Por otro lado, cuando el horizonte de interacción se supone no acotado ($T = \infty$), consideraremos dos formas alternativas de definir los pagos intertemporales:

(i) *Pagos descontados*: Dada una tasa de descuento $0 < \delta < 1$ (supuesta, por simplicidad, común para todos los jugadores), el pago descontado del jugador i asociado a una determinada senda $\mathbf{a}^\infty$ se define como:

$$\pi_i^\delta\left(\mathbf{a}^\infty\right) \equiv (1 - \delta) \sum_{t=1}^\infty \delta^{t-1} W_i\left(a_1^t, a_2^t, ..., a_n^t\right). \qquad [8.2]$$

El coeficiente $(1 - \delta)$ que precede el sumatorio es simplemente un factor de normalización que facilitará la discusión del modelo. Mediante este coeficiente se consigue que los pagos del juego repetido coincidan con la envoltura convexa de los pagos del juego básico. Se consigue, por tanto, una comparación directa entre los pagos del juego repetido y los del juego básico. El juego repetido cuyos pagos vienen dados por [8.2] para una tasa de descuento δ determinada se denotará $\mathcal{R}^\delta(W)$.

(ii) *Pagos medios*: Un enfoque distinto para valorar sendas alternativas del juego se basa en concebir sus pagos intertemporales como los "pagos medios en el límite" de un juego finito arbitrariamente largo. Formalmente, dada una cierta senda $\mathbf{a}^\infty$, el pago medio límite, asociado a cada jugador $i = 1, 2, ..., n$, se define de la forma siguiente:

$$\pi_i^\infty (\mathbf{a}^\infty) = \lim_{T \to \infty} \inf \ (1/T) \sum_{t=1}^T W_i \left(a_1^t, a_2^t, ..., a_n^t \right), \qquad [8.3]$$

que está siempre bien definido. El juego repetido con pagos intertemporales dados por [8.3] se denotará $\mathcal{R}^\infty (W)$.

Si se utiliza el criterio (i) —los pagos descontados— para evaluar sendas alternativas del juego, ello permite parametrizar distintos grados de "paciencia" de los jugadores a través de la tasa de descuento δ. Conforme δ se aproxima a la unidad, mayor es la paciencia de los agentes, en el sentido de que mayor es el peso relativo otorgado a pagos etápicos futuros. De forma conceptualmente equivalente, valores mayores de δ se pueden entender como reflejo de situaciones en las que la interacción se produce con mayor rapidez (es decir, el intervalo de tiempo *real* que discurre entre etapas es menor).

Por su parte, el criterio (ii) —los "pagos medios límite"— se puede concebir como la formalización de un caso extremo en el que los jugadores son infinitamente pacientes (heurísticamente, podemos decir que tienen una tasa de descuento arbitrariamente cercana a la unidad o que la interacción se produce de forma arbitrariamente rápida). En este caso, nos encontramos con el hecho de que cualquier subsegmento finito de una senda (infinita) de acciones es irrelevante en la valoración de esta última por parte del jugador. Otro criterio de evaluación considerado por la literatura que presenta esta misma característica es el llamado criterio de adelantamiento ("overtaking criterion", en inglés). Aunque nuestra atención en este libro se centrará exclusivamente en los dos primeros criterios, enunciamos a continuación este último:

(iii) *Criterio de adelantamiento:* Según este criterio, el jugador i prefiere la senda $\mathbf{a}^\infty$ a la senda $\hat{\mathbf{a}}^\infty$ si, y sólo si:

$$\exists \tau_0 \in \mathbb{N} : \forall \tau > \tau_0, \ \sum_{t=1}^\tau W_i \left(a_1^t, a_2^t, ..., a_n^t \right) > \sum_{t=1}^\tau W_i \left(\hat{a}_1^t, \hat{a}_2^t, ..., \hat{a}_n^t \right).$$

Es interesante notar que, a diferencia de las preferencias inducidas por los criterios (i) y (ii), las inducidas en este caso no son representables mediante una función real.

8.2.2 Diferentes horizontes temporales

En el marco teórico descrito en la subsección 8.2.1, la población de jugadores se mantiene sin cambios a lo largo de todo el horizonte temporal de interacción (sea éste de duración finita o infinita). Podríamos decir, por tanto, que todos los jugadores nacen y mueren a la interacción de forma coetánea. De hecho, éste será el contexto estudiado en la mayor parte de este capítulo. Sin embargo, para el análisis teórico de muchos fenómenos de interés (por ejemplo, el de la "reputación" estudiado en la sección 8.4) será útil disponer de marcos teóricos de interacción repetida en los que, si bien ésta se desarrolla en términos de un mismo juego básico, el conjunto de jugadores involucrados cambia a lo largo del proceso.

El caso más paradigmático de esta situación será el estudiado en la subsección 8.4.3. Allí, nos centraremos en un simple contexto bilateral en que conviven un jugador con horizonte temporal T "de largo plazo" (T finito o infinito), junto con una serie de jugadores "de corto plazo" que se renuevan en cada periodo. En cada $t = 1, 2, ..., T$, la interacción se modela mediante un mismo juego básico en forma estratégica

$$W : A_1 \times A_2 \to \mathbb{R}^2.$$

A la hora de efectuar sus acciones respectivas en cada $t > 2$, tanto el jugador de largo plazo (identificado con el jugador 1) como aquel de corto plazo que interviene en ese momento (el jugador 2) conocen todas acciones anteriores (a_1^τ, a_2^τ) adoptadas en $\tau < t$. En función de las acciones elegidas en t, (a_1^t, a_2^t), los pagos etápicos recibidos por cada uno de ellos vienen dados por $W_i(a_1^t, a_2^t)$, $i = 1, 2$.

Para el jugador a corto plazo, tales pagos etápicos son también sus "pagos intertemporales". En contraste con ello, se postula que los pagos intertemporales del jugador a largo plazo están definidos sobre el flujo íntegro de sus pagos instantáneos (es decir, sobre el conjunto de pagos etápicos producidos dentro de su completo horizonte temporal). Más concretamente, supondremos que los pagos intertemporales del jugador 1 coinciden con el pago medio (si T es finito) o con la suma descontada de los pagos etápicos (si $T = \infty$). En el primer caso, el juego se simbolizará por $\widehat{\mathcal{R}}^T(W)$; en el segundo caso, se denominará $\widehat{\mathcal{R}}^\delta(W)$, donde δ es el tipo de descuento utilizado por el jugador a largo plazo.

8.3 Cooperación y equilibrio en juegos repetidos

El objeto de esta sección es comprender las condiciones bajo las cuales un proceso de interacción repetida que se desarrolla entre un conjunto idéntico de jugadores y con un mismo juego básico permite sostener un comportamiento cooperativo. Informalmente, asociamos la idea de "cooperación" a *cualquier* comportamiento *diferente* del inducido por algún equilibrio de Nash del juego básico. En particular, por tanto, identificamos como comportamiento cooperativo todo aquel que induce unos pagos que dominan (en el sentido de Pareto) los obtenidos en cualquier equilibrio de Nash del juego básico. Pero también se catalogará como cooperativo, y ello representa un "peculiar" sentido de entender la idea, cualquier comportamiento que, no siendo de equilibrio, es dominado por alguno que sí lo es (incluso por todos ellos).

Veremos que, en general, la interacción repetida (sobre todo con un horizonte temporal infinito) admite la consolidación en el equilibrio de un gran abanico de comportamientos distintos. Ello puede ser interpretado en clave positiva o negativa. En clave positiva, esta multiplicidad puede concebirse como reflejo de una gran potencialidad para explicar el desarrollo de comportamientos muy diversos en contextos que son, sin embargo, idénticos *a priori*. Por el contrario, una interpretación negativa de estos resultados insiste en el hecho de que, debido a la gran multiplicidad de equilibrios del modelo, su capacidad predictiva es muy limitada. (Es decir, se puede argumentar que si casi cualquier comportamiento puede explicarse como equilibrio de un cierto modelo, la utilidad de éste para explicar, discriminar y predecir es casi nula.)

Dividimos la presente sección en dos subsecciones. La primera de ellas aborda los denominados "teoremas populares" (nuestra traducción de "folk theorems")[1] con horizonte intertemporal infinito; la segunda, describe este mismo tipo de resultados dentro de contextos con horizonte finito.

8.3.1 Horizonte infinito

Definimos
$$V \equiv \mathbf{conv} \left\{ v \in \mathbb{R}^n : v = W\left(a\right), a \in A_1 \times ... \times A_n \right\},$$
donde "$\mathbf{conv} \left\{ \cdot \right\}$" denota la envoltura convexa. El conjunto V representa todos los pagos que se pueden alcanzar en el juego básico mediante la correlación de las acciones de los jugadores (por ejemplo, mediante la utilización de mecanismos externos de correlación aleatoria como los descritos en la sección 2.6).

Sea V_i la proyección del conjunto V en la dimensión del jugador $i = 1, 2, ..., n$. Hay dos valores para los pagos del individuo i en este conjunto que desempeñarán un papel importante en el análisis.

El primero de ellos es el pago que el jugador i obtiene en el equilibrio de Nash del juego básico que le otorga un pago menor. Para cada jugador $i = 1, 2, ..., n$, denotaremos este pago por $\tilde{v}_i$.

El segundo de ellos es el valor **minimax** de cada jugador i en el juego básico. Tal como fue presentado ya en el capítulo 2 para juegos de suma cero, este valor se define como sigue:
$$\hat{v}_i \equiv \min_{\alpha_{-i} \in \mathcal{A}_{-i}} \max_{\alpha_i \in \mathcal{A}_i} W_i\left(\alpha_i, \alpha_{-i}\right),$$

---

[1] El término "folk theorem" hace referencia al hecho de que los primeros resultados de este tipo se conocieron durante largo tiempo antes de aparecer por escrito. Pertenecían, por tanto, al "saber popular" de los primeros investigadores en teoría de juegos de los años cincuenta.

donde $\mathcal{A}_i$ y $\mathcal{A}_{-i}$ denotan (para el jugador i y los jugadores distintos de i, respectivamente) los espacios de estrategias (acciones) mixtas del juego básico. Suponiendo que el jugador i es racional, $\hat{v}_i$ puede ser interpretada como el pago mínimo al que puede ser *forzado* por parte de los demás jugadores. En otras palabras, cualquier otro pago menor puede ser bloqueado por el jugador en cuestión, respondiendo óptimamente a cualquier "maniobra" conjunta de sus oponentes. Es por ello que la desigualdad $v_i \geq \hat{v}_i$ se la denomina normalmente la *restricción de racionalidad individual*. Está claro que, en particular, $\tilde{v}_i \geq \hat{v}_i$ para cada $i = 1, 2, ..., n$.

Nuestros dos primeros resultados son sorprendentemente drásticos: establecen que *cualquier* vector de pagos individualmente racionales (en un sentido estricto) puede ser sostenido mediante un equilibrio de Nash del juego repetido si los jugadores son suficientemente pacientes. El primer teorema formaliza esta última idea suponiendo que los jugadores descuentan sus pagos (criterio (i) en la subsección 8.2.1) a una tasa de descuento δ suficientemente próxima a 1. El segundo de ellos la aborda directamente suponiendo que los jugadores se centran en los pagos medios que obtienen en el límite (criterio (ii)).

Teorema 8.1 *Sea* $v = (v_1, ..., v_n) \in V$ *con* $v_i > \hat{v}_i$, $\forall i = 1, 2, ..., n$. $\exists \bar{\delta} < 1$ *tal que, si* $1 > \delta > \bar{\delta}$, *existe un equilibrio de Nash del juego* $\mathcal{R}^\delta(W)$ *cuyos pagos para cada agente* $i = 1, 2, ..., n$ *coinciden con* v_i.

Teorema 8.2 *Sea* $v = (v_1, ..., v_n) \in V$ *con* $v_i > \hat{v}_i$, $\forall i = 1, 2, ..., n$. *Existe un equilibrio de Nash del juego* $\mathcal{R}^\infty(W)$ *cuyos pagos para cada agente* $i = 1, 2, ..., n$ *coinciden con* v_i.

Demostración del Teorema 8.1. Dado $v \in V$ con $v_i > \hat{v}_i$ para cada $i = 1, 2, ..., n$, supóngase, por simplicidad, que existe una $a = (a_1, a_2, ...a_n) \in A$ con $W(a) = v$ (véase la observación 8.1 más abajo). Denótese por $(\hat{\alpha}_1^j, \hat{\alpha}_2^j, ..., \hat{\alpha}_n^j)$, $j = 1, 2, ..., n$, uno de los posibles perfiles de acciones (posiblemente mixtas) que subyacen en el valor $\hat{v}_j$. Argumentamos que las siguientes estrategias de comportamiento definen un equilibrio de Nash del juego repetido para un δ suficientemente cercano a la unidad. Para cada $i = 1, 2, ..., n, t = 1, 2...,$[2]

$$\gamma_i\left(h^t\right) = a_i \text{ si } \forall \tau \leq t - 1, \text{ no existe ningún jugador } j$$
$$\text{que se desvíe } unilateralmente \text{ (sólo él) de } a_j \text{ en } \tau;$$

[8.4]

$$\gamma_i\left(h^t\right) = \hat{\alpha}_i^j \text{ en otro caso, donde } j \text{ es el índice del jugador}$$
$$\text{que primero se ha desviado unilateralmente de } a_j.$$

---

[2] Por simplicidad de la notación, recurrimos a la imprecisión de identificar $\gamma_i\left(h^t\right)$ con la acción que la estrategia postulada elige de manera determinista.

Considérese la situación de un jugador i que, en un cierto t cuando todavía ningún jugador $j = 1, 2, ...n$ se ha desviado de su respectivo a_j, considera la posibilidad de desviarse de a_i. Si no se desvía, y cree que los otros jugadores tampoco lo harán ni en t ni ulteriormente, su pago es v_i. Si, por el contrario, el jugador i se desvía unilateralmente y los demás jugadores adoptan las estrategias descritas más arriba, su pago está acotado superiormente por:

$$\left(1 - \delta^{t-1}\right) v_i + (1 - \delta) \delta^{t-1} v_i^* + \delta^t \hat{v}_i,$$

donde

$$v_i^* \equiv \max_{a \in A} W_i(a). \qquad [8.5]$$

Sea $\bar{\delta}_i$ el máximo valor que resuelve la ecuación:

$$\left(1 - \bar{\delta}_i^{t-1}\right) v_i + (1 - \bar{\delta}_i) \bar{\delta}_i^{t-1} v_i^* + \bar{\delta}_i^t \hat{v}_i = v_i$$

o, equivalentemente:

$$(1 - \bar{\delta}_i) \bar{\delta}_i^{t-1} v_i^* + \bar{\delta}_i^t \hat{v}_i = \bar{\delta}_i^{t-1} v_i.$$

Dado que $v_i > \hat{v}_i$, tenemos que $\bar{\delta}_i < 1$. Además, se verifica que si $\delta > \bar{\delta}_i$, el jugador i no querrá desviarse unilateralmente de la estrategia descrita en [8.4]. Por tanto, tomando

$$\bar{\delta} = \max_i \bar{\delta}_i,$$

ningún jugador deseará desviarse de esa estrategia, siempre y cuando $\delta > \bar{\delta}$. En ese caso, el perfil de estrategias descrito en [8.4] define un equilibrio de Nash con vector de pagos v. ∎

Demostración del Teorema 8.2. Se comprueba inmediatamente que las estrategias descritas en [8.4] también definen un equilibrio de Nash para el juego $\mathcal{R}^\infty(W)$. ∎

Observación 8.1 El argumento anterior cubre el caso en que existe una $a \in A$ con $W(a) = v$. Si v no pudiera obtenerse mediante un perfil de acciones deterministas, una forma fácil de solucionar el problema consiste en suponer que las aleatorizaciones necesarias para producir v son observadas por todos los jugadores (esto es, son aleatorizaciones *públicas*). En ese caso, una desviación unilateral del equilibrio (que conlleve una aleatorización distinta de la exigida) puede ser respondida por los demás agentes de forma análoga a la que aparece en el caso anterior.

También es posible abordar el problema sin necesidad de recurrir a aleatorizaciones públicas. Sin embargo, la construcción requerida es bastante más compleja que la arriba descrita. Sin entrar a explicarla en detalle, baste decir que lo que se requiere es construir una sucesión de acciones conjuntas cuyas frecuencias a lo largo del proceso reproduzcan los pesos considerados por las aleatorizaciones. Mas, en ese caso, está claro que la supervisión necesaria para confirmar que no se ha producido una desviación ha de extenderse más allá del último periodo. Teniendo esto presente, el argumento es esencialmente indéntico al descrito más arriba.

A modo de ilustración, considérese el juego en forma estratégica introducido en la sección 2.6, que repetimos aquí:

		2	
		A	B
1	X	5, 1	0, 0
	Y	4, 4	1, 5

Tabla 8.1

Supóngase que éste es el juego básico que se repite indefinidamente en un contexto de interacción repetida como el descrito. En virtud de los anteriores resultados, el pago $v_1 = v_2 = 4$ se puede sostener a través de un equilibrio del juego repetido si los agentes son suficientemente pacientes. Pues, claramente, el pago minimax para ambos jugadores es $\hat{v}_1 = \hat{v}_2 = 1 < 4$. Por tanto, en contraste con el análisis desarrollado en la sección 2.6, vemos que la interacción repetida es en este caso una vía más efectiva para alcanzar configuraciones de pago simétricas y eficientes que la representada por mecanismos estocásticos de correlación.

Otras consideraciones interesantes pueden ilustrarse en términos del siguiente juego básico simétrico:

		2		
		A	B	C
	X	2, 2	3, 3	1, 0
1	Y	3, 3	4, 4	0, 0
	Z	0, 1	0, 0	0, 0

Tabla 8.2

En este caso, el pago minimax para cada jugador es $\hat{v}_1 = \hat{v}_2 = 1$. Por otro lado, el único equilibrio de Nash del juego básico es (Y, B), con lo que $\tilde{v}_1 = \tilde{v}_2 = 4$. Naturalmente, siempre existe un equilibrio del juego repetido en que el perfil (Y, B) se repite indefinidamente. Pero, si los jugadores son suficientemente pacientes, también existe un equilibrio en el que se repite indefinidamente (X,A), con lo que cada jugador i obtiene un pago $v_i = 2$; es decir, un pago menor que el inducido por el único equilibrio de Nash del juego básico. Esto es debido a que el pago minimax para cada jugador i, $\hat{v}_i = 1 < 2$.

Los teoremas 8.1 y 8.2 confirman la existencia de un amplio rango de pagos sostenibles en equilibrio si los jugadores son suficientemente pacientes. Plantean, sin embargo, un importante problema conceptual: en general, se necesita recurrir a estrategias que, si bien definen un equilibrio de Nash del juego repetido, pueden no ser "perfectas"; esto es, pueden contener amenazas increíbles. Pues, en general, la amenaza de que todo agente que se desvíe unilateralmente será mantenido en su valor **minimax** de ahí en adelante no será secuencialmente óptima (en otras palabras, una amenaza creíble) por parte de los demás jugadores. Una forma bastante inmediata de remediar tal posible "falta de credibilidad" consiste en moderar la fuerza de nuestras conclusiones. En concreto, una alternativa razonable en este sentido supone circunscribir los pagos que se desean sostener en el equilibrio a aquellos que dominan los de *algún* equilibrio de Nash del juego básico. Este es el enfoque adoptado por los siguientes teoremas.

Teorema 8.3 (Friedman, 1971) *Sea $v \in V$ con $v_i > \tilde{v}_i$, $\forall i = 1, 2, ..., n$. $\exists \bar{\delta} < 1$ tal que, si $1 > \delta > \bar{\delta}$, hay un equilibrio perfecto en subjuegos de $\mathcal{R}^\delta (W)$ cuyos pagos para cada agente $i = 1, 2, ..., n$ coinciden con v_i.*

Teorema 8.4 *Sea $v \in V$ con $v_i > \tilde{v}_i$, $\forall i = 1, 2, ..., n$. Existe un equilibrio perfecto en subjuegos de $\mathcal{R}^\infty (W)$ cuyos pagos para cada agente $i = 1, 2, ..., n$ coinciden con v_i.*

Demostración. El argumento es muy parecido al de los dos teoremas anteriores. En este caso, sin embargo, la amenaza disuasiva ante una desviación unilateral es la de jugar indefinidamente uno de los equilibrios de Nash del juego básico, donde el equilibrio en cuestión se elige apropiadamente en función del jugador que se desvía.

Sea $v \in V$ con $v_i \geq \tilde{v}_i$, $\forall i = 1, 2, ..., n$, y supongamos, por simplicidad (recuérdese la observación 8.1), que $\exists a \in A$ tal que $W(a) = v$. Denótese por $\tilde{\alpha}^j \equiv \left(\tilde{\alpha}_i^j\right)_{i=1,2,...,n}$ un equilibrio de Nash con pago $\tilde{v}_j$ para el jugador j (es decir, un equilibrio cuyo pago para j es mínimo entre todos los equilibrios de Nash del juego básico). Considérense las siguientes estrategias.

Para cada jugador $i = 1, 2, ..., n$, $t = 1, 2, ...,$

$\quad \gamma_i\left(h^t\right) = a_i$ si $\forall \tau \leq t - 1$, *no* existe ningún jugador j

$\qquad\qquad$ que se desvíe *unilateralmente* (sólo él) de a_j en τ;

$\quad \gamma_i\left(h^t\right) = \tilde{\alpha}_i^j$ en otro caso, donde j es el índice del jugador

$\qquad\qquad$ que primero se ha desviado unilateralmente de a_j.

Utilizando la línea argumental de la demostración del teorema 8.1, está claro que las anteriores estrategias definen un equilibrio de Nash del juego repetido $\mathcal{R}^\delta\,(W)$ para un δ suficientemente cercano a 1. Dado que, tras una desviación, las anteriores estrategias prescriben jugar un equilibrio de Nash del juego básico de forma indefinida, el equilibrio asociado también es perfecto en subjuegos (véase el ejercicio 8.3). Ello prueba el primero de los resultados enunciados. La demostración del segundo es análoga. ■

Al comparar respectivamente los teoremas 8.3 y 8.4 con los teoremas 8.1 y 8.2, se plantea inmediatamente la pregunta: ¿es la perfección un requisito que sólo se puede obtener a costa de una gama más estrecha de comportamientos sostenibles en el equilibrio? (Por ejemplo, con el juego básico representado en la tabla 8.2, los teoremas 8.3 y 8.4 sólo garantizan la sostenibilidad del *único* vector de pagos de Nash del juego básico, $(\tilde{v}_1, \tilde{v}_2) = (4, 4)$, si se exige perfección en subjuegos del equilibrio considerado para el juego repetido.) La contestación a la pregunta anterior es esencialmente negativa, tal como aparece reflejado en los dos siguientes resultados.

Teorema 8.5 (Fudenberg y Maskin, 1986) *Sea $v \in V$ con $v_i > \hat{v}_i$, $\forall i = 1, 2, ..., n$. Si el conjunto V tiene dimensión completa (es decir, igual a n), $\exists \bar{\delta} < 1$ tal que para todo $\delta \in (\bar{\delta}, 1)$ hay un equilibrio perfecto en subjuegos de $\mathcal{R}^\delta$ cuyos pagos para cada agente $i = 1, 2, ..., n$ coinciden con v_i.*

Teorema 8.6 (Aumann y Shapley, 1976) *Sea $v \in V$ con $v_i > \hat{v}_i$, $\forall i = 1, 2, ..., n$. Existe un equilibrio perfecto en subjuegos de $\mathcal{R}^\infty\,(W)$ cuyos pagos para cada agente $i = 1, 2, ..., n$ coinciden con v_i.*

Los dos teoremas anteriores utilizan la misma idea básica: ser disuasivos ante las desviaciones castigándolas durante un número suficientemente largo, aunque finito, de periodos. Su desarrollo, sin embargo, es sustancialmente más complejo para el teorema 8.5 que para el 8.6. Así por ejemplo, el primero necesita el supuesto de que la dimensión del conjunto V coincida con el número de jugadores. Con ello se garantiza que cualquier posible desviación unilateral se pueda "castigar" de forma suficientemente selectiva. Esto es innecesario para el segundo teorema, ya que la "paciencia infinita" de los jugadores en este caso hace que la magnitud de cualquier castigo durante un tiempo finito sea irrelevante. Por su mayor simplicidad, nos centramos exclusivamente en la demostración de este último teorema.

Demostración del Teorema 8.6. Como en casos anteriores, supóngase que $v = W\,(a)$ para algún $a \in A$. Efectuamos una partición del conjunto de posibles historias,

$$\mathcal{H} = \bigcup_{t \in \mathbb{N}} H^t$$

en $n + 1$ clases de equivalencia: $\mathcal{H}_0, \mathcal{H}_1, ..., \mathcal{H}_n$ con la siguiente interpretación:

- $\mathcal{H}_0$ son historias que pertenecen a la *fase cooperativa*.
- $\mathcal{H}_i$, $i = 1, 2, ..., n$, son historias que pertenecen, respectivamente para cada i, a la *fase de castigo al jugador i*.

Se postula que la historia inicial $h^1 \in \mathcal{H}_0$. Posteriormente, dado un cierto $r \in N$, la ley de "transición entre historias" se especifica como sigue:

(i) $\left(h^t \in \mathcal{H}_0, \ a^t = a \right) \Rightarrow h^{t+1} \in \mathcal{H}_0$;

(ii) $\left(h^t \in \mathcal{H}_0, \ a_i^t \neq a_i, \ a_j^t \neq a_j, \ i \neq j \right) \Rightarrow h^{t+1} \in \mathcal{H}_0$;

(iii) $\left(h^t \in \mathcal{H}_0, \ a_i^t \neq a_i, \ \left(\forall j \neq i, \ a_j^t = a_j \right) \right) \Rightarrow h^{t+1} \in \mathcal{H}_i$;

(iv) $\left(h^t, h^{t+1}, ..., h^{t+s} \in \mathcal{H}_i, \ s < r \right) \Rightarrow h^{t+s+1} \in \mathcal{H}_i$;

(v) $\left(h^t, h^{t+1}, ..., h^{t+r} \in \mathcal{H}_i \right) \Rightarrow h^{t+r+1} \in \mathcal{H}_0$;

La interpretación es como sigue. Así, por (i) y (ii), después de un periodo en fase cooperativa continuamos en ella en el periodo siguiente si

(a) cada jugador i adopta su acción respectiva a_i en ese periodo, o

(b) hay una desviación multilateral (de al menos dos jugadores).

Por (iii), (iv) y (v), una desviación unilateral de un jugador i en un periodo en fase cooperativa desencadena una fase de castigo hacia él de r periodos de duración. Al final de estos r periodos, se vuelve a una fase cooperativa.

Considérese ahora las siguientes estrategias. Para cada jugador $i = 1, 2, ..., n$

$$\gamma_i \left(h^t \right) = a_i \quad \text{si} \quad h^t \in \mathcal{H}_0,$$
$$\gamma_i \left(h^t \right) = \hat{\alpha}_i^j \quad \text{si} \quad h^t \in \mathcal{H}_j, \qquad [8.6]$$

donde $\hat{\alpha}_i^j$ es la acción (mixta) del jugador i subyacente en $\hat{v}_j$ (recuérdese, por ejemplo, la demostración del teorema 8.1).

Para tener completamente definidas las estrategias [8.6] necesitamos especificar el parámetro r que determina la duración de sus fases de castigo. Elegimos r de forma que, $\forall i = 1, 2, ..., n$, se verifique:

$$v_i^* + r\hat{v}_i < \underline{v}_i + rv_i, \qquad [8.7]$$

donde definimos:

$$\underline{v}_i = \min_{a \in A} W_i \left(a \right)$$

y recordamos que:

$$v_i^* = \max_{a \in A} W_i \left(a \right).$$

Ya que $\hat{v}_i < v_i$ para todo $i = 1, 2, ..., n$, r está bien definido (es finito). Se argumenta ahora que las estrategias especificadas de esta forma definen un equilibrio perfecto en subjuegos de $\mathcal{R}^{\infty}(W)$. En virtud de [8.7], ningún jugador i puede ganar desviándose de su acción a_i respectiva. Por otro lado, para que el equilibrio sea perfecto en subjuegos, las fases de castigo de un jugador i determinado han de ser óptimas (creíbles) para los jugadores $j \neq i$ si la desviación efectivamente llegara a producirse. Mas ello es trivialmente así dado que, al valorar los jugadores las sendas alternativas del juego en función de los pagos medios que inducen en el límite, cualquier secuencia de pagos referida a un segmento finito de tiempo (y las fases de castigo tienen una duración finita) es irrelevante —recuérdese la discusión de la subsección 8.2.1). Ello completa la demostración. ∎

Observación 8.2 *Cooperación e información imperfecta en juegos repetidos*
El marco de interacción repetida que ha sido considerado hasta ahora presenta una importante característica de la que dependen crucialmente nuestros resultados: se ha supuesto que los jugadores son capaces de identificar con exactitud las acciones pasadas de sus oponentes. Ello les permite establecer un vínculo preciso entre su propio comportamiento y el comportamiento pasado de los demás jugadores.

En muchos contextos de interés este supuesto de información perfecta no parece apropiado. Un ejemplo natural en este sentido nos lo da un conjunto de empresas, compitiendo a la Cournot en un mismo mercado con un producto homogéneo, que no conocen con detalle las acciones de todas sus competidoras. En ese caso (véase el ejercicio 8.4), parece razonable suponer que las empresas sólo conocen algún agregado del comportamiento de las demás empresas; por ejemplo, el precio de mercado (o equivalentemente, las ventas totales). En la subsección 9.1.2 se analiza un contexto de este tipo, al que se añade una cierta dosis de incertidumbre exógena que afecta a la determinación del precio en el mercado. Esta incertidumbre afecta obviamente a la capacidad del precio observado para "revelar" las acciones efectuadas por las distintas empresas, lo que reduce también su potencial colusivo.

Observación 8.3 *Equilibrios inmunes a renegociación en juegos repetidos*
Como ya comentamos al principio de esta sección, los "teoremas populares" pueden valorarse, en clave negativa, como una manifestación extrema en juegos repetidos de la usual multiplicidad (y, por consiguiente, falta de poder predictivo) de muchos modelos de teoría de juegos. Una forma de remediar esta multiplicidad es la de considerar requisitos adicionales que, de forma natural, nos permitan descartar algunos de los equilibrios existentes. Esta fue la vía seguida en el capítulo 4 al abordar los llamados refinamientos del equilibrio de Nash. En el contexto que ahora nos ocupa, la reciente literatura sobre *renegociación* en juegos repetidos ha desempeñado un papel similar (véase Benoit y Krishna, 1988 y Farrel y Maskin, 1989).

De forma sucinta, lo que esta literatura persigue es incluir en el modelo la posibilidad de que, en cualquier momento del proceso, los jugadores "renegocien" el equilibrio que inicialmente se habían propuesto jugar. En particular, ello implica que ante una hipotética desviación, los jugadores han de poder anticipar si, una vez que esta desviación se produjera, estarían *todos* interesados en llevar adelante los castigos *de equilibrio* que presumiblemente deberían haber tenido un efecto disuasivo. Pues, si no fuera así, los jugadores podrían argumentar:

> *"Si hemos de 'ponernos de acuerdo' sobre un equilibrio de aquí en adelante (tras la desviación), sería absurdo hacerlo sobre uno para el que existe otro que todos preferimos (es decir, que domina el primero en el sentido de Pareto). Lo pasado, pasado está; si uno de nosotros se desvió de algún supuesto equilibrio con anterioridad, ya no tiene remedio. Sería irracional 'castigarnos' todos por ello."*

La validez de la implícita o explícita conversación descrita más arriba no es del todo consistente con el supuesto de *decisión independiente* que subyace en la teoría de juegos. (Tal como se explicó al final de la sección 2.6, si se produce comunicación entre los jugadores, muchos autores propugnarían que ésta se modelara explícitamente dentro del juego.) Es, de hecho, esta modelación sólo implícita del proceso de comunicación lo que produce la gran variedad de conceptos alternativos de renegociación existentes en la literatura. Todos ellos conllevan el descarte de ciertas estrategias de castigo (y por tanto, de los correspondientes equilibrios) cuando no son inmunes a una cierta posibilidad de renegociación. Sus conclusiones, sin embargo, son muy variadas y dependientes del contexto de aplicación: desde la posible inexistencia de este tipo de equilibrios, hasta la persistencia de una gran multiplicidad, pasando por casos en los que el criterio de *inmunidad a la renegociación* consigue la deseada unicidad en la predicción.

Observación 8.4 *Cooperación y reputación*

Al hilo de la observación anterior, avanzamos ahora que en la sección 8.4 estudiaremos una vía adicional de cerrar el amplio abanico de equilibrios admitido por los "teoremas populares". En ese caso, será la ausencia, quizás pequeña, de información completa sobre las características del juego (sus pagos, por ejemplo) lo que permitirá a algunos jugadores "imponer" la selección del equilibrio que a ellos favorece.

8.3.2 Horizonte finito

Pasamos ahora al estudio de contextos de interacción repetida con horizonte finito. En ese caso, los pagos intertemporales se identifican con los pagos medios, denotando por $\mathcal{R}^T(W)$ la repetición T veces del juego básico W (recuérdese la subsección 8.2.1).

Nuestro primer resultado indica que, aun en este contexto, existen posibilidades de sostener un amplio abanico de pagos diversos en equilibrio. Para ello se requiere que el horizonte de interacción T sea suficientemente dilatado y que el juego básico permita algún "margen de castigo" para cada jugador; en particular, es suficiente que exista un equilibrio de Nash del juego básico en el que cada jugador obtenga un pago que exceda su **minimax**.

Teorema 8.7 (Benoit y Krishna, 1987) *Supóngase que, para cada $i = 1, 2, ..., n$, existe un equilibrio de Nash de W, $\bar{\alpha}^i$, con $W_i\left(\bar{\alpha}^i\right) > \hat{v}_i$. Si $v \in V$ satisface $v_i > \hat{v}_i$ para cada i, entonces $\forall \varepsilon > 0 \ \exists T^*$ tal que si $T > T^*$, el juego $\mathcal{R}^T(W)$ tiene un equilibrio de Nash cuyos pagos v_i' para cada jugador i satisfacen $|v_i' - v_i| \leq \varepsilon$.*

Demostración. Considérese una senda de acciones terminales de longitud n (el número de jugadores) de la siguiente forma: $\left(\alpha^{T-n+1}, \alpha^{T-n+2}, ..., \alpha^T\right)$, con $\alpha^{T-n+j} = \bar{\alpha}^j$, $j = 1, 2, ..., n$. Dado que, obviamente, $W_i\left(\bar{\alpha}^j\right) \geq \hat{v}_i \ \forall i, j = 1, 2, ..., n$ (es decir, el pago obtenido por un jugador en cualquier equilibrio de Nash es no menor que su pago minimax), las hipótesis del teorema garantizan que el pago medio para cada jugador i en esta senda terminal supera $\hat{v}_i$ en una cierta magnitud, digamos $\mu_i > 0$. Sea $\mu = \min_{i=1}^n \mu_i$. Si consideramos ahora una concatenación de q sendas como la descrita que da lugar a una senda terminal de longitud $q \cdot n$, el pago medio de cada jugador i en esta senda supera a $\hat{v}_i$ en al menos $q \cdot \mu$.

Para simplificar el análisis, supóngase que $v = W(a)$ para algún $a \in A$, y considérense las siguientes estrategias:

Para cada jugador $i = 1, 2, ..., n$, $t = 1, 2, ...,$

(i) $\gamma_i\left(h^t\right) = a_i$ si $t \leq T - q \cdot n$ y $\forall \tau \leq t - 1$, *no* existe ningún jugador j
que se desvíe *unilateralmente* (sólo él) de a_j en τ;

(ii) $\gamma_i\left(h^t\right) = \bar{\alpha}_i^j$ si $t > T - q \cdot n$ y $\forall \tau \leq T - q \cdot n$ ningún jugador
se ha desviado de (i), donde $j = n - [T - t]_n$;[3]

(iii) $\gamma_i\left(h^t\right) = \hat{\alpha}_i^j$ en otro caso, donde j es el índice del jugador
que primero se ha desviado unilateralmente de a_j.

Primeramente, verificamos que estas estrategias definen un equilibrio de Nash del juego $\mathcal{R}^T(W)$ para un valor suficientemente grande de q. Por un lado, nótese que una desviación óptima no puede producirse por primera vez antes de entrar en la

---

[3] La notación $[\cdot]_n$ indica que el número en cuestión se interpreta como "módulo n" (es decir, como el resto resultante cuando se divide por n).

senda final del juego (antes de los últimos $q \cdot n$ periodos) si $q \cdot \mu$ se determina suficientemente grande (e.g. mayor que cualquier diferencia de pagos del juego básico). Por otro lado, ya en la senda final del juego, una desviación óptima tampoco es posible, ya que en ella se juega (en el equilibrio) una simple concatenación de equilibrios de Nash. Finalmente, se concluye que, dado q, existe un T^* suficientemente grande tal que, si $T \geq T^*$, los pagos para cada individuo i inducidos por las anteriores estrategias se aproximan de forma arbitraria a v_i. Ello completa la demostración. ∎

En contraste con los resultados probados en la subsección 8.3.1 para juegos repetidos de horizonte temporal infinito, la conclusión del teorema 8.7 depende crucialmente de dos consideraciones:

(i) la existencia para cada jugador de algún equilibrio de Nash en el que obtiene un pago que excede su **minimax**;

(ii) la utilización de estrategias "no perfectas".

Así, en relación con (i), el teorema 8.7 nos permite garantizar que, por ejemplo, para el juego básico dado por la tabla 8.2, el vector de pagos $v = (2,2)$ puede ser arbitrariamente aproximado en un equilibrio del juego repetido si el horizonte de interacción es suficientemente largo. Mas, si consideramos, en cambio, el dilema del prisionero (tabla 1.1), el único vector de pagos sostenible en el equilibrio de Nash es el inducido por un perfil constante (D,D) a lo largo de todo el juego repetido. Ello es debido a que, en este juego básico, el pago de equilibrio y el pago **minimax** coinciden para los dos jugadores.

Por otro lado, la importancia de (ii) proviene de que, si requerimos que el equilibrio de Nash del juego repetido sea también perfecto en subjuegos, tenemos el siguiente resultado:

Teorema 8.8 *Supóngase que el juego básico W tiene un único equilibrio de Nash, $\bar{\alpha}$. En ese caso, el único equilibrio perfecto en subjuegos de $\mathcal{R}^T(W)$ conlleva que cada jugador $i = 1, 2, ..., n$ elija $\bar{\alpha}_i$ en cada $t = 1, 2, ..., T$.*

Demostración. El argumento es análogo al desarrollado en la sección 8.1 para el dilema del prisionero repetido (véase el ejercicio 8.5). ∎

El resultado anterior aparece en marcado contraste con el teorema 8.7, cuyo enunciado no depende en absoluto de la unicidad o no del equilibrio de Nash en el juego básico W. Si tal unicidad se da, el teorema 8.8 descarta cualquier posibilidad de enriquecer mediante interacción repetida y comportamiento perfecto en el equilibrio las posibilidades del juego básico. Así, si reconsideramos de nuevo el juego básico dado por la tabla 8.2, el único vector de pagos sostenible en cualquier repetición finita de él es $\tilde{v} = (4,4)$, el inducido por el equilibrio del juego básico. (Compárese esto con las conclusiones de los teoremas 8.3-8.6 para un horizonte infinito que, aun centrándose en equilibrios perfectos en subjuegos, de nuevo no dependen para nada de la unicidad del equilibrio de Nash).

Por tanto, se sigue de lo anterior que si queremos sostener mediante un equilibrio perfecto en subjuegos de $\mathcal{R}^T(W)$ —con T finito— pagos distintos al de los equilibrios de Nash del juego básico W, este juego ha de tener al menos dos equilibrios. De hecho, tal como veremos en el siguiente resultado, cada individuo ha de contar con dos equilibrios de Nash que *no* le sean igualmente indiferentes. Intuitivamente, lo que se consigue en ese caso es un suficiente margen de maniobra para amenazar *de forma creíble* a cada jugador, en caso de que éste se desvíe de la senda de equilibrio.

Teorema 8.9 (Benoit y Krishna, 1985) *Supóngase que, $\forall i = 1, 2, ..., n$, existe un equilibrio de Nash de W, $\breve{\alpha}^i$, con $W_i\left(\breve{\alpha}^i\right) > W_i(\tilde{\alpha}^i)$.[4] Si $v \in V$ satisface $v_i > \hat{v}_i$ para cada i y $\dim(V) = n$,[5] entonces $\forall \varepsilon > 0$, $\exists T^*$ tal que si $T > T^*$, el juego $\mathcal{R}^T(W)$ tiene un equilibrio perfecto en subjuegos cuyos pagos v'_i para cada jugador i satisfacen $|v'_i - v_i| \leq \varepsilon$.*

Demostración (parcial). Sea $v \in V$. La argumentación se circunscribirá al caso en que $v = W(a)$ para algún $a \in A$ y $\forall i = 1, 2, ..., n$, $v_i > \tilde{v}_i$, esto es, el pago de cada jugador domina el correspondiente a su equilibrio de Nash menos preferido. (Este es el caso análogo al tratado en los teoremas 8.3 y 8.4 para juegos repetidos de horizonte infinito.)

De forma análoga a la demostración del teorema 8.7, considérese una senda de acciones terminales, $\left(\alpha^{T-n+1}, \alpha^{T-n+2}, ..., \alpha^T\right)$, con $\alpha^{T-n+i} = \breve{\alpha}^i$, $i = 1, 2, ..., n$. Por las hipótesis del teorema, el pago medio para cada jugador i en esta senda terminal supera el de la senda en que $\alpha^{T-n+j} = \tilde{\alpha}^i$ para cada $j = 1, 2, ..., n$. Sea $\mu_i > 0$ la magnitud de esta diferencia y $\mu = \min_i \mu_i$. Consideremos ahora una concatenación de q sendas como la primera descrita, que da lugar a una senda terminal de longitud $q \cdot n$ (aquí suponemos, claro está, que $T > q \cdot n$). Si comparamos esta senda con otra (de longitud también $q \cdot n$) en que cada elemento coincide con $\tilde{\alpha}^i$, lo antedicho implica que el pago medio de cada jugador i en la primera senda supera el de la segunda en al menos $q \cdot \mu$. Por otro lado, es obvio que ambas se pueden sostener a través de un equilibrio perfecto en subjuegos dentro del subjuego correspondiente a las últimas $q \cdot n$ etapas del juego $\mathcal{R}^T(W)$.

---

[4] Recuérdese que $\tilde{\alpha}^i$ denota el equilibrio de Nash del juego básico W que, entre todos los equilibrios del juego, reporta al jugador i el menor pago (que fue denotado por $\tilde{v}^i$).

[5] Tal como fue explicado para el teorema 8.5, el requisito de que la dimensión de V coincida con el número de jugadores garantiza que el juego básico admite un suficiente margen de maniobra para construir un abanico de castigos que discrimine entre los jugadores según su distinta participación en las hipotéticas desviaciones. En la demostración *parcial* incluida más abajo esta consideración no desempeña ningún papel relevante, ya que el argumento se centra en vectores de pago que dominan el de algún equilibrio de Nash del juego básico.

Considérese ahora, para cada $i = 1, 2, ..., n$, las siguientes estrategias:

(i) $\gamma_i \left(h^t \right) = a_i$ si $t \leq T - q \cdot n$ y $\forall \tau \leq t - 1$, *no* existe ningún jugador j
             que se desvíe *unilateralmente* (sólo él) de a_j en τ;

(ii) $\gamma_i \left(h^t \right) = \breve{\alpha}_i^j$ si $t > T - q \cdot n$ y $\forall \tau \leq T - q \cdot n$, ningún jugador
            se ha desviado de (i), donde $j = n - [T - t]_n$;

(iii) $\gamma_i \left(h^t \right) = \tilde{\alpha}_i^j$ en otro caso, donde j es el índice del jugador
             que primero se ha desviado unilateralmente de a_j.

De forma análoga a la demostración del teorema 8.7, es inmediato verificar que, para q suficientemente grande, las anteriores estrategias definen un equilibrio perfecto en subjuegos de $\mathcal{R}^T(W)$ si $T > n \cdot q$. Por tanto, dado q (independiente de T), existe un T^* suficientemente grande tal que los pagos para cada individuo i inducidos por las anteriores estrategias se aproximan de forma arbitraria a v_i. ∎

El anterior resultado indica que en juegos repetidos finitos en los que el juego básico W admite un cierto "margen de castigo" a través de equilibrios alternativos, cualquier pago individualmente racional puede ser sostenido por un equilibrio perfecto en subjuegos si el horizonte de interacción es suficientemente largo. Este resultado deja fuera de su radio de acción los juegos repetidos cuyo juego básico presenta un único equilibrio de Nash (e.g. el dilema del prisionero descrito en la tabla 1.1 o el juego representado en la tabla 8.2). En estos casos, tal como se establece en el teorema 8.8, el requisito de perfección en subjuegos fuerza a la adopción continuada del único equilibrio del juego básico.

A modo de ilustración, considérese el juego representado en la tabla 8.1. En este juego hay dos equilibrios en estrategias puras: (X, A) e (Y, B), con pagos distintos entre sí para cada jugador. Ello implica que, por ejemplo, el vector de pagos $v = (4, 4)$ puede ser arbitrariamente aproximado en un equilibrio perfecto del juego repetido si el horizonte de interacción es suficientemente largo. Por tanto, en este caso, el requisito de perfección en subjuegos no reduce el abanico de posibilidades que pueden alcanzarse a través del concepto menos exigente de equilibrio de Nash. Por otro lado, en comparación con el contexto de interacción repetida indefinida, las conclusiones tampoco se ven modificadas de forma sustancial: al existir en el contexto con horizonte acotado el margen de maniobra inducido por los dos referidos equilibrios de Nash del juego básico, se puede aproximar cualquier vector de pagos que sea (de forma estricta) individualmente racional —recuérdese la discusión de este ejemplo llevada a cabo en la subsección 8.3.1.

Todo ello contrasta de forma acusada con contextos como el del dilema del prisionero repetido con horizonte finito, donde, al existir un único equilibrio en el juego básico, el teorema 8.8 establece la unicidad del equilibrio intertemporal. A nivel heurístico, tal imposibilidad de enriquecer el conjunto de posibilidades más allá de las permitidas por el juego básico parece poco intuitiva. Pues, en todos aquellos juegos en los que las ganancias de cooperación son sustanciales (por ejemplo, si el dilema del prisionero se repite un número muy grande de veces), la intuición sugiere que los jugadores con frecuencia deberían encontrar formas de explotar ese potencial mediante acuerdos efectivos de cooperación intertemporal. Exploraremos dos vías para fundamentar esta idea. La primera, estudiada a continuación en esta misma subsección, es la de relajar el concepto de equilibrio pasando de la estricta optimalidad a la llamada ε-optimalidad. La segunda, desarrollada en la sección 8.4, se centra en la exigencia de que nuestro análisis del juego sea robusto ante la incorporación de una pequeña dosis de información incompleta en su especificación.

Comenzamos nuestra discusión de criterios menos exigentes de racionalidad presentando una definición general de los siguientes conceptos: ε-equilibrio de Nash y ε-equilibrio perfecto en subjuegos. Estos conceptos representan sendas generalizaciones de los conceptos introducidos en las definiciones 2.2 y 4.1, donde implícitamente se supone que el "margen de tolerancia" ε con el que se ignoran desviaciones beneficiosas es nulo.

Definición 8.1 Sea $G = \left\{ N, \{S_i\}_{i=0}^n, \{\pi_i\}_{i=0}^n \right\}$ un juego en forma estratégica. Dado $\varepsilon > 0$, un perfil estratégico $\gamma^* = (\gamma_1^*, \gamma_2^*, ..., \gamma_n^*)$ es un ε-equilibrio de Nash si $\forall i = 1, 2, ..., n$, $\forall \gamma_i \in \Psi_i$, $\pi_i(\gamma^*) \geq \pi_i\left(\gamma_i, \gamma_{-i}^*\right) - \varepsilon$.

Definición 8.2 Sea $\Gamma = \left\{ N, \{K_i\}_{i=0}^n, R, \{H_i\}_{i=0}^n, \left\{ \left\{\pi_i^j\right\}_{i=0}^n \right\}_{j=1}^m \right\}$ un juego en forma extensiva. Un perfil estratégico γ^* es un ε-equilibrio perfecto en subjuegos si, para cada subjuego propio $\hat{\Gamma}$ de Γ, $\gamma^* \mid_{\hat{\Gamma}}$ es un ε-equilibrio de Nash en $\hat{\Gamma}$.

En comparación con la noción usual de racionalidad considerada por los conceptos de equilibrio presentados hasta ahora, el concepto de ε-equilibrio admite la existencia de desviaciones que sólo suponen una mejora "pequeña" de ε sobre las estrategias consideradas. En algún sentido, este concepto puede concebirse como la formalización de un cierto grado de racionalidad acotada: los jugadores sólo perciben desviaciones cuyas ganancias son "sustanciales". Sin embargo, dado que un cierto grado de ε-racionalidad por parte de los jugadores puede abrirles grandes posibilidades de cooperación que serían de otro modo inalcanzables (teorema 8.10), su interpretación como una forma de racionalidad *acotada* parece en buena medida cuestionable. Aplicado, por ejemplo, al dilema del prisionero repetido, lo antedicho ilustra el hecho de que, como dice el conocido refrán, en algunas ocasiones la "avaricia rompe el saco". Esto es, si los jugadores prestan atención a desviaciones cuyas ganancias son sólo marginales, hay posibilidades muy significativas de cooperación que pueden desvanecerse de forma irremediable.

Teorema 8.10 (Radner, 1980) *Sea $v \in V$ tal que $v_i > \tilde{v}_i$, $\forall i = 1, 2, ..., n$. Dado $\varepsilon, \eta > 0$, $\exists T^*$ tal que si $T > T^*$ el juego $\mathcal{R}^T (W)$ tiene un ε-equilibrio perfecto en subjuegos cuyos pagos v_i' para cada jugador i satisfacen $|v_i' - v_i| \leq \eta$.*

Demostración. Sea $v \in V$ con $v_i > \tilde{v}_i$, $\forall i = 1, 2, ..., n$, y supóngase por simplicidad que $v = W(a)$ para algún $a \in A$. Dado $s \in \mathbb{N}$, $s < T$, y cualquier equilibrio de Nash de W, $\bar{\alpha}$, considérense las siguientes estrategias para cada jugador $i = 1, 2, ..., n$:

(i) $\gamma_i \left(h^t \right) = a_i$ si $t \leq T - s$ y $\forall \tau \leq t - 1$, *no* existe ningún jugador j
    que se desvíe *unilateralmente* (sólo él) de a_j en τ;

(ii) $\gamma_i \left(h^t \right) = \tilde{\alpha}_i^j$ si $t \leq T - s$ y (i) no se cumple, donde j es el índice   [8.8]
    del primero que se ha desviado unilateralmente de a_j;

(iii) $\gamma_i \left(h^t \right) = \bar{\alpha}_i$ si $t > T - s$;

donde se recordará que $\tilde{\alpha}^j$ representa un equilibrio de Nash donde los pagos del jugador j son mínimos. Dadas las estrategias [8.8], podemos elegir $q \in \mathbb{N}$ tal que:

$$q \left(v_i - \tilde{v}_i \right) > v_i^* - v_i$$

(donde v_i^* se define en [8.5]), de forma que ningún jugador tiene incentivos para desviarse en $t \leq T - s - q$ de su estrategia descrita. Naturalmente, lo mismo ocurre en $t > T - s$, ya que en esos periodos se juega un equilibrio del juego básico.

Considérese ahora la posibilidad de desviaciones cuando $T - s - q < t \leq T - s$. Fijando ε, arbitrariamente pequeño, si s (y por tanto T) se elige suficientemente grande cualquier desviación en esos periodos no producirá a ningún jugador unas ganancias (en términos de sus pagos medios) mayor que ε. En concreto, es suficiente elegir

$$s + 1 > \frac{\max_i v_i^* - \min_i \bar{v}_i}{\varepsilon}$$

donde $\bar{v}_i \equiv W_i(\bar{\alpha})$. En ese caso, las estrategias descritas en [8.8] definen un ε-equilibrio de Nash de $\mathcal{R}^T (W)$ que, tal como se comprueba inmediatamente, también es ε-perfecto en subjuegos.

Finalmente, hacemos notar que el argumento anterior (en particular, el hecho de que las estrategias [8.8] definen un equilibrio) es independiente de T, siempre y cuando $T \geq s + q$. Por tanto, si se considera un T suficientemente grande (manteniendo s y q fijos), el equilibrio descrito induce unos pagos (medios) que se aproximan a v_i para cada jugador de forma arbitraria. ■

Aplicado, por ejemplo, al dilema del prisionero (tabla 1.1), el teorema 8.10 implica que para cualquier ε, $\eta > 0$ existe un horizonte (finito) suficientemente dilatado tal que, si el juego repetido correspondiente se extiende más allá de este horizonte, los jugadores pueden sostener a través de un ε-equilibrio perfecto en subjuegos cualquier vector de pagos medios (v_1, v_2) tal que $v_i \geq -1 - \eta$ para cada $i = 1, 2$; es decir, un pago medio para cada uno de ellos arbitrariamente cercano al cooperativo.

8.4 Reputación e "irracionalidad" en juegos con interaccion repetida

8.4.1 Introducción y ejemplos

En un sentido amplio, todo equilibrio de un juego dinámico incorpora alguna idea de *reputación*. En cada momento del juego, la acción de cada jugador es anticipada (parcial o totalmente) por los demás en función de lo que podríamos concebir como su reputación; esto es, de su comportamiento pasado. Desde esta perspectiva, el uso del término "reputación" parece especialmente apropiado si el contexto considerado refleja un proceso de interacción repetida a través de un mismo juego básico; es decir, si consiste en un juego repetido entre los mismos agentes o entre agentes cuya población se renueva sólo parcialmente.

En general, concebimos la reputación como un cierto "activo": algo de valor y costoso de conseguir que merece la pena conservar. Naturalmente, el valor de tal reputación dependerá del horizonte temporal durante el cual se pueda disfrutar de ella. Por tanto, si labrarse una reputación apropiada resultara costoso, la decisión que sobre ella tome un agente racional dependerá crucialmente de la longitud temporal de la relación a la que puede ser aplicada. En esta subsección introductoria, motivaremos la utilización de este concepto en teoría de juegos a través de algunos ejemplos. Como veremos, en todos ellos se manifiesta con las características intuitivas arriba esbozadas.

Considérese, por ejemplo, el dilema del prisionero repetido *indefinidamente*. En este contexto, el equilibrio cooperativo más sencillo es aquel que sostiene (N, N) mediante la amenaza de responder fulminantemente a cualquier desviación con una adopción indefinida de la estrategia D (es decir, con la amenaza de pasar a jugar indefinidamente el único equilibrio de Nash del juego básico). Podemos concebir este equilibrio como el fruto de una *reputación cooperativa* que se va manteniendo en el tiempo mediante un comportamiento que también es cooperativo. Esta reputación, sin embargo, se presenta como un "activo" tremendamente frágil: sólo se necesita una violación momentánea para que sea total e irreversiblemente destruida.

Centrémonos ahora la repetición *finita* del dilema del prisionero. Como vimos, todo equilibrio de Nash induce el perfil (D,D) de forma continuada desde el mismo comienzo del juego. Y esto es así, recordamos, para *cualquier* número finito de repeticiones, por muy grande que éste sea. Estamos en presencia, por tanto, de una marcada "discontinuidad en el infinito": aquello que es cierto para $T = \infty$, no lo es para ningún $T \in \mathbb{N}$. Por sí sola, esta discontinuidad ya plantea problemas a un nivel exclusivamente teórico: una discontinuidad tan acusada casi siempre ha de interpretarse como evidencia de un modelo inadecuado. Pero los problemas no sólo surgen a este nivel. Pues, además de contraintuitivo (recuérdese la discusión de la subsección 8.3.2), este resultado contradice todos los experimentos realizados con sujetos reales. En ellos, si el dilema del prisionero se repite un número grande de veces, siempre se observa cooperación entre los jugadores hasta que el juego se aproxima a sus etapas finales.

La vía propuesta por Kreps, Milgrom, Roberts y Wilson (1982) para abordar el problema es la de "perturbar" ligeramente el juego con una pequeña dosis de información incompleta, modelada como en un juego bayesiano (recuérdese la sección 6.2). Específicamente, suponen que hay una pequeña probabilidad a *priori* de que el tipo de cada jugador sea "irracional"; en particular, que sea de un tipo cuyos pagos le llevan a jugar la siguiente estrategia del *ojo por ojo*:

> *"En cada t, juéguese N si el otro jugador jugó N en el periodo anterior; juéguese D si eligió D".*

Bajo tales circunstancias, estos autores prueban que cada jugador, *por ser precisamente racional*, prefiere "seguir el juego" y aparentar que, bien él mismo es irracional en el sentido descrito (juega la estrategia del ojo por ojo), bien cree que el otro lo es (o al menos que se comportará como tal). Demuestran, en otras palabras, que en *todo* equilibrio secuencial del juego perturbado (y por pequeña que sea esta perturbación) los jugadores cooperan en la mayor parte del juego si éste es suficientemente largo.

Un resultado general con estas características será enunciado y probado más adelante (teorema 8.11). Esencialmente, lo que este resultado refleja es un proceso de "inversión en reputación". Dado que hay una probabilidad positiva de que algún jugador sea de un tipo "raro" pero beneficioso (por ejemplo, adopta la estrategia del *ojo por ojo*), los jugadores prefieren comportarse como si este tipo en verdad se hubiera materializado (es decir, hubiera sido el elegido por la naturaleza); o si no, al menos como si el oponente así lo creyera, o el oponente creyera que él mismo lo cree, etc.. En general, todo ello requerirá la construcción de una reputación cuyo coste de oportunidad puede ser significativo a corto plazo; por tanto, sólo merecerá la pena invertir en ella cuando el juego sea suficientemente largo para permitir su suficiente explotación ulterior.

El resultado descrito presenta una característica curiosa: a los jugadores les interesa "disimular" su racionalidad. La aparente irracionalidad, en otras palabras, puede tener efectos positivos. De todas formas, así como, en un cierto sentido, "racionalidad no hay más que una" (la racionalidad se identifica con comportamiento optimizador, en algún sentido apropiado), "irracionalidades" hay muchas posibles. En el ejemplo anterior, se consideró una particular que reportaba efectos particularmente beneficiosos para los jugadores (la basada en una reciprocidad *ojo por ojo*). Sin embargo, en general, podríamos considerar muchas otras. Y al hacerlo, como veremos, entraremos en una nueva manifestación, aplicada a este contexto, de las conclusiones que se derivaban de los etiquetados como "teoremas populares". En concreto, concluiremos que eligiendo apropiadamente la perturbación del juego, podemos sostener cualquier pago individualmente racional a través de un equilibrio secuencial.

El problema se agudiza cuando en un mismo juego hay varias "irracionalidades" *simultáneamente* posibles, cada una de ellas con una pequeña probabilidad *a priori*. Pues, en ese caso, podrían coexistir una multiplicidad de equilibrios secuenciales, con implicaciones muy distintas sobre los pagos de los diferentes jugadores. En ese caso, uno esperaría que se desencadenara un *tour de force* entre los jugadores, cada uno tratando de imponer la reputación que le es más beneficiosa. ¿Quién esperaríamos que resultara ganador? Intuitivamente, aquel que tiene más que ganar o perder en ello; en particular, si hay jugadores con diferentes tipos de descuento u horizontes temporales, aquel que tiene un tipo de descuento menor (es más paciente) o un horizonte temporal más largo. Para discutir estas cuestiones de la forma más nítida posible, la literatura se ha centrado usualmente en un marco teórico especialmente estilizado a este respecto: un escenario en el que conviven un jugador de largo plazo (cuyo horizonte temporal coincide con el del juego completo) junto con una serie de jugadores a corto plazo (recuérdese la subsección 8.2.2). Un ejemplo paradigmático en este sentido (propuesto originalmente por Selten, 1978) es el llamado juego de "la cadena comercial" que describimos a continuación.

Considérese una gran cadena comercial que opera en un conjunto de mercados distintos. En todos ellos, la cadena afronta la posible entrada de un pequeño competidor, circunscrito a este mercado. Cada uno de estos entrantes potenciales tiene que tomar *secuencialmente* la decisión de entrar o no en su mercado respectivo. Sean $t = 1, 2, ..., T$, las fechas en que la decisión de entrada tiene que ser tomada en cada mercado (cada posible competidor, por tanto, puede ser asociado unívocamente al momento t en que ha de tomar de decisión). Cuando cada entrante potencial t toma su decisión, suponemos que conoce las decisiones de la cadena comercial y su competidor respectivo en cada uno del $t - 1$ mercados anteriores.

En cada mercado, se postula que el entrante potencial elige primero, decidiendo

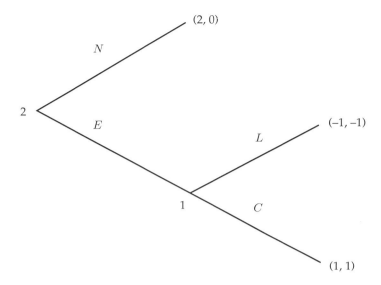

Figura 8.1. Juego básico, cadena comercial.

si entra (E) o no (N). Si decide entrar, la cadena comercial puede responder de dos formas. Puede luchar (L) o decidir que compartirá el mercado (C). Este juego básico puede representarse como aparece en la figura 8.1, donde el jugador 2 se identifica con el entrante potencial y el 1 con la cadena comercial:[6]

Claramente, el único equilibrio perfecto en subjuegos del juego representado en la figura 8.1 es (C, E). Considérese ahora el caso en que, tal como se ha sugerido más arriba, este mismo juego se repite un número *finito* de veces entre un único jugador de largo plazo (la cadena comercial) y T entrantes potenciales. (Es decir, consideramos el juego $\widehat{\mathcal{R}}^T(W)$, donde W es el juego básico representado en la figura 8.1 y utilizamos la notación de la subsección 8.2.2.) En ese caso, recurriendo a un argumento de inducción retroactiva ya familiar, se comprueba inmediatamente que el único equilibrio perfecto en subjuegos del juego $\widehat{\mathcal{R}}^T$ también induce (C, E) en cada $t = 1, 2, ..., T$.

Centrémos ahora nuestra atención en la extensión del contexto anterior a un número *infinito* de mercados, donde los pagos intertemporales de la cadena comercial se identifican con sus pagos medios (el juego $\widehat{\mathcal{R}}^\infty(W)$) o sus pagos descontados a una cierta tasa δ (el juego $\widehat{\mathcal{R}}^\delta(W)$). En ese caso, además del equilibrio que induce jugar (C, E) de forma indefinida para cada mercado, existe otro en que se juega (L, N)

---

[6] Con el objeto de mantener nuestra identificación general del jugador 1 como el de "largo plazo" (véase la subsección 8.2.2), adoptamos aquí la convención atípica de asignar el índice 2 al jugador que mueve primero dentro del juego básico.

en todos los mercados.[7] Este equilibrio puede cimentarse en la reputación de que *si* cualquier competidor llegara a entrar, la cadena comercial lucharía (elegiría *L*). Naturalmente, para que la cadena comercial desee mantener esta reputación si alguna entrada efectivamente se produjera, ha de ser "frágil" en un sentido apropiado. Esto es así si, por ejemplo, su persistencia en el tiempo depende de que no se haya violado *jamás*; o en otras palabras, si se ve sustancialmente alterada (digamos, por la reputación alternativa de que la cadena compartirá sus mercados en el futuro) a partir del primer momento en que la cadena comparta un mercado.

Lo antedicho, no es más que la descripción verbal del siguiente equilibrio:

Para cada $t = 1, 2, ...,$ y para cada $h^t \in H^t$,

$$
\begin{aligned}
\gamma_1 \left(h^t \right) &= L \\
\gamma_2 \left(h^t \right) &= N \quad \text{si} \quad \forall \tau \leq t - 1, \, a_1^\tau \neq C \\
&= E \quad \text{en otro caso.}
\end{aligned}
\qquad [8.9]
$$

Una característica interesante del equilibrio anterior (¿sólo de Nash, también perfecto en subjuegos? —considérese de nuevo el ejercicio 8.11) es que, en contraste con el dilema del prisionero repetido indefinidamente, la reputación se puede mantener en este caso sin necesidad de ponerla en práctica jamás (sólo ha de confirmarse cuando un competidor entra, lo cual nunca se produce en el equilibrio). Sin embargo, ambos escenarios sí tienen un importante rasgo común: tanto en el dilema del ‾ prisionero repetido como en el juego de la cadena comercial, sus análisis cambian drásticamente cuando pasamos de un horizonte infinito a otro finito.[8] En el caso que ahora nos ocupa, esta alteración, juzgada contraintuitiva, de la conclusión se conoce en la literatura como "la paradoja de la cadena comercial".

Kreps y Wilson (1982*b*) y Milgrom y Roberts (1982) abordaron independientemente la "resolución" de esta paradoja de forma similar a la descrita más arriba para el dilema del prisionero. En concreto, postularon que, en el contexto con horizonte *finito*, existe una pequeña probabilidad *a priori* de que el tipo de la cadena comercial lleve aparejados unos pagos distintos de los considerados en la figura 8.1; por ejemplo, se puede suponer que en ese caso los pagos son de la forma indicada en la figura 8.2.

En este segundo caso, la cadena comercial siempre combatirá la entrada de cualquier competidor y, por tanto, es óptimo para *todo* entrante potencial permanecer

---

[7] Naturalmente, en el juego $\widehat{\mathcal{R}}^\delta \left(W \right)$ con pagos descontados, esto sólo es cierto si δ es suficientemente grande —véase el ejercicio 8.11.

[8] Recuérdese que, tal como hemos explicado más arriba, una repetición *finita* del juego de la cadena comercial con distintos entrantes potenciales induce la entrada de todos ellos en el *único* equilibrio perfecto en subjuegos.

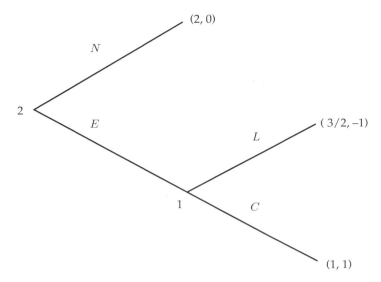

Figura 8.2. Juego básico alternativo, cadena comercial.

fuera del mercado. Teniendo esto en cuenta, el enfoque considerado presenta bastantes paralelismos con el descrito más arriba para el dilema del prisionero. En concreto, es posible probar (véase el teorema 8.12) que, por pequeña que sea la dosis de información incompleta postulada, si el horizonte temporal T es suficientemente amplio, todo equilibrio secuencial del juego repetido perturbado descarta que ninguno de los competidores potenciales entre en una primera fase arbitrariamente larga del juego. Este comportamiento es una respuesta óptima al deseo por parte de la cadena comercial de mantener durante esa fase una reputación de combatir cada posible entrada, ya que con ello se garantiza unos pagos medios arbitrariamente cercanos a los de monopolio (esto es, cercanos a 2) a lo largo del juego repetido.

Aunque esta conclusión pueda parecer muy similar a la descrita para el dilema del prisionero repetido, es importante comprender que el presente contexto es bastante diferente del anterior. Pues, en este caso, la construcción de la reputación *no* es unánimamente ventajosa para todos los jugadores. Mientras que la cadena comercial hará todo lo posible para que se consolide, los competidores harían todo lo que estuviera en su mano para que se hundiera. Sin embargo, las posibilidades de estos últimos son muy limitadas (de hecho, inexistentes), ya que su horizonte temporal de participación es tan corto.[9] Explotando este hecho, el jugador a largo plazo (la cadena comercial) utiliza a fondo sus posibilidades intertemporales para imponer a

[9] Como se explica en la observación 8.7 más adelante, lo importante aquí son las magnitudes relativas, no las absolutas, tanto en los horizontes temporales como en los tipos de descuento de los distintos jugadores.

cadena comercial) utiliza a fondo sus posibilidades intertemporales para imponer a lo largo del juego la reputación que más le interesa. Como veremos (teorema 8.12), éste es un fenómeno que se manifiesta con bastante generalidad en contextos de interacción repetida en los que coexisten un jugador a largo plazo y una serie finita (suficientemente grande) de jugadores de corto plazo.

8.4.2 Un horizonte temporal común*

En la línea sugerida por la sección anterior, presentamos ahora un resultado general que precisa el sentido en que la voluntad por parte de los jugadores de consolidar una cierta reputación (incluso si esta reputación es, en cierta medida, de "irracionalidad") puede sostener en el equilibrio pagos que no serían alcanzables en otro caso. Si tuviéramos que resumir escuetamente el resultado que nos ocupará en esta sección, podríamos describirlo verbalmente como sigue:

> "En un proceso largo de interacción sujeto a cierta ligera incertidumbre sobre los tipos de los jugadores, puede resultar racional aparentar lo que uno no es (incluso aunque el tipo aparentado sea altamente improbable), si la reputación asociada es útil para obtener unos mayores pagos."

Por simplicidad, consideraremos un contexto bilateral. En él, dos jugadores, 1 y 2, saben que con probabilidad "alta" $(1 - \varepsilon)^2$, $1 > \varepsilon > 0$, repiten T veces un cierto juego básico W; es decir juegan $\mathcal{R}^T(W)$. También saben que, con probabilidad a priori ε, cada uno de ellos puede ser elegido de un "tipo" diferente. Concretamente, en este último caso cada jugador tiene unos pagos diferentes, que por ahora se dejan sin especificar. Conceptualmente, el conjunto de estos distintos tipos alternativos se interpreta como el rango de posibles reputaciones que pueden llegar a consolidarse durante el desarrollo del proceso.

El contexto descrito se puede modelar como un juego con información incompleta, en el que los tipos de cada jugador son elegidos de forma independiente por la naturaleza al principio del juego, y son luego revelados de forma privada a cada jugador respectivo. Con probabilidad $1 - \varepsilon$, el tipo elegido para cada jugador i tiene pagos dados por $\pi_i^T(\cdot)$, tal como fueron definidos en la sección 8.2.1 para el juego básico W. Denominamos a éste el "tipo normal". Por otro lado, con la probabilidad complementaria ε, los pagos del jugador i son del "tipo anormal", y vienen dados por una función

$$\psi_i : H^{T+1} \to \mathbb{R},$$

que se elige discrecionalmente en función del vector de pagos para el tipo normal que se desee sostener en el equilibrio.[10]

El juego de información incompleta descrito se denotará $\mathcal{R}^T\left(W, \varepsilon, (\psi_i)_{i=1,2}\right)$. En este contexto, podemos probar el siguiente resultado.

Teorema 8.11 (Fudenberg y Maskin, 1986) *Sea $v \in V$ con $v_i \geq \tilde{v}_i$, $\forall i = 1, 2$. $\forall \varepsilon > 0$, existe un T^* y apropiadas "reputaciones" $(\psi_i)_{i=1,2}$ tales que, si $T > T^*$, el juego $\mathcal{R}^T\left(W, \varepsilon, (\psi_i)_{i=1,2}\right)$ tiene un equilibrio secuencial [11] cuyos pagos v_i' para el tipo normal de cada jugador i satisfacen $|v_i - v_i'| \leq \varepsilon$.*

Demostración. Supóngase, por simplicidad, que $v = W(a)$ para algún $a \in A$. Primeramente, necesitamos definir las reputaciones alternativas $(\psi_i)_{i=1,2}$ para cada jugador $i = 1, 2$. A este respecto, postulamos que la función de pagos ψ_i asociada al tipo "anormal" del jugador i convierte en dominante la siguiente estrategia:

$$\check{\gamma}_i\left(h^t\right) = a_i \quad \text{si} \quad \forall \tau \leq t - 1, \text{ningún jugador } j \qquad [8.10]$$
$$\text{se ha desviado } unilateralmente \text{ de } a_j \text{ en } \tau;$$
$$= \tilde{\alpha}_i^j \text{ en otro caso, donde } j \text{ es el índice del jugador} \qquad [8.11]$$
$$\text{que primero se ha desviado } unilateralmente \text{ de } a_j.$$

Fíjese un cierto $\hat{T}$, y considérese un equilibrio secuencial $(\hat{\gamma}_i)_{i=1,2}$ del juego $\mathcal{R}^{\hat{T}}\left(W, \varepsilon, (\psi_i)_{i=1,2}\right)$ con la siguiente característica: si existe un $t = 1, 2, ..., \hat{T}$, tal que la probabilidad en t del tipo normal es 1, entonces

$$\hat{\gamma}_i(h^\tau) = \bar{\alpha}_i \qquad \forall \tau \geq t,$$

donde $\bar{\alpha}$ es un cierto equilibrio de Nash de W. Claramente, un equilibrio secuencial con esta característica existe siempre. Además, dado que el tipo normal siempre tiene la opción de revelar inmediatamente su tipo, el pago v_i^o que cada jugador $i = 1, 2$ obtiene en ese equilibrio satisface:

$$v_i^o \geq \frac{1}{\hat{T}}(\underline{v}_i + \left(\hat{T} - 1\right)\tilde{v}_i),$$

donde recordamos que $\underline{v}_i$ denota el pago mínimo del jugador i en W.

---

[10] Puede ser útil concebir estos pagos arbitrariamente elegidos como parámetros del modelo. Conforme estos parámetros varían, el juego genera una amplia gama de pagos de equilibrio, tal como se establece en el teorema 8.11.

[11] Tal como se explicó en la sección 6.2 (véase la discusión que sigue a la definición 6.1) un contexto con información incompleta se puede modelar como un juego en el que la naturaleza mueve primero y revela la información de su tipo a cada jugador de manera privada. El equilibrio secuencial indicado se entiende referido al juego trilateral en el que participan la naturaleza y los jugadores 1 y 2.

Supóngase ahora que el horizonte de la interacción T satisface $T > \hat{T}$ y considérese la siguiente estrategia para el tipo normal:[12]

$$\gamma_i\left(h^t\right) = \breve{\gamma}_i\left(h^t\right) \quad \text{si} \quad t < T - \hat{T}; \qquad\qquad [8.12]$$

$$= \hat{\gamma}_i\left(h^t\right) \quad \text{si} \quad t \geq T - \hat{T} \quad \text{y} \quad \forall \tau < T - \hat{T}, \qquad [8.13]$$

$$\text{ningún jugador se desvió unilateralmente;}$$

$$= \breve{\gamma}_i\left(h^t\right) \quad \text{en otro caso.} \qquad\qquad [8.14]$$

Confirmamos ahora que, para cualquier $\varepsilon > 0$ dado, las estrategias definidas por [8.10]-[8.14] definen un equilibrio secuencial para el juego $\mathcal{R}^T\left(W, \varepsilon, (\psi_i)_{i=1,2}\right)$ si T es elegido suficientemente grande. Para el tipo "anormal", las estrategias definidas por [8.10]-[8.11] son secuencialmente óptimas por hipótesis. Para el tipo normal, la verificación de que las estrategias especificadas en [8.12]-[8.14] son óptimas para cualquier t se puede descomponer en tres etapas.

(1) Sea $t \geq T - \hat{T}$, y supóngase que *no* se ha producido ninguna desviación unilateral en $\tau \in \{1, 2, ..., T - \hat{T} - 1\}$. Entonces, [8.13] prescribe un comportamiento de acuerdo con $(\hat{\gamma}_i)_{i=1,2}$ que, por construcción, define un equilibrio en la parte final del juego de longitud $\hat{T}$. (Nótese que, si no ha habido ninguna desviación hasta $T - \hat{T}$, las probabilidades entre tipos en ese momento coinciden con las que prevalecían *a priori*.)

(2) Supóngase ahora que en un cierto $t' < t$ se ha producido una desviación unilateral por parte de algún jugador j. La prescripción de [8.11] y [8.14] implica que en t (y todos los periodos ulteriores) se jugará el equilibrio $\tilde{\alpha}^j$ del juego básico. Ello induce, obviamente, un equilibrio en el conjunto del juego.

(3) Finalmente, consideremos la tercera posibilidad. Sea $t < T - \hat{T}$ y supóngase que *no* se ha producido ninguna desviación unilateral anterior. Se ha de probar que es óptimo para cada jugador $i = 1, 2$ no desviarse unilateralmente de las estrategias descritas; es decir, que es óptimo para cada uno de ellos adoptar a_i en t. Por un lado, desviándose de esta acción, obtiene como máximo un pago agregado

$$v_i^* + (T - t)\, \tilde{v}_i, \qquad\qquad [8.15]$$

donde recordamos que v_i^* se define como el pago máximo del jugador i en el juego W. Por otro lado, si su oponente sigue la estrategia definida en [8.12]-[8-14], el jugador i se puede garantizar, mediante el seguimiento de la estrategia del tipo anormal $\breve{\gamma}_i$, una senda de pagos que suman al menos

$$\varepsilon\,(T - t + 1)\, v_i + (1 - \varepsilon)\,(\underline{v}_i + (T - t)\, \tilde{v}_i). \qquad\qquad [8.16]$$

---

[12] Obviamente, la descripción de la estrategia incluye sólo dos posibles contingencias: cuando la estrategia coincide con $\hat{\gamma}_i\left(h^t\right)$ y cuando lo hace con $\breve{\gamma}_i\left(h^t\right)$. Este último caso se desglosa en dos distintos para facilitar su comprensión.

Por lo tanto, siguiendo la estrategia dada por [8.12]-[8.13], el pago de este individuo no puede ser menor que esta magnitud. Para concluir la demostración, es suficiente comprobar que, si T es suficientemente grande, la expresión [8.16] excede necesariamente la [8.15]. Restando [8.15] de [8.16] obtenemos:

$$\varepsilon\,(T-t)\,(v_i - \tilde{v}_i) + (1-\varepsilon)\,\underline{v}_i + \varepsilon v_i - v_i^*.$$

Dado que $t < T - \hat{T}$ (es decir, $T - t > \hat{T}$) la expresión anterior será positiva si $\hat{T}$ es suficientemente grande. Concretamente, si

$$\hat{T} > \frac{v_i^* - (1-\varepsilon)\underline{v}_i - \varepsilon v_i}{\varepsilon\,(v_i - \tilde{v}_i)}.$$

Como $\hat{T}$ se puede determinar de forma independiente de T (la longitud total del juego), los pagos medios en el conjunto del juego para cada jugador $i = 1, 2$ se pueden aproximar de forma arbitraria al deseado valor v_i (que, en este caso, es el pago de las primeras $T - \hat{T}$ etapas) si $T/\hat{T}$ se elige suficientemente grande. ∎

Observación 8.5 El teorema 8.11 puede entenderse como evidencia de que determinados resultados demostrados en la sección 8.3.2 para juegos repetidos de horizonte finito (específicamente, el teorema 8.8 y sus implicaciones, por ejemplo, para el dilema del prisionero repetido) no son robustos ante pequeñas perturbaciones del contexto estudiado. En el caso que ahora nos ocupa, la perturbación considerada es la inclusión de una ligera dosis de información incompleta. En contraste con ello, las similares consideraciones introducidas por el teorema 8.10 se referían al concepto de racionalidad, admitiendo entonces que los jugadores pudieran ser sólo ε-racionales para un ε pequeño.

8.4.3 Diferentes horizontes temporales*

Como ya explicamos en la sección 8.4.1, el abanico de posibles reputaciones (y correspondientes pagos de equilibrio) que pueden consolidarse dentro de un proceso de interacción repetida dependerá crucialmente de cuáles sean los distintos horizontes temporales de los agentes. Un claro ejemplo de ello viene dado por el juego de la cadena comercial allí considerado. En este contexto, el supuesto de que la cadena comercial tiene un horizonte de interacción más dilatado que el de los ocasionales entrantes potenciales permite a aquélla "imponer" la reputación que más le conviene: "luchar siempre". En cierta forma, podemos concebir la fragilidad en el equilibrio de esta reputación como una vía para hacer creíble la voluntad por parte de la cadena comercial de comprometerse a no compartir el mercado (algo que *no* es secuencialmente óptimo en cada juego básico). Con ello, la cadena comercial consigue indirectamente reproducir una estructura secuencial de decisión a la Stackelberg que le permite comportarse como un líder en cada mercado; es decir, permuta *de facto* el orden de movimientos (primero el entrante, después la cadena comercial) que presenta el juego básico.

En esta sección, establecemos un resultado general con características análogas.[13] El escenario considerado es el descrito en la subsección 8.2.2, con la importante variación que supone el introducir una *pequeña* dosis de información incompleta sobre el tipo del jugador de largo plazo. Específicamente, se postula que con probabilidad *a priori* próxima a (pero menor que) 1, el juego se puede identificar con el juego repetido $\widehat{\mathcal{R}}^T(W)$, para un determinado horizonte temporal T y juego básico W. Por otro lado, con la probabilidad complementaria, los pagos del jugador a largo plazo (el jugador 1) son diferentes de los asociados a una repetición T veces de W. En particular, se supone que, en ese caso, el jugador 1 puede ser (con probabilidad positiva) de un tipo que repite indefinidamente una cierta acción (por ejemplo, su "acción de Stackelberg") en el juego W; o, concebido de otra forma, que tiene esa acción como una estrategia dominante del juego básico.

Más formalmente, sea $\mathcal{J}_1$ el espacio de tipos del jugador 1 que son alternativos al tipo normal. Por lo antedicho, podemos asociar $\mathcal{J}_1$ con el espacio de acciones del jugador 1 en W. Restringiendo nuestra atención a estrategias puras, identificaremos $\mathcal{J}_1$ con A_1 y denotaremos el tipo que adopta indefinidamente la acción a_1 por $\theta(a_1)$. El contexto descrito se puede modelar como un juego con información incompleta en el que el tipo del jugador 1 es revelado privadamente a este jugador una vez que la naturaleza lo extrae aleatoriamente del espacio

$$\widetilde{\mathcal{J}}_1 = \mathcal{J}_1 \cup \{\theta_n\},$$

donde θ_n simboliza el tipo normal cuyos pagos son los asociados a $\widehat{\mathcal{R}}^T(W)$. Por su parte, los T jugadores de "corto plazo" (tantos como periodos) se suponen todos de un mismo tipo "normal" y sus pagos vienen dados por W_2 (la segunda de las componentes de $W(\cdot) = (W_1(\cdot), W_2(\cdot))$). El juego así definido, con una probabilidad *a priori* sobre los tipos del jugador 1 dada por una cierta probabilidad $P_1(\cdot)$, será denotado por $\widehat{\mathcal{R}}^T\left(W, \widetilde{\mathcal{J}}_1, P_1\right)$.

Si el jugador 1 pudiera comprometerse a una determinada acción pura (por ejemplo, si pudiera mover primero de forma irreversible en cada juego básico) el pago mayor que se puede garantizar en cada periodo t viene dado por:

$$\bar{v}_1 = \max_{a_1 \in A_1} \min_{\alpha_2 \in \rho_2(a_1)} W_1(\alpha_1, \alpha_2),$$

donde

$$\rho_2 : A_1 \rightrightarrows \mathcal{A}_2$$

---

[13] Sin embargo, el análisis no es directamente aplicable, tal como se explica en el ejercicio 8.14.

representa la correspondencia de "mejor respuesta" del jugador de corto plazo en cada t; esto es, el conjunto de acciones $\alpha_2 \in \mathcal{A}_2$ que representan una respuesta óptima a cada $a_1 \in A_1$. Al pago $\bar{v}_1$ le denominaremos *pago de Stackelberg* del jugador 1, siendo $\bar{a}_1 \in A_1$ una cualquiera de las acciones que lo inducen. El próximo resultado establece que, para un agente con horizonte temporal suficientemente largo, el pago $\bar{v}_1$ es una cota inferior aproximada en *cualquier* equilibrio secuencial del juego descrito.

Teorema 8.12 (Fudenberg y Levine, 1992) *Supóngase que $P_1(\theta(\bar{a}_1)) > 0$. $\forall \varepsilon > 0$, $\exists T^*$ tal que si $T > T^*$, los pagos v_1' para el tipo normal de jugador 1 en el juego $\widehat{\mathcal{R}}^T\left(W, \widetilde{\mathcal{J}}_1, P_1\right)$ satisfacen $v_1' \geq \bar{v}_1 - \varepsilon$ en cualquiera de sus equilibrios secuenciales.*

Demostración. Sea $(\tilde{\gamma}_1, \tilde{\gamma}_2)$ un equilibrio secuencial del juego $\widehat{\mathcal{R}}^T\left(W, \widetilde{\mathcal{J}}_1, P_1\right)$. Inducido por este equilibrio, podemos calcular para cada h^t, $t = 1, 2, ..., T$, la probabilidad $\chi\left(a_1^t = \bar{a}_1 \mid h^t\right)$ de que, después de una cierta historia hasta t, el jugador 1 adopte la acción $\bar{a}_1$. Como la correspondencia de mejor respuesta $\rho_2(\cdot)$ es hemi-continua superiormente, ha de existir un cierto $\tilde{\chi} < 1$ tal que si

$$\chi\left(a_1^t = \bar{a}_1 \mid h^t\right) \geq \tilde{\chi}$$

entonces

$$\mathbf{sop}\ \left(\tilde{\gamma}_2\left(h^t\right)\right) \subset \rho_2\left(\bar{a}_1\right), \tag{8.17}$$

donde $\tilde{\gamma}_2(\cdot)$ representa la estrategia del individuo de corto plazo.

Supóngase ahora que el tipo θ_n de jugador 1 adopta la estrategia del tipo $\theta(\bar{a}_1)$. Probaremos que, en ese caso, y para cada $t = 1, 2, ..., T$, una de las dos siguientes afirmaciones es cierta:

(i) $\chi\left(a_1^t = \bar{a}_1 \mid h^t\right) \geq \tilde{\chi}$,

o bien

(ii) $P_1\left(\theta(\bar{a}_1) \mid h^{t+1}\right) \geq \frac{1}{\tilde{\chi}} P_1\left(\theta(\bar{a}_1) \mid h^t\right)$,

donde $P_1\left(\cdot \mid h^t\right)$ denota la probabilidad *a posteriori* sobre el tipo de jugador 1 resultante tras una historia h^t.

Para probar esta disyuntiva, considérese un cierto t en el que *no* se satisface (i). Aplicando la regla de Bayes, tenemos:

$$P_1\left(\theta(\bar{a}_1) \mid h^{t+1}\right) = \frac{\chi\left(a_1^t = \bar{a}_1 \mid h^t, \theta(\bar{a}_1)\right)\ P_1\left(\theta(\bar{a}_1) \mid h^t\right)}{\chi\left(a_1^t = \bar{a}_1 \mid h^t\right)},$$

en donde, extendiendo la notación anterior, $\chi\left(a_1^t = \bar{a}_1 \mid h^t, \theta(\bar{a}_1)\right)$ indica la probabilidad con que el jugador 1 adopta la acción $\bar{a}_1$ tras la historia h^t si es del tipo $\theta(\bar{a}_1)$. Naturalmente, $\chi\left(a_1^t = \bar{a}_1 \mid h^t, \theta(\bar{a}_1)\right) = 1$, con lo que se sigue (ii).

Manteniendo por el momento la hipótesis de que el tipo θ_n de jugador 1 adopta la estrategia del tipo $\theta\,(\bar{a}_1)$, considérese cualquier t arbitrario. Si (i) se cumple en t, tenemos [8.17]. Por otro lado, si (i) *no* se verifica (y por tanto se satisface (ii)), la probabilidad *a posteriori* del tipo $\theta\,(\bar{a}_1)$ crece a la tasa $1/\tilde{\chi}$. Ya que la probabilidad *a priori* $P_1(\theta\,(\bar{a}_1)) > 0$, esto último implica que, para un cierto número máximo s de periodos en los que *no* se satisface (i), ha de verificarse que:

$$t' > t + s \Rightarrow P_1\left(\theta\,(\bar{a}_1) \mid h^{t'}\right) \geq \tilde{\chi}. \qquad [8.18]$$

En virtud de lo anterior, podemos concluir que, siguiendo la estrategia del tipo $\theta\,(\bar{a}_1)$, el jugador 1 de tipo θ_n se puede garantizar un pago de $\bar{v}_1$ en al menos $T - s$ periodos. Por tanto, dado que es posible elegir s en [8.18] independientemente de T (estrictamente, sólo depende de $P_1\,(\theta\,(\bar{a}_1))$ y $\tilde{\chi}$), el jugador 1 de tipo θ_n puede *garantizarse* un pago medio no menor que $\bar{v}_1 - \varepsilon$, para cualquier $\varepsilon > 0$, si T es suficientemente grande. Obviamente, ningún equilibrio secuencial puede otorgarle un pago menor, lo que completa el argumento. ∎

Observación 8.6 Es fácil comprobar que el resultado anterior se refuerza (en concreto, el pago $\bar{v}_1$ se convierte en una cota *exactamente* alcanzable) si tomamos en cuenta un horizonte infinito y se consideran los pagos medios como función objetivo del agente a largo plazo. Por otro lado, también se puede verificar que si la función objetivo del jugador a largo plazo coincide con sus pagos descontados, la conclusión del teorema 8.12 se mantiene (en términos de una cota aproximada) para un tipo de descuento suficientemente próximo a 1.

Observación 8.7 Para facilitar la discusión, el marco teórico postulado en esta subsección es relativamente extremo: un *único* agente a largo plazo convive con una serie de jugadores sin *ningún* horizonte de futuro. En general, sería deseable contar con modelos más ricos que permitieran estudiar asimetrías menos marcadas entre los horizontes temporales de los distintos agentes en conflicto. (Así, por ejemplo, en el contexto de la cadena comercial, parece interesante admitir la posibilidad de que tanto los entrantes potenciales como la cadena comercial tengan horizontes temporales no triviales y que, por tanto, todas las partes en conflicto puedan *intentar* consolidar una reputación beneficiosa a lo largo del proceso.).

En tales contextos más generales, parece claro que la capacidad de cada uno de los jugadores de conseguir "imponer" una reputación ventajosa ha de depender de un conjunto amplio de factores; entre ellos, naturalmente, sus diferentes horizontes temporales y/o tasas de descuento han de desempeñar un papel fundamental. Un análisis riguroso de estas consideraciones ha sido llevada a cabo formalmente por Schmidt (1991).

Ejercicios

Ejercicio 8.1 Considérese el juego del dilema del prisionero (tabla 1.1) repetido *dos* veces. Represéntese en forma extensiva, enumerando también *todas* las estrategias de cada jugador ¿Cuáles definen un equilibrio de Nash?, ¿cuáles son racionalizables?

Ejercicio 8.2 Considérese el dilema del prisionero repetido indefinidamente con preferencias descontadas al tipo δ. Particularícense para este caso las estrategias del tipo considerado en la demostración del teorema 8.1, que sostienen el perfil (N,N) de forma constante a través de un equilibrio del juego repetido.

(a) ¿Cuál es el valor mínimo $\bar{\delta}$ para el tipo de descuento que permite que estas estrategias definan un equilibrio de Nash del juego repetido?
(b) Sea $\delta > \bar{\delta}$, donde $\bar{\delta}$ es el valor encontrado en (a). ¿Definen también las estrategias consideradas un equilibrio perfecto en subjuegos? Explíquese.

Ejercicio 8.3 Dado un cierto juego básico W, pruébese que todo perfil estratégico de los juegos $\mathcal{R}^{\delta}(W)$, $\mathcal{R}^{\infty}(W)$ o $\mathcal{R}^{T}(W)$ que induzca para cada t un determinado equilibrio de Nash de W (no necesariamente el mismo para cada t) define un equilibrio perfecto en subjuegos del juego repetido.

Ejercicio 8.4 Considérese un contexto con $n \, (\geq 3)$ empresas en un mercado oligopolista con producto homógeneo, cuyo coste de producción es constante e igual a cero para cada una de ellas. La función de demanda se postula lineal de la siguiente forma:

$$P = a - b\Sigma_{i=1}^{n}x_i, \quad a > 0, \, b > 0,$$

donde x_i es la producción de la empresa $i = 1, 2, ..., n$.

En este contexto, supóngase:
(i) las empresas compiten a la Cournot de forma indefinida a lo largo del tiempo, eligiendo simultáneamente en cada periodo $t = 1, 2...$ sus cantidades respectivas de producción;
(ii) cada empresa, a la hora de tomar su decisión de producción en cada t, sólo conoce (además de sus propias decisiones anteriores) los precios materializados en los periodos $\tau < t$;
(iii) las empresas son "infinitamente pacientes"; en concreto, sus pagos intertemporales coinciden con sus beneficios medios a lo largo de todo el proceso.

¿Cuál es el rango de beneficios medios sostenibles en un equilibrio perfecto en subjuegos del juego repetido? Compare su contestación con la conclusión del teorema 8.6.

Ejercicio 8.5 Demostración del teorema 8.8.

Ejercicio 8.6 Sea W el juego básico descrito en la tabla 1.2 del capítulo 1.

(a) Calcúlese el rango de pagos que se pueden sostener en un equilibrio de Nash de $\mathcal{R}^\infty (W)$, ¿y en un equilibrio perfecto en subjuegos?

(b) Calcúlese el máximo pago simétrico que puede sostenerse en un equilibrio perfecto en subjuegos de $\mathcal{R}^\delta (W)$ para $\delta = 0{,}95$. ¿Es eficiente? Descríbanse las estrategias de equilibrio.

(c) Contéstense a las mismas preguntas que en (b), pero para $\delta = 0{,}1$.

(d) Contéstense a las mismas preguntas que en (b) y (c), pero con respecto al pago simétrico *mínimo*. (Recuérdese especificar las estrategias de equilibrio en cada caso.)

Ejercicio 8.7 Considérese el juego básico del ejercicio 8.6.

(a) Calcúlese el máximo pago simétrico que puede sostenerse en un equilibrio perfecto en subjuegos de $\mathcal{R}^T (W)$ para $T = 2$, ¿y para $T = 100$? Descríbanse las estrategias de equilibrio.

(b) Contéstese a las preguntas planteadas en (a), pero con respecto al pago simétrico mínimo.

Ejercicio 8.8 Considérese el juego descrito en la tabla 8.1. Respóndase a las mismas cuestiones que en (a), (b) y (c) del ejercicio 8.6 con respecto a este juego.

Ejercicio 8.9 Considérese el juego descrito en la tabla 8.1. Contéstense a las mismas cuestiones que en (a) y (b) del ejercicio 8.7 con respecto a este juego.

Ejercicio 8.10 Pruébese que, dado un cierto juego básico W, $\exists \hat\delta > 0$ tal que si $\delta < \hat\delta$ y γ es un equilibrio de Nash de $\mathcal{R}^\delta (W)$, se satisface que para toda historia h^t con probabilidad positiva en el equilibrio de Nash, $\gamma\left(h^t\right) = \alpha^*$ para algún equilibrio de Nash α^* de W. ¿Es esta conclusión también cierta si, dado γ, la historia h^t tiene probabilidad *a priori* cero?

Ejercicio 8.11 En el contexto de la cadena comercial con horizonte infinito, calcúlese la tasa de descuento δ máxima que es consistente con que las estrategias descritas en [8.9] definan un equilibrio de Nash ¿y para que sea un equilibro perfecto en subjuegos?

Ejercicio 8.12 ¿Consigue la ε-racionalidad (esto es, los conceptos de ε-equilibrio introducidos en las definiciones 8.1 y 8.2) solucionar la "paradoja de la cadena comercial"? Dése una contestación precisa a esta cuestión (es decir, un argumento riguroso o un contraejemplo).

Ejercicio 8.13 Considérese un juego básico W dado por la siguiente matriz de pagos:

$$1$$

		D	N
2	D	1, 1	b, 0
	N	0, b	a, a

Supóngase que $b > a > 1$, de forma que estamos en presencia de un juego del tipo "dilema del prisionero". Considérese el juego de información incompleta $\mathcal{R}^T \left(W, \varepsilon, (\psi_i)_{i=1,2} \right)$ en donde, para un T y ε dados, la "reputación alternativa" ψ_i para cada $i = 1, 2$ identifica a un tipo de jugador cuyos pagos intertemporales presentan las siguientes características:

- si el oponente *no* ha jugado D con anterioridad, es una estrategia dominante jugar N en cada periodo;
- si el oponente ha jugado alguna vez D, sus pagos en etapas posteriores son como en la tabla descrita.

(a) Sea $\varepsilon = 0,1$ y $T = 2$. Determínense valores para los parámentros a y b de forma que exista un equilibrio secuencial en el que a los individuos del tipo normal *les es indiferente* jugar N o D en el primer periodo del juego.

(b) Bajo las condiciones especificadas en (a), identifíquense valores de a y b para los cuales, a lo largo de algún equilibrio secuencial, los jugadores del tipo "normal" encuentran óptimo jugar N en *todos* los periodos del juego.

(c) Fijados los valores de a y b elegidos en (a), supóngase que $\varepsilon = 0,01$. Determínese el *mínimo* valor de T para el cual los jugadores del tipo normal deciden cooperar en el *primer* periodo del juego en algún equilibrio secuencial.

Ejercicio 8.14 Considérese el juego de la cadena comercial con un número finito de entrantes potenciales y juego básico (en forma *extensiva*) descrito en la figura 8.1. Este juego refleja la situación subyacente con probabilidad $1 - \eta$, donde $\eta \in (1/2, 1)$. Sin embargo, con probabilidad *a priori* η, los pagos no son como en la figura 8.1 sino como en la figura 8.2. La cadena comercial está informada de cuáles son las circunstancias pero no así los entrantes potenciales. En este contexto, discútase la siguiente afirmación:

> *Dado η, por pequeño que éste sea, si el número de entrantes potenciales es suficientemente grande, la cadena comercial encontrará siempre beneficioso combatir cualquier posible entrada, desde el mismo principio del juego hasta "casi" el final. A lo largo de este proceso, su "reputación" (la percepción que tienen los posibles entrantes sobre los pagos subyacentes) no cambia; es decir, coincide con las probabilidades a priori.*

Sugerencia: Refiérase al método de prueba del teorema 8.12, con especial cuidado en entender el comportamiento que se producirá al final del juego. Nótese que, en el presente contexto, el juego básico considerado es secuencial (es decir, no simultáneo), lo que imposibilita una aplicación directa del teorema 8.12.

9. APLICACIONES IV

9.1 Colusión y oligopolio

9.1.1 Competencia a la Cournot: observación perfecta

Considérese un contexto como el descrito en la sección 3.1, donde un conjunto finito de n oligopolistas compite en un mercado cuyo bien es homogéneo. Los consumidores se formalizan a través de una función de demanda agregada

$$F : \mathbb{R}_+ \rightarrow \mathbb{R}_+ \qquad\qquad [9.1]$$

que especifica, para cada precio $p \in \mathbb{R}_+$, la correspondiente demanda total del producto $F(p)$. Su correspondiente inversa (que se supone bien definida) se representará por $P(\cdot)$.

Cada empresa $i = 1, 2, ..., n$ tiene asociada una función de coste

$$C_i : \mathbb{R}_+ \rightarrow \mathbb{R}_+,$$

donde $C_i(q_i)$ representa el coste de producir la cantidad q_i. Correspondientemente, su función de beneficios se define de la forma siguiente:

$$\pi_i(q_1, ..., q_n) \equiv P(\sum_{i=1}^{n} q_i)\, q_i - C_i(q_i) \qquad (i = 1, 2, ..., n).$$

Por simplicidad, nos restringiremos a contextos simétricos donde $C_i(\cdot) = C(\cdot)$ para cada $i = 1, 2, ..., n$ y, por tanto, las funciones de beneficios $(\pi_i(\cdot))_{i=1}^{n}$ son invariantes ante cualquier permutación en los índices de las empresas.

Si identificamos la producción de cada empresa como su variable de decisión y suponemos que todas ellas conciben su interacción estratégica aislada en el tiempo, el concepto apropiado de análisis es el de Cournot-Nash, tal como fue definido en [3.3]. En lo sucesivo, supondremos que existe un *único* equilibrio de Cournot-Nash, simétrico, en donde cada empresa produce al nivel x^c y obtiene beneficios π^c.

Si las empresas pudieran coordinarse (y comprometerse) para producir una cierta cantidad, idéntica para todas ellas, desearían producir x^m, donde $n \cdot x^m$ es la cantidad de monopolio que maximiza los beneficios totales de las empresas. Suponiendo igualmente que esta última cantidad es única, se define x^m como:

$$x^m \equiv \arg \max_{x \geq 0} \sum_{i=1}^{n} \pi_i(x, ..., x). \qquad [9.2]$$

Por ejemplo, en el caso sencillo en que la función inversa de demanda es lineal:

$$P(Q) = \max \{ M - dQ, 0 \}, Q \equiv \sum_{i=1}^{n} q_i, M > 0, d > 0, \qquad [9.3]$$

y las (idénticas) funciones de coste también lo son:

$$C_i(q_i) = cq_i, c > 0, \qquad [9.4]$$

tenemos:

$$x^c = \frac{M - c}{(n + 1) d} \qquad [9.5]$$

$$x^m = \frac{M - c}{2 n d}. \qquad [9.6]$$

Obviamente, si $n > 1$, $x^c \neq x^m$ y, por tanto, las empresas no pueden coordinarse/comprometerse de forma creíble a producir las cantidades x^m que maximizan de forma simétrica sus beneficios totales.

Supongamos ahora que las *mismas* n empresas están presentes en el mercado durante un determinado horizonte temporal T. Como sabemos por el análisis desarrollado en la sección 8.3.2, si T es finito, el único equilibrio perfecto en subjuegos consiste en la repetición del perfil $(x^c, ..., x^c)$ cada periodo; es decir, en ese caso, la repetición de la interacción *no* enriquece las posibilidades estratégicas (creíbles) de las empresas.

Sin embargo, cuando el horizonte de la interacción es ilimitado ($T = \infty$), sabemos también por una adaptación inmediata del teorema 8.3 que las empresas pueden sostener el comportamiento colusivo $(x^m, ..., x^m)$ como un equilibrio perfecto en subjuegos, siempre y cuando la tasa δ a la que descuentan beneficios futuros sea suficientemente próxima a la unidad.[1] En particular, las siguientes estrategias sencillas (a veces llamadas "de gatillo") para cada empresa $i = 1, 2, ..., n$ consiguen este objetivo:

---

[1] Aunque el juego básico se suponía finito en el capítulo 8, resulta claro que la naturaleza del argumento es aplicable a juegos simultáneos arbitrarios en los que existe algún equilibrio de Nash.

(a) Para $t = 1$, $q_i^t = x^m$.

(b) $\forall t = 2, 3, ...,$

    (b.1) $\left[\forall t' < t, \forall j = 1, 2, ..., n, \; q_j^{t'} = x^m \right] \Rightarrow \left[q_i^t = x^m \right] ;$

    (b.2) en otro caso, $q_i^t = x^c$.

Estas estrategias sostienen el comportamiento colusivo mediante la simple amenaza de jugar indefinidamente el perfil cournotiano $(x^c, ..., x^c)$ —lo cual representa una amenaza creíble, ya que induce un equilibrio perfecto en subjuegos del juego repetido— a partir del primer momento en que alguna empresa se ha desviado en el pasado. Las estrategias (a)-(b) definen un equilibrio perfecto del juego repetido siempre y cuando la tasa de descuento δ sea suficientemente alta. En particular (véase el ejercicio 9.1), es suficiente que

$$\delta \geq \frac{\hat{\pi}^m - \pi^m}{\hat{\pi}^m - \pi^c} , \qquad\qquad [9.7]$$

donde

$$\pi^m \equiv \pi_i(x^m, ..., x^m), \qquad\qquad [9.8]$$

$$\pi^c \equiv \pi_i(x^c, ..., x^c), \qquad\qquad [9.9]$$

$$\hat{\pi}^m \equiv \max_{q_i} \pi_i(q_i, (\bar{q}^m)_{-i}), \quad i \in \{1, 2, ..., n\}, \qquad\qquad [9.10]$$

siendo $\bar{q}^m$ el vector $(x^m, ..., x^m)$ y $(\bar{q}^m)_{-i}$ este mismo vector sin su componente $i$ésima. Naturalmente, tenemos:

$$\hat{\pi}^m \geq \pi^m > \pi^c.$$

Las estrategias definidas en (a)-(b) tienen dos problemas que nos gustaría remediar:

Por un lado, estas estrategias limitan las "amenazas de castigo" a la repetición de un equilibrio de Nash del juego básico. En principio, este hecho limita de forma significativa el potencial de disuasión que puede utilizarse para sostener una determinada senda de equilibrio. (Ello podrá apreciarse con nitidez cuando comparemos (a)-(b) con las estrategias (a')-(b'), igualmente de gatillo, que serán utilizadas en la subsección 9.1.3 para sostener la colusión en un contexto de competencia a la Bertrand.)

Por otro lado, estas estrategias de castigo pueden no ser muy creíbles, en un cierto sentido intuitivo. Pues, dado su carácter irreversible, *todas* las empresas podrían estar interesadas en modificarlas si una de ellas se ha desviado de la estrategia colusiva, digamos que "por equivocación". En este caso, si las empresas tienen las posibilidades de renegociación esbozadas en la observación 8.3, la solidez del equilibrio considerado (en particular de la senda de castigo inducida) podría cuestionarse legítimamente.

Como ya vimos con ocasión de nuestro análisis teórico general (recuérdense los teoremas 8.5 y 8.6) estos dos inconvenientes de las estrategias de equilibrio (esto es, su limitada capacidad de disuasión y el carácter indefinido de sus fases de castigo) pueden remediarse, aunque a costa de un incremento sustancial en la complejidad de las estrategias utilizadas. Sin embargo, Abreu (1986) ha demostrado que tal incremento de complejidad no es necesario si se recurre a naturales estrategias de "palo y zanahoria" que despliegan tanto una potente capacidad disuasoria como una duración muy limitada de sus fases de castigo.

Así, sea q° un cierto nivel de producción dado que es elegido de forma que el perfil $\bar{q}^\circ \equiv (q^\circ, q^\circ, ..., q^\circ)$ sea suficientemente costoso (incluso con beneficios negativos para las empresas). Asociadas a q° consideramos las siguientes estrategias para cada empresa $i = 1, 2, ..., n$:

(α) Para $t = 1$, $\quad q_i^t = x^m$;
(β) $\forall t = 2, 3, ...$,
    (β.1) $\left[\forall j = 1, 2, ..., n, q_j^{t-1} = x^m\right] \Rightarrow q_i^t = x^m$;
    (β.2) $\left[\forall j = 1, 2, ..., n, q_j^{t-1} = q^\circ\right] \Rightarrow q_i^t = x^m$;
    (β.3) en otro caso, $q_i^t = q^\circ$.

Estas estrategias sostienen el comportamiento colusivo mediante el efecto disuasorio inducido por *un* solo periodo de "intenso" castigo (tal como viene reflejado por el perfil q°). Una vez experimentado este periodo de castigo tras una hipotética desviación, las estrategias revierten al comportamiento colusivo original. La razón por la cual las empresas pueden querer llevar a cabo el periodo de castigo (que puede ser muy negativo para *todas* ellas) es que representa la única forma de volver a una senda colusiva —véase (β.2).

Verificamos a continuación que, efectivamente, las estrategias (α)-(β) definen un equilibrio perfecto en subjuegos bajo ciertas condiciones. Denótese por π° los beneficios obtenidos por cada empresa si todas producen q° y sea

$$W^\circ \equiv (1 - \delta)\pi^\circ + \delta\pi^m \qquad [9.11]$$

los beneficios *descontados* obtenidos por cada empresa a partir de un cierto t si en ese periodo *todas* producen q° y sus estrategias vienen dadas por (α)-(β).

Adicionalmente, se define:

$$\hat{\pi}^\circ = \max_{q_i \geq 0} \pi_i(q_i, (\bar{q}^\circ)_{-i}), \qquad [9.12]$$

esto es, los beneficios *máximos* que una empresa puede obtener a través de una *desviación* unilateral del perfil homogéneo $\bar{q}^\circ$.

Para que las estrategias (α)-(β) definan un equilibrio perfecto han de satisfacerse las siguientes condiciones. Por un lado, los beneficios que obtendría una empresa si se desviara de la colusión *no* han de ser mayores (dado que posteriormente todas van a a seguir con las estrategias indicadas) que los que se obtienen continuando con ella. Es decir,[2]

$$\pi^m \geq (1 - \delta)\hat{\pi}^m + \delta W^\diamond$$

o, equivalentemente, utilizando (9.11):

$$(1 + \delta)\,\pi^m \geq \hat{\pi}^m + \delta\,\pi^\diamond. \qquad [9.13]$$

Por otro lado, si el juego se encuentra en una fase de castigo —es decir, se está aplicando $(\beta.3)$ y por tanto produciendo $q^\diamond$— todas las empresas han de preferir llevar a cabo esta penalización que desviarse de ella y posponer su ejecución al periodo siguiente. Es decir:

$$W^\diamond \geq (1 - \delta)\,\hat{\pi}^\diamond + \delta\,W^\diamond,$$

o simplemente:

$$W^\diamond \geq \hat{\pi}^\diamond. \qquad [9.14]$$

En general, una apropiada elección de $q^\diamond$ permitirá, bajo supuestos habituales y si la tasa de descuento está próxima a la unidad, sostener la colusión en el mercado duopolista mediante las estrategias de "palo y zanahoria" indicadas. La clave de esta elección reside en que $q^\diamond$ imponga un coste suficientemente grande sobre las empresas. En particular, puede ser elegido muy distinto de x^c, el equilibrio de Nash del juego básico.

A modo de ilustración, considérese el contexto lineal dado por [9.3] y [9.4]. Sea $\hat{Q} = M/d$, la menor producción total que induce un precio nulo. Fíjese $q^\diamond$ de la siguiente forma:

$$q^\diamond = \max\left\{\frac{\hat{Q}}{n-1}, \frac{2\hat{\pi}^m}{c}\right\} \qquad [9.15]$$

donde c es el coste marginal (y medio) de producción, y $\hat{\pi}^m$ se define como en [9.10] para el presente contexto. Dado que $q^\diamond \geq \frac{\hat{Q}}{n-1}$, se sigue que:

$$\hat{\pi}^\diamond = 0 \qquad [9.16]$$

$$\pi^\diamond = -c\,q^\diamond. \qquad [9.17]$$

---

[2] Recuérdese que, tal como fue convenido en el capítulo 8 (véase la subsección 8.2.1), todos los pagos instantáneos se multiplican por $(1 - \delta)$ con el objeto de que estos pagos y los descontados formen parte del mismo espacio.

Al ser $q^\diamond \geq \frac{2\hat{\pi}^m}{c}$, tenemos que si $\delta \geq \frac{1}{2}$,

$$\hat{\pi}^m + \delta\,\pi^\diamond \leq 0,$$

y por tanto se satisface [9.13], la primera de las condiciones de equilibrio. Por otro lado, [9.16] implica que [9.14], la segunda de estas condiciones, se puede reescribir de la siguiente forma:

$$(1 - \delta)\pi^\diamond + \delta\pi^m \geq 0$$

la cual se verifica siempre y cuando

$$\delta \geq \frac{cq^\diamond}{cq^\diamond + \pi^m}.$$

Por tanto, si la tasa de descuento satisface:

$$1 > \delta \geq \max\left\{\frac{cq^\diamond}{cq^\diamond + \pi^m}, \frac{1}{2}\right\},$$

las estrategias de "palo y zanahoria" definidas por (α)-(β) para la producción $q^\diamond$ especificada en [9.15] definen un equilibrio perfecto en subjuegos dentro del contexto lineal considerado. Este equilibrio induce una senda de colusión indefinida, en la que cada uno de los oligopolistas produce la cantidad x^m en cada t.

9.1.2 Competencia a la Cournot: observación imperfecta*

Las estrategias especificadas por (a)-(b) o (α)-(β) en la subsección anterior están basadas en el supuesto implícito de que las empresas son capaces de observar perfectamente las cantidades producidas por sus competidores. Alternativamente, parece interesante (y probablemente más realista) estudiar un contexto en el que las empresas son incapaces de observar las decisiones de las demás, y sólo pueden verificar cuál ha sido el precio que vació el mercado en el periodo anterior.

En este contexto, si el precio que vacía el mercado puede ser observado por todas las empresas sin ningún "ruido", cualquier desviación *unilateral* de una cierta configuración de referencia puede ser detectada sin ambigüedad por todas ellas. Tras cualquier desviación de este tipo, todas las empresas serían conscientes de que se ha producido, aunque no pudieran determinar con precisión cuál de ellas ha sido la causante. Es fácil comprobar que la mera disponibilidad de esta evidencia "anónima" representa una base suficiente para desencadenar (de forma coordinada) una fase de castigo análoga a la considerada anteriormente. Siendo así, la naturaleza y conclusiones esenciales del análisis anterior se dan también en este caso, sólo que sujetas a ciertas adaptaciones formales evidentes.

De lo antedicho se concluye que sólo si introducimos algún tipo de ruido entre las decisiones de las empresas y sus observaciones —esto es, entre sus niveles de producción y el precio resultante— las restricciones de observabilidad sugeridas pueden suscitar consideraciones novedosas. Este es el enfoque propuesto en el innovador trabajo de Green y Porter (1984). Su modelo es como el descrito en la subsección 9.1.1, con una única pero crucial diferencia: la demanda agregada es de naturaleza estocástica. En concreto, se postula que la función inversa de demanda en cada periodo $t = 1, 2, ...$ es de la forma

$$\tilde{p}^t = \tilde{\theta}^t P(Q^t),$$

donde Q^t es la producción agregada en cada t y $\{\tilde{\theta}^t\}_{t=1}^{\infty}$ es una secuencia de variables aleatorias. Cada $\tilde{\theta}^t$ se supone distribuida de forma independiente e idéntica entre periodos con una función de distribución $F(\cdot)$, de densidad $f(\cdot)$ y esperanza $\mathbf{E}(\tilde{\theta}^t) = 1$. La hipótesis fundamental del modelo es que las empresas sólo conocen en cada t los precios $\{p^\tau\}_{\tau=1}^{t-1}$ materializados con anterioridad. Por tanto, se supone que no conocen las producciones decididas en cada $\tau < t$ ni las realizaciones θ^τ correspondientes.

Las empresas se asumen neutrales al riesgo y maximizadoras de sus flujos de pagos esperados, descontados a una cierta tasa $\delta \in (0, 1)$. Sus estrategias $s_i = \{s_i^t\}_{t=1}^{\infty}$, $i = 1, 2, ..., n$, son funciones que determinan (simultáneamente) para cada t respectivo un cierto nivel de producción q_i^t en función de toda la historia de precios $h^t \equiv \{p^\tau\}_{\tau=1}^{t-1}$ observada con anterioridad.

En este contexto, un *equilibrio perfecto en subjuegos* es un perfil de estrategias $s^* = (s_1^*, s_2^*, ..., s_n^*)$ tal que $\forall i = 1, 2, ..., n, \forall t = 1, 2, ..., \forall s_i = \{s_i^t\}_{t=1}^{\infty}$

$$\mathbf{E}\left[(1-\delta)\sum_{\tau=t}^{\infty}\delta^{\tau-t}\,\tilde{\pi}_i^\tau(s^{*\tau}(h^\tau))\right] \geq \mathbf{E}\left[(1-\delta)\sum_{\tau=t}^{\infty}\delta^{\tau-t}\,\tilde{\pi}_i^\tau(s_i^\tau(h^\tau), s_{-i}^{\tau*}(h^\tau))\right]$$

donde:

$$s^{*\tau}(h^\tau) \equiv (s_1^{*\tau}(h^\tau), s_2^{\tau*}(h^\tau), ..., s_n^{\tau*}(h^\tau))$$

$$\tilde{\pi}_i^\tau(q_1, ..., q_n) \equiv \tilde{\theta}^\tau\, P(\sum_{i=1}^{n} q_i)\, q_i - C_i(q_i).$$

La cuestión que queremos abordar es la misma que en la subsección 9.1.1: ¿pueden las empresas sostener un comportamiento colusivo? Para contestar afirmativamente a esta pregunta, nos centraremos en las estrategias especialmente sencillas e intuitivas consideradas por Green y Porter (1984). Se basan en los conceptos contrapuestos de situaciones *normales* y situaciones *regresivas*. En las primeras, las empresas producen un determinado perfil colusivo "acordado" por todas ellas, $\hat{q} = (\hat{q}_1, \hat{q}_2, ..., \hat{q}_n)$, tal que

$$\pi_i(\hat{q}_1, \hat{q}_2, ..., \hat{q}_n) \geq \pi^c = \pi_i(x^c, x^c, ..., x^c) \qquad (i = 1, 2, ..., n).$$

En las segundas, revierten al (único) equilibrio de Nash $q^c = (x^c, x^c, ..., x^c)$. Para cada empresa, la transición entre situaciones normales y situaciones regresivas se produce tras la observación (realizada por todas ellas) de un precio inmediatamente anterior que es inferior a un determinado $\bar{p}$. Por otro lado, una vez dentro de una situación regresiva, todas las empresas la conciben de una misma duración dada T, finita. Esto es, una vez completada una fase de T periodos en situación regresiva, todas ellas vuelven a catalogar la situación como normal.

Más formalmente, las consideraciones anteriores se plasman en unas estrategias para cada empresa $i = 1, 2, ..., n$ del siguiente tipo:

(i)   En $t = 1$ la situación es normal y $q_i^t = \hat{q}_i$;

(ii) $\forall t = 2, 3, ...,$

    (ii.a) $\left[(t-1) \text{ es un periodo normal}, p^{t-1} \geq \bar{p} \right] \Rightarrow \left[t \text{ es normal}, q_i^t = \hat{q}_i \right]$;

    (ii.b) $\left[(t - T - 1) \text{ es un periodo normal}, p^{t-T-1} < \bar{p} \right] \Rightarrow \left[t \text{ es normal}, q_i^t = \hat{q}_i \right]$;

    (ii.c) en otro caso, t es un periodo regresivo, $q_i^t = x^c$.

Dadas las estrategias descritas por (i)-(ii), el problema de decisión de cada empresa puede formularse como un problema de programación markoviana (estacionaria) con dos únicos estados: el estado *normal* ω^a y el estado *regresivo* ω^b.[3] En una fase regresiva, cuya duración *no* depende de lo que ocurra durante su desarrollo, está claro que una estrategia óptima conlleva el producir x^c (recuérdese que $q^c = (x^c, x^c, ..., x^c)$ es un equilibrio de Nash). Por tanto, la cuestión crucial para confirmar que las estrategias (i)-(ii) definen un equilibrio perfecto para un cierto vector colusivo $\hat{q} = (\hat{q}_1, \hat{q}_2, ..., \hat{q}_n)$ es verificar que cada $\hat{q}_i$ representa una decisión óptima en periodos normales para la empresa $i = 1, 2, ..., n$.

Dado el vector $\hat{q}_{-i}$ de producciones elegidas por las empresas $j \neq i$ en periodos normales, podemos definir el pago descontado asociado a una cierta producción q_i por parte de la empresa i durante este tipo de periodos, $V^a(q_i; \hat{q}_{-i})$. Igualmente podemos determinar $V^b(q_i; \hat{q}_{-i})$, el pago esperado descontado en fases de regresión (más específicamente, a su comienzo). Ambos valores resultan de resolver el siguiente sistema:[4]

$$V_i^a(q_i; \hat{q}_{-i}) = (1 - \delta)\, \pi_i(q_i, \hat{q}_{-i}) + \delta\, \mathbf{Prob}\left[\bar{p} \leq \tilde{\theta}\, P(q_i + \sum_{j \neq i} \hat{q}_j)\right] V_i^a(q_i) \qquad [9.18]$$

---

[3] Rigurosamente, necesitaríamos $T - 1$ estados regresivos para describir el proceso, ya que, una vez que éste entra en una fase recesiva, es necesario contabilizar el periodo de esta fase en que se encuentra. Sin embargo, dado que el comportamiento durante esta fase siempre coincide con un equilibrio de Nash —véase [9.19]— podemos compendiar todo su desarrollo e identificar solamente el estado en que aquélla comienza.

[4] Eliminamos el superíndice temporal de las variables aleatorias, ya que su distribución es estacionaria.

$$+\delta \, \textbf{Prob} \, [\bar{p} > \tilde{\theta} \, P(q_i + \sum_{j \neq i} \hat{q}_j)] \, V_i^b(q_i; \hat{q}_{-i})$$

$$V_i^b(q_i; \hat{q}_{-i}) = (1 - \delta) \sum_{s=0}^{T-1} \delta^s \pi^c + \delta^T \, V_i^a(q_i) \qquad [9.19]$$

donde suponemos que, en periodos regresivos, *todas* las empresas (incluida la i) toma la decisión óptima (dado el comportamiento de las demás) de revertir al equilibrio de Nash q^c y, en periodos normales, las empresas $j \neq i$ adoptan su respectivo $\hat{q}_j$. Utilizando el hecho de que

$$\textbf{Prob} \, [\bar{p} > \tilde{\theta} \, P(q_i + \sum_{j \neq i} \hat{q}_j)] = F \left(\frac{\bar{p}}{P(q_i + \sum_{j \neq i} \hat{q}_j)} \right)$$

podemos despejar $V_i^a(q_i)$ en el sistema [9.18]-[9.19] y obtener:

$$V_i^a(q_i; \hat{q}_{-i}) = (1 - \delta) \frac{\pi_i(q_i, \hat{q}_{-i}) + F \left(\bar{p}/P(q_i + \sum_{j \neq i} \hat{q}_j) \right) \left((\delta - \delta^{T+1})/(1 - \delta) \right) \pi^c}{1 - \delta + (\delta - \delta^{T+1}) F \left(\bar{p}/P(q_i + \sum_{j \neq i} \hat{q}_j) \right)}$$

$$= \frac{(1 - \delta) \, [\pi_i(q_i, \hat{q}_{-i}) - \pi^c]}{1 - \delta + (\delta - \delta^{T+1}) F \left(\bar{p}/P(q_i + \sum_{j \neq i} \hat{q}_j) \right)} + \pi^c.$$

La interpretación de la expresión anterior es como sigue: el valor presente (en términos esperados) para la empresa i de un vector colusivo $(q_i, \hat{q}_{-i})$ excede el inducido por el equilibrio de Cournot-Nash repetido en la magnitud $\pi_i(q_i, \hat{q}_{-i}) - \pi^c$, estando esta diferencia apropiadamente "descontada" tanto por la tasa temporal δ como por las ocasionales interferencias de fases de regresión de duración T.

Un equilibrio en este contexto se caracteriza por un vector de producciones $q^* = (q_1^*, ..., q_n^*)$ que satisface:

$$V_i^a(q^*) \geq V_i^a(q_i; q_{-i}^*), \, \forall q_i \geq 0 \qquad (i = 1, 2, ..., n). \qquad [9.20]$$

Si suponemos que las funciones en cuestión son diferenciables, tenemos las siguientes condiciones necesarias para (9.20):

$$\frac{\partial V_i^a}{\partial q_i}(q^*) = 0 \qquad (i = 1, 2, ..., n).$$

O, equivalentemente:

$$\left[1 - \delta + (\delta - \delta^{T+1}) \, F \left(\frac{\bar{p}}{P(\sum_{j=1}^n q_j^*)} \right) \right] \frac{\partial \pi_i}{\partial q_i}(q^*)$$

$$+ (\delta - \delta^{T+1}) \, f \left(\frac{\bar{p}}{P(\sum_{j=1}^n q_j^*)} \right) \frac{\bar{p} \, P'(\sum_{j=1}^n q_j^*)}{\left(P(\sum_{j=1}^n q_j^*) \right)^2} \, (\pi_i(q^*) - \pi^c) = 0 \qquad [9.21]$$

para cada $i = 1, 2, ..., n$.

La expresión [9.21] incluye dos términos que, evaluados en una configuración colusiva, incorpora consideraciones de naturaleza (y signo) opuesta. Así, el signo positivo del primer término refleja el hecho de que cualquier oligopolista querría incrementar unilateralmente su output si pudiera evitar una reacción de sus competidores hacia una fase regresiva (por ejemplo, si la variable aleatoria $\tilde{\theta}$ experimenta una realización beneficiosa que enmascara su desviación). Por otro lado, el segundo término de [9.21] —cuyo signo será típicamente negativo— capta la penalización $(\pi_i(q^*) - \pi^c)$ en la que incurriría una empresa si su desviación incrementa la probabilidad de desencadenar una fase regresiva. En el equilibrio, está claro que ambos efectos han de compensarse exactamente para cada empresa.

En general, la posibilidad de sostener una configuración colusiva dependerá obviamente de las características subyacentes (tasa de descuento, condiciones de coste y demanda, magnitud y forma del ruido que distorsiona la perfecta observabilidad, etc.). Un análisis detallado del contexto lineal simétrico —tal como el descrito en [9.3] y [9.4]— ha sido llevado a cabo por Porter (1983). En particular, este autor ha centrado su esfuerzo en determinar el umbral de precios $\bar{p}$ y el horizonte temporal T que caracterizan la estrategia del "mejor" equilibrio; es decir, aquel que maximiza el flujo descontado de beneficios esperados de los oligopolistas. La conclusión más interesante a este respecto es la siguiente.[5] Los oligopolistas nunca encontrarán óptimo "apurar" sus deseos colusivos hasta el punto de querer sostener la configuración de monopolio $(x^m, ..., x^m)$ —recuérdese [9.6]. Si se intentara, las fases recesivas requeridas para compensar los marcados incentivos para la desviación que surgen en este caso bajo imperfecta observabilidad serían demasiado largas. Lo óptimo, por tanto, supone encontrar un apropiado compromiso intermedio que atempere las ganancias de los periodos colusivos y de esta forma las haga alcanzables en el equilibrio mediante fases recesivas no demasiado dilatadas.

Finalizamos nuestra discusión del modelo contrastando sus implicaciones con el enfoque adoptado en la subsección 9.1.1 bajo perfecta observabilidad. Primeramente, es importante notar que aunque las sendas de equilibrio aquí consideradas inducirán fases recurrentes de reversión al equilibrio de Nash del juego básico (esto es, fases de "castigo"), ninguna empresa se desvía nunca del equilibrio intertemporal considerado. Por tanto, tales fases de reversión han de concebirse esencialmente como un precio ineludible e *involuntario* que deben pagar las empresas en su tarea de sustentar la colusión bajo imperfecta observabilidad. Y es importante comprender que ello ocurre a pesar de que las empresas han de ser perfectamente conscientes de que cuando el precio observado cae por debajo del umbral considerado, ello no implica que alguna empresa se haya desviado de sus correspondientes estrategias de

---

[5] En la subsección 9.1.4 se abordan formalmente y con detalle consideraciones similares para un contexto de competencia a la Bertrand bajo imperfecta observabilidad.

equilibrio. Esto contrasta radicalmente con la interpretación de las sendas de castigo bajo perfecta observabilidad, en cuyo caso permanecen siempre en el "limbo" de las amenazas nunca ejecutadas.

9.1.3 Competencia a la Bertrand: observación perfecta

Considérese ahora un contexto alternativo en el que las empresas utilizan los precios como sus variables estratégicas y cada empresa $i = 1, 2, ..., n$ fija su precio respectivo p_i. Mantenemos la hipótesis de que el bien en cuestión es homogéneo, siendo $F(\cdot)$ la función introducida en [9.1] que modela la demanda agregada afrontada por las empresas en este mercado. Suponemos que esta función es estrictamente decreciente. Por simplicidad, también supondremos que todas las empresas están sujetas a una misma función de coste lineal del tipo indicado en [3.8], con un coste marginal y medio constante igual a c.

Tal como fue explicado en la sección 3.2, los únicos equilibrios posibles cuando las empresas interaccionan (o conciben su interacción) como un fenómeno aislado en el tiempo son aquellos en los que el precio máximo fijado por las empresas es igual a c. En concreto, el único equilibrio simétrico es aquel en que todas las empresas fijan el mismo precio $p_i = c$ y la demanda total $F(c)$ se reparte uniformemente entre todas ellas. En este equilibrio, todas las empresas obtienen beneficios nulos.

De forma análoga al caso anterior en que la producción era su variable de decisión, las empresas en el presente contexto pueden incrementar sus beneficios si interaccionan repetidamente y utilizan apropiadas estrategias intertemporales en el juego correspondiente.[6]

Así, sea p^m el precio que maximiza los beneficios agregados de las empresas:

$$p^m = \arg \max_{p \geq 0} (p - c) F(p).$$

Naturalmente, dada la correspondencia biunívoca entre precios y cantidades inducida por la función (estrictamente decreciente) de demanda $F(\cdot)$, se sigue que $p^m = P(nx^m)$, donde x^m se definió en [9.2].

Estrategias "de gatillo" análogas a las reflejadas por (a)-(b) en la subsección 9.1.1 son capaces de sostener la configuración colusiva $(p^m, p^m, ..., p^m)$ si la tasa de descuento de las empresas es suficientemente próxima a la unidad. En particular, podemos considerar:

(a′) Para $t = 1$, $p_i^t = p^m$.

---

[6] Naturalmente, esto es verdad siempre y cuando la interacción repetida se prolongue indefinidamente. Pues si no, ya sabemos por el teorema 8.8 que el único equilibrio perfecto en subjuegos del juego repetido será una concatenación del (único) equilibrio de Nash del juego básico.

(b') $\forall t = 2, 3, ...,$

    (b'.1) $\left[\forall t' < t, \forall j = 1, 2, ..., n, \, p_j^{t'} = p^m \right] \Rightarrow \left[p_i^t = p^m \right]$;

    (b'.2) en otro caso, $p_i^t = c$.

Las estrategias anteriores reflejan consideraciones similares a las descritas en (a)-(b) para el contexto de competencia a la Cournot. Presentan, sin embargo, dos diferencias interesantes con aquéllas.

Primeramente, observamos que, de la misma forma que las estrategias (a')-(b') consiguen sostener en el equilibrio una repetición de la configuración simétrica perfectamente colusiva, una adaptación obvia de estas estrategias de gatillo sería también capaz de sostener cualquier configuración simétrica en la que el nivel de beneficios de las empresas esté comprendido entre el perfectamente colusivo y el competitivo (es decir, entre beneficios de monopolio y beneficios nulos). Para ello, sería suficiente que el precio adecuado $p \in [c, p^m]$ sustituyera a p^m en (a')-(b') y que la tasa de descuento δ fuera suficientemente próxima a la unidad.

En contraste con ello, las estrategias del tipo (a)-(b) consideradas en el contexto cournotiano presentan un rango menor de configuraciones (y pagos) *simétricos* sostenibles en el equilibrio. Sólo los pagos comprendidos entre los colusivos y los asociados al equilibrio de Cournot-Nash del juego básico (*no* los correspondientes al equilibrio de Bertrand-Nash) son posibles pagos intertemporales para una tasa de descuento suficientemente alta.

Pero la limitación quizás más importante de las estrategias (a)-(b) en contraste con las (a')-(b') se deriva del hecho de que las primeras incorporan una amenaza de castigo más leve que las segundas. Así, mientras que (b.2) amenaza con el equilibrio de Cournot-Nash de forma indefinida, (b'.2) lo hace con el equilibrio de Bertrand-Nash. En el presente contexto, ello implica que los pagos intertemporales con que se amenaza en el primer caso (positivos) son mayores que en el segundo (nulos). De ahí se sigue que la potencialidad para sostener como equilibrio una determinada configuración colusiva (digamos, la que maximiza los beneficios conjuntos) puede estar circunscrita de forma más exigente a una tasa de descuento δ relativamente alta en el primer caso que en el segundo. O dicho en otras palabras, el hecho de que el castigo con el que se amenaza en el contexto cournotiano es menos severo que en el contexto bertrandiano implica que, para ciertos grados de impaciencia, tales amenazas pueden llegar a ser insuficientes en el primer caso pero no en el segundo. (Véase el ejercicio 9.7 para una ilustración de estas consideraciones.)

Otro aspecto en el que las estrategias de gatillo difieren en ambos contextos guarda relación con su distinta capacidad de sostener configuaciones asimétricas. Cuando la competencia es en precios, las estrategias de la forma (a')-(b') fuerzan necesariamente a situaciones simétricas. Por el contrario, en el contexto cournotiano, las estrategias de gatillo del tipo (a)-(b) muestran mucha mayor flexibilidad en cuanto a la posible materialización de configuraciones y pagos *asimétricos*. El hecho de que, en este caso, las empresas decidan sobre sus cantidades respectivas de producción permite una distribución posiblemente heterógena de las ganacias colusivas. Una comparación en este sentido de los dos contextos alternativos se ilustra en la figura 9.1 para un duopolio con costes lineales.

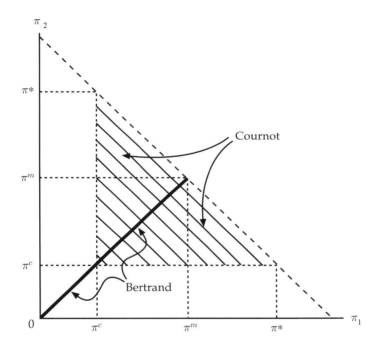

Figura 9.1. Pagos descontados de equilibrio bajo interacción repetida, con competencia a la Cournot y a la Bertrand, en un duopolio con costes lineales; tasas de descuento δ arbitrariamente próximas a la unidad.

9.1.4 Competencia a la Bertrand: observación imperfecta*

Prosiguiendo con nuestro tratamiento paralelo de los contextos de Cournot y Bertrand, exploramos ahora las implicaciones para este último escenario de la hipótesis de imperfecta observabilidad. El marco teórico estudiado será sustancialmente más simple que el analizado en la subsección 9.1.2, lo que permitirá un análisis más exhaustivo de algunas cuestiones (en particular, aquéllas relacionadas con la duración de las fases de castigo, que sólo fueron esbozadas en el caso anterior).

Seguimos suponiendo que, para cada $t = 1, 2...$, tenemos una correspondiente variable aleatoria $\tilde{\theta}^t$ que afecta multiplicativamente a la función de demanda en ese periodo. Esta variable toma sólo dos posibles valores, $\theta^t \in \{0, 1\}$, y se distribuye de forma idéntica e independiente en el tiempo, con

$$\mathbf{Prob}\,\{\tilde{\theta}^t = 0\} = 1 - \Pr\{\tilde{\theta}^t = 1\} = \gamma \in (0, 1).$$

Por tanto, con probabilidad $1 - \gamma$ en cada periodo, la demanda del producto viene dada por la función de demanda $F(\cdot)$ descrita más arriba. Por el contrario, con probabilidad γ, la demanda se desvanece totalmente (a cualquier precio). Análogamente con lo postulado en la subsección 9.1.2, se supone que las empresas sólo conocen su precio respectivo y observan exclusivamente la demanda obtenida a este precio. En particular, no son capaces de discernir, en caso de afrontar una demanda nula al precio "acordado", si ello es debido a una mala realización de la variable aleatoria $\tilde{\theta}^t$ o, por el contrario, la causa ha sido una rebaja secreta de precios por parte de las empresas competidoras.

Por concreción, centramos nuestro análisis en la posibilidad de sostener (en equilibrio) la configuración perfectamente colusiva inducida por el vector de precios $(p^m, p^m, ..., p^m)$. Con este objetivo, las estrategias consideradas se basan, al igual que en el contexto cournotiano, en la dicotomía "situaciones normales/situaciones regresivas". De forma también paralela a ese contexto, son las propias estrategias de las empresas las que determinan la duración T de las fases regresivas.

Específicamente, considérense, para cada empresa $i = 1, 2, ..., n$, las siguientes estrategias:

(i′) En $t = 1$ la situación es normal y $p_i^t = p^m$;
(ii′) $\forall t = 2, 3, ...,$
  (ii′.a) $\left[(t - 1) \text{ es un periodo normal, } p^{t-1} \geq p^m\right] \Rightarrow \left[t \text{ es normal, } p_i^t = p^m\right]$;
  (ii′.b) $\left[(t - T - 1) \text{ es un periodo normal, } p^{t-T-1} < p^m\right] \Rightarrow \left[t \text{ es normal, } p_i^t = p^m\right]$;
  (ii′.c) en otro caso, t es un periodo regresivo, $p_i^t = c$.

Vinculados a las estrategias descritas en (i′)-(ii′), podemos definir los pagos descontados esperados asociados a cada unos de los dos estados, ω^a y ω^b, que identifican las situaciones normales y regresivas (éstas, en su comienzo). Son de la siguiente forma:[7]

$$V^a = (1 - \gamma)((1 - \delta)\pi^m + \delta V^a) + \gamma\,\delta\,V^b \qquad\qquad [9.22]$$

$$V^b = \delta^T\,V^a. \qquad\qquad [9.23]$$

Al igual que para [9.18]-[9.19], el sistema anterior refleja el hecho de que, en periodos regresivos, las empresas reviertan a jugar el único equilibrio simétrico del

---

[7] Nótese que, en contraste con [9.18]-[9.19], no especificamos argumentos para V^a (ni, obviamente, para V^b), ya que, en las estrategias (i′)-(ii′), estamos circunscribiendo nuestra atención a prescripciones de precios $p_i = p^m$ en situaciones normales.

juego básico (que es una decisión óptima para cada empresa, dado que también lo hacen las demás) y obtengan con ello unos beneficios nulos.

Resolviendo el sistema [9.22]-[9.23], obtenemos:

$$V^a = \frac{(1-\delta)(1-\gamma)\,\pi^m}{1-\delta\,(1-\gamma) - \delta^{T+1}\,\gamma} \qquad [9.24]$$

$$V^b = \frac{(1-\delta)\,\delta^T\,(1-\gamma)\,\pi^m}{1-\delta\,(1-\gamma) - \delta^{T+1}\,\gamma}. \qquad [9.25]$$

Para que las estrategias consideradas en (i')-(ii') definan un equilibrio, se ha de satisfacer:

$$V^a \geq (1-\gamma)((1-\delta)(n\cdot\pi^m) + \delta V^b) + \gamma\,\delta\,V^b. \qquad [9.26]$$

Pues, si la desigualdad contraria se diera, ello indicaría que cualquier empresa puede obtener un pago descontado mayor que V^a rebajando marginalmente el precio (digamos, a $p^m - \varepsilon$), con lo que captaría en un primer momento toda la demanda $F(p^m - \varepsilon)$ (obtendría unos beneficios instantáneos arbitrariamente cercanos a $n\cdot\pi^m$) y entraría a continuación en una fase regresiva.

Basándose en [9.22], la condición [9.26] puede reescribirse como sigue:

$$(n-1)\,(1-\delta)\pi^m \leq \delta(V^a - V^b), \qquad [9.27]$$

que sólo puede satisfacerse si γ no es demasiado próximo a uno. Pues, utilizando [9.24]-[9.25], [9.27] es de la forma:

$$(n-1)\,(1-\delta)\pi^m \leq \frac{\delta(1-\delta)(1-\gamma)\,(1-\delta^T)\pi^m}{1-\delta\,(1-\gamma) - \delta^{T+1}\,\gamma}$$

o, equivalentemente:

$$\delta(1-\gamma)\,(1-\delta^T) \geq (n-1)(1-\delta\,(1-\gamma) - \delta^{T+1}\,\gamma),$$

que puede reescribirse como sigue:

$$\phi(\gamma,\delta,T) \equiv (n\gamma-1)\,\delta^{T+1} + n\,\delta\,(1-\gamma) - n + 1 \geq 0. \qquad [9.28]$$

Y si hacemos $\gamma = 1$, tenemos $\phi(1,T) < 0$ para todo T (ya que $\delta < 1$), lo que implica una violación de [9.27].

Por otro lado, en lo concerniente a T, nótese que tenemos $\phi(\gamma, 0) < 0$, lo cual simplemente refleja el hecho de que todo equilibrio requiere la amenaza de fases regresivas de duración positiva. Para analizar las consecuencias de incrementar esta duración, calculamos las primeras diferencias en T de la función $\phi(\cdot)$ y obtenemos:

$$\phi(\gamma, T+1) - \phi(\gamma, T) = (n\gamma-1)\,(\delta^{T+1} - \delta^T)$$
$$= \delta^T(1-n\gamma)\,(1-\delta).$$

Por tanto, $\phi(\gamma, \cdot)$ crece en T sólo si

$$1 - n\gamma > 0, \qquad\qquad [9.29]$$

es decir, si $\gamma < 1/n$. Por tanto, esta desigualdad es necesaria (*no* suficiente) para la existencia del equilibrio (es decir, para la verificación de [9.28] para algun $T > 0$) y refleja el siguiente hecho intuitivo: cuanto mayor es n (el número de empresas), más difícil es inducir los incentivos apropiados que disuadan a las empresas de una desviación unilateral del equilibrio.

Siempre y cuando se satisfaga [9.29] y pueda por tanto existir algún T para el que la estrategia asociada sea de equilibrio, surge la pregunta de cuál es el valor que elegirían las empresas como duración de la fase regresiva. Naturalmente, identificamos la contestación a esta pregunta con el valor de T que maximiza el pago descontado de las empresas.

Ya que la interacción empieza en fase colusiva, el pago esperado inducido por cualquier equilibrio se corresponde con el valor V^a especificado en [9.24]; esto es, coincide con el pago esperado a partir de una situación normal. Por ello, el valor buscado para T es simplemente aquel que maximiza [9.24], sujeto a la restricción [9.28] que define la condición de equilibrio.

El problema de optimización inducido es extremadamente sencillo, ya que, tal como se observa fácilmente, V^a es decreciente en T. Se sigue, por tanto, que el valor óptimo buscado coincide con el mínimo valor de T que satisface [9.28]. Formalmente, se define de la siguiente forma:

$$T^* = \min\left\{ T \in \mathbb{N} : n\,\delta\,(1-\gamma) - n + 1 - (1 - n\gamma)\,\delta^{T+1} \geq 0 \right\}. \qquad [9.30]$$

Naturalmente, el conjunto especificado en [9.30] puede ser vacío, incluso aunque la condición [9.29] se satisfaga (recuérdese que esta condición es sólo necesaria, no siempre suficiente). En general, las habituales consideraciones de relativa (im)paciencia por parte de las empresas jugarán un papel importante a la hora de determinar si un equilibrio colusivo es o no posible –véase el ejercicio 9.8.

Cuando la observabilidad de las acciones de los competidores es perfecta, cualquier estrategia de equilibrio que sostenga una misma senda colusiva es equivalente para todas las empresas. Por el contrario, cuando el escenario de interacción está sujeto a observabilidad imperfecta, se suscita la importante cuestión de encontrar la forma óptima de sustentar un determinado equilibrio. Pues, tal como se explicó en la subsección 9.1.2, en ese caso las fases de castigo pasan de ser hipotéticas consideraciones a ocasionales (pero inevitables) realidades. Y, por tanto, ya no todas las formas de sustentar en el equilibrio un determinado comportamiento son equivalentes. Esta es precisamente la idea reflejada por [9.30], cuya virtualidad está en identificar la forma óptima de sostener una "senda" colusiva de equilibrio, recurrentemente abandonada.

9.2 Salarios eficientes y desempleo

Uno de los importantes objetivos que ha polarizado desde hace mucho tiempo la investigación económica ha sido tratar de explicar cómo situaciones de desempleo pueden llegar a persistir dentro de un sistema de mercado. En la sección 3.4, presentamos en forma estilizada una de las vías más características para estudiar este fenómeno: la propuesta por el paradigma keynesiano, que allí fue reformulada desde una perspectiva estratégica. Aquí, presentaremos un enfoque alternativo sugerido por Shapiro y Stiglitz (1984), que vincula el problema a las distorsiones salariales que ciertas asimetrías informacionales imponen sobre la relación entre trabajadores y empresas.

El marco teórico considerado es especialmente sencillo: dos trabajadores y una sola empresa interaccionan en un idealizado mercado de trabajo. En este mercado, la empresa puede contratar a los dos trabajadores, uno sólo, o ninguno, durante una jornada laboral completa (no hay posibilidad de trabajo parcial).

Si un trabajador determinado es empleado por la empresa, su productividad depende de dos factores: su esfuerzo y la escala de producción de la empresa. Así, suponiendo por el momento que un trabajador se esfuerza en su trabajo, su productividad individual depende de si es el único empleado o si el otro trabajador también lo es (esto es, de la "escala de producción" de la empresa). Denótese por y_k la productividad de *cada* trabajador cuando el numero de trabajadores empleados es $k = 1, 2$. Supondremos que $y_2 \leq y_1$; es decir, la tecnología de producción presenta rendimientos *no* crecientes.

Las productividades y_k $(k = 1, 2)$ sólo se materializan con certeza si cada trabajador realiza el esfuerzo correspondiente. Si, por el contrario, un trabajador no se esfuerza adecuadamente, supondremos que su productividad pasa a ser aleatoria. En concreto, sigue siendo igual a y_k $(k = 1, 2,$ dependiendo del número de empleados) con una determinada probabilidad $p \in (0, 1)$, pero es nula con la probabilidad complementaria.

Suponemos que la empresa y los dos trabajadores participan en el mercado durante una serie repetida de T periodos (T finito o infinito). En cada periodo, la estructura de interacción es siempre la misma. Los dos trabajadores, $i = 1, 2$, acuden a la empresa. Ésta ofrece un par de salarios (ω_1, ω_2) a cada uno. Conocidas estas ofertas, los trabajadores deciden simultáneamente si aceptan trabajar para la empresa (ST) o no (NT). Aquél que acepta, entra en la empresa y decide (simultáneamente con el otro trabajador, cuando los dos están empleados) si se esfuerza (SE) o no (NE).

Supongamos primero que los dos trabajadores aceptan la oferta (ω_1, ω_2) de la empresa. Entonces, si ambos se esfuerzan, la empresa obtiene con certeza un pago $2y_2 - \omega_1 - \omega_2$. Si denotamos el coste del esfuerzo por c (que se supone común para los dos trabajadores), los pagos asociados para cada uno de ellos son, respectivamente, $(\omega_1 - c)$ y $(\omega_2 - c)$.

Manteniendo por ahora el supuesto de que ambos aceptan la oferta (ω_1, ω_2), considérese ahora el caso en que sólo uno de los dos trabajadores empleados —digamos el 1— se esfuerza. En ese caso, la productividad conjunta seguirá siendo $2y_2$ con probabilidad p, y el correspondiente vector de pagos para la empresa y los trabajadores viene dado por la terna $(2y_2 - \omega_1 - \omega_2, \omega_1 - c, \omega_2)$, ya que el trabajador 2 no experimenta el coste c asociado al esfuerzo. Por otro lado, con la complementaria probabilidad $(1 - p)$, se alcanza el vector de pagos $(y_2 - \omega_1 - \omega_2, \omega_1 - c, \omega_2)$, ya que el trabajador 2 pasa a tener una productividad nula.

Bajo el supuesto de que la probabilidades de obtener una alta productividad son independientes entre trabajadores, las otras alternativas posibles tras la aceptación de la oferta (ω_1, ω_2) por parte de los dos trabajadores se pueden completar de forma análoga. Con ello, para cerrar la definición del juego sólo queda por especificar cual es la opción a la que puede recurrir cada trabajador si rechaza la oferta de la empresa. En ese caso, supondremos que cada trabajador obtiene un pago $\hat{\omega}$, interpretable como el salario asociado a la mejor oferta alternativa (por ejemplo, la obtenida a través de trabajo independiente o como subsidio de desempleo). En su conjunto, una ilustración esquemática de la forma extensiva del juego desarrollado en *cada etapa* $t = 1, 2, ..., T$ aparece representada en la figura 9.2.

Supóngase que

$$(2y_2 - 2c) - (y_1 - c + \hat{\omega}) > 0$$

o, equivalentemente:

$$y_2 - c - \hat{\omega} > y_1 - y_2, \qquad [9.31]$$

que a su vez implica:

$$y_1 - c - \hat{\omega} > 0. \qquad [9.32]$$

En estas circunstancias, la eficiencia en la asignación de recursos (es decir, la maximización del total de los pagos esperados) requiere que la empresa emplee a los *dos* trabajadores.

Sin embargo, dado que en el juego etápico la empresa se compromete a un par de salarios (ω_1, ω_2) por adelantado, ninguno de los trabajadores tiene incentivos a esforzarse una vez contratado. Por ello, si la probabilidad p con que los trabajadores

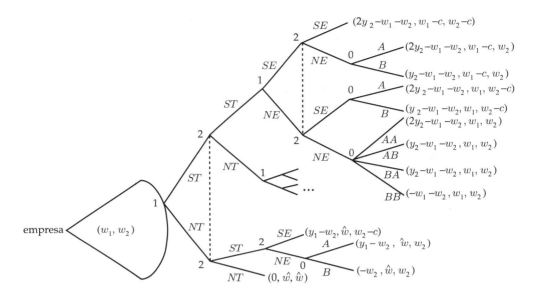

Figura 9.2. Juego etápico: dos trabajadores, una empresa.

LEYENDA:

ST, NT: Trabajar, No trabajar.

SE, NE: Esforzarse, No esforzarse.

A, B: Alta productividad, Baja productividad.

son productivos sin esfuerzo es relativamente baja:[8]

$$p < \frac{\hat{\omega}}{y_1}, \qquad\qquad [9.33]$$

el único equilibrio perfecto en subjuegos dentro de cada etapa lleva aparejados unos salarios $\omega_i \leq \hat{\omega}$, junto con el rechazo de estas ofertas por parte de cada trabajador. Por los argumentos de inducción retroactiva usuales (recuérdese el capítulo 8), este resultado se mantiene si la interacción se repite durante *cualquier* número finito de iteraciones T. Por otro lado, también es importante enfatizar que ello *no* depende de que la empresa observe o no perfectamente el esfuerzo realizado por los trabajadores a lo largo de la interacción.

Veamos ahora qué posibilidades se abren si la interacción repetida entre empresa y trabajadores se desarrolla con un horizonte T infinito y todos los agentes descuentan los flujos de pagos resultantes a la tasa $\delta < 1$. En ese caso, el mejor de los

---

[8] Si p no fuera tan baja y $\frac{\hat{\omega}}{y_1} < p < \frac{\hat{\omega}}{y_2}$, los únicos equilibrios perfectos en subjuegos conllevarían la fijación de salarios diferentes, $\omega_i \geq \hat{\omega} \geq \omega_j$ ($i \neq j$), con lo que el trabajador i aceptaría la oferta pero el j no.

escenarios posibles se produce cuando la empresa disfruta de una *perfecta* observabilidad del esfuerzo de los trabajadores. Centrándonos primero en ese contexto y, por simplicidad, en configuraciones *simétricas* para los dos trabajadores, consideremos una situación en la que la empresa ofrece *inicialmente* un salario común $\tilde{\omega}$ a ambos trabajadores. Supóngase también que, a partir del periodo inicial, la estrategia de la empresa prescribe mantener ese mismo nivel $\tilde{\omega}$ si el trabajador respectivo se ha esforzado siempre en el pasado. Por el contrario, si este esfuerzo no se realizara en algún periodo, la empresa amenaza con ofrecerle un salario $\omega^o < \hat{\omega}$ a partir de ese momento, con lo que se asegura que el trabajador en cuestión nunca más querrá volver a trabajar en la empresa.

Bajo estas circunstancias, si ambos trabajadores se esfuerzan indefinidamente, el *valor descontado* $V^*(\tilde{\omega})$ inducido satisface (recuérdese la nota 2):

$$V^*(\tilde{\omega}) = (1 - \delta)(\tilde{\omega} - c) + \delta V^*(\tilde{\omega}),$$

lo que implica:

$$V^*(\tilde{\omega}) = \tilde{\omega} - c. \tag{9.34}$$

Para que, efectivamente, cada trabajador encuentre óptimo el esforzarse en todos los periodos, se ha de verificar que

$$\tilde{\omega} - c \geq (1 - \delta)\,\tilde{\omega} + \delta\hat{\omega}, \tag{9.35}$$

es decir, el pago descontado $V^*(\tilde{\omega})$ inducido por un esfuerzo indefinido no ha de ser menor que el pago descontado que resulta de disfrutar durante *un solo* periodo del salario $\tilde{\omega}$ y ahorrarse el coste del esfuerzo aparejado, seguido por un pago instantáneo de $\hat{\omega}$ durante todos los restantes periodos. La expresión [9.35] puede reescribirse de la siguiente forma:

$$\tilde{\omega} \geq \hat{\omega} + c\,(1 + \frac{1 - \delta}{\delta}), \tag{9.36}$$

que indica simplemente que la empresa ha de ofrecer al trabajador una "prima suficiente", no menor que $c(1 - \delta)/\delta$ sobre su opción externa $\hat{\omega}$ y el coste del esfuerzo c, para desincentivar las desviaciones oportunistas que reportan al trabajador beneficios instantáneos.

Finalmente, hemos de confirmar que, para el conjunto de salarios $\tilde{\omega}$ que satisfacen los requisitos señalados, existe un cierto rango dentro del cual la empresa obtiene beneficios no negativos. Dado [9.36], ello requiere que

$$y_2 \geq \hat{\omega} + c\,(1 + \frac{1 - \delta}{\delta}), \tag{9.37}$$

lo cual siempre es posible, por [9.31], si δ es suficientemente próximo a la unidad. En ese caso, podemos encontrar un salario $\tilde{\omega}$ tal que

$$y_2 \geq \tilde{\omega} \geq \hat{\omega} + c\,(1 + \frac{1 - \delta}{\delta}) \tag{9.37}$$

para el que todos los requisitos mencionados se satisfacen. En función de tal salario $\tilde{\omega}$, considérense las siguientes estrategias:[9]

- En $t = 1$,
    - la empresa e ofrece a cada trabajador $i = 1, 2$ un salario respectivo $\omega_i^1 = \tilde{\omega}$ (es decir, elige la acción $a_e^1 = (\tilde{\omega}, \tilde{\omega})$);
    - cada $i = 1, 2$ se esfuerza (elige la acción $a_i^1 = SE$) si, y sólo si, $\omega_i^1 \geq \tilde{\omega}$.
- $\forall t = 2, 3, ...,$
    - la acción a_e^t de la empresa satisface:
        * $\left[\forall t' < t, \forall i = 1, 2, \ a_i^{t'} = SE \right] \Rightarrow \left[a_e^t = (\tilde{\omega}, \tilde{\omega}) \right]$;
        * en otro caso, $a_e^t = (\omega^o, \omega^o)$, con $\omega^o < \hat{\omega}$;
    - la acción a_i^t de cada trabajador $i = 1, 2$ satisface:
        * $\left[\forall t' < t, \forall j = 1, 2, \ a_j^{t'} = SE \right] \Rightarrow \left[a_i^t = SE \Leftrightarrow \omega_i^t \geq \tilde{\omega} \right]$;
        * en otro caso, $a_i^t = NE$.

Según se ha explicado, estas estrategias definen un equilibrio perfecto en subjuegos en el que los dos trabajadores deciden esforzarse de forma indefinida. Este tipo de equilibrio puede construirse siempre que se satisfaga [9.31] —esto es, cuando sea eficiente que la empresa contrate a ambos trabajadores— y δ esté suficientemente próximo a la unidad. En este sentido, sólo hay *dos* razones por las que puede producirse desempleo en un contexto donde la empresa disfruta de observación perfecta del esfuerzo de los trabajadores: bien ocurre que no es eficiente que los dos trabajadores estén empleados, bien los trabajadores son tan impacientes (tienen una tasa de descuento tan baja) que es imposible disuadirles de que se comporten de forma oportunista.

Pasamos ahora a considerar cómo se ve afectada la situación si la empresa es incapaz de observar el esfuerzo realizado por los trabajadores y sólo recibe indicación indirecta de ello a través de la observación (precisa) de sus productividades respectivas. En ese caso, queremos explorar bajo qué condiciones es posible sostener una senda indefinida de esfuerzo por parte de los dos trabajadores en el equilibrio a través de un cierto salario $\tilde{\omega}$. De la misma forma que antes, suponemos que cuando haya evidencia de una falta de esfuerzo por parte de algún trabajador (es decir, cuando

---

[9] Por simplicidad, se postula que cuando cualquiera de los dos trabajadores se ha desviado en el pasado (no se ha esforzado), la empresa ofrece un salario más bajo a *ambos* trabajadores. Esto no es esencial y podría ser modificado (sólo se catigaría al trabajador que se desvia) a costa de una mayor complejidad de las estrategias. Por otro lado, con respecto a las estrategias de los trabajadores, simplificamos su descripción centrándonos exclusivamente en sus decisiones de esfuerzo una vez que deciden trabajar. Implícitamente, por tanto, suponemos que cualquiera de ellos decide trabajar (se esfuerce o no subsiguientemente) cuando el salario ofrecido excede su opción externa dada por $\hat{\omega}$.

su productividad observada sea baja), la estrategia de la empresa prescribe subsiguientemente una oferta de salario $\omega^o < \hat{\omega}$ que nunca más será aceptada. Para lograr un efecto disuasivo ante desviaciones de un equilibrio con estas características, se ha de verificar que el pago intertemporal obtenido tras cualquiera de ellas (cuando un trabajador no se esfuerza),

$$\check{V}(\tilde{\omega}) = (1 - \delta)\,\tilde{\omega} + \delta\left\{p\check{V}(\tilde{\omega}) + (1 - p)\,\hat{\omega}\right\},$$ [9.39]

no sea mayor que $V^*(\tilde{\omega})$, tal como se define en (9.34). De (9.39), obtenemos:

$$\check{V}(\tilde{\omega}) = \frac{(1 - \delta)\,\tilde{\omega} + \delta\,(1 - p)\,\hat{\omega}}{1 - \delta p},$$

con lo que la condición necesaria de equilibrio, $V^*(\tilde{\omega}) \geq \check{V}(\tilde{\omega})$, puede reescribirse como:

$$\tilde{\omega} \geq \hat{\omega} + c\frac{1 - \delta p}{\delta\,(1 - p)}.$$ [9.40]

Naturalmente, si $p = 0$ (es decir, si los trabajadores son totalmente incapaces de ocultar la ausencia de esfuerzo), la condición [9.40] se transforma en [9.36], que es la obtenida bajo perfecta observabilidad. En ese caso, por tanto, la mínima prima que la empresa necesita pagar al trabajador para disuadirle de desviaciones oportunistas coincide con la que se determinó más arriba, $c(1 - \delta)/\delta$. En cambio, si $p > 0$, existe un prima *adicional*

$$\Delta \equiv c\frac{1 - \delta p}{\delta\,(1 - p)} - c(1 + \frac{1 - \delta}{\delta}) = c\frac{(1 - \delta)\,p}{\delta\,(1 - p)},$$

que se deriva de la imperfecta observabilidad. Como sería de esperar, la magnitud de Δ crece a niveles arbitrariamente grandes conforme p se aproxima a la unidad.

Con el objeto de contrastar las implicaciones del presente contexto con el resultante bajo condiciones de observación perfecta, supóngase que se satisfacen [9.31] y [9.32]. Suponemos, por consiguiente, que es tanto eficiente como sostenible en equilibrio, *bajo observabilidad perfecta*, una situación de esfuerzo y empleo indefinido para los dos trabajadores.

Si, manteniendo [9.31] y [9.32], suponemos, sin embargo, que la observación del esfuerzo es imposible, las posibilidades de sostener el "pleno empleo" se ven significativamente recortadas si la magnitud de p es pequeña. Pues, a modo de ejemplo, es perfectamente posible que, a pesar de [9.32], tengamos:

$$y_2 < \hat{\omega} + c\,(1 + \frac{1 - \delta}{\delta} + \frac{(1 - \delta)\,p}{\delta\,(1 - p)}).$$ [9.41]

Si, además, prevalecen rendimientos *estrictamente* decrecientes (esto es, $y_1 > y_2$), también es posible que:

$$y_1 \geq \hat{\omega} + c\left(1 + \frac{1-\delta}{\delta} + \frac{(1-\delta)\,p}{\delta\,(1-p)}\right). \qquad [9.42]$$

En esas circunstancias, aunque seguiría siendo eficiente que los dos trabajadores fueran indefinidamente empleados por la empresa, ello no es ahora posible si, como hemos supuesto hasta ahora, se cumple [9.33] y, *a fortitori*,

$$p\,y_1 < \hat{\omega} + c\left(1 + \frac{1-\delta}{\delta} + \frac{(1-\delta)\,p}{\delta\,(1-p)}\right).$$

Para un salario $\tilde{\omega}$ que satisfaga [9.40], una estrategia por parte de la empresa como la descrita más arriba seguiría incentivando un esfuerzo indefinido por parte de los trabajadores. Sin embargo, bajo [9.41], este comportamiento reportaría ahora unos beneficios negativos para la empresa. Si se verifica [9.42], un salario $\tilde{\omega}$ consistente con [9.40] sólo puede sostener un equilibrio *asimétrico*, como el que a continuación se describe:

- En $t = 1$,
  - la empresa e ofrece $\omega_1^1 = \tilde{\omega}$ al trabajador 1, y $\omega_2^1 = \omega^o < \hat{\omega}$ para el trabajador 2 (es decir, elige la acción $a_e^1 = (\tilde{\omega}, \omega^o)$);
  - Cada trabajador $i = 1, 2$, se esfuerza (elige la acción $a_i^1 = SE$) si, y sólo si, $\omega_i^1 \geq \tilde{\omega}$.
- $\forall t = 2, 3, \ldots,$
  - la acción a_e^t de la empresa satisface:
    * $\left[\forall t' < t, a_1^{t'} = SE\right] \Rightarrow \left[a_e^t = (\tilde{\omega}, \omega^o)\right]$;
    * en otro caso, $a_e^t = (\omega^o, \omega^o)$;
  - la acción a_i^t de cada trabajador $i = 1, 2$, satisface:
    * $\left[\forall t' < t, a_1^{t'} = SE, a_2^{t'} = NE\right] \Rightarrow \left[a_i^t = SE \Leftrightarrow \omega_i^t \geq \tilde{\omega}\right]$;
    * en otro caso, $a_i^t = NE$.

Obviamente, podríamos considerar una situación asimétrica análoga a la arriba descrita, con los papeles de los jugadores 1 y 2 intercambiados. Lo que cualquiera de estas situaciones reflejaría es el deseo de la empresa de limitar su contratación a un único trabajador. Y ello a pesar de que, suponiendo que [9.31] se satisface, sería eficiente contratar a ambos. Más aún, como también es posible que [9.37] se verifique, podría ocurrir que la empresa quisiera contratar a los dos trabajadores sólo si el grado de imperfecta observabilidad fuera pequeño —esto es, si p fuera próximo a cero y, por tanto, la probabilidad que tienen los trabajadores de ocultar la ausencia de esfuerzo es insignificante. Sin embargo, si p tiene un valor relativamente alto, también es posible que tanto [9.41] como [9.42] se verifiquen, con lo que sólo un trabajador puede ser indefinidamente contratado en equilibrio. En este último caso, los dos trabajadores querrían trabajar y esforzarse con un salario que verificara [9.38]. Sin embargo, en el equilibrio, la imperfecta observabilidad de su esfuerzo condena a uno de ellos al desempleo.

Ejercicios

Ejercicio 9.1 Pruébese que si la desigualdad [9.7] se verifica, las estrategias generales de gatillo descritas en (a)-(b) definen un equilibrio perfecto en subjuegos.

Ejercicio 9.2 Considérese un contexto lineal descrito por [9.3] y [9.4] con $M = d = 1$, $c = 1/4$, y $n = 2$. Determínese de forma *exacta* la cota inferior sobre la tasa de descuento δ para que las estrategias de los duopolistas descritas en (a)-(b) de la subsección 9.1.1 definan un equilibrio perfecto del juego repetido.

Ejercicio 9.3 En el contexto del ejercicio 9.2, calcúlense $\hat{\pi}^m$ y $\hat{\pi}^\circ$ en [9.10] y [9.12], este último como función de un arbitrario q°.

Ejercicio 9.4 En el contexto del ejercicio 9.2 y una tasa de descuento $\delta = 1/2$, determínense estrategias de "palo y zanahoria" que sostengan una producción constante por parte de las dos empresas igual a $\frac{x^c + x^m}{2}$, donde x^c y x^m se definen en [9.5] y [9.6], respectivamente.

Ejercicio 9.5 Constrúyase un mercado duopolista simétrico en el que (para una cierta tasa de descuento) la colusión no puede ser sostenida en el equilibrio perfecto en subjuegos con estrategias del tipo (a)-(b), pero sí puede serlo mediante estrategias del tipo (α)-(β) —véase la subsección 9.1.1.

Ejercicio 9.6 Sea un duopolio en interacción repetida que afronta una función de demanda del tipo

$$P(Q^t) = \tilde{\theta}^t (Q^t)^{-\alpha}, \, \alpha > 0,$$

donde $\tilde{\theta}^t$ es una variable aleatoria idéntica e independientemente distribuida en cada t. Ambas empresas son neutrales al riesgo y tienen una misma función de coste, invariante en el tiempo, dada por:

$$C(q_i) = \frac{1}{4} q_i.$$

Sea $\kappa \equiv \frac{p^m}{p^c}$ donde p^m y p^c son, respectivamente, los precios resultantes en el equilibrio de Cournot-Nash y la configuración perfectamente colusiva. Supóngase que la variable alatoria $\tilde{\theta}^t$ toma sólo dos posibles valores, $\tilde{\theta}^t = 1, \kappa$, con igual probabilidad. Las empresas desean sostener como equilibrio en este contexto el perfil

(q^m, q^m) perfectamente colusivo. Calcúlese el valor óptimo T^* para la duración de la fase regresiva que consigue este objetivo. Determínese cómo varía T^* con δ, la (común) tasa de descuento temporal.

Ejercicio 9.7 Considérese un contexto como el descrito en el ejercicio 9.6 pero con perfecta observabilidad. Por simplicidad, supóngase que $\tilde{\theta} \equiv 1$. No se conoce la tasa δ a la que las empresas descuentan su flujo de pagos futuros, pero sí se sabe que las empresas sólo consideran estrategias de gatillo (véanse las subsecciones 9.1.1 y 9.1.3). Si las empresas son libres de utilizar bien los precios o las cantidades como sus variables estratégicas, determínese para qué valores de δ a las empresas les serán indiferentes estas dos posibilidades.

Ejercicio 9.8 En un contexto como el del ejercicio 9.6, supóngase que las empresas toman los precios como sus variables estratégicas. ¿Cuál es el valor óptimo T^* para la duración de las fases regresivas en este caso? Determínese como varía T^* con δ, la (común) tasa de descuento temporal. Si las empresas pueden ahora utilizar alternativamente las cantidades como sus variables estratégicas ¿cuál de las dos opciones preferirán: competencia a la Cournot o a la Bertrand? Discútase.

Ejercicio 9.9 Considérese un contexto con imperfecta observabilidad del esfuerzo de los trabajadores como el considerado en la sección 9.2, pero admitiendo que la empresa puede afectar a la probabilidad (que denotaremos por q) con que detecta un bajo esfuerzo en caso de alta productividad. (En estos términos, el contexto descrito en el texto resulta de imponer $q = 0$.) Supóngase que, si la empresa decide un $q \neq 0$, el coste incurrido viene dado por la función $C(q) = q^2$. Fijando los siguientes valores para los parámetros: $p = 0,1$, $y_1 = 3$, $y_2 = 2$, $\hat{\omega} = 0$, $\delta = 0,5$, calcúlese el valor óptimo de q que permite maximizar (en el equilibrio) los beneficios descontados de la empresa.

Ejercicio 9.10 En el contexto de la sección 9.2 con imperfecta observabilidad, supóngase que se satisface [9.31]. ¿Existe un equilibrio en el que sólo *uno* de los trabajadores trabajen en cada periodo?, ¿y si se viola [9.31] pero se satisface [9.32]? Discútase.

Ejercicio 9.11 Considérese un contexto como el de la sección 9.2, en que el trabajador 1 es más productivo que el 2 para cada escala de producción, y ello es de conocimiento común. (Es decir, denotando por y_k^i la productividad del trabajador i con escala de producción k, estos valores son de conocimiento común y se cumple que $y_k^1 > y_k^2$ para cada $k = 1, 2$.) Especifíquense condiciones sobre los parámetros del modelo tales que existe un equilibrio con imperfecta observabilidad en el que el trabajador 1 está permanentemente desempleado pero el 2 nunca lo está.

Ejercicio 9.12 Considérese una generalización del contexto descrito en la sección 9.2 con un número arbitrario, $3n$, de trabajadores. Especifíquense condiciones sobre los parámetros del modelo que impiden trabajar, en equilibrio, a más de un tercio de los trabajadores.

BIBLIOGRAFÍA

Abreu, D. (1986): "Extremal equilibria of oligopolistic supergames", *Journal of Economic Theory* 39, págs. 191-228.

Akerlof, G. (1970): "The market for lemons: quality uncertainty and the market mechanism", *Quarterly Journal of Economics* 84, págs. 488-500.

Aumann, R. (1959): "Acceptable points in general cooperative *n*-person games", en A.W. Tucker y R.D. Luce (eds.), *Contributions to the Theory of Games IV*, Princeton: Princeton University Press.

Aumann, R. (1974): "Subjectivity and correlation in randomized strategies", *Journal of Mathematical Economics* 1, págs. 67-96.

Aumann, R. (1976): "Agreeing to disagree", *Annals of Statistics* 4, págs. 1236-39.

Aumann, R. y L. Shapley (1976): "Long-term competition: a game-theoretic analysis", mimeo.

Benoit, J.P. y V. Krishna (1985): "Finitely repeated games", *Econometrica* 53, págs. 890-904.

Benoit, J.P. y V. Krishna (1987): "Nash equilibria of finitely repeated games", *International Journal of Game Theory* 16, págs. 197-204.

Benoit, J.P. y V. Krishna (1988): "Renegotiation in finitely repeated games", *Econometrica* 61, págs. 303-24.

Ben-Porath, E. y E. Dekel (1992): "Signalling future actions and the potential for self-sacrifice", *Journal of Economic Theory* 57, págs. 36-51.

Bernheim, B.D., B. Peleg y M.D. Whinston (1987): "Coalition-proof Nash equilibria I: concepts", *Journal of Economic Theory* 42, págs. 1-12.

Bernheim, B.D. (1984): "Rationalizable strategic behavior", *Econometrica* 52, págs. 1007-28.

Bertrand, J. (1883): "Théorie mathematique de la richesse sociale", *Journal des Savants*, págs. 449-58.

Bryant, J. (1983): "A simple rational expectations Keynes-type model", *The Quarterly Journal of Economics*, 98, págs. 525-28.

Burguet, R. (1997): "Auction Theory: a guided tour", *Investigaciones Económicas*, en prensa.

Cooper, R. y A. John (1988): "Coordinating coordination failures in Keynesian models", *Quarterly Journal of Economics* 103, págs. 441-463.

Corchón, L. (1996): *The Theory of Implementation of Socially Optimal Decisions in Economics*, Londres: MacMillan.

Cournot, A. (1838): *Recherches sur les Principes Mathématiques de la Théorie des Richesses*, Paris: Hachette.

Cho, I.-K. (1987): "A refinement of sequential equilibria", *Econometrica* 55, págs. 1367-90.

Cho, I.-K. y D. Kreps (1987): "Signalling games and stable equilibria", *Quarterly Journal of Economics* 102, págs. 179-221.

Damme, E. van (1987): *Stability and Perfection of Nash Equilibria*, Berlín: Springer-Verlag.

Dasgupta, P. y E. Maskin (1986): "The existence of equilibrium in discontinuous games", *Review of Economic Studies* 46, págs. 1-41.

D'Aspremont, C., J. J. Gabszewicz y J. F. Thisse (1979): "On Hotelling's 'Stability in Competition'", *Econometrica* 47, págs. 1145-50.

Dastidar, K.G. (1997): "Comparing Cournot and Bertrand in a homogeneous product market", *Journal of Economic Theory* 75, págs. 205-12.

Debreu, G. (1952): "A social equilibrium existence theorem", *Proceedings of the National Academy of Sciences* 38, págs. 886-93.

Fan, K. (1952): "Fixed points and minimax theorems in locally convex topological linear spaces", *Proceedings of the National Academy of Sciences* 38, págs. 121-6.

Farrel, J. y E. Maskin (1989): "Renegotiation in repeated games", *Games and Economic Behavior* 1, págs. 327-60.

Friedman, J. (1971): "A non-cooperative equilibrium for supergames", *Review of Economic Studies* 38, págs. 1-12.

Friedman, J. (1984): "On characterizing equilibrium points in two person strictly competitive games", *International Journal of Game Theory* 12, págs. 245-7.

Fudenberg, D. y D.K. Levine (1992): "Maintaining a reputation when strategies are imperfectly observed", *Review of Economic Studies* 57, págs. 555-573.

Fudenberg, D. y E. Maskin (1986): "The folk theorem in repeated games with discounting or with incomplete information", *Econometrica* 54, págs. 533-56.

Fudenberg, D. y J. Tirole (1991): *Game Theory*, Cambridge: The MIT Press.

Gibbons, R. (1992): *Game Theory for Applied Economists*, Princeton: Princeton University Press. (Existe una traducción al castellano editada por Antoni Bosch, editor, 1993.)

Glazer, J. y A. Ma (1989): "Efficient allocation of a 'prize' – King Solomon's Dilemma", *Games and Economic Behavior* 1, págs. 222-33.

Glicksberg, I.L. (1952): "A further generalization of the Kakutani fixed point theorem with application to Nash equilibrium points", *Proceedings of the National Academy of Sciences* 38, págs. 170-4.

Green, E. y R. Porter (1984): "Non-cooperative collusion under imperfect information", *Econometrica* 52, págs. 87-100.

Harsanyi, J.C. (1967-68): "Games with incomplete information played by 'Bayesian' players", *Management Science* 14, págs. 159-82, 320-34, 486-502.

Harsanyi, J.C. (1973): "Games with randomly disturbed payoffs: a new rationale for mixed-strategy equilibrium points", *International Journal of Game Theory* 2, págs. 1-23.

Heller, W. (1986): "Coordination failure in complete markets with applications to effective demand", en *Equilibrium Analysis: Essays in Honor of Kenneth Arrow, vol. 2*, editado por W. Heller *et al.*, Cambridge: Cambridge University Press.

Hellwig, M. (1986): "Some recent developments in the theory of competition in markets", mimeo, Universität Bonn.

Hotelling, H. (1929): "Stability in competition", *Economic Journal* 39, págs. 41-57.

Kohlberg, E. y J.-F. Mertens (1986): "On the strategic stability of Equilibria, *Econometrica* 54, págs. 1003-37.

Kreps, D., P. Milgrom, J. Roberts y R. Wilson (1982): "Rational cooperation in the finitely repeated prisoner's dilemma", *Journal of Economic Theory* 27, págs. 245-52.

Kreps, D. y R. Wilson (1982a): "Sequential equilibria", *Econometrica* 50, págs. 863-94.

Kreps, D. y R. Wilson (1982b): "Reputation and imperfect information", *Journal of Economic Theory* 27, págs. 253-379.

Milgrom, P. y J. Roberts (1982): "Predation, reputation, and entry deterrence", *Journal of Economic Theory* 27, págs. 280-312.

Kuhn, H.W. (1953): "Extensive games and the problem of information" en H.W. Kuhn y A.W. Tucker (eds.), *Contributions to the Theory of Games II*, Princeton: Princeton University Press.

Laffont, J.J. (1982): *Cours de Théorie Microéconomique: Fondements de l'Économie Publique, vol. I*, París: Economica. (Existe una traducción al castellano editada por Desclée de Brower, 1984.)

Mas-Colell, A. (1985): *The Theory of General Economic Equilibrium: A Differentiable Approach*, Cambridge: Cambridge University Press.

Mas-Colell, A., M. Whinston y J. Green (1995): *Microeconomic Theory*, Oxford: Oxford University Press.

Maskin, E. (1977): "Nash equilibrium and welfare optimality", mimeo, Massachusetts Institute of Technology.

Moreno, D. y J. Wooders (1996): "Coalition-proof equilibrium", *Games and Economic Behavior* 17, págs. 80-112.

Myerson, R. (1978): "Refinements of the Nash equilibrium concept", *International Journal of Game Theory* 7, págs. 73-80.

Myerson, R. (1979): "Incentive compatibility and the bargaining problem", *Econometrica* 47, págs. 61-73.

Myerson, R. (1981): "Optimal auction design", *Mathematics of Operation Research* 6, págs. 58-73.

Myerson, R. y M.A. Satterthwaite (1983): "Efficient mechanisms for bilateral trading", *Journal of Economic Theory* 29, págs. 265-81.

Myerson, R. (1991): *Game Theory: Analysis of Conflict*, Cambridge: Harvard University Press.

Nash, J. (1951): "Non-cooperative games", *Annals of Mathematics* 54, págs. 286-95.

Neumann, J. von (1928): "Zur Theorie der Gesellschaftsspiele", *Mathematische Annalen 100*, págs. 295-320.

Osborne, M.J. y A. Rubinstein (1994): *A Course in Game Theory*, Cambridge: The MIT Press.

Pearce, D. (1984): "Rationalizable strategic behavior and the problem of perfection", *Econometrica* 52, págs. 1029-50.

Porter, R. (1983): "Optimal cartel trigger-price strategies", *Journal of Economic Theory* 29, págs. 313-38.

Radner, R. (1980): "Collusive behavior in non-cooperative epsilon equilibria of oligopolies with long but finite lives", *Journal of Economic Theory* 22, págs. 136-54.

Radner, R., R. Myerson, y E. Maskin (1986): "An example of a repeated partnership game with discounting and with uniformly inefficient equilibria", *Review of Economic Studies* 53, págs. 59-70.

Riley, J. (1980): "Strong evolutionary equilibrium and the war of attrition", *Journal of Theoretical Biology* 82, págs. 383-400.

Riley, J. (1979). "Informational equilibrium", *Econometrica* 47, págs. 331-59.

Rosenthal, R. (1981): "Games of perfect information, predatory pricing, and the chain store paradox", *Journal of Economic Theory* 25, págs. 92-100.

Rotschild, M. y J. Stiglitz (1976): "Equilibrium in competitive insurance markets: an essay on the economics of imperfect information", *Quarterly Journal of Economics* 90, págs. 629-49.

Rubinstein, A. (1982): "Perfect equilibrium in a bargaining model", *Econometrica* 50, págs. 97-110

Rudin, W. (1976): *Principles of Mathematical Analysis*, Nueva York: McGraw-Hill.

Schmidt, K. (1993): "Reputation and equilibrium characterization in repeated games with conflicting interests", *Econometrica* 61, págs. 325-352.

Selten, R. (1965): "Spieltheoretische behandlung eines oligopolmodells mit nachfragetragheit", *Zeitschrift für die gesampte Staatswissenschaft* 12, págs. 301-24.

Selten (1975): "Re-examination of the perfecteness concept for equilibrium points in extensive games", *International Journal of Game Theory* 4, págs. 25-55.

Selten, R. (1978): "The chain-store paradox", *Theory and Decision* 9, págs. 127-59.

Shaked, A. y J. Sutton (1984): "Involuntary unemployment as a perfect equilibrium in a bargaining game", *Econometrica* 52, págs. 1351-64.

Shapiro, C. y J. Stiglitz (1984): "Equilibrium unemployment as a worker discipline device", *American Economic Review* 74, págs. 433-44.

Spence, M. (1973): "Job market signalling", *Quarterly Journal of Economics* 87, págs. 355-74.

Stackelberg, H. von (1934): *Marktform und Gleichgewicht*, Viena: Julius Springer.

Stahl, I. (1972): *Bargaining Theory*, Estocolmo: Economics Research Institute at the Stockholm School of Economics.

Walker, M. (1981): "A simple incentive compatible mechanism for attaining Lindahl allocations", *Econometrica* 49, págs. 65-73.

Wilson, R. (1977): "A model of insurance markets with incomplete information", *Journal of Economic Theory* 16, págs. 167-207.

ÍNDICE ANALÍTICO